碳中和经济学：理论方法与应用

段宏波　汪寿阳　著

科学出版社

北京

内 容 简 介

我国提出在 2060 年前实现碳中和的宏伟愿景，既在全球气候治理中展现了大国担当，也是适应高质量经济增长转型的内在需求的体现。因此，发展碳中和经济学理论和方法，深化低碳经济政策研究，是从科学层面支撑碳中和实现的重要举措。本书立足于新形势下我国碳中和面临的现实挑战，以内生经济增长理论和集成系统优化理论为基础，揭示了气候变化与经济发展的历史响应关系及气候-经济损失函数的未来动力学，从时间尺度上考察了短中期碳达峰目标与中长期碳中和目标间的复杂过渡关系，从空间尺度上分析了国家、区域和行业多个层面应对碳中和经济转型挑战的政策选择和可行策略，从目标实现难度、技术选择、政策协同等多个维度系统评估了最优的能源投资、气候减排及适应政策，以迈向碳中和为基调，为从经济视角研究碳中和实现的机理、挑战和政策提供方法论支撑，为国家推动碳中和实现的精准施策提供科学依据。

本书适合在绿色低碳经济、能源资源管理等领域从事工作和研究的相关人员和学者阅读。

图书在版编目（CIP）数据

碳中和经济学：理论方法与应用 / 段宏波，汪寿阳著. —北京：科学出版社，2024.6

ISBN 978-7-03-076306-8

Ⅰ. ①碳⋯　Ⅱ. ①段⋯　②汪⋯　Ⅲ. ①中国经济-低碳经济-研究　Ⅳ. ①F124.5

中国国家版本馆 CIP 数据核字（2023）第 170743 号

责任编辑：刘翠娜　王楠楠 / 责任校对：王　瑞
责任印制：赵　博 / 封面设计：赫　健

科 学 出 版 社 出版
北京东黄城根北街 16 号
邮政编码：100717
http://www.sciencep.com

三河市春园印刷有限公司印刷
科学出版社发行　各地新华书店经销

*

2024 年 6 月第 一 版　开本：787×1092　1/16
2024 年 8 月第二次印刷　印张：22 1/2
字数：520 000

定价：198.00 元
（如有印装质量问题，我社负责调换）

序

政府间气候变化专门委员会（IPCC）第六次综合评估报告（AR6）表明，到 2022 年全球平均温升已接近 1.2℃，这使得实现《巴黎协定》提出的 2℃温控目标充满挑战。中国在全球气候治理中扮演了重要的角色,已于 2022 年 9 月在第七十五届联合国一般性辩论大会上提出了努力争取 2060 年前实现碳中和的战略愿景。特别地,中国提出碳达峰碳中和（"双碳"）目标并非迫于国际形势或外部压力,而是来自于中国推动绿色经济高质量转型和可持续发展的内在需求。为此, 中国已将"双碳"纳入生态文明建设的整体布局和经济社会发展全局战略, 党的二十大报告也以"积极稳妥推进碳达峰碳中和"为基调, 专节对"双碳"工作做出系统性安排, 这将成为未来我国开展"双碳"工作、应对全球气候治理挑战的行动指南。

气候治理的挑战主要来自两大方面,一是能源技术的发展,二是机制体制的创新。实现"双碳"目标的核心是能源体系的清洁化,即清洁能源对传统能源的大规模替代,这种替代显然离不开技术的支撑,特别是太阳能、风能等可再生能源技术瓶颈的突破。机制体制的创新是整个气候治理政策体系稳序和有效推行的关键,也密切关系到技术变革和发展。工业革命以来的能源政策体系都是围绕传统化石能源来设计的,这一体系既不关注温室气体（GHG）排放的外部性,也不重视清洁能源的激励发展,因而难以适应当前全球气候治理的要求。因此, 创新气候治理的政策环境,建立完善的由传统能源向清洁能源转型的激励机制至关重要。

应对气候治理的双重挑战有赖于相关科学研究的实质性进展,特别是与机制创新和政策设计紧密相关的气候经济学理论的发展和应用实践的推动。理论层面,气候变化问题的全球性、长期性、技术依赖性和不确定性等特点孕育出了气候经济和政策研究的专门方法,即综合评估模型（IAM）。尽管这一方法已逐渐成为气候经济研究的代表性工具,但也存在一些理论上有待完善的问题。例如,宏观经济框架下构建的 IAM 缺乏微观经济学基础,这使得部门或行业的建模难以内化微观企业的行为机制;自顶向下的经济模型与自底向上的技术模型之间存在鸿沟,使得经济和技术存在视角上的脱节等。应用层面的问题也涉及多个方面,包括经济与温升的历史关系估计（气候-经济响应关系）、气候变化的未来经济影响评估、碳中和目标的政策成本分析,以及碳定价等市场机制在实现"双碳"目标中的角色等。

在这些颇具挑战的气候经济理论与应用问题上,段宏波和汪寿阳教授团队进行了长期深耕,也取得了一系列重要成果,包括创新性地提出了内生技术进步的多重能源技术演替机制,较早建立了中国多区域碳中和综合评估模型,发展出了资源约束下的气候经济综合评估框架等,这些成果最终汇聚到了《碳中和经济学:理论方法与应用》这一著作中。这本著作在方法层面以严谨的经济学理论和数学逻辑为支撑,也在实践层面紧密服务于国家低碳转型和绿色经济高质量发展等重要战略性问题；与其他碳中和出版物相比，其最大的亮点是从经济学角度进行理论的发展和应用实践，这些都源于作者团队长达十余年的深耕。因此，我相信这本著作可以夯实碳中和经济学学科发展的理论基础，其丰富的实践应用发现也可以为中长期碳减排政策的制定提供科学依据。特别地，书中的气候经济模型架构可以为相关领域从业人员提供方法论原型，成为进一步推动气候经济理论发展和应用拓展的基石。

中国科学院大学名誉校长

中国科学院院士

2023 年秋

前　言

　　随着全球平均温度的不断升高，气候变化对人类社会的影响日趋可见，相关的气候风险也在以比预期更快的速度增加，从近些年频繁发生的极端气候可见一斑。研究普遍认为，《巴黎协定》提出的国家自主贡献（NDC）缺乏雄心，即使如期完成，到 2100年全球平均温升也将达到 2.9～3.4℃。为此，IPCC 第六次评估报告发出警告，若不即刻削减排放，我们将很快失去控制 1.5℃甚至 2℃温升的时间窗口，届时人类将不得不面临灾难性的气候损害。

　　严峻的全球变暖形势下，中国可能面临着更大的气候风险。一方面，中国的升温速率高于同期全球平均水平。根据《中国气候变化蓝皮书（2022）》披露的数据，中国的升温速率为每 10 年 0.26℃，工业革命以来的升温幅度达到 1.61℃。此外，中国极端高温、强降水等极端气候事件发生的频率也偏高。另外，中国的人口总数多、暴露度大、经济发展不均衡，因而整体气候易损程度也较高。研究表明，若气候形势按照常规路径发展，到 21 世纪末，中国面临的气候损失将达到 4.23%，远高于美国 1%～3%的损害水平（Duan et al., 2022）。在此背景下，国家提出了努力争取 2060 年前实现碳中和的目标，这与全球层面的净零排放目标呈现了较高的一致性，并在《中共中央 国务院关于完整准确全面贯彻新发展理念做好碳达峰碳中和工作的意见》中明确提出：实现碳达峰、碳中和，是着力解决资源环境约束突出问题、实现中华民族永续发展的必然选择，是构建人类命运共同体的庄严承诺。

　　碳中和愿景的提出极大地激发了关于气候经济与政策相关的研究，不仅产生了一系列现实的应用经济学问题，也对气候经济理论和方法提出了新的要求。研究问题方面，首先是如何利用碳定价等市场化手段来解决碳排放的气候负外部性问题，一方面要认识到依照社会碳成本（SCC）来设置碳定价水平可能导致政策的无效性，特别是在碳中和的强约束下；另一方面要创新市场机制，优化政策组合选择来提升政策效率。其次是应对两类临界点（tipping point）问题。第一类是针对气候临界点的经济分析。当前，科学界普遍认知的气候临界点有 9 个，尽管它们发生的概率和条件存在很大的不确定性，但触发的损害都将是灾难性的。因此，有关临界点的经济建模和分析密切关系到全球气候治理合作以及区域碳减排行动。研究指出对气候临界点相关的灾难性损害的预估是稳定的气候联盟（climate club）形成的重要条件。第二类是围绕政策临界点的研究。这里的政策临界点指的是由技术溢出（technological spillover）、同行效应（peer effect）等带来的政策正外部性出现的拐点。识别哪些政策具有正外部性，并评估相应正外部性的大小，以实现政策有效性是气候经济与政策科学的核心问题之一。最后是碳中和技术路径与经济影响分析。能源系统的清洁化是实现净零排放的根本，这包括多样化的可再生能源技术发展以及碳捕集与封存（CCS）技术的应用，前者受到技术本身发展的瓶颈和矿产资源约束等一系列限制，后者则受制于高成本和封存风险等压力。因此，选择怎样的技术路径决定了碳中和目标达成的可行性和经济代价。经济影响分析一直以来就是气候经济学的重要研究主题，其可简单归结为两个方面：其一是气候-经济历史响应关系估计，其二是既定气候目标下未来的气候损失和政策成本分析。特别地，气候损失与经济影响的分析不仅依赖于气候-经济历史响应关系，也与代际公平、风险偏好和跨期效用分配紧密相关。

上述问题的解决有赖于气候经济学研究方法的创新，这可以从以下几个方面来讨论。一是传统内生经济增长模型与技术选择模型的耦合，这需要我们在以诺贝尔经济学奖得主 William Nordhaus 教授为代表的学者提出的气候经济 IAM 基础上进行改进和拓展，特别是在内生经济增长的框架内考虑内生技术进步的多重能源技术演替机制，从而在自顶向下（top-down）的系统内实现丰富的技术刻画，以满足碳中和经济分析的需求。二是宏观的气候经济模型的微观基础的增强。微观经济学家不时批评宏观模型缺乏微观基础，这些批评也延伸到了气候经济模型，包括 IAM 和可计算一般均衡（CGE）模型。因此，如何将微观行为考虑到气候经济模型体系中颇具挑战。可能的方式有两种，一种是将宏观模型中关键部门活动的描述通过微观建模来实现，如 IAM 与多主体行为模型（ABM）的耦合或桥接；另一种是在模型框架中建立合作或非合作博弈机制，采用微观经济学思维来求解宏观模型，这在全球协作减排（国际气候协议（ICA））的研究中具有较好的现实意义。三是气候经济理论对不确定性的考虑。碳中和经济分析与多重不确定性的处理紧密相关，包括涉及经济、技术和气候等多个维度的参数不确定性以及方法层面的模型不确定性。将 IAM 随机化提供了一种处理参数不确定性的思路，但很大程度上受限于模型结构和规模，而较强的参数分布假设也限制了这一方法的可靠性。模型不确定性问题可以通过建立多模型比较框架来应对，尽管对模型的参数化和情景设计的初始协同（harmonization）工作充满挑战。

我们的工作解决了上述部分问题，相应的成果汇集成了本书，组成了其主要内容。具体地，第 1 章阐述中国碳中和的提出背景及经济学挑战；第 2 章是碳中和研究概论，利用文献计量方法对碳中和相关的国内外研究进行梳理和分析，特别聚焦于人文社科领域的模型方法和应用前沿的讨论；第 3 章是气候变化对中国经济的影响，即揭示气候-经济历史响应关系，并基于此对未来潜在的气候经济影响进行预估；第 4 章从气候适应视角出发讨论气候损害与碳减排成本的平衡；第 5 章利用多区域一般均衡模型研究碳定价和清洁能源投资等气候政策选择对区域经济的影响，同时给出 NDC 中各类目标的达成难度与可行性排序；第 6 章以《巴黎协定》温控目标为约束，利用 IAM 全面解析中国实现碳中和面临的技术、经济和政策挑战；第 7 章为迈向碳中和：路径选择的跨模型评估，通过建立多模型比较框架，对中国迈向碳中和的技术经济路径进行跨模型比较，即从模型不确定性角度评估《巴黎协定》温控目标从 2℃到 1.5℃强化所带来的经济和减排挑战；第 8 章为迈向碳中和：技术依赖与选择的不确定性，重点从政策驱动的技术路径选择，特别是 CCS 技术选择的角度探讨中国迈向碳中和的挑战；第 9 章为碳中和中期目标：政策协同效应评估，即围绕碳达峰目标分析不同政策组合的协同效应，并利用 IAM 对相关效应进行评估，形成对政策临界点的初步认识和分析；第 10 章为碳中和中期目标：

最优的气候政策选择，主要通过发展国家层面的动态 CGE 模型分析既定气候目标下最优的低碳转型政策选择；第 11 章为碳中和下最优的减排与适应战略，将在传统 IAM 框架下创新性地建立目标减缓和最优适应机制，研究二者的交互关系，从中国视角应对减适困境问题；第 12 章为实现碳中和目标的技术经济路径：国家尺度，将针对中国的碳中和愿景构建技术丰富的 IAM，系统评估中国实现碳中和的技术、减排、政策路径，并研究相应的经济影响；第 13 章为实现碳中和目标的技术经济路径：城市尺度，即以城市为对象，通过估计边际减排成本分析城市碳中和的实现难易程度，并探讨典型城市的碳中和路径；第 14 章是资源约束下的碳中和路径重构，这里的资源约束主要指关键矿产资源约束，针对清洁能源相较于传统能源更高的矿产资源依赖度，从资源约束视角重新规划经济可行的碳中和实现路径。

本书从经济学视角对碳中和相关问题开展了一系列深入的理论与实证研究，取得了较好的研究成果，包括发展了基于 IAM 和 CGE 模型的气候经济学理论，为碳中和中长期技术优化、政策选择和经济影响评估问题提供了可行的解决思路。我们希望本书可以实质性地推动我国气候变化经济学科的发展，成为广大学者、相关研究人员和高校学生进行碳中和经济学研究的工具书，也可以为国家和地区制定碳中和愿景下的低碳能源转型和绿色经济高质量发展政策提供科学有效的支撑。必须指出的是，气候经济学是一门新兴的应用经济学科，其理论基础还有较大的发展空间，应用有效性也有待更多的实践检验，本书内容涉及的贡献点终归是有限的，还有很多重要的工作有待后续研究。我们诚挚地欢迎国内外专家、学者和同行读者对本研究的不足之处予以批评和指正，这对我们后续的完善和下一步工作至关重要。

感谢对本书做出重要贡献的合作作者，包括第 3 章的合作作者苑德宇教授（对外经济贸易大学）和蔡宗武教授（堪萨斯大学）、第 5 和第 10 章的合作作者袁永娜副教授（中国科学院大学）、第 7 和第 8 章的合作作者郑嘉俐教授（西安交通大学），以及重要的参与者陈伟强研究员（中国科学院城市环境研究所）、汪鹏博士（中国科学院城市环境研究所）、李华姣教授（中国地质大学）和衡佳妮副教授（北京工商大学）。特别感谢科研助理牟汇丰和特别研究助理唐韵博士在书稿修校工作中所作出的贡献。

本书得到了国家自然科学杰出青年科学基金项目（No. 72325008）、面上项目（No. 72274188）、专项项目（No. 72243011）和基础科学中心项目（No. 71988101），以及中央高校基本科研业务费专项的支持，在此一并致谢。

段宏波　汪寿阳

2022 年 11 月 25 日

目　　录

序

前言

第1章　碳中和与经济学挑战 ··· 1

1.1　中国的碳中和挑战 ··· 2

1.2　中国的碳中和行动 ··· 4

1.3　碳中和经济学研究 ··· 7

第2章　社会经济视角下的碳中和研究 ····································· 10

2.1　研究背景 ·· 10

2.2　方法介绍 ·· 12

2.3　主流研究分析 ·· 18

2.4　见解和影响讨论 ·· 24

2.5　气候经济研究：多模型比较分析 ·· 25

2.6　多模型集成研究的扩展分析 ·· 36

2.7　总结和讨论 ··· 40

第3章　气候变化对中国经济的影响 ·· 43

3.1　研究背景 ·· 43

3.2　实证方法框架 ·· 46

3.3　回归模型 ·· 47

3.4　数据和描述性统计 ·· 48

3.5　研究结果与分析 ·· 51

3.6　稳健性检验 ··· 64

3.7　气候变化影响的机制分析 ·· 67

3.8　气候损失预测 ·· 70

3.9　总结与讨论 ··· 72

第4章　平衡中国的气候损害和碳减排成本 ······························ 76

4.1　研究背景 ·· 76

4.2　模型介绍 ·· 78

4.3　情景设计 ·· 80

4.4　结果展示与分析 ·· 81

4.5　总结与讨论 ··· 88

第5章　中短期气候政策对区域经济的影响 ······························ 90

5.1　研究背景 ……………………………………………………………………… 90

5.2　模型理论与方法 ……………………………………………………………… 92

5.3　情景设计 ……………………………………………………………………… 95

5.4　模拟结果与分析 ……………………………………………………………… 98

5.5　总结与讨论 ………………………………………………………………… 107

第 6 章　中长期气候目标下中国的碳中和挑战 …………………………………… 109

6.1　研究背景 …………………………………………………………………… 109

6.2　多模型比较框架 …………………………………………………………… 111

6.3　1.5℃目标和中国的排放预算 ……………………………………………… 115

6.4　多模型比较分析 …………………………………………………………… 116

6.5　能源转型与脱碳挑战 ……………………………………………………… 124

6.6　经济影响综合评估 ………………………………………………………… 128

6.7　总结与讨论 ………………………………………………………………… 130

第 7 章　迈向碳中和：路径选择的跨模型评估 …………………………………… 132

7.1　研究背景 …………………………………………………………………… 132

7.2　多模型分析框架 …………………………………………………………… 133

7.3　研究结果与分析 …………………………………………………………… 135

7.4　迈向碳中和过渡路径的可行性 …………………………………………… 143

7.5　总结与讨论 ………………………………………………………………… 145

第 8 章　迈向碳中和：技术依赖与选择的不确定性 ……………………………… 146

8.1　研究背景 …………………………………………………………………… 146

8.2　研究模型与方法 …………………………………………………………… 148

8.3　研究结果与分析 …………………………………………………………… 149

8.4　技术选择下的政策影响分析 ……………………………………………… 156

8.5　总结与讨论 ………………………………………………………………… 157

第 9 章　碳中和中期目标：政策协同效应评估 …………………………………… 158

9.1　研究背景 …………………………………………………………………… 158

9.2　模型与方法 ………………………………………………………………… 160

9.3　政策设计与基本假设 ……………………………………………………… 161

9.4　模拟实施与结果 …………………………………………………………… 162

9.5　总结与讨论 ………………………………………………………………… 167

第 10 章　碳中和中期目标：最优的气候政策选择 ……………………………… 170

10.1　研究背景 ………………………………………………………………… 170

10.2　理论发展与模型构建 …………………………………………………… 172

10.3　数据处理及情景设计 …………………………………………………… 177

10.4　模拟结果和分析 ………………………………………………………… 180

10.5　火力发电技术进步的敏感性分析 ……………………………………… 186

10.6 总结与讨论 ………………………………………………………………… 190

第11章 碳中和下最优的减排与适应战略 ……………………………………… 193

11.1 研究背景 ………………………………………………………………… 193

11.2 模型与方法 ……………………………………………………………… 195

11.3 数据、参数与模型校准 ………………………………………………… 198

11.4 结果展示与分析 ………………………………………………………… 201

11.5 关键结果的可靠性分析 ………………………………………………… 208

11.6 总结与讨论 ……………………………………………………………… 211

第12章 实现碳中和目标的技术经济路径：国家尺度 ………………………… 212

12.1 研究背景 ………………………………………………………………… 212

12.2 技术扩展的综合评估模型 ……………………………………………… 213

12.3 数据及处理 ……………………………………………………………… 217

12.4 结果和分析 ……………………………………………………………… 218

12.5 总结与讨论 ……………………………………………………………… 227

第13章 实现碳中和目标的技术经济路径：城市尺度 ………………………… 230

13.1 研究背景 ………………………………………………………………… 230

13.2 已有研究评述 …………………………………………………………… 231

13.3 研究模型及方法 ………………………………………………………… 234

13.4 指标与数据处理 ………………………………………………………… 241

13.5 中国大中型城市减排潜力实证分析 …………………………………… 242

13.6 典型城市的低碳转型路径分析 ………………………………………… 247

13.7 总结与讨论 ……………………………………………………………… 253

第14章 矿产资源约束下的碳中和路径重构 ………………………………… 256

14.1 研究背景 ………………………………………………………………… 256

14.2 模型与方法 ……………………………………………………………… 258

14.3 数据处理与情景设计与方法 …………………………………………… 263

14.4 清洁能源转型驱动的矿产需求 ………………………………………… 270

14.5 中国关键矿产的产量预测 ……………………………………………… 278

14.6 中国清洁能源转型路径再评估 ………………………………………… 279

14.7 国际矿产贸易的角色 …………………………………………………… 285

14.8 中国能源清洁化转型路径重构 ………………………………………… 288

14.9 总结与讨论 ……………………………………………………………… 297

附录 ……………………………………………………………………………… 299

附录1 模型缩写及全拼 …………………………………………………… 299

附录2 IAM信息汇总表 …………………………………………………… 300

附录3 气象指标及其处理表 ……………………………………………… 302

附录4 地域城市的缩写表 ………………………………………………… 302

附录 5 中国经济区域的划分表····························305

附录 6 中国地理区域的划分表····························305

附录 7 多区域动态 CGE 模型描述详情····················306

附录 8 CE3METL 模型简介····························313

参考文献··317

第1章 碳中和与经济学挑战

日趋严峻的气候变化形势将给人类社会带来前所未有的挑战。自 IPCC 第五次评估报告（AR5）以来，越来越多的证据表明气候变化对人体健康、城市运转、基础设施、生物多样性等诸多方面造成了广泛影响。全球有 33 亿～36 亿人生活在高度气候易损的环境中，如果不采取实质性的减排行动，将会使更多易损的国家和人口遭受严重的气候变化损害，这包括一些欠发达的地区可能有一半以上的物种面临灭绝的风险，一些气候易损的沿海地区同时暴露在多种气候变化相关的自然灾害之下。作为气候风险高度暴露的国家，中国在全球气候治理和低碳转型方面做出了实质性的努力，特别是以发展中国家的身份率先承诺了碳中和目标，并制定了一系列推荐和落实的政策细则，但就实现碳中和愿景而言依然面临巨大的挑战。这些挑战主要包括经济发展与应对气候变化的平衡、有效的政策机制设计和碳中和经济学研究。

根据 IPCC 第六次评估报告，由于人类排放，大气中的温室气体含量持续上升，二氧化碳（CO_2）浓度处于 200 万年来的最高水平，甲烷（CH_4）和氧化亚氮（N_2O）的浓度也达到 80 万年来的最高水平；受此影响，当前地球表面的平均温度已较 19 世纪末（工业革命之前）高出 1.1℃，这一升温幅度刷新了过去 12.5 万年以来的纪录（IPCC，2022）。如果从当下开始并在整个世纪内强化减排，那么全球变暖趋势有望在 21 世纪中期扭转，并于 21 世纪末实现《巴黎协定》提出的 2℃温控目标。然而，从过去 10 年的减排行动和升温趋势看，人类正在错过实现 1.5℃限温目标的时间窗口。

同时，气候损害的显著差异性还可能加剧国家间的经济发展不均衡（Pretis et al.，2018）。整体而言，如果温升水平从 2℃翻倍到 4℃，未来突发性生态中断的风险将增加 6 倍以上（由 2%增加到 15%）（Trisos et al.，2020）。

中国是典型的气候易损区域。根据《中国气候变化蓝皮书（2022）》的统计，中国自工业革命以来的升温幅度达到 1.61℃，高于同期全球平均水平。同时，中国极端高温、强降水、内涝等极端气候事件发生的频率也偏高。此外，中国较大的人口基数和较高的暴露度也决定了其相对较高的气候易损程度。已有研究表明，若全球温升按当前的趋势延续，到 2100 年，气候变化将给中国带来 4.23%的 GDP 损失，显著高于美国 1%～3%和全球 1.3%的损失水平（Duan et al.，2022；Tol，2018）。基于此，我国于 2020 年 9月正式提出了努力争取 2060 年前实现碳中和目标，并在 2022 年党的二十大报告中形成了"积极稳妥推进碳达峰碳中和"的基调，同时对"双碳"工作做出系统性安排，这将成为我们应对全球气候治理挑战，全面推动绿色经济高质量发展的行动指南。

1.1 中国的碳中和挑战

"双碳"目标，特别是碳中和目标的实现，将引领经济社会发展方式的一场大变革，这对当今任何一个国家来说都是一场巨大的挑战。对仍处于工业化和城镇化深入发展阶段的我国而言，这一挑战更大。具体地说，首先，从经济发展水平来看，中国依然是发展中国家，人均 GDP 水平远低于发达国家，而经济发展水平是减缓和适应气候行动的基础，与发达国家相比，中国有巩固脱贫效果、提高居民医疗水平、改善公共健康等一系列急切的问题要应对。根据 Our World in Data 以及 World Bank 的数据做出图 1-1～图 1-3。从图 1-1 可以看出，目前中国不仅人均 GDP（10204 美元）较低，仅为美国（63312 美元）的 1/6 左右，相应地，中国人均碳排放量（7.2t）也不到美国（15.9t）的 1/2。此外，中国的人均累积碳排放和人均消费碳排放水平低。如图 1-2 所示，中国的人均累积碳排放仅为 190t，欧盟 27 国为 713t，而美国则高达 2025t；从人均消费碳排放看也是美国的排放水平最高，达到 15.4t，而相应中国的人均消费碳排放水平仅为 2.7t，只达到欧洲平均水平的 64%（图 1-3）。显然，我国的碳排放属于典型的"生存型"，而欧美早已进入"享受型"和"奢侈型"阶段。因此，如何处理气候治理（碳减排）与社会经济发展间的关系充满挑战。

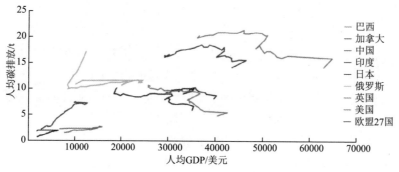

图 1-1 人均碳排放与人均 GDP 的跨国比较

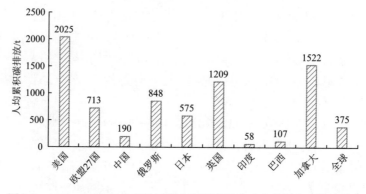

图 1-2 1900～2020 年代表性国家和组织以及全球人均累积碳排放分布

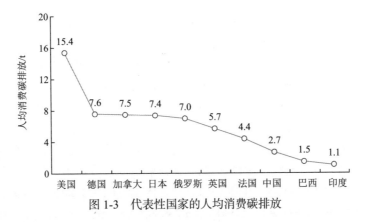

图 1-3　代表性国家的人均消费碳排放

其次，中国的经济发展与煤炭消费的关系紧密，脱钩难度大。一方面，由于我国的能源禀赋以煤为主，以煤电为主体的能源结构长期稳定地支撑着经济的快速发展，发展的惯性将使得这种强关系在未来相当长时期内难以发生根本性改变；另一方面，中国的能源消费体量大，除了水电，其他清洁能源难以在能源供给中扮演实质性角色，而未来这些能源的发展受到资源、资金和技术等多重约束。

再次，我国的产业结构依然较重，制造业的规模十分庞大，这一工业体系贡献了接近 70%的碳排放，远高于欧美发达国家。由此可见，产业结构转型将是经济脱碳的重要一环，如何推动高质量转型以平衡经济可持续发展和碳减排是一项具有挑战性的工作。

最后，中国的排放仍处在上升通道，未来需要在不长的时间内应对碳达峰和碳中和的双重挑战。美国、英国、法国等发达国家的碳排放已达峰，这意味着这些国家有 70 年左右的时间去实现中和（美国 43 年，英国 69 年），而作为发展中国家，中国只有不到 30 年的时间，个中挑战不言而喻，如图 1-4 所示。

图 1-4　典型国家和组织的历史碳排放曲线

资料来源：Our World in Data，2022 年

　　除此以外，中国实现碳中和还面临绿色技术、标准体系、资金、贸易等挑战。绿色技术方面，全球层面围绕碳捕集与封存、氢能等绿色技术等的研发竞赛愈演愈烈，特别是欧美发达国家早已提前部署了技术研发并开展了规模化应用，相较之下，中国整体上起步较晚，所占技术份额不多，创新力度和商业化发展程度均有待加强。这不仅关系到碳中和的技术储备，更影响未来绿色产业升级和能源转型红利的分享。此外，绿色经济转型和低碳产业发展涉及行业认定、市场准入机制发展、标准制定等一系列软技术条件，包括与低碳法律配套、自然资产估值、碳金融市场、环境信息披露、绿色股权融资配比等相关的投融资新规则的制定，而发达国家在这些方面也占据了优势。例如，中美在绿色项目与企业的信息披露机制上的不一致导致中国发行的贴标绿色债券只有约10%符合国际气候债券倡议组织（Climate Bond Initiative，CBI）标准。可以预期，未来围绕着各类绿色技术和低碳标准将展开国际竞争和谈判。

　　资金层面，碳中和进程对先进能源技术的依赖度较高，而这些技术的发展及利基市场的培养离不开大规模投资。除了国内资金，未来的国际资本投资也将偏好清洁能源、环境保护、生态修复、国土绿化、碳汇开发、节资增效等新兴领域。在此背景下，与碳中和相关的融资、并购、发债等议题也将成为国际金融市场的热点。因此，如何创新政策体系，通过建立先进的投融资机制来吸引国内外投资也是我们不得不面临的挑战。贸易层面，在净零排放和碳中和愿景下，全球贸易格局将在很大程度上面临重塑，包括气候联盟内外经济发展与减排约束的捆绑。具体地，在碳减排约束下，全球供应链、产业链的绿色低碳化转型势头会不断增强，跨国贸易、投资与其他经济活动都将逐步转向在低碳经济体之间进行，原材料生产、加工、运输以及商品贸易的链条也将随之发生改变。同时，与绿色技术、低碳商品相关的贸易壁垒和摩擦可能会增多，如何适应甚至引领以绿色低碳产业为重心的国际经贸新结构将成为碳中和经贸转型的核心工作。

1.2　中国的碳中和行动

　　中国一直以来重视经济增长与环境保护的平衡发展，也从政策层面不断推动低碳转型的进程（图1-5）。2008年12月，中国首个官方碳补偿标识——中国绿色碳基金、碳补偿标识发布。2009年3月，国务院总理温家宝在两会中特别强调了要毫不松懈地加强节能减排和生态环保工作[①]。在随后的11月，温总理进一步主持召开国务院常务会议，研究部署应对气候变化工作，提出了到2020年的温室气体排放控制目标，即"到2020年我国单位国内生产总值二氧化碳排放比2005年下降40%~45%，作为约束性指标纳入国民经济和社会发展中长期规划，并制定相应的国内统计、监测、考核办法"[②]。

---

① http://www.gov.cn/2009lh/content_1259471.htm。

② http://www.gov.cn/ldhd/2009-11-26/content_1474016.htm。

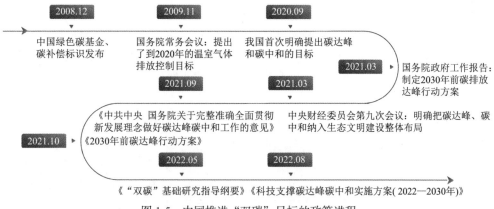

图1-5　中国推进"双碳"目标的政策进程

中国历来积极参与全球气候治理行动，特别是在促成颇具影响力的《巴黎协定》的最终达成方面做出了实质性贡献，中国向国际社会提出了2030年前实现碳达峰的庄严控制目标，并作为自主贡献目标的重要组成部分提交给政府间气候变化专门委员会。2021年9月22日，在第七十六届联合国大会一般性辩论上，中国国家主席习近平再次承诺了具有巨大国际影响力的气候目标，即力争在2060年前实现碳中和[①]。这一愿景的提出一方面将减排承诺从短期的2030年延拓到了长期的2060年，与全球净零排放目标保持了高度一致，另一方面也展现了我国不断推进生态文明建设，推动科技创新驱动的高质量经济发展的决心。此后，中国也出台了一系列政策来实质性地推动这一重大长期目标的实现。

2021年3月5日，国务院总理李克强在2021年国务院政府工作报告中强调要"扎实做好碳达峰、碳中和各项工作。制定2030年前碳排放达峰行动方案。优化产业结构和能源结构"[②]。同年的3月15日，习近平总书记主持召开中央财经委员会第九次会议[③]，将研究"实现碳达峰、碳中和的基本思路和主要举措"作为其中一项重要议题，明确"要把碳达峰、碳中和纳入生态文明建设整体布局"，将其定位为"事关中华民族永续发展和构建人类命运共同体"的高度；本次会议还明确了碳达峰、碳中和工作的定位，尤其为在下一个五年计划中做好碳达峰工作谋划了清晰的"施工图"。

2021年9月，《中共中央 国务院关于完整准确全面贯彻新发展理念做好碳达峰碳中和工作的意见》中明确提出，实现碳达峰、碳中和，是着力解决资源环境约束突出问题、实现中华民族永续发展的必然选择，是构建人类命运共同体的庄严承诺。随后，国务院根据《中共中央 国务院关于完整准确全面贯彻新发展理念做好碳达峰碳中和工作的意见》精神，印发了《2030年前碳达峰行动方案》，聚焦2030年前碳达峰目标，对推进碳达峰工作做出了总体部署。自此，由碳达峰碳中和指导意见和若干2030年前碳达峰行动方案以及重点领域和行业政策措施及行动组成的"1+N"政策体系初步形成（图1-6）。2022年1月24日，中共中央政治局就努力实现碳达峰碳中和目标进行了第36次集体学

① http://www.gov.cn/xinwen/2021-09/22/content_5638597.htm。

② http://www.gov.cn/zhuanti/2021lhzfgzbg/index.htm。

③ http://www.gov.cn/xinwen/2021-03/15/content_5593154.htm。

习，会议强调要统一思想和认识，扎扎实实把决策部署落到实处。党的二十大报告以"积极稳妥推进碳达峰碳中和"为基调，专节对"双碳"工作做出系统性安排，这是未来我国开展"双碳"工作的行动指南和根本遵循。党的二十大报告再次明确"双碳"工作要"积极"和"稳妥"，意味着实现"双碳"目标已经成为既定战略，接下来的重点是深入思考和系统谋划如何实现碳达峰、碳中和。

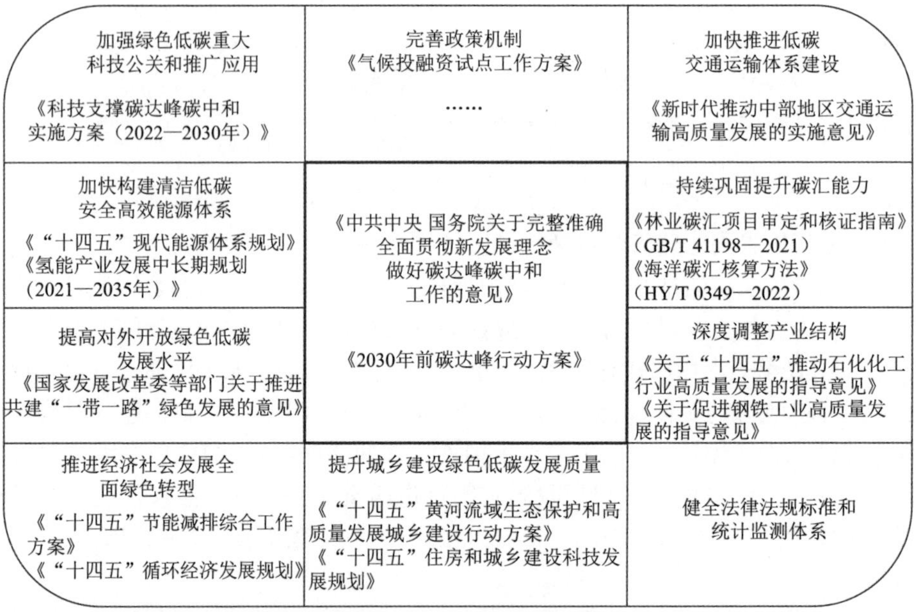

加强绿色低碳重大科技公关和推广应用《科技支撑碳达峰碳中和实施方案（2022—2030年）》	完善政策机制《气候投融资试点工作方案》……	加快推进低碳交通运输体系建设《新时代推动中部地区交通运输高质量发展的实施意见》
加快构建清洁低碳安全高效能源体系《"十四五"现代能源体系规划》《氢能产业发展中长期规划（2021—2035年）》	《中共中央 国务院关于完整准确全面贯彻新发展理念做好碳达峰碳中和工作的意见》	持续巩固提升碳汇能力《林业碳汇项目审定和核证指南》（GB/T 41198—2021）《海洋碳汇核算方法》（HY/T 0349—2022）
提高对外开放绿色低碳发展水平《国家发展改革委等部门关于推进共建"一带一路"绿色发展的意见》	《2030年前碳达峰行动方案》	深度调整产业结构《关于"十四五"推动石化化工行业高质量发展的指导意见》《关于促进钢铁工业高质量发展的指导意见》
推进经济社会发展全面绿色转型《"十四五"节能减排综合工作方案》《"十四五"循环经济发展规划》	提升城乡建设绿色低碳发展质量《"十四五"黄河流域生态保护和高质量发展城乡建设行动方案》《"十四五"住房和城乡建设科技发展规划》	健全法律法规标准和统计监测体系

图 1-6 推动碳达峰碳中和行动的"1+N"政策体系

通过一系列的政策安排，"双碳"目标取得了显著的实施效果。其一是建立起了推进"双碳"工作的统筹协调机制。在中央层面成立了碳达峰碳中和工作领导小组，国家发展改革委履行领导小组办公室职责，形成了上下联动、统筹协调的工作体系。其二是大力推进产业结构优化升级，包括积极发展战略性新兴产业，着力推动重点行业节能降碳改造，坚决遏制"两高一低"项目盲目发展等。数据显示，2021 年我国能耗强度下降了 26.4%，碳排放强度下降了 34.4%，水耗强度下降了 45%，同时主要资源产出率提高了 58%（与 2012 年相比）。其三是提出了稳妥有序推进能源清洁化转型的思路。立足以煤为主的基本国情，大力推进煤炭清洁高效利用，实施煤电机组"三改联动"，并规划在沙漠、戈壁、荒漠地区建设 4.5 亿 kW 的大型风电光伏基地。其四是推进工业、建筑、交通等重点行业的低碳转型。"十四五"期间，产业结构与用能结构优化取得积极进展，能源资源利用效率大幅提升，建成了一批绿色工厂和绿色工业园区，研发、示范和推广了一批减排效果显著的低碳零碳负碳技术工艺装备产品。规划到 2025 年，规模以上工业单位增加值能耗较 2020 年下降 13.5%，单位工业增加值二氧化碳排放下降幅度大于全社会下降幅度。同时，积极推进既有建筑绿色低碳改造，2021 年全国城镇新建绿色建筑面积达到 20 多亿 m²。推广节能低碳交通工具成效显著，新能源汽车产销量连续 7 年位居世界第一，截止到 2019 年的保有量已达到 381 万辆，占全球的一半，同时建成基层充电基础设施 120 万座,充电设施与新能源车的比例达到 1∶3。其五是持续巩固和提升生态系统碳汇能力。制定山水林田湖草沙一体化保护和修复方略,科学推进大规模国土绿化行动。政策激励之下,我国森林覆盖率和森林蓄积量连续保持"双增长",已成为全球森林资源增加最多的国家。其六是逐步建立健全了相关政策机制,包括:优化完善能耗双控制度,建立统一规范的碳排放统计核算体系;发展煤炭清洁高效利用专项再贷款机制,促进形成以全国统一碳市场为主体的市场化减排体系;完善绿色技术创新体系,推动生产生活方式绿色低碳化转型,强化"双碳"专业人才培养。

1.3　碳中和经济学研究

1.3.1　气候经济学挑战

气候变化或将是人类社会经济系统的最终挑战(Nordhaus,2019)。碳中和经济学的核心是应对气候变化的外部性挑战,这一挑战不仅是由于气候影响存在外部性,而且应对气候变化本身也是一个典型的公共产品,其具有两个属性:一是将产出(正减排影响或负气候损害)从某个个体扩散到另一个个体的成本为零("非竞争性");二是无法将任何个体排除在外("非排他性")。公共产品理论是由诺贝尔经济学奖得主塞缪尔森于 1954 年提出的,随后成为环境经济学的基础。

全球气候治理是协同处理气候外部性的可行途径。然而,由于气候治理涉及国家主权和发展权等敏感性问题,当前没有任何国际法律法规可以让大多数国家无利害关系地要求其他国家分担管理全球外部性的责任。事实证明,由于搭便车行为(free riding)的普遍存在,单纯的游说和谈判很难达成实质性的国际协议,这也是多方对《巴黎协定》法律效力和未来成效担忧的源头。基于此,Nordhaus(2015)等经济学家基于博弈论思想提出了气候俱乐部机制,研究指出如若不对非参与者施加有法律约束力的限制措施,除了那些减排最少的联盟之外,难以形成稳定的气候联盟。相比之下,一个对非参与者进行小额贸易处罚的机制设计,即气候俱乐部,可以形成一个具有高减排水平的大型稳定联盟。

气候经济的另一挑战是所谓的"绿色悖论"。具体地,"绿色悖论"指的是旨在减少碳排放的碳税等气候政策反而产生了相反的效果,即引起某种程度的排放量增加。关于"绿色悖论"的争论最初是由 Sinn(1982)提出的,他指出这种矛盾结果出现的原因可能是气候政策对长期利润(稀缺租金)的影响,即化石资源所有者期望通过长期出售资源获得的利润。最近,"绿色悖论"一词被广泛用于描述气候政策的非预期后果。从经济学角度看,纠正气候外部性引起的市场失灵主要依靠征收庇古税等市场化手段。然而,出于政策和经济冲击可接受度考虑,碳税政策很可能不会按照庇古原则制定,而往往从较低水平开始,而后随着时间的推移而逐步提高。依此而设的碳定价政策是很难有效的(van der Ploeg,2021),这也是产生"绿色悖论"的根源。事实上,由于化石燃料的可耗竭性,其价格不仅反映了边际开采成本(生产成本),也反映了其边际使用者成本(稀缺性成本)。因此,化石燃料的所有者有很强的动机来动态调整煤炭、石油和天然气的跨期生产方案以最大化稀缺租金。这种行为具有保护资源开采的效应，但也会加大化石燃料的使用时长，继而增加温室气体排放量（Jensen et al.，2015；Kollenbach and Schopf，2022）。

1.3.2　气候经济学方法

气候经济学兴起以来，IAM 就成了气候变化经济和政策研究的代表性方法和工具。这类模型用相对简洁的方式描述了气候系统和经济系统之间的复杂交互关系，其代表性人物美国经济学家 Nordhaus 也凭借这一贡献获得了 2018 年度的诺贝尔经济科学奖。尽管如此，这一方法仍面临诸多挑战。首先，IAM 的某些输入函数形式和参数值选择的不确定性较大，但它们会对模型结果产生巨大的影响（Pindyck，2017）。比如，对跨期效用分配产生广泛影响的贴现率，经济学家对于在 IAM 中如何使用"正确"的贴现率难以达成共识，但不同的贴现率选择将对 SCC 估算、减排路径和政策成本优化产生迥异的结果，继而引发较大的参数和模型不确定性。有研究试图通过将特定概率分布分配给某些关键参数，然后运用蒙特卡罗模拟来处理不确定性（Zhang and Chen，2022），但问题是，我们往往无法掌握这些参数的先验信息，因而也难以给出准确的概率分布。显然，在不同的概率分布下，即使给定相同的均值和方差，也将产生截然不同的估计结果，继而引起决策的偏差。其次，微观经济学家通常批评宏观模型缺乏微观经济学基础，这些批评也延伸到了气候经济模型，包括 IAM 和可计算一般均衡模型。因此，如何将微观行为考虑到气候经济模型体系中颇具挑战。可能的方式有两种，一种是将宏观模型中关键部门活动的描述通过微观建模来实现，如 IAM 与多主体行为模型的耦合或桥接；另一种是在模型框架中建立合作或非合作博弈机制，采用微观经济学思维来求解宏观模型，这在全球协作减排（国际气候协议）的研究中具有较好的现实意义。此外，与计量经济学模型的协作也是丰富 IAM 微观经济学基础的重要方面，如利用计量经济学实证研究气候-经济的历史关系，以此为微观基础来构建 IAM 的气候损失函数（Duan et al.，2022）。

尽管面临较多挑战和质疑，但 IAM 仍是未来气候经济和政策分析的主流工具。气候经济学发展的主要方向之一就是去更新和修正各种气候经济模型理论和分析工具。例如，在经典动态综合气候经济（DICE）模型的基础上将技术进步内生化，并弥补 Nordhaus 型损失函数无法刻画灾难性气候损害的短板（Dietz and Stern，2015）；将不可逆的气候临界点纳入代表性 IAM 框架，构建随机版本的 IAM，从理论上丰富多重不确定性的处理方法（Dietz et al.，2021；Lemoine and Traeger，2014）。此外，IAM 与分布式鲁棒优化框架的结合也是一种创新性地处理模型不确定性的新思路，这种方法可以摆脱对参数赋予概率分布的局限，给出保守的气候政策评估结果，从"底线思维"角度丰富气候经济学理论。

1.3.3　气候政策优化与目标评估

气候政策是内化外部性的关键手段。理论上，最优碳价格（碳税或碳市场均衡碳价）应该等同于 GHG 排放的边际损害，因此，经济学家普遍认为从成本有效的角度看，碳定价可能是最优（first-best）的政策选择，而其他政策，如对"绿色技术"（如风能、太阳能、电动汽车等）的针对性补贴和行政性措施（如禁止石油加热、制定排放性能标准等），尽管在决策者中颇受欢迎，也被广泛应用于许多国家的气候变化行动中，但很可能是次优（second-best）的选择。例如，德国的清洁能源发展长期依赖于对风能和太阳能的直接补贴，而英国则从 2013 年 4 月 1 日起，在欧盟排放交易系统（EU-ETS）配额价格的基础上，引入了单边碳价支持机制（CPS），逐步将英国电力行业的碳价格提高到 30 欧元/tCO$_2$ 以上。德国和英国电力部门的比较研究表明：从减排和成本有效性角度看，只要碳价格足够高，碳定价政策就优于补贴等财政支持政策（Gugler et al.，2021）。

气候政策的目的是保证《巴黎协定》温控目标的实现，以避免触发气候临界点，造成灾难性气候损害。《巴黎协定》的核心内容是确立了到 2100 年将全球平均温升限制在 2℃ 以内的目标（相较于工业化前的水平），并努力把温升控制在 1.5℃ 以内。当前，全球约 70% 的国家或地区已提出或正在制定碳中和目标，覆盖近 85% 的碳排放量。可以预期，若各国的碳中和目标如期达成，那么《巴黎协定》提出的气候目标，特别是 2℃ 温控目标将具有较高的可行性。但事实上，当前全球平均温升已经超过 1.1℃，而目前的温室气体总排放依然在稳定增加，且高碳经济增长路径的锁定效应使得未来相当长时期内的排放量仍将继续增长，由此，1.5℃ 目标可能很难实现，且经济代价或将是难以承受的（Mitchell et al.，2016；Hof et al.，2017；Méjean et al.，2019），甚至要求大规模侵入性政策的干预，而这些干预如果实施的话存在滥用民主决策的嫌疑（Depledge，2010）。因此，除非未来能源总需求维持低位，且负排放技术规模化可期，否则达成该目标的可行性窗口实际正在关闭（Rogelj et al.，2015a）。有研究甚至指出 21 世纪内温升幅度低于 2℃ 的概率也很低（5%），而基本不可能低于 1.5℃（Raftery et al.，2017）。事实上，缺乏额外的金融支持、盛行的单边主义、持续恶化的社会经济和生物物理条件都将引起温控目标的失效（Nieto et al.，2018）。从成本角度看，对比预期国家自主贡献（INDC）目标的达成，实现 2℃ 温控目标的社会经济成本将高出 2～3 倍，而 1.5℃ 目标的实现则高出 3～5 倍（Hof et al.，2017；Vrontisi et al.，2018）。

第2章 社会经济视角下的碳中和研究

碳中和是指人为活动排放的温室气体通过一定的形式，如节能减排、植树造林、碳捕集与封存技术等实现正负抵消，达到相对"零排放"。中国的碳中和愿景与全球层面的净零排放目标具有较好的一致性，不仅对《巴黎协定》下全球气候治理新模式的形成意义重大，也是中国推进绿色经济高质量发展转型的核心驱动。本章将围绕碳中和主题开展两方面研究，其一是利用文献计量的方法从社会经济模型的角度较为系统、全面地对当前与碳中和相关的学术论文进行深入分析，挖掘出三个主要研究方向，即部门整合、碳捕集与封存和生物质能的组合（BECCS）技术以及综合评估模型。其二是重点对碳中和经济学研究的主流方法——基于综合评估的多模型比较进行分析，理清了该方法体系在碳中和研究中的热点和前沿的议题，分析其在处理政策不确定性结果方面的优势，并给出了未来方法论发展和鲁棒的政策评估的方向。

2.1 研究背景

通过对 2019～2022 年关于碳中和及零碳排放领域的 2158 篇学术论文进行文献计量分析，可以发现其中关于定量社会经济模型的研究评论仍然有限。为了解决这个问题，有必要对碳中和研究进行全面回顾，从社会经济模型的角度系统、协同地回顾现有文献。因此，在本章中，定量社会经济领域的碳中和程度是通过三个主要研究方向来评估的，即部门整合、BECCS 技术以及综合评估模型。研究结果表明，部门整合，包括部门内部和部门之间的整合，可被视为实现碳中和的关键节点。作为目标驱动的结果，BECCS技术可以通过改善技术和社会经济问题来减少碳排放，从而有效地将温升限制在 1.5℃以下。以综合评估模型为代表的主流方法被广泛用于实现与《巴黎协定》相一致的气候目标的路径选择，特别是多模型分析方法。本章通过定量分析中的系统框架，对以模型驱动的碳中和社会经济研究提供了清晰的认识，概述了潜在的差距和挑战，并以协同的方式提供了可能的见解和启示。

近十年来，碳中和综述文章的演进路径主要有六大研究领域。2010～2020 年，出版物的数量逐渐增加，2019～2022 年更是剧增了 269%，而且社会科学类出版物也逐渐吸引了更多的关注，增加了 168%。本书对 2012～2022 年的碳中和研究评论的关键词进行了聚类（图 2-1）。结合研究方向的演变，研究时间被分为了三个阶段。

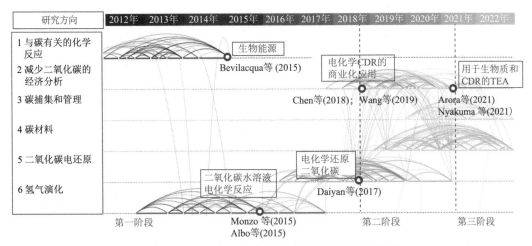

图 2-1　2012～2022 年碳中和相关研究综述的时间线

　　在第一阶段（2012～2018 年中期），综述研究主要集中在自然科学方面。与碳有关的化学反应，包括羧化、脂肪酸氧化、脱碳、碳氢化合物生成是当时主要的研究方向，为后续脱碳技术的发展奠定了坚实的基础。在这些化学反应中，2012～2017 年出现了氢气演化的研究方向。研究人员进行了在极低的过电压下还原二氧化碳水溶液的实验，由此引发了一波关于二氧化碳水溶液电化学反应的研究，如电催化活性的提升（Monzo et al.，2015）和电化学转化产物的研究（Albo et al.，2015）。基于电化学反应相关的理论研究，2016 年出现过二氧化碳电还原和其他二氧化碳去除技术（CDR）的研究（Bevilacqua et al.，2015）。

　　第二阶段（2018 年中期至 2021 年中期），随着技术的改进和完善，研究人员逐渐将注意力从自然科学转向社会科学。例如，由于相关电化学除碳技术的发展，此阶段出现了一系列关于除碳商业化的战略和政策。同样，由于在第一阶段中生物能源（Bevilacqua et al.，2015）和 CDR 的发展，一些能源行业特别是生物质能的技术经济分析（TEA），如针对微藻类（Arora et al.，2021）和水稻（Nyakuma et al.，2021）的相关研究受到了学者的极大关注。此外，其他管理工具，如供应链管理（Rodrigo et al.，2021）、系统工程和生命周期评估（Ioannou et al.，2021）也在这一时期出现。

　　在第三阶段（2021 年中期至 2022 年），关于社会科学的碳中和评论是多元化的，不再仅仅只关注商业和经济。出版物的数量一直在增长，出现了一个庞大却零散的文献流。这个新的社会科学研究流在 2021 年下半年出现，为黑色圈圈出的新集群（图 2-2（b））。在这个新的研究潮流中，一些零散的研究点而不是某个集群被展现了出来，其中包括单一部门的减排计划、单一的综合评估模型等（更多模型细节请见附录 1、附录 2）。例如，目前中国的大部分研究更多关注的是国家自主贡献的任务，而不是不同目标方案之间的比较（Zheng et al.，2021）。

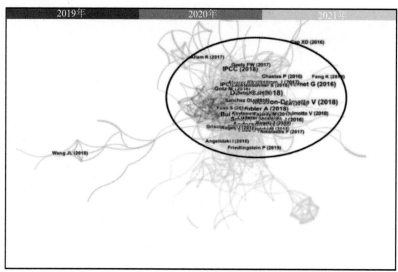

(a)时间跨度：2019~2021年中期

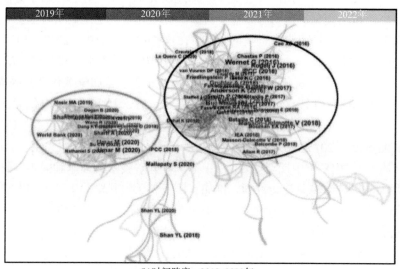

(b)时间跨度：2019~2022年

图 2-2　2019～2022 年出现的新趋势

2.2　方法介绍

根据之前的大量研究，本节采用文献计量学和评论分析以量化趋势和突破；并进一步确定文章，要求以恰当的方式处理该专题，进行开拓性、里程碑式和前沿性的工作。

2.2.1　数据检索

引文数据是通过科学网收集的，科学网提供了快速而强大的全球领先引文数据库，其多学科的内容涵盖了 12000 多种最具影响力的期刊。基于科学网平台，我们开展的数据收集工作主要包括三个步骤。

第一步，查询内容、查询归档标签，其中布尔运算符被用来通过表 2-1 中的粗略查询标准进行基本的数据查询（Creutzig et al., 2021），我们在第一步就得到了 2711 份数据。

表 2-1　科学网的查询标准

查询模块	布尔运算符查询内容
主题	碳中和* OR 碳-中和 OR 碳中性 零碳排放* OR 零-碳排放 OR 净-零碳排放 OR 净零碳排放
时间跨度	2019-01-01 至 2022-03-07　（出版日期）
文件类型	文章 OR 评论文章
数据库	科学网核心合集
研究领域	社会科学

第二步，以社会科学定量研究为目标，在研究领域的查询模块中定义了更精确的类别和相关的研究方法。在此情况下，某些细分的社会科学领域和量化方法被选在社会科学的类别下。详细的查询表达方式如表 2-2 所示。通过这两个步骤，收集了 2285 条工作记录数据。

表 2-2　科学网中详细的查询标准

查询模块：研究领域	布尔运算符查询内容
细分的社会科学领域	商业经济学 OR 公共环境职业卫生 OR 政府法规 OR 公共管理 OR 教育教学研究 OR 社会问题 OR 交通运输 OR 社会工作 OR 社会学 OR 国际关系 OR 社会科学其他话题 OR 行为科学 OR 城市研究 OR 人类学 OR 发展问题研究 OR 地域研究 OR 历史
量化方法	信息科学 图书馆学 OR 运营研究 管理科学 OR 社会科学中的数学方法

第三步，数据清理工作，包括消除不合理的机器分类结果并删除破损的数据，形成包含 2158 条记录的原始数据集。

2.2.2　研究方法框架

CiteSpace（图 2-3）的文献计量学分析过程由六个步骤组成，CiteSpace 是一个基于 Java 环境的统计分析工具。

图 2-3　CiteSpace 的六步文献计量学分析过程

（1）数据检索。数据检索过程是 CiteSpace 视觉分析的第一步和基础，为了获得较好的结果，更好地显示数据之间的关系，我们有必要保证所选数据的质量。

（2）数据预处理。通过时间切片、阈值选择、剪切和合并等数据处理过程，可以去除无用数据，进一步提高数据质量。剪切和合并是一个可选的步骤，可以减少复杂网络中的链接数量。在关键词共现分析中，我们采用探路者算法来修剪密集网络。对于一个给定的网络，人们可以推导出一个独特的探路者网络，其中包含原始网络中所有的备选最小生成树（MST）。给定一个度量空间，三角不等式可以定义为

$$w_{ij} \leq \left(\sum_k w_{n_k n_{k-1}}^r \right)^{1/r} \qquad (2\text{-}1)$$

其中，i 和 j 为文献网络中的任意两篇文献；w_{ij} 为 i 和 j 之间直接路径的权重；r 为给定网络上的闵可夫斯基（Minkowski）距离，用于测量两个节点的路径长度；n_k 和 n_{k-1} 为 i 和 j 之间的两个节点，$w_{n_k n_{k-1}}^r$ 则是这两个节点之间路径的权重。如果 w_{ij} 大于备选路径的权重，那么从 i 到 j 的直接路径就违反了不等式条件，将被删除。

（3）构建关系网络。一个主体的关系网络首先是用图论方法得出的，可通过 CiteSpace 来实现（Chen，2004）。CiteSpace 提供各种分析元素，如关键词和作者，对于选定的分析元素，它将建立关系网络。我们可以从不同的角度来构建关系网络，如作者和引文条款之间的关系。在本书中，CiteSpace 被用作共同引用和关键词共现网络的可视化工具。共同引用分析，即寻找有类似学术方法的作者，是一个确认研究热点的有效方法。通过对共引频率的统计，形成一个二维原始矩阵，即共引频率矩阵，共引频率矩阵是一个对称矩阵，非主对角线上的数值是共引次数。主对角线上的数据可定义为缺失值，此外，对关键词的共现性分析是展示一段时间内新出现的研究趋势和主题的重要方式。关键词的变化有助于更深入地了解所追踪的研究领域的情况。基于 CiteSpace 的关键词共现性分析包含两个主要程序：首先，提取关键词，对其进行分离和分类以计算频率；其次，获得用于分析关键词共现性的关键词共现矩阵（Chen，2004，2006）。

（4）数据规范化。在选择构建网络的分析要素后，有必要进行一次数据规范化的处理。将原始矩阵规范化的过程是为了消除高引用率对象与那些相似的但很少被引用的对象之间的规模差异，并获得更易于解释的结果。相似系数通常用于衡量分析对象之间的相关程度。CiteSpace 介绍了以下相似系数算法，包括余弦相似度、Jaccard 相似度、Dice 相似度。本书中采用余弦相似度，其表达式如下：

$$\cos\theta = \frac{\sum_{i=1}^{n}(A_i \times B_i)}{\sqrt{\sum_{i=1}^{n} A_i^2} \times \sqrt{\sum_{i=1}^{n} B_i^2}} \qquad (2\text{-}2)$$

其中，A_i 和 B_i 为两个对象；n 为对象个数。

（5）数据可视化。数据可视化是最重要的部分之一。这一步使用各种聚类算法通过选定的分析元素构建关系网络图。聚类分析是最常见的可视化技术之一，按照一定的聚类算法将研究对象分类，可以使结果更加直观。CiteSpace 提供了各种可供选择的聚类算法，包括 LLR（对数似然比）、LSI（潜在语义索引）、MI（相互信息）等。在本书中

应用的是 LLR 算法，其表达式如下：

$$\text{LLR} = \log \frac{p\left(C_{ij} \mid V_{ij}\right)}{p\left(\bar{C}_{ij} \mid V_{ij}\right)} \qquad (2\text{-}3)$$

其中，LLR 为单词 W_i 中 V_{ij} 特征的对数相似度；V_{ij} 为类别 C_{ij} 中单词 W_i 的词频、集中度、分布等特征；$\bar{C}_{ij}$ 为 C_{ij} 的逆事件或对立事件；$p\left(C_{ij} \mid V_{ij}\right)$ 和 $p\left(\bar{C}_{ij} \mid V_{ij}\right)$ 分别为密度函数。

（6）结果分析。下面将围绕文献共引、关键词共现以及具体研究方向展开分析。

2.2.3　共引分析

一个主题的共同引用网络如在 CiteSpace 中实现的那样，首先是用图论方法得出的（Chen，2004）。在共同引用网络中，一个节点代表一篇文章、作者或关键词，两个节点间的链接代表这两篇文章、作者或关键词被另一篇文章共同引用的情况。本章中使用 CiteSpace Ⅱ 对 2019 年 1 月 1 日至 2021 年 7 月 1 日的数据进行了聚类分析和可视化处理，跳过了步骤（2）中的剪切和合并。

从时间维度上看，从 2019 年到 2021 年中期，主流研究方向发生了巨大的变化。该网络可分为 15 个共同引用的集群，这是由引文的索引词标记的（图 2.4）。2019 年的研究主要是围绕#0 部门整合（sectoral inteqration）；2020 年，研究人员将注意力转向#3 综合评估模型（integrated assessment model）；而在 2021 年，除了这些之前的研究方向外，还出现了有关#2 BECCS 和#4 建模（modelling）的研究方向。

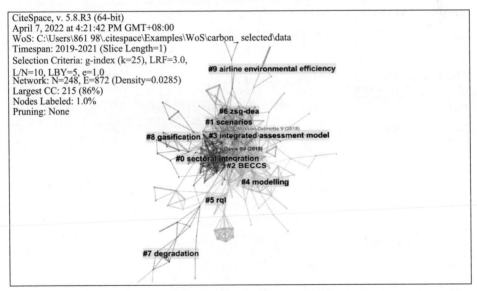

图 2-4　研究领域分析（紫色、橙色和黄色区域分别代表 2019 年、2020 年和 2021 年的数据）

表 2-3 提供了前五个聚类结果，包括情景、综合评估模型和建模在内的聚类结果表明：定量的社会科学研究在这个阶段主要是模型驱动的。因此，我们将从社会经济建模的角度来分析这些大的集群，在 2.3 节中也会详细分析这三组集群（情景、综合评估模

型和建模）。部门整合可被视为关键节点；BECCS 可被视为目标驱动的结果；而综合评估模型可被视为主干方法。

表 2-3　主要的集群信息

聚类编号	标记	规模大小
#0	部门整合	34
#1	情景	34
#2	BECCS	28
#3	综合评估模型	24
#4	建模	22

2.2.4　共引文章的转折点

本节在共同引用的参考文献研究的基础上进一步分析了转折点。在可视化的共同引文中，可以观察到有一些点连接着两个或多个不同的集群，如图 2-5 中的紫色圆圈所示。对转折点文献的分析可以促进总结，清楚地把握研究方向的变化。Davis 等（2018）、Anderson 和 Peters（2016）是图 2-5 所示的关键节点，其规模之大与多个集群都有关联。Davis 等（2018）将#0 部门整合和#2 BECCS 联系起来，Anderson 和 Peters（2016）也是#3 综合评估模型和#2 BECCS 之间的一个联系。此外，虽然 IPCC（2018）、Bui 等（2018）的规模较小，但它们也将一些不同的集群作为节点连接起来。

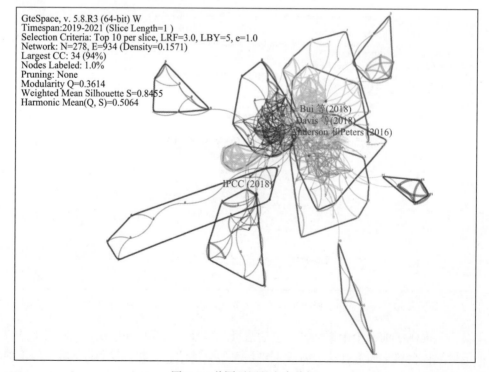

图 2-5　共同引用的文章分析

2.2.5　关键词共现分析

对关键词共现性的分析是展示一段时间内新兴的研究趋势和主题的一个重要方式，而且关键词的变化有助于追踪研究领域的动态变化。正如我们所提到的，从 2021 年中期到 2022 年出现了一个新的关于社会科学的研究集群，CiteSpace 的关键词共现分析（图 2-6）将有助于揭露最新的热点方向。表 2-4 中列出了最热门的关键词，其中碳排放和温室气体排放仍然是热门话题。此外，公众参与、支付意愿、社会技术转型和企业可持续发展等话题现在成了新的热点。我们将在后面进一步总结这一阶段并提出新的关键词。

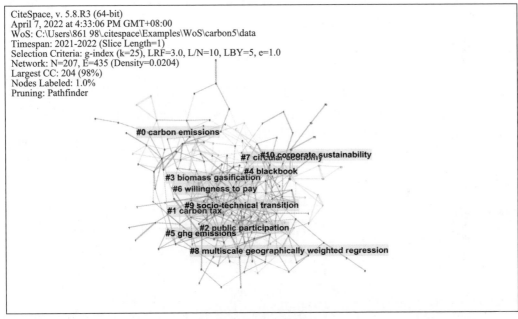

图 2-6　最新词汇分析

图中各聚类名与表 2-4 中"标记"列对应

表 2-4　2021 年的主要引文信息

聚类数据	标记	规模大小
#0	碳排放	32
#1	碳税	26
#2	公众参与	22
#3	生物质气化	21
#4	黑皮书	20
#5	温室气体排放	19
#6	支付意愿	17
#7	循环经济	16

续表

聚类数据	标记	规模大小
#8	多尺度地理加权回归	14
#9	社会技术转型	9
#10	企业可持续发展	8

2.3　主流研究分析

在量化的文献计量以及合格的评论分析的基础上，对三个主要研究方向进行的分析和总结代表了碳中和领域的重要进展。

2.3.1　研究方向 1：以行业整合为关键节点

针对 IPCC 发布的报告（IPCC，2018），根据之前关于共同引用论文中的转折点部分，研究热点从单一行业部门转向多行业部门，包括行业之间和行业内部。结果表明，加强传统发电部门和不同的能源密集型终端使用部门，特别是建筑、工业和运输部门之间的整合和互动，是实现多行业部门能源系统完全脱碳，将温室气体净排放量降至零的关键因素。图 2-7 详细介绍了行业整合框架。

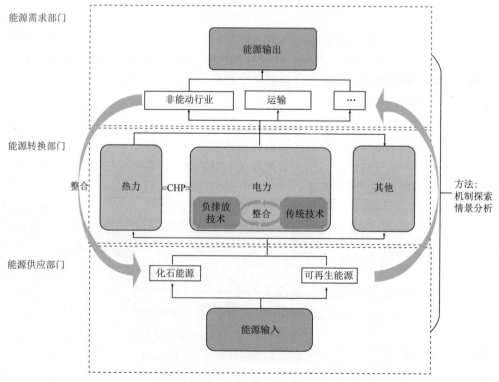

图 2-7　行业整合框架

1. 行业间的整合

在最近的研究中，行业整合引起了广泛关注。由于从能源开采到用户终端的过程依赖于多个部门的合作，这意味着行业整合将在提高效率和减少排放方面发挥关键作用，并引出了关于其机制分析的热点问题。例如，在将海水淡化和非能源工业气体部门纳入电力系统后，尼日利亚的电力成本急剧下降（Oyewo et al.，2018）。而灵活的跨行业消费者在欧洲电力市场基本面出清中扮演着重要角色（Haertel and Korpas，2021）。这些研究显示，零碳合成的间接能源载体在新的和现有的跨行业应用中为长期温控目标下的能源替代提供了有效的软连接和硬连接。在硬连接中，所有的信息和互动都是以编程方式自动进行的；而对于软连接，信息的传递和控制是由模型用户完成的。例如，在优化模型 TIMES-Japan 中，太阳能和风能发电量的扩大、电力和电网系统以及建设行业部门是通过软连接的方式进行耦合的（Kato and Kurosawa，2018）。

在研究结果的基础上，研究人员利用评估模型设置了情景分析。具体来说，我们使用最低成本的产能扩张模型 PyPSA-Eur-Sec（Python for Power System Analysis -European-Sector）来表示一个全面的行业整合方法，包括电力、供暖和陆路运输，同时在建模过程中考虑了空间和时间的高分辨率（Zeyen et al.，2021）。此外，还构建了跨行业的综合措施，将详细的能源技术和温室气体减排战略结合起来。Wang 等（2020a）通过发展一个跨行业能源及排放技术优化模型来分析温室气体减排的净零情景，该模型由能源需求模块、温室气体排放清单模块、空气污染物排放清单模块和成本核算模块组成。然而，行业整合的研究方向目前仍是一个关键的节点，对于其中的一些问题，如整合部门的灵活性，研究人员仍缺乏理解，需要在将来解决。

2. 行业内的整合

此外，能源转换行业内的整合在提高效率和减少排放方面发挥了关键作用。在电力系统中，各电力部门也需要进行整合，以实现成本最优的低碳能源组合。采用负排放技术（NET）的典型电力系统之一是加拿大艾伯塔省的电力系统，该模型包括了传统能源和低碳技术，如煤、天然气和生物质能（Palmer-Wilson et al.，2019）。法国的模式也能以最低的社会成本规划最佳的 NET 组合，并且它显示在能源组合中如果有大约 75% 的可再生能源则是最佳选择（Shirizadeh and Quirion，2021）。作为比较，美国的发电系统 MISO（midcontinent independent system operator）可被视为一个基准的传统综合系统（Carlson et al.，2012）。表 2-5 提供了三个具有代表性的优化模型的技术细节。

表 2-5　优化模型的详细信息

详细信息	OSeMOSYS	EOLES_elec	MISO
地点	加拿大	法国	美国
建模方法	线性规划（LP）	线性规划	混合整数规划（MIP）和线性规划
目标	最低成本，包括资金成本、运营成本和碳税	最低社会碳成本	总成本最小化：发电和空载成本、启动成本、调控和应急储备成本最小
技术	13 项技术，如煤炭、煤炭-CCS、CCGT-CCS 等	8 项技术，如海上风力发电、核能发电等	主要是火力发电

详细信息	OSeMOSYS	EOLES_elec	MISO
假设	所有活动都发生在一个单独的、孤立的节点上；一年中选择六个有代表性的时间	将法国视为一个单一节点；需求是没有弹性的	两项优化： 安全约束的单位承担（SCUC）； 安全约束的经济调度（SCED）
资料来源	（Palmer-Wilson et al., 2019）	（Shirizadeh and Quirion, 2021）	（Carlson et al., 2012）

注：CCGT（combined cycle gas turbine，联合循环燃气轮机）。

从表 2-5 中，我们可以得出结论，与面向火电的传统优化研究相比，这些应用 NET 的电力系统考虑到了碳排放目标，包括碳税、使用常规发电和碳减排技术的组合。虽然线性规划在节约时间和存储方面有很大优势，但混合整数规划能够获得详细的技术-经济特征，并在很大程度上提高准确性。此外，新的综合型低碳发电系统需要考虑多节点的联系和时间段，特别是在大型且复杂的系统中。

在热能系统中，热电联产（CHP）是提高能源效率和减少温室气体排放的典型清洁节用能方案之一。CHP 系统使用热机或发电站来生产蒸汽和电力，这可以显著减少对集中电网的使用。一个名为 MARKAL 的混合整数规划模型被用来以最低成本寻找满足终端能源服务需求的解决方案。研究结果表明，与单原动机系统相比，CHP 可以在未来的低碳能源系统（Kaplan and Witt, 2019）以及其他技术，如供暖系统中的地热泵（Liu et al., 2019）中发挥重要作用。

2.3.2 研究方向 2：BECCS 作为目标驱动的结果

减排可能取决于目前分散的能源行业之间的协调部署和业务整合。特别是在钢铁和水泥行业，尽管一些替代工艺可能会避免碳的排放和使用（Davis et al., 2018），然而，除非这些替代方法被证明有效，否则减排仍取决于 CCS。2.2.3 节中提到的 Davis 等（2018）可被视为连接行业部门整合和 BECCS 的一个标志性节点，其非常重视行业整合在零碳排放中的作用，并针对温室气体减排提出了深刻见解。能源服务和工业流程（长途货运、航空旅行、高度可靠的电力），以及钢铁和水泥制造业都面临着如何避免二氧化碳排放的困境。

BECCS 是捕获并永久储存生物（有机物）能源产生的二氧化碳的过程。而且 BECCS 作为一种以减排为目标的有效措施，其相关的研究方向近年来逐渐受到关注（图 2-8）。

1. 除碳技术

作为一种关键的技术方法，除碳技术的讨论是围绕能源脱碳的研究热点之一。而对于除碳技术，则有消极和积极两种态度。

支持 CCS 的学者强调技术在碳减排中的重要性（Duan et al., 2021）。因此，他们做了一系列的研究，在假设 NET 已经实施的情况下探讨结果。瑞典的一个研究案例表明，该国有相当大的潜力通过捕获生物排放物并将其储存在地质上来实现除碳的目标。他们的研究结果与人们普遍持有的观点不同，认为实现碳减排目标的最主要障碍不是技术上的问题，而是管理和经济方面的因素导致了生物能源与 BECCS 结合应用面临不利的情况（Fuss and Johnsson, 2021）。同样，爱尔兰地区脱碳的关键影响因素是社会成本，而非

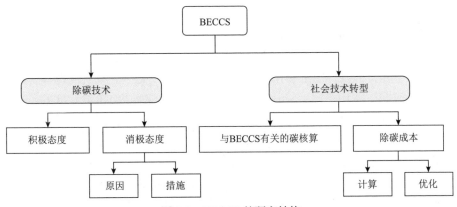

图 2-8　BECCS 的研究结构

技术可行性（Pye et al.，2021）；而长期的保障和政治稳定对于在印度部署 CCS 至关重要（Gupta and Paul，2018）。因此建议提高认识，采取有力的政策支持以促进 CCS 的实施。应用于这些国家的 CCS 技术表明，部署 CCS 技术必须考虑到社会和政治成本。仅当 NET 的成本对政府和社会具有经济吸引力时，特别是在更大规模上，它才可能发挥减缓碳排放的作用。

尽管如此，仍有很多学者对这项技术不抱太大期望，因此，他们更加重视减少对其的依赖。2.2.4 节中提到的 Anderson 和 Peters（2016）作为一个里程碑式的节点，认为 NET 不应成为缓解议程的基础，因为它并没有成功地消除二氧化碳的排放，并且没有提供这个问题的详细解决方案。面对技术准备问题和潜在的高昂成本，是否可以依赖 NET 实现减排目标还不确定。在本章内容的影响下，研究人员开始关注如何减少对除碳技术的依赖。导致关键行业活动需求减少的政策将减少对无法大规模应用的除碳技术的依赖（Sharmina et al.，2021），而生活方式的改变则对除碳技术和实现气候目标至关重要（Costa et al.，2021）。尽管对 NET 的研究持有不同观点，或积极或消极，但社会方面的影响是不可忽视的。赞成方强调经济和社会方面的阻碍要大于技术阻碍，而反对方则强调社交生活的重要性，如生活方式的转变。

2. 社会技术转型

除了比较重要的除碳技术问题外，研究者还非常重视与 BECCS 相关的社会技术转型问题。在促进社会技术转型方面，BECCS 相关的碳核算方法引起了越来越多的关注。由于 BECCS 是一项新兴技术，如果没有太多强有力的激励措施，它仍将是一个小众市场。采用统一的 BECCS 核算框架是开拓市场的重要一步。BECCS 的每个组成部分，包括生物质能的增长、运输和加工、与碳循环的相互作用等，都需要标准化的核算步骤或框架（Torvanger，2019）。在 BECCS 相关的碳核算领域，大多数研究都集中在如何将碳核算标准化，并提供可能的计算方法或框架。与 BECCS 相关的核算问题有五个：

（1）估算整个系统的排放/清除量变化；

（2）非长期性；

（3）"无过冲"与"过冲和去除"的不等价性；

（4）核算 NET 的激励措施；

（5）排放移除量的时间分布（Brander et al.，2021）。

要解决这些问题，国家之间、地区之间的合作至关重要。

除了碳核算外，在 NET 的广泛部署中，各种除碳成本也是必不可少的。虽然 BECCS 可以在实现碳中和方面发挥重大作用，但在经济上可能不是一个有利的选择。例如，根据计算，欧洲钢铁厂使用 BECCS 消除二氧化碳的平均成本为 93 美元/tCO$_2$（Mandova et al.，2019）。但在未来，降低 CO$_2$ 捕获成本的机会可能会出现。例如，根据 2050 年的估算价格，生物质合成天然气的成本（73 美元/（MW·h））将低于常规的天然气（87.57 美元/（MW·h））（Di Salvo and Wei，2019）。

此外，研究人员还提出了一些优化措施以降低除碳成本。NET 的成本很难在短时间内大幅降低，这意味着要提高这些技术在市场上的竞争力，那么政策激励和节约成本方案措施是不可避免的。刺激经济的投资组合，如碳价和税收减免，对确保 NET 的成本竞争力很有效。优化研究表明，政策激励在对减排影响的优先顺序中排第一，其次是上网电价和税收减免。事实上，综合经济手段是更有效的方法，因为政策激励措施具有不确定性和时间敏感性（Sproul et al.，2020）。此外，降低生产成本也可以作为一种实质性的方式，因为有证据表明，在有排放定价的情况下，与燃料消耗和生产相关的运营成本应显著降低。在成本分析中，优化方法被广泛采用来寻找 NET 的最佳组合（Torvanger，2019）。

2.3.3　研究方向 3：以综合评估模型为核心的气候经济分析

综合评估模型（IAM）可被定义为跨多个学科和系统的大规模优化和仿真模型，用于系统地阐述问题的基本结构和解决方案。IAM 是气候政策评估的主要分析工具，在净零碳排放和碳中和的相关研究中一直很受欢迎（Duan et al.，2019a）。与以前的文献相比，本节将揭示 2019~2021 年研究的最新特点。

1. IAM 的研究方向

近年来研究方向的总体分布相似，但仍出现了一些变化（图 2-9）。可以发现，IAM 的主要研究重点仍在环境科学生态学、商业经济学和能源燃料等领域，而商业经济学的比重在 2019~2021 年有所上升。而且，人们对地理学的关注也越来越多。

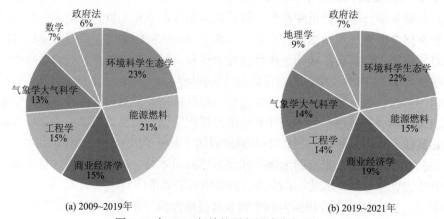

(a) 2009~2019年　　　　　　　(b) 2019~2021年

图 2-9　与 IAM 相关的研究领域分布的演变

以往的研究主要集中在 IAM 的建立和完善上，如 DICE 模型、全球变化评估模型（GCAM）、全球环境综合评估模型（IMAGE）、区域碳评估（PCA）模型等（表 2-6），对已有模型进行更新，在新的场景下寻找深层次的应用。例如，《巴黎协定》提出的目标是要将全球平均变暖（气温上升）控制在 2℃或 1.5℃以下，此后，IAM 对 1.5℃目标的新情景的研究逐渐增多。除了扩展模型外，与 IAM 相关的研究还融入了 NET 来进行比较和关联分析，特别是研究 NET 对模型评估的影响（Duan et al.，2021）。

表 2-6 IAM 研究摘要

模型名称	来源	摘要概述
DICE	Bastien-Olvera 和 Moore（2021）	自然界的使用和非使用价值对气候政策的重大影响
GCAM	Pan 等（2020）	短期减排对中国长期能源转型的影响
IMAGE	Sharmina 等（2021）	一个新的框架来分析和追踪四个脱碳困难的关键部门的减排进展
AIM/Enduse	Xing 等（2021）	中国建筑业为实现 NDC 提出的二氧化碳减排目标所做的努力
PCA	Huang 等（2020）	城市地区生命周期的碳特征
GETClimate& DICE	Johansson 等（2020）	生成并比较符合两种不同气候目标的具有成本效益的排放途径
Multi-IAMs	Rickels 等（2019）	展示了一位匿名专家调查的结果，该调查涉及 NET 在未来气候政策中的作用以及当前模型中的各项技术
Multimodels	Duan 等（2021）	将全球平均温升控制在 1.5℃以下，对中国的排放路径、能源结构和脱碳意味着什么

2. 强化 IAM 中的 CCS 模块

近年来，在对 CCS 和 IAM 讨论的启发下，通过强化 CCS 模块，扩展了众多综合评估模型。一个研究小组调查了关于 BECCS 在温室气体减排过程中的观点，发现尽管 BECCS 是可行的减排途径，但在全球范围内仍存在很大的局限性。因此，减缓议程应以 BECCS 仍是一种高度投机的技术为前提来进行。BECCS 在 IAM 的排放情景中被大量应用，但其部署的不确定性与 IAM 的完美预期假设相违背。如果 NET 不能达到 IAM 设定的规模，那么在地理上和经济上将导致气候易损的低排放社区最受影响（Anderson and Peters，2016）。

此外，CCS 在 IAM 框架中扮演的角色越来越重要。建模界逐渐意识到，BECCS 应被视为更广泛地减缓碳排放的组合方法中的一部分，而不应是碳减排的紧急替代措施。以 IMAGE（Stehfest et al.，2014）对长期能源系统的前瞻性展望（Despres et al.，2018）为例，IAM 中的 CCS 的设置涉及多个模块，如气候、能源、土地利用（包括林业和农业）等。此外，CCS 在其他模型中也被普遍涉及，例如，在亚太综合评估模型/可计算一般均衡模型（AIM/CGE）中，给定了一个安排 CCS 技术的基本信息表（Fujimori et al.，2012），其中包含了详细设置的起始年份和安装速度（中、高、低）。然而，研究人员仍应专注于创新 IAM 中的 CCS 耦合机制。考虑到负排放的规模，新构建的情景框架普遍被用来提供一种逻辑手段，使得研究结果能在所预期的温度下，作为一个可独立变化的数据，来分析未来的除碳部署。

3. 基于 IAM 的多模型比较

随着建模技术的进步，IAM 得到了长足发展并且覆盖了广泛的领域。然而，若是在模型设置、参数估计和关键变量的数值假设方面存在显著差异，则可能会导致不同 IAM 之间的结果存在差异，即使是针对同样的问题。考虑到不同 IAM 的结果可能存在差异，多模式比较（MMC）是研究气候政策的先进方法之一（Duan et al., 2019a）。

目前研究人员已经意识到 MMC 可以应用于当前的碳中和研究，并通过 GETClimate& DICE 分析了负排放和净负排放的作用（Johansson et al., 2020）。我们从几个方面采访了 18 位 IAM 专家，涵盖了 NET 的重要性、技术的限制和代表，以及未来可能的模式创新（Rickels et al., 2019）。在碳税问题上不仅使用了 8 个 CGE 模型进行对比（Cao et al., 2021），也利用了 9 个 IAM 对实现 1.5℃升温上限的稳健路径进行了对比（Duan et al., 2021）。然而，以 MMC 为主要方法的研究仍然十分有限。比较模型的选择有两种常见的研究范式：同源模型（如 CGE 模型）和互补模型（如自下而上模型和自上而下模型的结合）。前者可以相互验证，有助于总结主要趋势，而后者可以在复杂的政策场景中提供多视角的解决方案，其中的利弊权衡取决于具体情况。

2.3.4　潜在研究方向

公众参与、支付意愿、社会技术转型等新型关键词反映了学者对碳中和途径中经济和社会科学因素的关注，这也是大多数被评论的研究工作的一个共同点。对于能源行业的转型，像清洁能源或者新技术的应用（Cronin et al., 2021），公众的态度有时是决定性因素。正如在 2.3.3 节中提到的那样，在决定是否支持 NET 方面，社会和经济障碍可能要大于技术的不确定性。英国、荷兰、爱尔兰等部分发达国家（Broecks et al., 2021；Cronin et al., 2021）的受访者对 CCS 的实施是持中立到较为积极的态度的，而中国等发展中国家的受访者（Xu and Dai, 2021）则持较为消极的态度。这样一来，一些研究就分析了可能的原因，为悲观的公众提供了可能的激励。Wenger 等（2021）发现，这种中立的态度可能是由于公众对 NET 不熟悉，而公众对 CCS 和定期态度监测的讨论可能会解决这个问题。此外，高昂的转换成本也可能是降低民众支付意愿，导致大众持拒绝或冷漠态度的一个重要原因。对巴西碳中和牛肉案例的研究发现，对于消费品中的碳中和概念，消费者对夸张的道德标准或可持续性主张普遍持怀疑态度，因此意愿较低（Lucchese-Cheung et al., 2021）。溢价支付意愿的大小与收入、性别、年龄和受教育程度有关（Wenger et al., 2021），而税收优惠和政府采购政策会提高公众对新能源汽车（NEV）等环保产品的购买意愿（Liu et al., 2022a）。

2.4　见解和影响讨论

上述的三大研究方向阐明了知识差距和所面临的挑战，并在此基础上提出了解决差距和应对挑战的独特见解和方法，以推进未来的工作。

　　首先，在实现行业部门一体化的道路上仍然存在一些障碍。具体来说，行业整合会使组织变得更大，从而降低部门的灵活性。在这种情况下，实现部门整合的核心区别是确定如何稳定高效地保证多部门满足一定的时间限制等约束（Haertel and Korpas，2021）。鉴于目前包括工业、农业、林业等部门通常分布在不同区域的情况，各区域之间的联系有望被用来支持部门一体化。例如，可持续性资源的转移，特别是从农村向城市能源系统运输途中产生的生物废料和残留物，在低碳城市的能源系统中具有重要意义（Kilkis et al.，2020）。此外，行业整合需要根本性的改革，如何实现基础设施和工作人员跨行业部门的顺利对接至关重要。对于监管机构来说，确保市场的可用性，并能够促进灵活的消费行为是一个严峻的挑战（Haertel and Korpas，2021）。

　　其次，迄今为止，对 BECCS 的研究主要集中在技术和物质潜力上，然而许多实例表明，经济和政治努力对 BECCS 的部署具有重要的影响。目前，大规模造林和 BECCS 的可行性、复杂性尚不明确，这意味着该领域的研究亟待开展。例如，在今后的研究中应考虑克服这些障碍的敏感性分析，如对碳吸收存在显著差异的生物质能发展成本的敏感性分析（Mandova et al.，2019）。此外，鉴于技术的不确定性，在加强监管水平的基础上，政府的技术专长和公共承诺可以成为社会技术转型中可信的气候政策选择（Pye et al.，2021）。尽管一些研究试图提出相应的解决方案，以应对某些地方的公众对 CCS 的低接受度（Xu and Dai，2021），但分析低意愿的机制很重要。一个可行的途径是确定影响 CCS 接受度的因素，为政策和决策过程提供建议。此外，对不同阶层（如年龄、收入等）的消费者采取不同的激励政策或许是有益的（Wenger et al.，2021）。

　　CCS 在塑造能源和气候转型如何展开方面发挥着越来越重要的作用。始终将社会变化视为外生变量会导致错过关键的灵活性风险，从而导致政策建议过程中过分强调更易量化的技术和经济路径（Trutnevyte et al.，2019）。而社会福利应在气候风险管理中得到更精细的体现，为气候政策的分析和决策提供依据（Diaz and Moore，2017）。例如，IAM 通常假设对未来技术有充分的了解，而对未来的成本考虑较少，但 CCS 的社会成本有很大的不确定性，可能会导致较大的错误甚至失败（Nordhaus，2017）。此外，也可以进一步探索 IAM，以确定应纳入情景设计方法的气候行动的鲁棒特征，尤其是那些与社会和政治层面有关的特征（Geels et al.，2016）。由此可见，IAM 被广泛用于探索实现气候目标的途径和长期行为。

2.5　气候经济研究：多模型比较分析

　　稳定的气候政策设计需要调和各个 IAM 间显著存在的结果差异，这产生了对多模型比较方法的紧迫需求，基于此，多模型比较方法在近年来引起了学术界越来越多的关注。本节拟集成经典的文献综述方法、统计分析及 SWOT 分析法，对气候变化相关的多模型比较工作进行系统评述，以深度剖析和认识基于 IAM 的多模型比较理论及应用进展。研究显示：较之单个 IAM，多模型比较方法能够帮助人们在众多具有显著差异的模型结果中析出共同的规律，继而得到稳定的政策发现；同一问题分析框架下的模型比较和分析，便于找到模型结果不确定性的来源，以修正现有模型并更好地进行政策模拟。此外，通过研究还发现：当前多模型比较研究总体较少，应用的关注面也较窄，且多集中在全球尺度，未来区域层面，特别是针对发展中国家的多模型比较研究颇具前景。而对多模型比较研究的统计结果显示，当前的 IAM 研究主要由欧美国家主导，具体体现在已开发的一次模型的数量和多模型比较研究中模型的采用频次两方面。显然，未来可靠的全球气候变化研究和稳定的区域气候政策设计需要其他排放大国着力于一次 IAM 的研究和发展，同时深化与欧美等发达模型团队的合作，共同推进气候政策研究。

值得一提的是，绝大多数气候经济相关的研究工作都是基于 IAM 完成的，这类模型在描述经济、能源和气候等系统间的复杂动态交互关系方面具有独特的优势，而这些关系往往对未来气候变化以及有效的气候政策选择起到决定性的作用（Hope，2005；van Vuuren et al.，2011；段宏波等，2016）。IAM 最早诞生于 20 世纪 70 年代，耶鲁大学 Nordhaus 教授开发的 DICE 模型是其中最为杰出的代表（Nordhaus，1979），其他较早的 IAM 有 Hope 等（1993）的 PAGE 模型、Manne 等（1995）的 MERGE 等；到 2002年，全球知名的 IAM 就已超过了 50 个（van der Sluijs，2002）。早期的 IAM 尽管考虑了经济与气候的交互关系，但仅选择二氧化碳（CO_2）浓度和平均温度变化作为环境变量，且仅考虑了与人为活动相关的碳排放（Hope，2005），随后模型逐步拓展到包含了地球碳循环、土地利用碳排放、非碳排放以及局地空气污染物排放等多维度环境变量和温室气体排放，同时充分考虑了气候变化对经济系统的反馈影响机制（Bouwman et al.，2006；van Vuuren et al.，2011；Crost and Traeger，2014）。

不同的 IAM 在区域划分、起始年份选择、模拟时间跨度等设置方面存在较大的差异，如 DICE 模型、ENTICE（economy-energy-environmental model with endogenous technological change by employing logistic curves，多重内生技术演变的能源-经济-环境综合评估模型）、E3METL 和 DEMETER 等模型是典型的全球单区域单部门模型（Nordhaus，1992；van der Zwaan et al.，2002；Popp，2004；Duan et al.，2013），而 RICE、WITCH 和 GCAM 等则是多区域模型，分别将全球分为 12、13 和 32 个国家和区域（Nordhaus and Yang，1996；Bosetti et al.，2006；Kim et al.，2006；Calvin et al.，2019）。此外，即使就全球单部门模型来看，各个 IAM 在未来经济增长预期、人口增长、能源技术进步、技术投资组合、减缓或适应政策选择等诸多方面的假设也不尽一致。以经济增长预期为例，DICE 模型对未来的经济增长预期最为乐观，其次是 RICE 和 E3METL 模型，而 WITCH 模型对全球未来经济形势的预期相对悲观，该模型在基础情景下预期的 2100 年全球总产出（GWP）仅为 DICE 模型的 40%左右（Nordhaus and Sztorc，2013；Bosello and de Cian，2014；Duan et al.，2015）。由于模型在具体设置、参数估值和关键变量假设等诸多方面的显著差异，不同模型对同一政策问题的研究结论也存在很大的不同。就广泛研究的基于既定气候目标的最优政策路径（碳税路径）问题而言，2℃温控目标下（450μL/L 浓度控制目标），IMAGE 模型、RICE 模型和 WITCH 模型的模拟结果均表明对应该目标的内生碳税路径是单调递增的，且 WITCH 模型下 21 世纪末的最优碳税水平约为 273 美元/tC（Thomson et al.，2011），这一结果显著低于 RICE 模型的结果，其对应的数值为 904 美元/tC（Nordhaus，2010）。此外，Grimaud 等（2011）的模型研究显示最优的碳税路径并不是单调递增的,而是"驼峰型",碳税路径可能在 2050 年前后达到最高,对应的水平约为 730 美元/tC,该研究发现的非递增碳税路径的结论也得到了 REMIND 模型研究的支持(Leimbach et al.,2010a;Bertram et al.,2015)。2℃温控目标下最优碳税水平的跨模型结果如图 2-10 所示。

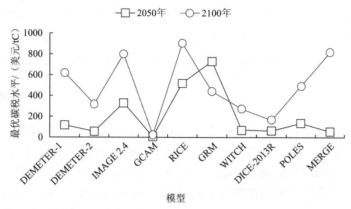

图 2-10　2℃温控目标下最优碳税水平的跨模型结果

GRM 指 Grimaud 等(2011)中发展的模型;RICE 和 GRM 对应的分别为 2055 年和 2105 年的数值;GCAM 模型对应的结果对应于 450 μL/L 的浓度控制目标,MERGE 和 POLES 的结果对应 400 μL/L 的浓度控制目标,IMAGE2.4 和 WITCH DICE-2013R 结果中所指的 2℃温控目标均对应于 450 μL/L 的浓度控制目标;DEMETER-1 和 DEMETER-2 的结果分别对应其设定的外生技术和内生技术情景

2.5.1　研究方法

遵循定性内容分析结合描述性定量统计的典型文献综述方法,以及简单的科学计量方法(de Chazal and Rounsevell,2009;Brink et al.,2016;Mao et al.,2018),本章介绍一个综合框架来完成多模型比较的预期任务。

在进行基于 IAM 的 MMC 分析之前,我们定义了关键的评论主题:①分析给定气候目标下的减排途径;②能源技术部署与政策成本评估;③气候政策与能源安全的一致性;④区域性气候问题和其他全球性变化问题。这在很大程度上依赖于相关研究经验的长期积累以及对研究进展的准确把握和理解。然后,我们通过搜索"ISI Web of Science Core Collection"中的关键词和主题,如"多模型比较"、"综合评估模型"、"气候变化"、"碳排放"和"能源技术"等,收集已发表数据。"ISI Web of Science Core Collection"是全球最领先的文献数据库,涵盖 12000 多种高影响力的同行评审期刊和 16 万多份会议记录。通过搜索"多模型比较",严格按照四个评论主题过滤并提炼记录,我们可以得到 2000~2017 年的大约 22 篇出版物,支持了我们对基于 IAM 的 MMC 研究的主体分析。

采用描述性统计方法,通过分析 MMC 研究中采用的模型的频率来确定最热门的 IAM,探索该模型的使用地域分布,并总结 MMC 分析的潜在研究趋势。为了分析多模型的方法在气候变化研究中的作用,我们将检索的关键词和主题扩展到"多模型集合预测"和"关于全球变化的多模型研究",从而在"ISI Web of Science Core Collection"数据库中找到 290 条符合条件的发表记录。随后,我们采用共同引用分析、网络分析和聚类分析等方法，基于最新的可视化平台 CiteSpaceⅡ，探讨了有影响力的机构的合作网络和集群的研究重点（Wei et al.，2015；Yu and Xu，2017）。共同引用分析有助于检测经常被共引的出版物、作者和期刊，并探索有影响力的机构和大学的合作网络，因此，共引网络中的一个节点代表一篇文章、一个作者、一个关键词或一个机构，而两个节点之间的链接表示这两个条目被另一个条目共同引用了。这项工作的内容和技术路线如图 2-11 所示。

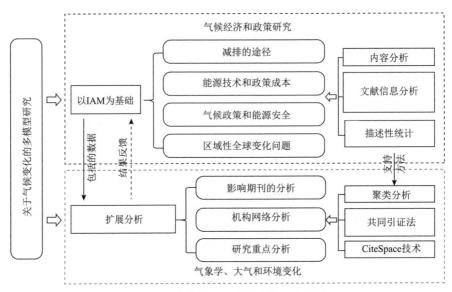

图 2-11　本书综述的内容和技术路线图

2.5.2　气候政策目标下的减排路径分析

温控目标的达成与排放路径的选择紧密相关，事实上，温控目标能否实现不在于某个年份或时点的 GHG 排放量，从根本上取决于短中期的排放轨迹和排放预算（van Vuuren et al.，2011；Rogelj et al.，2016a；Millar et al.，2017）。Stern（2015）认为要实现 2℃温控目标（50%的概率），较合理的排放路径是从 2013 年开始将全球每年约 500 亿 t 的 GHG 排放量降到 2030 年的 350 亿 t，继而到 2050 年的 200 亿 t。Stern（2015）给出的排放路径中 2050 年的排放量基本上对应了 van Vuuren 等（2011）讨论的 2050 年减排区间要求的上限，即 2℃温控目标要求 2050 年的全球排放量较 2000 年的水平减少 40%～80%。基于此，考虑到排放路径的不确定性，IPCC 第五次评估报告（AR5）给出总共 116 种排放路径（Clark et al.，2014）。

排放路径的讨论往往是在既定的减排目标之下进行的，而常见的目标是在 21 世纪末将全球平均温升幅度控制在 2℃以内（相较于工业化前的水平）。Azar 等（2010）通过对 IMAGE-TIMER、MESSAGE 和 GET 的比较分析发现 2℃温控目标与 450 μL/L 的 GHG 浓度控制目标的关系等价于其与 400 μL/L 浓控目标的关系，实现 450 μL/L 目标的概率为 20%～70%，实现 400 μL/L 目标的概率为 40%～90%；但无论对应哪个浓控目标，2℃温控目标的实现均要求在 21 世纪末达到近零排放（Meinshausen et al.，2006；Azar et al., 2006）。而 Rogelj 等（2015a）的分析进一步指出 66% 的概率实现 2℃温控目标要求全球在 2060～2070 年即达到零排放，之后排放转负。而事实上，实现 450 μL/L 的浓度控制目标，要求全球各国全面参与有效减排，这一结论对 EMF27(the 27th Energy Model Forum）的所有模型模拟结果是一致的（Blanford et al., 2014）。van der Zwaan 等（2013）对 Azar 等（2010）选择的模型集进行了拓展，进一步引入了 GCAM、TIAM 和 WITCH 等模型，深入的比较分析表明当前基于《巴黎协定》的减排力度远不足以保证 2℃温控目标的达成，van der Zwaan 等的研究结果不仅仅要求在 2100 年达到近零排放，且要求在 21 世纪下半叶实现负排放；该结论也正逐渐成为学术界的共识（Fawcett et al., 2015；Rogelj et al., 2016b；Jackson et al., 2017）。此外，排放预算约束也是保证温控目标顺利达成的关键，要实现 450 μL/L 的浓度稳定目标，2000～2100 年的累积碳排放不能超过 1500 GtCO₂eq，而其中的 70% 都将发生在 2030 年之前；因此，如果不考虑负排放技术等特殊的技术变革，短期有效的减排行动对于实现这一目标尤为重要，这一结论是 Eom 等（2015）基于 GCAM、DNE+21、POLES 等 9 个 IAM 的比较分析得到的一致性结论，也印证了 Friedlingstein 等（2014）的研究发现。为方便对排放预算进行跨研究比较，我们将相关结果汇总到表 2-7 中。

表 2-7　2℃温控目标下 GHG 排放空间（从 2000 年开始）的跨模型估计

文献	模型数量/个	2050 年相对于 2000 年的排放比例/%	到 2050 年的累积排放/GtCeq	到 2100 年的累积排放/GtCeq
IPCC（2007）-1	8	−57（−77～−35）	328（269～384）	319（252～379）
IPCC（2007）-2	5	−65（−82～−48）	274（221～334）	360（299～441）
den Elzen 等（2007）	1	−85～−40	312～360	372～470
O'Neill 等（2010）	1	−85～−15	380～480	210～410
van Vuuren 等（2011）	1	−60（−80～−42）	310（226～373）	333（273～433）
Kriegler 等（2014）	14	—	486（365～550）	587（381～711）
IPCC（2014a）-1	7	−43（−63～−23）	398（370～441）	433（354～479）
IPCC（2014a）-2	11	−97（−149～−44）	340（327～392）	340（267～370）
Raupach 等（2014）	1	—	—	430
Friedlingstein 等（2014）	1	—	—	442（359～550）

注：1. 这里的 IPCC（2007）及其他研究的情景均对应于实现 2℃温控目标的概率达到 66% 的情景（等价于 450 μL/L 浓度控制情景）；IPCC（2007）-1 和 IPCC（2007）-2 分别表示考虑和不考虑负排放技术的情况。

2. IPCC（2014a）-1 和 IPCC（2014a）-2 分别表示实现 2℃温控目标的概率达到 50% 和 66% 的情景，由于 AR5 中考虑的排放空间是从 2011 年开始的，为了统一到 2000 年，最终的数据通过 BP（2016）的 2000～2010 年的数据进行累加得到（83.92 GtC）。AR5 中 2050 年相对于 2010 年的排放比率也根据 2000 年和 2010 年的排放量差异进行了转化。Kriegler 等（2014）和 Friedlingstein 等（2014）的结果也进行了类似的处理。

3. "2050 年相对于 2000 年的排放比例"一列中的负值表示减少。

2.5.3　能源技术路径选择与政策成本评估

导致排放路径差异的因素除了减排行动的时间点，更多的是能源技术的发展和低碳技术的选择，而技术的发展和可利用程度又将显著影响实现既定温控目标的政策成本，这里的成本主要包括两个维度：边际成本和总成本。van der Zwaan 等（2013）将 GCAM、IMAGE、MESSAGE、TIAM-ECN[①]和 WITCH 等 IAM 同时纳入多模型分析框架中，讨论了对应 2℃温控目标的技术扩散路径。比较分析发现：2℃温控目标的实现要求 2030 年全球太阳能、风电等可再生能源新增装机强度达到当前煤电的装机规模，而此后到 2050 年的装机强度需要进一步增长数倍。此外，对政策成本的多模型比较分析表明，尽管不同的模型关于技术的分类及相关成本的假设存在较大差异，但多数模型得到的累计政策成本结果是相对稳定的，即 2010～2050 年的累计政策成本约为 50 万亿美元（2005 年不变价）。

事实上，气候政策对排放路径的影响（包括排放峰值和达峰时间）除了受能源市场价格波动、政策介入时间以及碳定价收入的再分配等因素的干预外，更多情况下是通过影响能源结构和技术体系来实现的（Luderer et al.，2013；Wilkerson et al.，2015）。Bosetti 等（2015）研究发现，核电技术的发展，尤其是成本的波动，对未来排放路径的影响大于其他相关技术，且其对 GHG 减排效果和政策成本的影响也十分显著，故建议决策者积极开发新型核能技术，同时加大宣传提高其社会接受度。Kriegler 等（2014）也认为能源技术的可用性是气候目标能否达成的关键，且任何单一技术的力量都将十分有限，450 μL/L 浓度目标的达成依赖于不同技术的组合发展，而气候政策成本的大小对不同的技术发展路径高度敏感。这一结论也得到了 McCollum 等（2014）多模型分析的支持。这里讨论的气候政策主要指碳定价政策，政策成本包括了碳定价水平即理论上的社会碳成本（SCC）以及减碳引起的 GDP 损失两个维度。除了 IAM 中损失函数选择的影响外（Anthoff et al.，2016），实际的政策成本与气候目标的选择密切相关，同时也受技术多样性和发展程度的影响。Aldy 等（2016）基于 DNE21+、GCAM、MERGE 和 WITCH 的模型比较分析表明：在《巴黎协定》的 NDC 目标下，全球评估的 SCC 约为 57 美元/tCO_2eq（2015 年不变价），而这一数值仅为 2℃目标对应水平的 40%左右。总政策成本的大小同样也取决于政策目标的选择。例如，Edenhofer 等（2010）建立了基于 E3MG、MERGE、REMIND、POLES 和 TIMER 的多模型分析框架，研究发现：对应 400 μL/L 浓度控制目标的总政策成本约为全球累计 GDP 的 2.5%，而对应 500 μL/L 浓度控制目标的相应成本则低得多，仅为 0.8%。Eom 等（2015）也发现当考虑所有技术参与时 450 μL/L 的浓度控制目标下 2011～2100 年的累计减排成本达到 13.5 万亿美元（2005 年不变价，5%贴现率），而对应 550 μL/L 浓度控制目标的成本则下降到 6.3 万亿美元。Jewell 等（2016）进一步引入了美国的能源安全目标进行多模型讨论，指出：对美国而言，实现能源独立目标的成本与其承诺的 NDC 目标的成本大体相当，但两者均显著低于全球 2℃温控目标对应控制排放要求的成本，这一结论也与 Tavoni 等（2014）的研究一致。

事实上，当前的全球温升已接近 0.93℃（5%～95%的置信区间），这意味着实现 2℃温控目标的可行窗口正在快速关闭（Otto et al.，2015）。在此背景下，CCS 等负排放技术的发展被广泛认为是实现全球 2℃温控目标的关键（Jones et al.，2016；Greenblatt et al.，2017），因此，众多的模型比较研究也围绕负排放技术展开（Jackson et al.，2017）。

---

① 荷兰能源研究中心（Energy Research Centre of the Netherlands，ECN）

Azar 等（2010）基于 IMAGE-TIMER、MESSAGE 和 GET 模型的研究指出负排放技术的考虑不仅能增强排放控制的效果，而且可以大幅节约相应的政策成本；但也应该认识到负排放技术的发展比太阳能、风能等可再生能源技术的发展的挑战和不确定性更大，因此建议政府不应当对未来负排放技术的发展过于乐观而延误或懈怠当前常规的减排努力。BECCS 和其他关键的可再生能源技术的广泛采用是 2℃温控目标技术可行的保证，但从对政策成本的影响来看，BECCS 等负排放技术以及核电等非化石能源技术的影响并不是最显著的，政策成本的大小可能取决于生物质能的发展潜力，这一结论是多模型稳定的（Edenhofer et al.，2010）。BECCS 等负排放技术的作用在当前减排态度不积极、行动被推迟的情形下表现得尤其显著。2℃温控目标的达成要求在 2030 年之前进行有效减排，且 2030～2050 年是各种低碳技术快速发展的关键时期，如果行动被推迟以致错过这些关键期，那么气候目标的达成只能依赖于 CCS 以及 BECCS 等负排放技术的乐观预期（Eom et al.，2015）。更多针对这一主题的多模型比较研究详情参见表 2-8[①]。

表 2-8　多模型比较研究：技术发展及选择对气候目标达成的影响

参考文献	包含的模型	技术重点	所解决的问题
Aldy 等（2016）	DNE21+，GCAM，MERGE，WITCH	没有特殊重点	从 SCC 和总成本两个维度来评估对应 NDC 目标和 2℃温控目标的减排成本
Bosetti 等（2015）	GCAM，WITCH，MARKAL-US	核能、太阳能、生物燃料、CCS 等	技术发展和成本不确定性对排放轨迹的影响，以及气候政策所扮演的角色
Edenhofer 等（2010）	E3MG，MERGE，REMIND，POLES，TIMER	核能、生物质、带 CCS 的生物质能、带 CCS 的化石能源	评估实现各个温室气体浓度稳定目标的技术可行性，考察单个技术的发展对排放轨迹及政策成本的影响
Eom 等（2015）	IMACLIM，DNE21+，REMIND，IMAGE，MERGE-ETL[a]，MESSAGE，POLES，GCAM，WITCH	CCS、可再生能源、生物燃料、核能、效率	研究了次优的短期气候政策，如减排行动推迟策略对浓控目标的影响，讨论其中各种技术所扮演的角色，尤其关注气候政策下能源体系的过渡和转化
Jewell 等（2016）	MESSAGE，IMAGE，TIAM-ECN，REMIND，WITCH	原油、天然气、煤炭、生物质、生物燃料、氢气	估算气候政策的协同收益，讨论气候目标下的能源安全问题
Kriegler 等（2014）	GCAM，FARM，MERGE，Phoenix，EC-IAM，IMAGE，TIAM-WORLD，IMACLIM，MESSAGE，POLES，REMIND，DNE21+，AIM-Enduse，GCAM-IIM，BET，WITCH，GRAPE，ENV-Linkages	能源效率、CCS、核能、风能、太阳能、生物质能	研究不同的技术组合发展对排放路径的影响，估算对应 450 μL/L 和 550 μL/L 浓控目标的宏观经济成本
McCollum 等（2014）	BET，GCAM，POLES，MERGE，REMIND，WITCH，TIAM-WORLD，MESSAGE，IMAGE，IMACLIM，GRAPE，EC-IAM	煤、石油、天然气、CCS	分析化石能源市场价格和资源约束对全球能源系统演化的影响，着重探讨既定气候目标下的气候政策与能源安全的动态交互作用

① 文中提到的模型的类型、地理区域、隶属关系及资料来源等详细信息见附录 2。

参考文献	包含的模型	技术重点	所解决的问题
van der Zwaan 等（2013）	IMAGE，MESSAGE，GCAM，TIAM-ECN，WITCH	化石燃料、煤-CCS、天然气-CCS、生物质-CCS、核能、生物质、太阳能、风能、氢能	研究 2℃温控目标下的技术扩散模式，尤其是目标的达成对太阳能、风能等绿色电力技术发展的要求
Wilkerson 等（2015）	EPPA，GCAM，MERGE	化石燃料、天然气-CCS、石油、太阳能、生物质、生物质-CCS、水力、风能、核能、地热	研究碳定价等气候政策对美国能源系统的影响，特别考察模型供给碳强度参数设置及技术体系对碳定价政策的敏感度

a：ETL 表示电力系统。

2.5.4 气候政策与能源安全的关系

气候政策的实施不仅可以降低全球气候变化损失，还可以降低全球能源贸易量、减少主要经济体的能源进口、提高能源系统多样性等，继而带来可观的能源安全协同收益（Jewell et al.，2013，2014；von Stechow et al.，2015）；而就实现既定的气候目标而言，能源安全和其他相关协同收益的存在将带来显著的成本节约效应（McCollum et al.，2011，2013）。事实上，早在 2006 年，Grubb 等（2006）的研究就表明英国的低碳目标与其电力供应的多样化长期目标高度一致，低碳目标下的电力供应更趋多样化。因此，气候政策与能源安全间的动态长期关系也引起一些多模型比较研究的关注。

McCollum 等（2014）利用 EMF27 中的 BET、MERGE、REMIND、IMAGE、POLES 等 12 个 IAM 分析了化石能源资源禀赋及气候政策对短期能源安全的影响，其结论表明减排政策的实施有利于促进短期内的能源安全，这主要通过减少能源贸易量和增加能源供给多样性来实现；同时也指出气候变化背景下能源效率改进对能源安全的影响有待深入研究。Jewell 等（2016）基于 MESSAGE、IMAGE、REMIND、WITCH 和 TIAM-ECN 等 5 个代表性的 IAM 建立起多模型比较框架，系统地讨论了气候政策与能源安全的交互关系，发现了气候政策对能源安全的单向影响关系，即温室气体深度减排确实能够大幅减少能源进口，反过来，主动的能源进口缩减对排放控制的影响并不显著，且对非化石能源技术的发展也不产生影响。因此，为了获得公众支持而宣称能源独立有利于气候变化的说法是有待商榷的，但气候政策的实施确实可以引起能源安全的协同收益。Cherp 等（2016）利用 WITCH 和 REMIND 进行对比分析也得到了与 Jewell 等（2016）类似的结论，即气候政策确实显著降低了能源贸易并提高了能源供给多样性，尤其在 21 世纪上半叶。同时，减碳政策还降低了能源供应和能源贸易对传统能源资源可用性及 GDP 增长的依赖。

2.5.5 区域减排的多模型比较分析

气候变化是典型的全球性问题，且现有的 IAM 也多为全球模型，基于此，有关温控或者浓控目标的政策讨论和经济分析基本都在全球尺度上，因此，多模型方法在区域层面的研究总体较少。而事实上，气候变化问题也具有明显的区域性，一方面，地理位置、易损性的差异使得不同区域受气候变化损害的程度存在显著差异（Sterner，2015），且气候政策引起的能源安全等协同收益也存在显著的地域性差异（Jewell et al.，2014；von Stechow et al.，2015）；另一方面，全球气候目标能否达成关键在于各国减排行动的落实。因此，区域层面稳定的政策设计也十分重要（Wende et al.，2012）。

当前，基于多模型分析框架进行区域气候政策讨论的工作非常有限，主要涉及美国、中国、印度、巴西、墨西哥等国家和经济体，关注的问题包括 NDC 目标下的减排与技术路径分析、工业排放控制与能源使用的关系、气候政策对区域能源安全的影响、不同减排机制的控排效果差异、区域减排成本评估等。具体的研究详情见表 2-9。

表 2-9　多模型分析方法的区域应用

参考文献	模型数量/个	采用的模型	国家/地区	主要研究发现
Chen 等（2016a）	4	IPAC，GCAM，REMIND，WITCH	中国	中国未来应对气候变化挑战应朝经济模式转型、技术创新和研发、推广和发展低碳能源技术等方面进行努力
Jewell 等（2013）	6	GCAM，IMAGE，MESSAGE，REMIND，WITCH，TIAM-ECN	美国、印度、欧洲	气候政策可降低能源进口，引起资源开采率下降，促进能源供应体系的多样化
Johansson 等（2015）	7	FAIR，TIMER，DART，CEEPA，China MARKAL，IEG-CGE，MARKAL-India	中国、印度	气候政策影响在两个国家表现出明显差异，且随模型的不同而不同；中国 2050 年前的累积减排将大于印度
Kober 等（2016）	4	TIAM-ECN，POLES，TIAM-WORLD，GCAM	拉丁美洲	气候控制政策将导致太阳能、风能、CCS 等低碳电力技术领域的投资增加，要实现 2℃温控目标 2050 年拉丁美洲的投资增量需达到 210 亿美元/每年
Lucena 等（2016）	6	EPPA，GCAM，Phoenix，TIAM-ECN，POLES，MESSAGE-Brazil	巴西	低水平碳定价政策或排放限制控制排放的效果十分有限，除了化石能源消费下降，减排贡献主要来源于生物质、风电技术及 CCS 技术的大力发展
Veysey 等（2016）	6	GCAM，TIAM-ECN，IMAGE，Phoenix，POLES，EPPA	墨西哥	国内减排目标的实现有赖于电力和交通系统的低碳化，通过灵活选择技术组合，以适度成本达成其气候目标是可行的
Wilkerson 等（2015）	3	EPPA，GCAM，MERGE	美国	碳定价政策对碳排放达峰时间有显著影响，而影响程度取决于政策设计和能源技术体系的发展
Zhang 等（2015）	19	CIMS，LEAP，WITCH，C-GEM，EPPA，MARKAL，Haiku[a]，GAINS-MESSAGE，MERGE，GAINS 等	中国	当前对气候政策协同收益的研究不足，未来需要着力于政策集成影响、技术演变和不确定分析方面的研究

a Haiku 是一个确定的、高度参数化的模拟现实的模型，该模型根据目前已有提案对于各项减排指标的规定，用集合算法，模拟了区域间电力市场跨时期均衡结果。

2.5.6　其他全球变化问题应用

稳定的政策设计不单对解决气候变化问题十分重要，其在应对局地空气污染、生态系统治理、水资源分布等其他相关全球变化问题上也起到了非常重要的作用（Arnell et al.，2016）。此外，多模型比较框架还可与非合作博弈思想相结合来研究国际气候变化联盟稳定机制设计问题，分析"搭便车"行为对联盟稳定性的影响（Lessmann et al.，2015）。尽管针对这些问题的多模型比较框架中的模型并不都是 IAM，但重要的是都反映了模型比较分析方法在稳定性评估和政策设计中的重要性（Palosuo et al.，2012；Vetter et al.，2015）。

Rao 等（2016）基于 TM5-FASST、AIM/CGE、GCAM、IMAGE、MESSAGE、REMIND 和 WITCH 等 IAM 建立起多模型比较框架估算了全球气候政策的局地空气污染改善协同收益，指出严格的气候政策可使得当前暴露在 PM（颗粒物）污染中的人群数量降低 40%，且排放控制和技术激励等多重组合政策的使用能在很大程度上抵消排放问题上市场失灵所带来的不确定性。Srinivasan 等（2018）利用四个能源经济模型讨论了印度碳强度目标下电力系统转型引起的发电耗水问题，研究发现风电和太阳能技术的发展可以降低水消耗，而核电和水电的发展则有相反的影响，但总体上电力发展引起的耗水量增加效果可以被节水的冷却技术抵消。Iverson 等（2017）基于四个气候变化情景，以美国东部的 30 个种群为研究对象，利用种群分布模型（species distribution model，SDM）分析当前种群与关键属性间的统计关系，强调了就气候变化对种群发展的影响进行稳定性评估的重要性。Palosuo 等（2012）基于 5 个纯土壤模型（Q、ROMUL、 RothC、SoilCO$_2$/RothC、Yasso07）对土壤碳存量进行了估计，分析估计差异和结果不确定性的来源（模型假设、使用方式和数据质量）。Vetter 等（2015）基于 HBV（hydrologiska fyrans vattenbalans）、SWIM（soil and water integrated mode）、VIC（variable infiltration capacity）等三个水文模型研究了四个代表性浓度路径（representative concentration pathway，RCP）情景下气候变化对河道流量的影响，同时评估了来自模型的不确定性，结果显示，不确定性来源随研究特定水域的不同而不同。

2.5.7　多模型比较研究的统计分析

为了进一步深入了解多模型比较方法在气候政策领域的应用现状，我们对以上综述的主要研究中采用的 IAM 进行简单的统计和分析。若不考虑多模型比较方法在其他全球变化问题的应用（即不考虑 Palosuo 等（2012）、Vetter 等（2015）和 Iverson 等（2017）），则统计的研究总数是 21 份，包括的一次和二次模型总共 42 个，模型应用的总数为 167 次（图 2-12）。其中，太平洋西北国家实验室（PNNL）主导开发的 GCAM 和埃尼·恩里科·马泰基金会（Fondazione Eni Enrico Mattei，FEEM）研究所开发的 WITCH 是"明星"模型，其应用次数分别为 15 次和 13 次，占到总应用频次的 11% 和 9.5%（图 2-12）；这两个模型中前者以综合性，尤其是对农业和土地利用的细致刻画而闻名，后者则以自顶向下型模型中较为丰富的技术细节为特色。然后是德国波茨坦气候变化研究中心（PIK）开发的 REMIND 模型、ECN 开发的 TIAM、荷兰环境评估署（Netherlands

Environmental Assessment Agency，PBL）发展的 IMAGE 模型、斯坦福大学 Alan Manne
教授等发展的 MERGE 模型，以及国际应用系统分析研究所（International Institute for
Applied Systems Analysis，IIASA）开发的 MESSAGE 模型，相应的应用频次都在 8～9
次；著名的自底向上型技术模型 MARKAL 和自顶向下的一般均衡模型 POLES 也获得了
5%～6%的使用率；此外，气候变化研究中常见的 EPPA、Phoenix、TIMER、DNE+21、
IMACLIM 等模型也在多模型比较分析中得到了两次以上的采用。RICE、E3MG、
WorldScan 等 23 个模型均只有在单份研究中有单次应用。

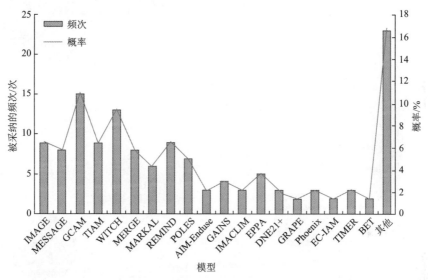

图 2-12　综述文献中模型的使用情况统计

统计的模型的总使用次数为 125 次；"其他"包括 RICE、E3MG、GET、WorldScan 等 23 个模型，每个模型的使用次数均
为 1 次

　　我们进一步对本章研究中主要模型的归属地分布进行了简单分析，如图 2-13 所示。
从图中可以看出，欧洲的模型研究实力最为强劲，这表现在开发的一次模型总数和应用
频次两个方面。其中，荷兰有 5 个代表性 IAM，即 IMAGE、TIAM、WorldScan、STACO
和 TIMER，德国有 4 个，即 MARKAL、REMIND、EC-IAM 和 DART。此外，澳大利
亚的 IIASA 和英国也分别开发了两个，即 GAINS 和 MESSAGE 模型，以及 E3MG 和 FUND
模型；意大利、法国、瑞典和欧盟委员会均分别发展了 1 个模型。模型研究实力居其次
的是美国，以前面提到的多模型比较应用"明星"模型 GCAM 和 MERGE、开发时间较
早的 RICE、应用广泛的 EPPA 和 Phoenix 等模型为代表。从亚洲来看，日本的模型研究
水平较为靠前，其有 4 个代表性的一次模型，尤其以 DNE21+为代表。事实上，中国和
印度近些年在气候变化建模领域也取得了长足的进步，但其当前研究中广为采用的模型
多是在欧美开发的一次模型基础上更新演变而来的（即以二次模型为主），例如，中国
的 China-MARKAL、GAINS-AIM 等（Chen，2005；Dong et al.，2015），印度的
MARKAL-India、GCAM-IIM 等（Shukla，1997；Shukla and Chaturvedi，2012）。值得
指出的是，这里所统计和讨论的所谓代表性模型均是在本章综述中所考虑的研究、纳入

多模型比较方法框架中的模型，气候变化研究领域的其他许多著名模型，如 DICE、DEMETER、E3METL 等（Nordhaus，1992；Nordhaus and Boyer，1999a；van der Zwaan et al.，2002；Duan et al.，2013，2015），由于多是全球单部门模型，在多模型比较研究中鲜有应用，故在此没有纳入考量。

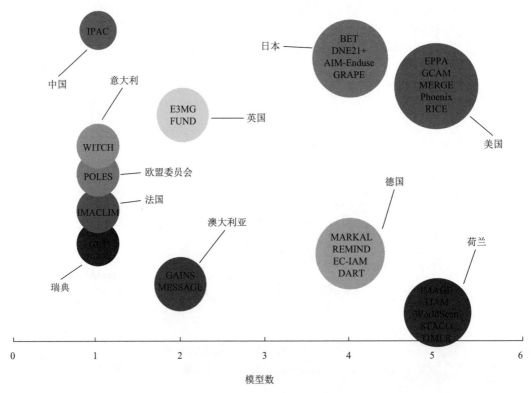

图 2-13　代表性模型的地理分布

以上统计仅限于本章综述研究中所考虑的模型，且仅统计一次模型（即剔除衍生或改进的模型），总共 27 个；POLES 为美国和德国合作开发，但后期应用主要在国际能源署（IEA），故此我们将其归于欧洲模型

2.6　多模型集成研究的扩展分析

为了进一步探讨多模型方法在解决全球性变化问题中的作用，并呼应 2.5 节所总结出的结果，本节中提供一个扩展分析。该扩展涉及两个方面：首先，在"ISI web of Science"数据库中检索时，将主要关键词组从"多模型比较"、"气候经济学"、"能源技术"和"政策评估"扩展到"多模型集"、"预测"、"预测控制"和"环境与全球变化"，产生了 1998～2018 年的 290 条细化的记录，其中 109 篇发表出版物与"多模型集"有关，21 篇与"水资源变化"有关，11 篇与"能源和气候工程"有关，其他超过 120 篇与"大气、地理和环境变化"有关，因为很大一部分文章是跨学科的，所以这里每个类别的数字之和应该是重叠的；其次，基于 CiteSpace Ⅱ 平台，书中采用了共同引用和聚类分析的方法检测了受影响的制度网络和主题集群的研究重点。

2.6.1　引文增长和出版物分布

从图 2-14 可以看出，多模型研究在气候变化领域起步较晚，首次发表于 2002 年。直到 2013～2017 年，随着强有力的科学和政策发现越来越多，它才逐渐热门起来，但出版物的总量仍然有限。多模型的研究在气候变化领域引起了广泛关注，例如，2008 年相关的出版物只有 10 篇，而此类著作的引用次数为 166 次，到了 2017 年，出版物的数量增加到 42 篇，而引用次数增长到了 1400 次。

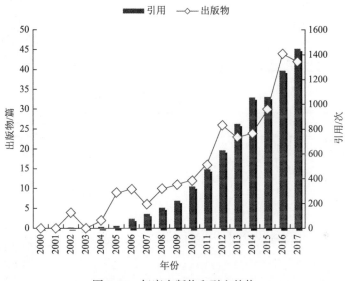

图 2-14　年度出版物和引文趋势

表 2-10 和表 2-11 总结了多模型研究中发文量排名前 15 的期刊信息以及出版物的地理分布情况。排名前三的期刊分别是在气候、大气化学和气候学领域，这反映了气候经济学和政策研究在气候变化领域可能远未占据主导地位。在基于 IAM 的气候经济和政策问题方面，*Energy Economics*、*Energy Policy* 和 *Energy Journal* 是出现频率最高、影响最大的期刊。从出版物的地理分布来看，欧洲是多模型气候研究的中心，特别是德国、英国、意大利和荷兰；美国则主导了国家层面的多模型分析研究。这与基于 IAM 的多模型比较研究的调查结果基本一致，不同的是，中国是在扩展的多模型全球变化研究领域发表文章最多的国家之一。

表 2-10　发表的顶级期刊和出版物的地理分布概况

期刊名	论文数量/篇	影响因子（2021 年）
Climate Dynamics	35	4.901
Atmospheric Chemistry and Physics	22	7.197
Climatic Change	20	5.174
International Journal of Climatology	12	3.651
Energy Economics	10	9.252
Geophysical Research Letters	10	5.576

续表

期刊名	论文数量/篇	影响因子（2021 年）
Theoretical and Applied Climatology	7	3.41
Earth System Dynamics	6	5.458
Global and Planetary Change	6	4.956
Atmospheric Environment	5	5.755
Climate Research	5	1.459
Environmental Research Letters	5	6.947
Energy Policy	4	7.576
Energy Journal	4	3.494
Nature Climate Change	3	28.862

表 2-11　出版物的地理分布概况

国家	论文数量/篇
美国	111
德国	79
英国	71
中国	53
意大利	48
荷兰	42
日本	35
挪威	30
加拿大	24
西班牙	24
瑞士	24
奥地利	22
澳大利亚	21
丹麦	19
韩国	19

2.6.2　有影响力的机构及相互关系研究

在基于 IAM 的气候经济与政策研究中，影响最大的是 PNNL、ECN、FEEM，其次是 PIK、PBL 和 IIASA。而将多模型方法扩展到研究全球气象学、气候学、大气物理化学、水资源等环境变化问题时，情况就发生了变化。如图 2-15 所示，最具影响力的机构是马克斯-普朗克气象研究所（Max Planck Institute for Meteorology，MPI-M），作为一个早期起步的研究机构（图顶部的颜色条由深到浅，表示 1998～2018 年），在多模型分析领域已经发表了 20 篇文章。国家大气研究中心（National Center for Atmospheric Research，NCAR）、乌得勒支大学（Utrecht University）和 PIK 在多模型气候研究中也发挥了主导作用，各自有 19 篇相关的出版物。目前，IIASA、PNNL 和 PBL 等活跃于基于 IAM 的多模型研究的机构，仍在多模型方法的扩展气候研究中表现突出。相对缺乏有影响力的初级 IAM 导致我国在多模型气候经济和政策研究方面表现不佳，中国科学院（Chinese Academy of Sciences，CAS）在拓展气候变化研究方面的排名上升至前 5 位，其发文量达到了 18 篇。通过完善网络，我们可以进一步探索美国和欧洲大多数机构之间的紧密合作，特别是 MPI-M、NCAR 和乌得勒支大学之间的。与之相反，中国科学院与其他机构的合作很少，这应该是机构影响力保持长期增长的主要障碍。

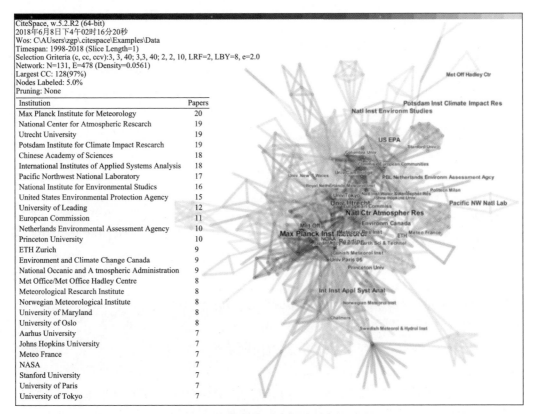

图 2-15　多模型分析领域的机构合作网络

Potsdam Institute for Climate Impact Research 即 PIK

2.6.3　多模型全球变化区域的研究集群

图 2-16 描述了在扩展的多模型研究区域中研究集群的聚类网络。不难发现，集群的颜色确实会随时间而变化，这意味着多模型研究的重点是随时间变化的。并且聚类标签是从检索到的出版物的标题、摘要和关键词中提取和提炼出来的（Yu and Xu，2017）。其中集群#0 和集群#1 是相对较老的，而集群#4、集群#5 和集群#6 是新的。这意味着早期的多模型研究在理论上更侧重于多模型集群的方法，而在应用上更侧重于全球变暖模

式。从排放情景特别报告（SRES）中的 B1、B2、A1B 和 A2 情景，到 IPCC 第四次评估报告（AR4）中的共享社会经济路径（SSP）情景和 AR5 中更新的 SSP 情景，长期以来，IPCC 情景一直都备受关注。近年来，多模型研究领域的研究热点逐渐转向基于 IAM 的多模型评估与比较，以及气候变化与能源转型和安全之间的一致性。此外，耦合模型比较项目（CMIP）是进行多模式全球变化研究的重要平台之一，特别是在东亚和东南亚等地。

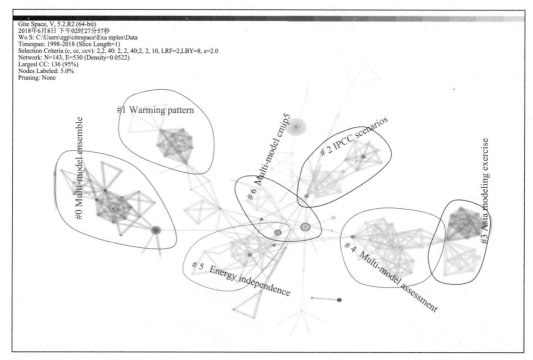

图 2-16　多模型全球变化区域的聚类网络

2.7　总结和讨论

在政策稳定性决策需求的驱动下，近几年以来，多模型比较分析方法逐渐成为学术界评估全球气候变化风险、进行减排和适应机制设计等气候相关问题的热点方法（Tavoni et al.，2014；Zhang et al.，2017；Srinivasan et al.，2018）。基于此，本章从多模型比较分析方法的提出、当前主要关注的问题及应用领域、代表性研究结论等进行了系统梳理和综述，得到了一系列研究结论。

首先，较之单个 IAM，多模型比较方法有助于在众多具有显著差异的模型结果中析出共同的规律，继而得到稳定的政策发现。当前的多模型比较研究在不少方面得到了较为鲁棒的结论，具体如下：

（1）实现 2℃ 温控目标要求全球各国全面参与并进行有效减排。

（2）如果不考虑当前可行性并不乐观的 CDR、BECCS 等负排放技术，那么短期的

（2030 年之前）甚至超过预期的有效减排是实现这一目标的最稳妥的选择。

（3）风能、太阳能等关键性可再生能源技术，以及 CCS 技术的大力发展将是 2℃温控目标技术可行的保证。

（4）《巴黎协定》中各国承诺的 NDC 目标的强度远不足以支撑 2℃温控目标的达成，因此，实现 NDC 目标的政策成本也远低于温控门槛目标。

尽管这些模型具有的稳定性依然只是针对特定的多模型框架下所选择的特定模型而言的，但较之单个模型的研究结果，其对结果稳定性和可靠性改善的意义是不言而喻的。

其次，通过模型比较和分析，有助于我们找到模型结果不确定性的来源，以修正模型更好地进行政策模拟。对当前跨模型研究的文献综述表明，模型结构（自顶向下还是自底向上），关键参数的估值（生产要素投入弹性、技术替代弹性等），对未来经济增长、人口增长、能源需求等的预期假设，技术选择与可行性设置，时间偏好率和贴现率选择等是当前引起 IAM 政策模拟和评估结果不确定性的主要来源。特别地，对未来经济增长、人口增长、能源需求等的预期假设是影响所有气候变化相关研究问题的综合性因素（Gillingham et al., 2015）；当考察问题是评估全球 2℃温控目标的实现可能性时，减排的时间点选择和技术可行性设置是更为关键的因素（Chen et al., 2016a）；而当分析达成既定气候目标的政策成本或收益时，研究结果对效应的纯时间偏好率和贴现率相对更为敏感（Hof et al., 2012）。

再次，当前多模型比较应用的关注面较窄，且多集中在全球尺度上。事实上，尽管自 2010 年以来学术界对多模型比较分析方法的重视程度较之以往有了明显的改善，但从应用研究的体量上看相关研究的数量依然较少（仅有 21 份研究），显然与气候变化问题的研究热度不相匹配。一方面，当前相关的研究工作集中在既定气候目标下的减排路径分析、政策成本评估、能源技术发展、气候政策与能源安全的关系等有限的几个方面，而对碳市场、能源税、可再生能源补贴（FIT）等代表性气候政策对排放路径、技术替代演变的影响，气候目标达成过程中经济、技术、气候敏感性等多重不确定性所扮演的角色，气候适应对气候损失风险的减控效应，以及减排与适应的动态交互等一系列关键性气候相关问题缺乏相应的研究支撑（Enríquez-de-Salamanca et al., 2017）。另一方面，目前已有有限的多模型比较研究多关注全球尺度，但事实上，气候变化问题的区域特性也十分显著，这不仅体现在 GHG 排放和气候变化影响的区域差异上，更为重要的是全球温室气体浓控目标的实现最终需要将减排任务落实到具体的国家或区域上（Wende et al., 2012）。因此，从区域层面，对中国、美国、印度等排放大国的气候政策问题开展更多的多模型比较研究意义重大。

最后，对多模型比较研究的统计结果显示，当前的 IAM 研究由欧美主导，这体现在开发的一次模型数量和多模型比较研究中模型的采用频次两方面。从被多模型比较研究采用的频次看，采用频次相对最多、最具有"明星"模型潜质的是 GCAM 和 WITCH 模型，其次是 REMIND、TIAM、IMAGE、MESSAGE 和 MERGE 等；这些模型既有自顶向下的经济导向型模型，也有自底向上的技术驱动型模型，但共同的特点都是在考虑 GHG 排放控制政策和能源技术替代政策方面具有显著的优势。从模型的地理分布情况看，当前应用最为广泛的一次模型绝大多数分布在欧洲和美国，其中欧洲又以荷兰和德国为主，这与这两个国家著名的气候变化研究机构 PIK、ECN 和 PBL 深厚的研究底蕴和实力密不可分。其他地区除了日本之外，主要排放大国中国和印度的一次模型研究力量都较弱。

可以预期，多模型比较方法将在未来的气候变化研究中扮演更加重要的角色，IPCC 发布的 1.5℃门槛目标下排放路径分析的特别报告（Hulme，2016）、第六次评估报告，以及国家层面预算约束的排放路径分析、稳定的减排政策设计等都产生了对多模型比较研究的大规模需求（Vardy et al.，2017）。当然，进一步强化跨模型的研究需要对一些关键问题进行重点考虑：①各个国家针对具体的国情开发一次模型，尤其是中国和印度等高排放的发展中国家，这是这些国家未来开展多模型比较工作最重要的前提。尽管当前欧美等开发的多区域模型中往往将排放大国单独列出，但其建模基础（数据及参数估值可靠性，对经济、能源消费趋势的预判等）远不如扎根本国的模型来得现实（Duan et al.，2019b）。②建立起有效的跨国家/区域、跨团队的研究合作关系，这是搭建多模型研究框架的基础；特别是当组织方想纳入更多的模型团队继而建立更广泛的研究框架时，这一问题尤其重要（Gillingham et al.，2015）。一方面需要就具体的研究问题，尤其是问题的重要性达成多方共识；另一方面还需要设计一些良好的激励机制以提高多方参与合作研究的兴趣。③在有意愿参与的模型集中进行选择，以更好地支撑所提问题的研究。事实上，除了模型团队的意愿，模型本身是否适合特定问题的研究也十分关键，如模型结构问题、微观层面数据可获得性问题、求解可行性问题等，都是模型选择的重要考量因素（Tavoni et al.，2014；Zhang et al.，2015）。

第3章　气候变化对中国经济的影响

　　基于当前可用的、最全面的中国产业经济、就业和气候变化数据集，本章从地级市层面研究了中国 1990～2016 年以温升、降水和湿度为代表的气候变化对经济发展的影响，同时分析了这种影响在不同产业、不同地区间的异质性。研究发现了温度升高对中国经济发展的显著负影响以及降水增加对产出的显著正影响，1℃温升对应 0.775 个百分点的经济产出下降，10mm 的年均累积降水增加将引起产出增长约 0.86%；实证结果还提供了温升和降水与经济间显著的非线性倒 U 形关系证据，即全年平均气温超过 12.52℃的门槛后经济-产出影响关系将会由正转负。平均温升对发达地区和欠发达地区产生了显著的负影响，且其对后者的影响程度远高于对前者的影响和全国平均水平，而温升对中等富裕地区的影响均不显著；气候变化影响还与区域所处的地理位置和自然气候条件密切相关，升温对高热华南地区的经济负影响最大，降水增加对以农业为主的华中地区的正向影响最大，而相对湿度增加对华中地区和华东地区的产出产生较大的抑制作用，但在一定程度上增加了东北地区的产出。温升对中国农业和工业有统计意义上显著的负影响，1℃温升引起农业和工业产出下降 1.320%和 2.570%，但估计结果未有报告温升对第三产业的显著负影响。

3.1　研　究　背　景

　　在全球变暖的大背景下，中国也面临着前所未有的气候变化挑战（Duan et al.，2018a）。工业化以来，中国的地表平均温度升高了 0.9～1.5℃（NCCEC，2014）；尽管这期间降水量没有统计显著的实质性变化，但降水相关的极端天气事件的发生频率显著增加了，且区域差异化趋势加剧（1909～2011 年），尤其是在过去的 40 年里（IPCC，2007）。研究显示，到 21 世纪末，中国的平均温升水平有可能达到 3.9～6.0℃，且有较高的概率会超过 4℃，而降水将增加 9%～11%，届时海平面将较 20 世纪高出 0.4～0.6m，气候变化程度和影响均大于全球平均水平（Ju et al.，2013；NCCEC，2014；Teng，2018）。

　　气候变化从农业、工业、生态系统、人体健康等多个方面影响人类生产和经济活动，历次 IPCC 综合评估报告都有关于气候损失的明确表述，例如，AR4 指出全球 4℃的升温将导致 1%～5%的 GDP 损失（IPCC，2007）；明确的证据表明，若不考虑实质性的减排行动，到 21 世纪末，气候变化将使 77%以上的国家变得更贫穷（Burke et al.，2015）。气候变暖不仅仅影响经济产出，还会显著降低经济增长的能力（经济增长率），温度每升高 1℃，经济增长率平均下降 1.3%（Dell et al.，2012）。对中国而言，过去 10 年，在气候变暖的影响下，仅与作物减产相关的经济损失就高达 595 百万～868 百万美元；到 2100 年，玉米和大豆等主要农作物产出将分别下降 3%～12%和 7%～19%（Chen et al.，2016b）。日趋变暖的气候会大幅增加未来高热相关的死亡率，尤其对城市而言；与非城市地区相比，尽管城市的人口密度较高，但其适应能力也较强，这使得其热相关死亡率相对较低（Chen et al., 2017a）。气候变化还可能对电力等能源系统带来巨大的损失冲击（Rose et al., 2014）。研究显示，到 21 世纪末全球电力消费将平均增长 2.8%，对应的额外峰值容量成本（additional peak capacity cost）将达到 180 百亿美元（Auffhammer, 2017）。除此以外，气候变化还通过投资、政治稳定性等对经济社会产生显著的负影响（Hsiang, 2010），特别是对欠发达国家而言，温度每升高 1℃，加总的平均气候损失将达到国民收入的 8.5%（Dell et al., 2009）。

短期来看（21 世纪以内），气候变化的影响相对有限，特别对那些以农业为产业主体（CO_2 的肥料效应）或位于气候偏冷地区（减少供热支出）的国家而言，其甚至可以从全球变暖中受益；但从长期来看，日益增加的气候损失风险将抵消短期的正效应，最终引起显著的经济负影响（Heal, 2017）。此外，相关研究也证实了温升与产出间的非线性关系，且这一关系适用于所有的国家，同时对农业和非农业部门也成立（Burke et al., 2015）。值得注意的是，无论是对历史关系的实证研究还是对未来长期潜在关系的模拟研究最终都作用于政策的调整和机制的设计，而当前的气候-经济关系研究多基于 IAM 的模拟，包括全球层面和区域或国家尺度的气候影响评估。例如，到 2100 年亚洲地区总的生产率将至少降低 10%（相较于照常（business-as-usual, BAU）情景），且政策措施（政府的行动）可有效帮助这些国家减缓气候变化引起的消费波动，继而降低温度升高给经济产出带来的负影响（Lee et al., 2016）。除了常规的市场化损失（农业、渔业、旅游业等），气候变化引起的生物多样性、自然资源、人类健康等非市场损失也是气候影响的重要方面，对南非的综合评估表明，到 2050 年其总气候损失占 GDP 的比重与欧美（1.5%～1.6%）相当，而比其他非洲国家（6.9%）要低得多，这主要得益于其以矿业和制造业为主导的经济结构（Turple et al., 2002）。另外，有文章还认为减排要比适应重要可行，一方面，适应无法避免生物多样性损失，而后者不可逆；另一方面，适应行动的成本可能比评估气候损失还要高。即使在一国内部，气候损失的风险分布也是高度不均的，特别是当考虑犯罪率、死亡率和海岸风暴等非市场化损失时（Nordhaus and Moffat, 2017）。

气候变化的影响还存在显著的区域差异。对美国的综合评估表明，在 RCP8.5 的 BAU 情景下，到 21 世纪末美国较贫困的州县遭受气候损失的概率达 2%～20%（90%机会），同时国家每年的平均损失为 GDP 的 1%～3%（Hsiang et al., 2017）；由于 CO_2 的肥料效应以及相应补偿机制的引入，气候变暖对农业的影响相对较小，相应损失预期占 GDP 的 0.8%（Stevanović et al., 2016）。到 2030 年，印度尼西亚的升温幅度可能达到 0.8℃，这将引起显著的宏观经济损失，尤其对农村地区和贫困家庭而言；气候损失一方面归因于农业产出的下降，另一方面居民消费价格指数（CPI）增加（由于大米等农产品价格的上涨）和国际食品价格的冲击也是引起真实 GDP 下降的重要原因（Oktaviani et al., 2011）。俄罗斯未来的气候变化形势不容乐观，预计到 2050 年，气候变化速度将更快更剧烈；而俄罗斯的农业部门（包括相关企业）是极度气候易损的，这意味着其农业生产面临的气候损失风险将比过去 100～150 年内的任何时期都显著（Safonov and Safonova, 2013）。总体上，高温对经济的影响与实际经济发展水平紧密相关：对贫困国家而言，高温产生显著的负向影响，单位温升的平均经济损失达到 1.3%；但对富裕国家并未发现显著的影响（Dell et al., 2012）。在高纬度炎热国家，气候变暖对温暖和寒冷地区的经济增长影响差异并不大，而在寒冷的国家，气候变暖对温暖地区的经济增长影响显著高于寒冷地区，这说明平均温度的升高可给寒冷地区带来收益，但这些收益相较于其他气候损失要小得多（Fairbrother and Dixon, 2013）。气候变化对死亡率的影响也与地理位置显著相关，就美国而言，在平均温度高的州和低的州，热浪与死亡率间的关系趋于收敛，这很大程度上可归功于空调等适应措施的广泛采用（Dell et al., 2014; Barreca et al., 2015）。此外，气候变化和极端天气对美国农业生产率的影响存在区域上的不均衡性，相较而言，东北和东南地区遭受的影响更大（Wang et al., 2017）。

气候变化对经济的影响还存在产业层面的异质性。事实上，当前对中国产业层面气候影响的研究多集中于农业（Wang et al., 2009; Xiong et al., 2012; Asseng et al., 2013; Yang et al., 2015; Zhang et al., 2018）。早在 20 世纪 90 年代，Mendelsohn 等（1994）对美国农业的研究就表明，除了秋季，升温在其他所有季节都将减少农业产值，而降水的影响则相反。气候变化对中国农业的影响受地理位置、季节变化等诸多不确定性的影响，包括影响方向和规模，但整体上看，中国的农业将从气候变化中受益（Yang et al., 2015）。Liu 等（2004）基于 Ricardian（李嘉图）方法的实证研究表明，多数情景下，气候变化对农业有正的影响，特别是东部和中部地区，而对西部地区（西南和西北）的影响都为负；从季节来看，春天农业受气候变化的影响为负，而秋天农业受气候变化的影响多为正。如果不引入实质性的适应措施，到 2050 年灌溉小麦、玉米和大米的产出将较 1961～1990 年的平均水平分别下降 2.2%～6.7%、0.4%～11.9% 和 4.3%～12.4%（Ju et al., 2013）。Liu 等（2004）的观点也得到了 Chen 等（2013）研究的支持，其认为气候变化对中国的农业而言更多地意味着收益而非损失，特别是东北、西北和华北地区，但降水会带来损失风险，尤其是西南、西北、华北和东北地区。事实上，对不同的作物而言，气候变化的影响可能还存在差异，如温度变化对小麦和大米的生产有 1.3% 和 0.4% 的正影响（1999～2008 年相较于 1980～1989 年），而对玉米的产出则有 12% 的负影响，尤其当温度高于 29℃时，这一现象与温度变化与农业产出间的非线性关系紧密相关（Wei et al., 2014; Chen et al., 2016b），而类似的关系也存在于温度变化与经济发展之间（Burke et al., 2015）。

相较而言，高温对工业的负影响更大，1℃温升对应 2.57 个百分点的产出负影响，这一估值约是农业影响的 2 倍。这一结论在对中美和拉丁美洲国家的研究中也得到了证实，Hsiang（2010）研究表明，升温 1℃引起的农业部门损失要显著小于非农业部门（尤其是服务业、旅游业等第三产业），前者仅为 GDP 的 0.1%，而后者则高达 2.4%；这意味着那些以农业部门的损害来替代整个经济部门损失的结果可能是严重偏低的。气候变化对中国非农业部门的影响多通过劳动和资本等机制传导来实现，但相关主题仅有 Zhang 等（2018）等极少文献进行了关注。其研究发现，与农业产出和温度变化间的关系类似，工业劳动生产率（TFP）与温度间也存在着倒 U 形关系（Chen et al., 2016b）；且年平均温度每升高 1℃，工业 TFP 将下降 6.81%，这对应于 1.75% 的宏观 GDP 损失，该数值略低于同等温升对发达国家的影响（Hsiang, 2010; Dell et al., 2012）。此外，温升对产业的负影响强弱还与地理位置和产业形式密切相关，研究显示，温度变化对华东和华南地区的负影响较大，而北部某些地区甚至可能从升温中受益；且公有制企业越多，适应条件越完备，高温带来的负影响也相对越小（Zhang et al.，2018）。同时，我们的研究还发现了湿度增加对工业和服务业的显著负影响，且对工业的影响尤为明显。

总体上看，全球层面气候变暖对经济的影响已有基本定论，而对一些中纬度地区，全球层面气候变暖对经济的影响认识还存在相当大的局限和不确定性，有赖于深入的实证研究（Diffenbaugh and Burke，2019）。那么对中国而言，气候变化与经济发展的历史关系如何？已有关于中国气候变化影响的研究多关注于对未来气候变化情景的预估和可能影响的综合评估及政策选择，据我们所知，尚没有工作深入探讨温升、降水等气候要素对国家和区域经济的历史影响。围绕这一关键问题，本章基于中国市级层面 1992～2016 年的历史经济数据和气候台站数据，实证研究温度、降水、日照等气候变量对宏观经济以及农业和非农业产出的影响。具体地，我们首先以市为单位构建经济、产业和气候数据库，其中经济部分包括分产业 GDP、就业和固定资产投资等数据，气候部分包括日均温度、日度总降水量等主要气候变量数据和日照、相对湿度、气压和风速等次要变量数据。随后，以劳动投入和生产率为主要传导机制构建动态面板回归模型考察气候变化与产业经济间的历史关系，特别地，从区域异质性和产业异质性的角度分析关键气候变量对产出水平的影响，即全球层面发现的富裕国家和贫困国家受气候变化的影响差异在国家内部的不同地区是否依然成立；温升和降水对农业和非农业部门的产出影响有何异同。本章还引入多个综合评估模型的经济和温升模拟，基于本章估计的气候-经济历史关系，对 21 世纪内温升对中国经济的潜在影响进行预测和多模型比较分析。

研究发现了温度变化与中国经济发展呈显著的负向关系，1℃温升对应 0.78 个百分点的经济产出下降，按照考察期内温升幅度 0.62℃计算，由温升引起的 GDP 损失达 2417 亿美元（以 1990 年美元不变价计）；相反，降水变化与经济增长存在正向的历史关系，10 mm 的年均降水增幅将引起产出增长约 0.86 个百分点；我们还发现了相对湿度、日照时长和气压等其他气候因素对经济的显著影响。实证结果还提供了温升和降水与经济间显著的非线性倒 U 形关系证据。这些结论与全球层面和其他国家已有的研究发现基本一致。总体来看，气候变化对经济的影响趋负，尤其对贫困国家而言，1℃温升对应 3 个百分点的产出水平下降（Dell et al.，2012；Tol，2018）。

3.2　实证方法框架

人力资本投入是经济增长的重要引擎，而气候变化对经济的影响在很大程度上通过人力资本来作用，尤其是短中期。研究显示，26℃以上的温度变化会显著降低非阅读的数学认知表现（Graff Zivin and Neidell，2014）；因此，劳动是温升引起经济损失的重要传导机制，不考虑劳动力响应的气候损失估计存在严重低估的可能（Hsiang，2010；Dell et al.，2012）。基于此，我们提出了本书的实证框架。与 Dell 等（2012）做法相一致，本节考虑如下简单的生产函数：

$$Y_{it} = A_{it} L_{it}^{\alpha} \tag{3-1}$$

其中，i 为地级市；t 为年份；Y 为经济总产出；L 为劳动力；A 为劳动生产率；α 表示

劳动力的规模收益递减，$0<\alpha<1$。对式（3-1）两边求自然对数，可得

$$\ln Y_{it} = \ln A_{it}\alpha \ln L_{it} \tag{3-2}$$

由式（3-2）可知，当期经济水平由当期的生产率水平和劳动力水平决定，且当期经济水平与上一期经济水平相关。结合式（3-2），将产出水平表示为如下动态面板模型的形式：

$$\ln Y_{it} = \rho \ln Y_{it-1} + \beta \Delta \ln A_{it} + \gamma \Delta \ln L_{it} + \varsigma_{it} \tag{3-3}$$

其中，ρ、β、γ 为对应自变量的估计弹性；ς_{it} 为随机误差项。式（3-3）表示经济产出除了与上期经济产出相关，还与当期的技术水平变化以及劳动力水平变化相关。

根据 Zhang 等（2018），假定生产率水平与劳动力水平的变化均受到气候变量的影响，即

$$\Delta \ln A_{it} = k_i + \sum_j \beta^j W_{it}^j + \delta' T_{it} + \gamma' X_{it} + \nu_{it} \tag{3-4}$$

$$\Delta \ln L_{it} = l_i + \sum_j \gamma^j W_{it}^j + \rho' T_{it} + \pi' X_{it} + \zeta_{it} \tag{3-5}$$

其中，k_i 和 l_i 分别为各地区对技术水平变化和劳动力水平变化影响的特定因素；ν_{it} 和 ζ_{it} 均为随机误差项；W_{it}^j 为温度、降水和湿度等气候变量；T_{it} 为除了温度、降水和湿度以外的气候控制变量，主要包括日照、气压和风速等；δ' 和 ρ' 为相应的估计弹性；X_{it} 为除气候变量以外的其他控制变量，包括"城市到港口交通距离""固定资产投资"[①]；γ' 和 π' 为估计弹性。

将式（3-4）和式（3-5）代入式（3-3），整理可以得到：

$$\ln Y_{it} = y_0 + \alpha \ln Y_{it-1} + \sum_j \theta^j W_{it}^j + \lambda' T_{it} + \xi' X_{it} + c_i + \varepsilon_{it} \tag{3-6}$$

其中，y_0 为常数项；$\theta^j = \beta^j + \gamma^j$，为半弹性系数，表示气候变量变化 1 单位所引起的因变量变化的比例；$\lambda' = \rho' + \delta'$ 为气候控制变量的系数；$\xi' = \gamma' + \pi'$ 为其他控制变量系数；$c_i = k_i + l_i$ 为城市特定因素；ε 为随机误差项。式（3-6）是本章的基准回归模型[②]。

3.3　回　归　模　型

由实证模型式（3-6）可以看到，因变量的滞后项出现在方程的右边，易引起回归模型的内生性。当内生性问题存在时，传统的依靠带有固定效应或随机效应模型的普通最小二乘法（ordinary least square，OLS）回归法得到的估计系数是有偏的，且就估计参数

①　囿于数据可得性，本章只选择了这两个变量作为除气候变量以外的控制变量。
②　本章在设定实证模型时，本打算用"人均 GDP"代替现回归方程中的变量"GDP"，但在搜集地级市人口数据时发现，中国地级市人口统计口径在 2010 年后由原来的"户籍人口"变为"常住人口"，导致变化前后数据差异明显，很难实现衔接，故舍弃"人均 GDP"而将真实 GDP 纳入回归方程。

进行的统计推断也会失效；基于此，我们拟选用工具变量法（IV）及广义矩法（GMM）对方程进行估计以最大可能地克服内生性引起的回归结果偏差。

事实上，Anderson 和 Hsiao（1981）通过一阶差分并将因变量 2 阶滞后项及 2 阶的差分滞后项作为工具变量，给出了 AH 法，这种方法从理论上给出了系数的一致估计，但不是有效的；Arellano 和 Bond（1991）在 AH 工具变量法的基础上给出了差分广义矩法（DIF-GMM），该方法采用 $t-2$ 期前的因变量的滞后项作为因变量一阶差分滞后项的工具变量，从而得到一致且更为有效的估计结果。然而，进一步的研究认为差分广义矩法计量的有限样本特性较差，较易受到弱工具变量的影响，从而使得估计时出现偏差；为此，我们在主要面板分析中也列出了该方法对应的估计作为对比。Arellano 和 Bover（1995）、Blundell 和 Bond（1998）给出了另外一种克服上述问题的估计方法——系统广义矩法（Sys. GMM），该方法相对于差分广义矩法增加了因变量的一阶差分的滞后项作为水平方程的工具变量。蒙特卡罗模拟实验表明，在有限样本下，二步广义矩法比一步广义矩法估计的偏差更小，且有效性更高（Windmeijer，2005）。基于此，本章主要基于二步广义矩法获得的实证结果进行分析。

3.4 数据和描述性统计

3.4.1 数据来源

考虑到数据的可得性，本章主要关注了 1990～2016 年地级市层面的 GDP 数据。后文实证分析中所使用的 GDP 数据，均为利用以 1990 年为基期的 CPI 进行平减处理得来的。在机制研究中，我们使用各地级市的就业数据和三大产业的真实产值数据[①]，其中，就业为当年城镇在岗职工人数。本章的经济数据主要来源于中国省级统计年鉴和部分地级市统计年鉴等。由于西藏所辖地级市的相关经济数据统计不全，因此本章将该地区的地级市从研究样本中剔除。

气候数据主要来源于国家气象信息中心发布的《中国地面气候资料日值数据集（V3.0）》，《中国地面气候资料日值数据集（V3.0）》给出了包括中国 824 个基准、基本气象站自 1951 年以来的本站气温、降水量、相对湿度、蒸发量、日照时数、气压、风向风速等日值数据。考虑与经济数据的匹配性，本章只提取了 1990～2016 年的气象数据。此外，由于气象站点的变更和退出引起部分气象站数据缺失或部分气象指标数据不全，选取了其中 816 个气象站点的气温、降水量、相对湿度、日照时数和气压等指标数据进行研究。

我们利用广泛采用的距离倒数加权法将选取的站点数据转化为地级市-年度或季度层面的气象数据。具体的处理方法为：首先，使用 ArcGIS 软件确定地级市行政区划的重心和气象站点的地理分布；其次，以行政区划的重心为圆心，以重心与地级市行政区划边界线之间的最大距离为半径做圆，将圆内气象站点确定为该地级市的气象站点；再次，以地级市各气象站点与行政区划重心之间的距离 R 的倒数为权重，在地级市层面对

---

① 因为部分地级市的三大产业的真实产值数据和城镇就业数据缺失，故在后文机制检验中所用的这两个指标的样本量少于主体研究所用的样本量。

气象站点的各项气象数据进行加权平均，计算地级市层面的气象日值数据；最后，将地级市层面的日值数据按照一定的统计方法和标准处理为地级市年度或季度气象数据（处理前后的气象指标见附录 3）。在稳健性检验中，我们还使用以 $1/\sqrt{R}$ 和 $1/R^2$ 作为权重按照上述方法构建的地级市-年度或季度层面的气象数据以及由中国地面降水、地面温度日值 0.5°×0.5°格点数据构建的地级市层面的年度数据。

长期以来，进出口贸易一直是中国经济发展的重要驱动力。港口贸易是中国进出口贸易最为重要方式。一个城市是否拥有港口或者距离港口远近直接决定着其经济发展水平和速度。本章选取了"城市到港口交通距离"指标对城市是否拥有港口或与港口的距离关系进行衡量。在构建这一指标时，本章具体使用了城市与其最近距离的重要港口之间的公路线路长度进行度量[①]。对于公路线路数据，主要通过对各年份纸质版《中国地图》进行矢量化处理获得，城市与其最近的港口的距离是利用 ArcGIS 软件对矢量化后的公路线路数据进行近邻分析计算获得的。此外，文中的"固定资产投资"用平减后的地级市全社会固定资产投资完成额表示。

3.4.2　描述性统计

图 3-1 给出了每个城市的温度、降水和湿度的跨时变化与对数化 GDP（lgGDP）跨时变化的关系散点图。在图中，每个圆圈相对于 0 基线的高度表示一个城市 2012～2016 年的平均气温、累计降水量和相对湿度的均值相比于 1990～1994 年均值的变化程度；每个圆圈与 0 基线垂线的位置反映了城市 GDP 水平在两个期间的变化程度。

从图 3-1（a）可以发现，相比于 1990～1994 年期，绝大部分地级市的 2012～2016 年的平均气温出现了一定程度的上升。其中，一些城市，如安阳、十堰、遵义、商丘、西安、咸阳、宿迁等出现了超过 2℃甚至 3℃的上升幅度。相反，一些城市的气温也出现了下降，尽管下降幅度均小于 1℃，这些城市主要集中于东北地区和华南地区。图 3-1（b）显示，大部分地级市累计降水量出现了上升，其中南平、佛山、北海、菏泽等城市的累计降水量增加了超过 400 mm；相反，约有 1/3 的城市降水量出现了一定程度的下降，其中开封、常州两市降水量下降幅度最大，均超过了 200 mm。从图 3-1（c）可以看到，相对湿度变化情况与平均气温和累计降水量相反，相比于 1990～1994 年，绝大部分城市 2012～2016 年相对湿度出现了下降，其中开封、新乡、郑州、德阳、银川等城市相对湿度的下降超过了 8%；在相对湿度上升的城市中，安阳、西安、遵义、三亚、宿迁等城市的上升幅度较大，均超过了 5%。

图 3-2 给出了温度、降水和湿度与对数化 GDP 增长随时间变化的趋势图。在图中，线条连接点（圆形）衡量了平均温度、累计降水量和相对湿度的跨地区的平均值；线条连接点（三角形）衡量了对数化 GDP 增长的跨区平均值。从图 3-2（a）中可以看到，除 1994 年、1995 年、2001 年、2004 年、2005 年、2012 年外，温度变化与对数化 GDP 增长的变化均呈现反方向的趋势。相比于温度，累计降水量的变化更多地表现出与对数

---

① 在此，重要港口选取了 1990 年前建立的，并且在研究年度内年均进出口吞吐量排名前 8 的港口，主要包括上海港、深圳港、宁波舟山港、青岛港、天津港、广州港、厦门港和大连港。

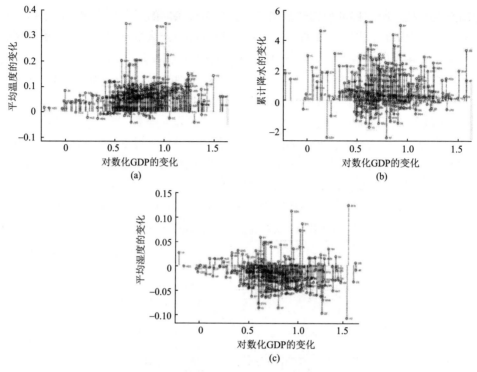

图 3-1　温度、降水和湿度的跨时变化

图中各代码对应的地级市全称见附录 4

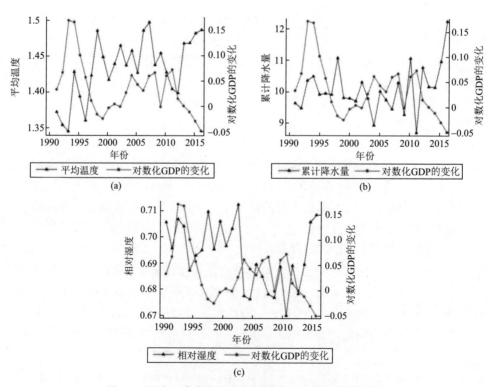

图 3-2　温度、降水和湿度与对数化 GDP 的变化的关系

化 GDP 增长的变化一致的趋势（图 3-2（b））。在图 3-2（c）中，1995 年后，相对湿度的变化更多地表现出与对数化 GDP 增长变化相反的趋势。

表 3-1 给出了衡量温度、降水和湿度情况的扩展变量的描述性统计量。对比表 3-1 中各气候指标的变异系数（Cv）可以发现，对于温度和降水的季度指标，第四季度出现了最大程度的离散，即该季度不同年份或区域之间，温度和降水相对于其平均值出现了最大偏离；相反，第二季度，这两个气候指标的离散程度最小。相比之下，相对湿度季度指标的整体偏离程度较小。就极端天气指标而言，低温天数、强降水天数、低湿度天数的离散程度相对较大。

表 3-1　气候扩展变量的描述性统计

变量	观测值	平均值	标准偏差	极小值	极大值	Cv
平均温度（单位：10℃）	7497	1.4234	0.5195	0.0396	2.7001	0.3652
Q1	7497	1.4585	0.4679	0.0862	2.7822	0.3213
Q2	7497	2.4793	0.3134	0.3402	3.0026	0.1262
Q3	7497	1.5014	0.5609	−0.0331	2.7636	0.3738
Q4	7497	0.2250	0.8441	−2.3570	2.3568	3.7513
累计降水量（单位：100mm）	7497	10.0249	5.6432	0.4503	37.1449	0.5632
Q1	7497	2.5008	2.1304	0.0000	18.0530	0.8521
Q2	7497	4.8709	2.6732	0.1810	25.7273	0.5490
Q3	7497	1.8053	1.2665	0.0010	14.0164	0.7021
Q4	7497	0.8479	0.9224	0.0000	5.2110	1.0873
平均湿度（单位：×100%）	7497	0.6932	0.0983	0.0953	0.9138	0.1420
Q1	7497	0.6474	0.1446	0.0845	0.9508	0.2241
Q2	7497	0.7423	0.0933	0.1006	0.9313	0.1262
Q3	7497	0.7104	0.0883	0.0902	0.9147	0.1242
Q4	7497	0.6723	0.1112	0.0918	0.8860	0.1650
高温天数	7497	38.1285	30.6013	0.0000	165.0000	0.8031
低温天数	7497	17.2785	32.4139	0.0000	144.0000	1.8760
强降水天数	7497	2.2900	2.8253	0.0000	22.0000	1.2342
降水量较少的天数	7497	270.0980	37.4549	154.0000	355.0000	0.1390
高湿度天数	7497	109.3268	65.5550	0.0000	346.0000	0.6000
低湿度天数	7497	23.8335	38.5069	0.0000	365.0000	1.6161

注：Q1、Q2、Q3 和 Q4 分别代表第一季度、第二季度、第三季度和第四季度。

3.5　研究结果与分析

3.5.1　气候变化对经济产出的影响

温度和降水是考察气候变化影响最重要的指标，这一点在前人研究中已鲜有争议（Dell et al.，2009；Lanzafame，2014；Burke et al.，2015；Barreca et al.，2016；Graff Zivin et al.，2018）；但其他气候变量的变化也会对经济产生显著影响（Zhang et al.，2018），尤其是湿度，湿度增加往往是温度升高和降水增加的直接结果，而忽视湿度变量将加大气候变化影响（引起气候相关死亡率、经济福利损失和适应成本的低估）的估计偏差（Barreca，2012），事实上，本节的实证结果也验证了这一点（表3-2）。具体地，当仅考虑温度和降水时，1℃温升将引起产出下降3.009%（表3-2（1）列）；当引入湿度变量时，相应的气候变化影响下降1.889%（表3-2（2）列）；当进一步考虑日照、气压和风速等所有气候变量时，1℃温升对应的经济产出则下降0.775%，且该数值在5%水平上显著（表3-2（5）列）。这一估计与Hsiang等（2017）估算的美国的气候变化损失相当，后者认为1℃温升将引起美国的GDP平均下降1.2%。降水对经济产出的影响均在10%的水平上统计显著，仅考虑温度和降水变量的情况下，10 mm降水增加将引起产出增长0.31%，而当考虑所有的气候变量时，降水增加的正影响会有所增大，年均10 mm的降水增幅将对应0.86%的产出增长（表3-2（5）列）。Dell等（2012）讨论了温度和降水对全球贫困国家产出的平均影响，其中1℃温升将引起产出1.39%的显著下降，而100 mm降水对应的产出增长0.07%，但统计上不显著。由此可见，对比Dell等（2012）得到的欠发达地区的平均影响，本章估计的温升影响偏低，而降水影响偏高。此外，湿度增加对产出有统计上显著的负影响，全气候变量情况下，1%的湿度增加对应1.3417%的产出下降；同时，表3-2的结果还报告了日照和气压对产出的显著影响。估计的主要气候变量对产出的影响如图3-3所示。

表3-2　主要研究结果：气候变化对产出的影响

产出	温度和降水（1）	增加湿度（2）	增加日照（3）	增加气压（4）	增加风速（5）
温度	−0.3009***	−0.1889***	−0.0673**	−0.0886***	−0.0775**
	（0.0580）	（0.0489）	（0.0341）	（0.0339）	（0.0349）
降水	0.0031*	0.0115***	0.0079***	0.0086***	0.0086***
	（0.0016）	（0.0018）	（0.0018）	（0.0018）	（0.0018）
湿度		−0.9978***	−1.3071***	−1.3058***	−1.3417***
		（0.1289）	（0.1604）	（0.1547）	（0.1604）
日照			−0.0842***	−0.1682***	−0.1772***
			（0.0152）	（0.0298）	（0.0310）
气压				1.0677***	1.0557***
				（0.2143）	（0.2152）
风速					0.0015
					（0.0017）
L1：产出	0.8423***	0.8238***	0.8178***	0.8158***	0.8141***
	（0.0224）	（0.0196）	（0.0204）	（0.0189）	（0.0192）
Ln（waydist）	−0.0972***	−0.0860***	−0.0842***	−0.0523***	−0.0498***
	（0.0180）	（0.0175）	（0.0152）	（0.0163）	（0.0162）
Ln（fixcapi）	0.0156***	0.0110**	0.0069	0.0066	0.0070
	（0.0049）	（0.0044）	（0.0048）	（0.0046）	（0.0046）
AR（2）（p-值）	0.668	0.757	0.907	0.878	0.824

续表

产出	温度和降水 (1)	增加湿度 (2)	增加日照 (3)	增加气压 (4)	增加风速 (5)
Hansen Test（ρ-值）	0.124	0.849	0.808	0.908	0.909
观测值	7063	7063	7063	7063	7063

***在 1%水平上统计显著，**在 5%水平上统计显著，*在 10%水平上统计显著。

注：因变量是 Ln（GDP），温度、降水和湿度是自变量，其他气象因素是控制变量。温度、湿度、气压和风速是日平均数据的年平均值，而降水和日照数据是每日累积数据的年度累积值。所有气候变量的数据都是反距离加权的。Ln（waydist）表示城市到港口距离的对数，Ln（fixcapi）则表示城市水平的固定资产投资的对数值。在（1）~（5）列中，所有的估计值都是通过使用系统 GMM 方法得到的。AR（2）检验了残差在二阶微分中的序列相关性，Hansen Test 检验不同 GMM 工具变量的外生性，H₀ 是外生的。

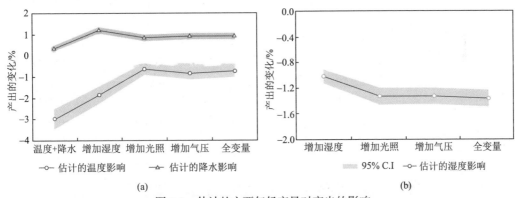

(a) (b)

图 3-3　估计的主要气候变量对产出的影响

图（a）描述了温度和降水对产出的影响，其中线条是估计的影响，灰色带表示相关的 95%置信区间。图（b）描绘了相对湿度对产出的影响，同样，线条表示估计的影响，灰色带是相关的 95%置信区间

气候要素间很可能存在相互作用，例如，降水是高湿度的来源，而高湿度将会加剧高温的负影响，尤其对人力资本投入的效率上（Barreca，2012）。基于此，表 3-3 在全气候变量的基础上补充考虑了关键气候变量间交互效应对产出的影响。（1）列和（2）列分别展示了引入温度和降水以及温度和湿度交互后的结果，（3）列和（4）列给出了湿度和降水两者交互，以及温度、降水和湿度三者交互后的结果。通过与表 3-2 的最后一列对比可发现：其一，对于温度、降水和湿度，不管是两者交互，还是三者交互均会对经济产出产生显著的负向影响；其二，不同的温度变量交互效应对温度系数的方向和显著性产生了一定差异化的影响，但不同的降水变量交互效应会增加降水对经济的正向显著影响，尤其是存在湿度与降水的交互以及三者共同交互的情况下；其三，温度与降水的交互会降低温升对经济的影响，但不显著，而温度与湿度的交互则会引起温升对经济的显著正向影响；其四，湿度与降水的交互下温升对经济的影响较无交互情景相当，但会大幅显著地削弱湿度对经济的影响。

表 3-3　气候变化对产出的影响：气候的相互作用

产出	（1）	（2）	（3）	（4）
温度	−0.0158	0.3324**	−0.1166***	−0.0475
	（0.0532）	（0.1593）	（0.0305）	（0.0413）

续表

产出	（1）	（2）	（3）	（4）
降水	0.0241***	0.0104***	0.0460***	0.0206***
	（0.0082）	（0.0020）	（0.0155）	（0.0060）
湿度	−1.3368***	−0.3475	−0.7849**	−1.1814***
	（0.1553）	（0.3883）	（0.3115）	（0.1921）
温度和降水交互	−0.0078**			
	（0.0039）			
温度和湿度交互		−0.6196***		
		（0.2303）		
湿度和降水交互			−0.0471**	
			（0.0191）	
温度、降水、湿度交互				−0.0075**
				（0.0034）
L1：产出	0.8159***	0.8228***	0.8286***	0.8204***
	（0.0192）	（0.0189）	（0.0190）	（0.0189）
Ln（waydist）	−0.0506***	−0.0535***	−0.0489***	−0.0499***
	（0.0158）	（0.0151）	（0.0151）	（0.0155）
Ln（fixcapi）	0.0070	0.0056	0.0050	0.0063
	（0.0046）	（0.0045）	（0.0042）	（0.0044）
AR（2）（ρ-值）	0.931	0.879	0.961	0.944
Hansen Test（ρ-值）	0.746	0.890	0.875	0.821
观测值	7063	7063	7063	7063

***在1%水平上统计显著，**在5%水平上统计显著，*在10%水平上统计显著。

注：因变量是Ln（GDP），GDP和气候变量的数据处理与表3-2相同。（1）～（3）列为温度、降水和湿度在相互作用下对关键气候变量的估计，（4）列所使用的模型包含了这三个气候变量之间的所有排列组合的相互作用。所有其他的气候变量在估算中都得到了控制，括号内为稳健的标准误差。所有的估计都是通过使用系统GMM方法实现的。AR（2）检验了残差在二阶微分中的序列相关性，Hansen Test检验了不同GMM工具变量的外生性，H_0是外生的。

　　表3-4考虑了关键气候变量的季节影响，其中Q1～Q4分别表示第一至第四季度，分别对应2～4月，5～7月，8～10月和1、11、12月；与表3-2类似，（1）列仅考虑了温度和降水变量，（2）列在（1）列基础上添加了湿度变量，（3）列和（4）列又逐步增加了日照和气压控制变量，（5）列考虑了全气候变量。观察（1）～（5）列不难看出，在第一、第二和第三季度温度对 GDP 均产生统计显著的影响，其中第一季度温升对产出的影响是一致显著为负的，1℃温升对应的产出下降区间为[1.325%，1.658%]；而第二季度和第三季度对产出的影响均是一致显著为正的，两个季度的影响程度之和大于第一季度对应的影响效应。从中国经济产出的分布规律可知，第一季度春季至第三季度秋季是一年中经济产出特别是农业产出的关键时期，因此这三个季度的温升对经济产出的影响较为敏感。对中国绝大多数地区而言，春季温度升高会扰乱农作物的生长周期，出现春季过快生长而导致减产；同时，春季通常是一个年份最为舒适的季节之一，同时

也是病疫高发的时期，温度升高不仅工作舒适度出现下降，而且可能引发较多流行病出现，从而导致劳动力工作状况受到影响。夏季和秋季包含了作物最主要的生长和成熟时期，夏季和秋季温升有利于作物快速生长而提高产量。这一发现也在很大程度上呼应了Liu 等（2004）的研究结论，其对中国农业的研究表明，温升在春季的影响多为负，而在秋季则为正。

表 3-4　气候变化对产出的影响：季节的作用

产出		温度和降水 （1）	增加湿度 （2）	增加日照 （3）	增加气压 （4）	增加风速 （5）
温度	Q1	−0.1658*** （0.0257）	−0.1325*** （0.0255）	−0.1407*** （0.0241）	−0.1396*** （0.0257）	−0.1379*** （0.0250）
	Q2	0.1237*** （0.0322）	0.1007** （0.0458）	0.1091** （0.0458）	0.1180* （0.0606）	0.1191** （0.0592）
	Q3	0.0942*** （0.0355）	0.1205*** （0.0376）	0.1109** （0.0402）	0.1092** （0.0452）	0.1091** （0.0443）
	Q4	−0.0521*** （0.0161）	−0.0157 （0.0139）	−0.0170 （0.0138）	−0.0179 （0.0149）	−0.0180 （0.0148）
降水	Q1	−0.0113*** （0.0028）	−0.0065*** （0.0025）	−0.0075*** （0.0022）	−0.0075*** （0.0022）	−0.0075*** （0.0021）
	Q2	0.0112*** （0.0020）	0.0037* （0.0020）	0.0015 （0.0018）	0.0016 （0.0017）	0.0016 （0.0017）
	Q3	0.0025 （0.0027）	0.0099 （0.0063）	0.0084 （0.0066）	0.0083 （0.0069）	0.0082 （0.0067）
	Q4	−0.0002 （0.0041）	0.0108** （0.0047）	0.0063 （0.0045）	0.0064 （0.0046）	0.0062 （0.0045）
湿度	Q1		−0.2352*** （0.0488）	−0.2516*** （0.0525）	−0.2505*** （0.0508）	−0.2519*** （0.0501）
	Q2		0.2185*** （0.0828）	0.2300*** （0.0769）	0.2511*** （0.0793）	0.2454*** （0.0803）
	Q3		−0.0177 （0.1160）	−0.0855 （0.0963）	−0.0788 （0.1043）	−0.0831 （0.0998）
	Q4		−0.1625 （0.0914）	−0.1453 （0.0937）	−0.1448 （0.0990）	−0.1467 （0.0968）
L1：产出		0.7399*** （0.0184）	0.7971*** （0.0167）	0.8125*** （0.0143）	0.8123*** （0.0143）	0.8122*** （0.0142）
Ln（waydist）		−0.0745*** （0.0156）	−0.0432*** （0.0115）	−0.0464*** （0.0121）	−0.0449*** （0.0122）	−0.0440*** （0.0116）
Ln（fixcapi）		0.0260*** （0.0041）	0.0167*** （0.0036）	0.0130*** （0.0030）	0.0131*** （0.0031）	0.0132*** （0.0032）
AR（2）		0.677	0.751	0.817	0.790	0.785

续表

产出	温度和降水（1）	增加湿度（2）	增加日照（3）	增加气压（4）	增加风速（5）
Hansen Test	0.998	0.868	0.867	0.869	0.872
观测值	7063	7063	7063	7063	7063

***在 1%水平上统计显著，**在 5%水平上统计显著，*在 10%水平上统计显著。

注：气候变量数据，如温度、降水量和相对湿度，按季度平均。其他气候变量，包括日照、气压和风速，都是用反距离加权的年平均数。在（1）～（5）列中，采用系统 GMM 方法，控制所有的其他气候变量。括号内的数值为标准误差。AR（2）和 Hansen Test 检验的涵义与表 3-2 一致。

降水对经济的影响突出表现在第一季度，这一季度的降水增加对经济的影响为负，且均在 1%的统计学意义上显著。事实上，与温度类似，降水增加对经济产出的影响很大程度上也体现在其对农作物的生长和劳动力工作条件的影响方面，而第一季度时值春季，降水（雨或雪）增加也会扰乱作物的生产周期而引起产出下降；同时，这一季节的降水增加还可能在一定程度上恶化其他产业（主要指第二和第三产业）的生产条件，继而影响工业和服务业的劳动投入强度和效率，最终负向影响经济产出。湿度的显著影响主要体现在第一季度和第二季度，其中第一季度湿度负向影响经济产出，且在 1%的水平上统计显著，1%的湿度增加对应 0.2352%～0.2519%的产出下降；而第二季度湿度增加则对经济产生显著的正影响，影响大小和显著性水平均与第一季度相当，即 1%的湿度增加将引起 GDP 增长 0.2185%～0.2511%。从全年来看，湿度变化在第一季度的相对更强的负效应将被第二季度的正效应抵消，最终显现为湿度增加对经济增长的显著负向影响（表 3-2）。具体来看，湿度增加会损害人体排汗和冷却的能力，在降低劳动投入效率的同时也对人体健康不利（Barreca，2012）；同时，春季也是各种流行病、传染病的高发期，而高湿环境易于滋生细菌和尘螨，增加疾病的损害风险和社会控制成本（Shaman and Kohn，2009）。

全球层面的研究显示，当平均气温为 13℃时，经济产出最高，而极端高温或低温都不利于农作物生长，也会降低劳动力的工作效率（Diffenbaugh and Burke，2019）。为此，表 3-5 引入了最大、最小温度、降水等气候变量，以考察那些可能被平均气候表现掩盖或忽视的极端气候的影响。对温度而言，表中对应最大和最小的估计分别来自各年最高温度超过 32℃的天数和最低温度低于–12℃的天数；对降水而言，最大和最小分别表示 24h 累积降水量高于 50 mm 和低于 1 mm 的天数；对湿度而言，最大和最小分别表示相对湿度高于 80%和低于 40%的天数。（1）列为选择温度、降水和湿度为自变量的模型结果，（2）～（4）列给出了逐步引入日照、气压、风速等其他气候控制变量的估计值。结果显示，极端高热确实对经济产出有统计上显著的负向影响，极端高温天数每增加一天将引起产出平均下降 0.0006%（（4）列）。事实上，极端高温对不同产业的影响存在显著差异，对工业的影响尤其显著，对应 1 天增量的 GDP 损失可能高达 0.45%（Zhang et al.，2018）；低温天数增加可能对经济产生正影响，但并不显著。从表 3-2 的结果可以看出，降水对经济的影响总体上是积极的，表 3-5 的估计也验证了这一点，有效降水天数的增加会显著提高产出水平，具体地，全气候变量情况下的点估计结果表明，降水天数每增加一天，对应的经济产出将平均增加 0.0092%。由此可见，除了短时间内持续的强降水易于引起洪涝、山体滑坡等自然灾害外，有效降水天数的增加可以缓解当前中国水资源紧缺的局面，总体上有利于经济的发展。高湿度天数和低湿度天数增加分别对经济产生了显著的负向和正向影响。就全气候变量情景而言，高湿度天气每增加一天，产出下降 0.0005%，且这一估值在 1% 的水平上统计显著；而低湿度天气每增加一天，产出水平将增长 0.0014%，这一估值同样获得了 1% 的统计性显著水平。从农业来看，作物生长季湿度的增加有利于提高农作物产出，1% 的湿度增加可引起玉米、大米和小麦的产量分别提高 0.61%、0.75% 和 0.96%（Chen et al., 2016b）。总体上看，湿度增加在冬天意味着更冷，而在夏天则意味着更热，因此，湿度增加总体上是不利于劳动投入强度和劳动生产率的提高的，且高热高湿还往往意味着与气候变化相关的死亡率的显著上升，而气候的干燥和凉爽化将有利于改善这一状况（Barreca，2012；Graff Zivin and Neidell，2014）。由于农业产出在整个经济产出中的比重远低于工业（1990 年比重为 7.9%，2016 年比重为 40.9%），因此湿度增加的农业正影响很大程度上被对应的工业和服务业负影响所抵消，这也在很大程度上解释了高湿度产生经济负影响的原因。

表 3-5　气候变化对产出的影响：极端天气

产出		（1）	（2）	（3）	（4）
温度	最大	−0.0007[*] （0.0004）	−0.0003 （0.0003）	−0.0005[*] （0.0003）	−0.0006[**] （0.0003）
	最小	0.0006 （0.0005）	0.0001 （0.0004）	0.0001 （0.0004）	0.0001 （0.0004）
降水	最大	0.0081[***] （0.0028）	0.0079[***] （0.0029）	0.0090[***] （0.0026）	0.0092[***] （0.0026）
	最小	−0.0003 （0.0004）	−0.0003 （0.0002）	−0.0002 （0.0004）	−0.0001 （0.0004）
湿度	最大	−0.0003 （0.0002）	−0.0003[*] （0.0001）	−0.0005[***] （0.0002）	−0.0005[***] （0.0002）
	最小	0.0009[***] （0.0002）	0.0009[***] （0.0003）	0.0014[***] （0.0002）	0.0014[***] （0.0002）
日照			−0.0641[*] （0.0367）	−0.0998[***] （0.0290）	−0.1092[***] （0.0323）
气压				0.7138[***] （0.1648）	0.7032[***] （0.1644）
风速					0.0010 （0.0014）
L1：产出		0.8148[***] （0.0172）	0.8165[***] （0.0172）	0.8069[***] （0.0166）	0.8083[***] （0.0166）
Ln（waydist）		−0.0705[***] （0.0137）	−0.0645[***] （0.0142）	−0.0536[***] （0.0140）	−0.0521[***] （0.0138）

续表

产出	（1）	（2）	（3）	（4）
Ln（fixcapi）	0.0144***	0.0126***	0.0112**	0.0115**
	（0.0049）	（0.0048）	0.0050	（0.0049）
AR（2）（ρ-值）	0.973	0.805	0.908	0.948
Hansen Test（ρ-值）	0.999	0.994	0.997	0.998
观测值	7063	7063	7063	7063

***在1%水平上统计显著，**在5%水平上统计显著，*在10%水平上统计显著。

注：自变量（温度、降水和湿度）的最大和最小数据是给定阈值下每日最大和最小观测值的天数。对于温度，上界是32℃，下界是–12℃；对于降水量，阈值分别为每天50mm和每天1mm；对于湿度，两个界限分别为80%和40%。（1）～（4）列中的估算采用的是系统GMM的基本方法。括号内的数值为稳健的标准误差。AR（2）和Hansen Test检验的涵义与表3-2一致。

3.5.2　跨区域的经济影响分析

气候变化对经济产出的影响与经济发展程度显著相关（Burke et al.，2015）。一般而言，经济欠发达的贫困地区往往由于处在偏热的地理位置和不完善的适应容量建设而更加气候易损（Dell et al.，2012）；此外，全球层面的研究还发现，气温高于平均水平的年份，平均气温较低的国家经济增长加快，而气温较高的国家经济增长放缓，这意味着气候变暖极有可能加剧了国家间的经济不平等（Diffenbaugh and Burke，2019）。那么全球层面的这一发现在中国内部是否依然成立？为此，我们根据中国的经济发展水平将所有省份归化为三大类，即发达地区（富裕地区）、中等发达地区和欠发达地区（贫困地区），分别对应于东、中、西三大区域，具体的省份划分见附录5。

如表3-6所示，列（1a）、（2a）和（3a）分别给出了平均气候条件下的估计值，列（1b）、（2b）和（3b）则报告了极端气候条件下气候变化对产出的影响。同样地，这里的极端气候变量是通过设定气候变量上下门槛值，用超过最大值和低于最小值的天数来度量的。尽管最大或最小气候变量数值表征的是极端气候发生的状况，很可能无法有效反映一天之中完全暴露在日常气候中的影响，但可以有效补充对平均气候变量数值可能忽略的气候影响的刻画（Zhang et al.，2018）。基于平均气候变量的结果显示，温升对西部地区产生了1%水平显著的负影响，1℃温升对应的产出下降影响幅度达2.340%，这一数值显然高于全国总体影响；温升对东部地区也有10%统计意义上显著的负影响，但影响程度远小于西部地区，后者与全国平均的气候变化影响水平相当；此外，估计结果还反映了温升对中等发达地区一定程度的影响，这一结果实际上在中国区域层面上证实了Dell等（2012）和Pretis等（2018）的研究发现，即相较于富裕地区，贫困地区更加气候易损。从全球来看，贫困地区往往集中在偏热或气候条件不利的地区，如赤道沿线的非洲国家，而中国的西部地区也同样长期处于干旱缺水等不利的气候条件之下，且贫困意味着气候暴露程度更高，同时适应能力更差（Hsiang et al.，2017）。与全球有所差异的是，中国平均温度较高的省份地处南方，其同时也是经济较发达的地区，因此这些热的地区受气候变化的影响并不是非常显著。当然，这与其地理位置显著相关，南方省份多为沿海地区，与主要港口及东南亚等新兴经济体的近距离大大促进了这些地区的经济发展，且这种正效应很大程度上抵消了气候变化可能引起的负效应（这也是我们在回归模型中考虑将各地市到港口的距离作为控制变量的原因）。

表 3-6　气候变化对不同经济发展水平地区的影响

产出		东部地区		中部地区		西部地区	
		（1a）	（1b）	（2a）	（2b）	（3a）	（3b）
温度	平均	−0.1046**		0.0161		−0.2340***	
		（0.0437）		（0.0236）		（0.0516）	
	极大		−0.0005*		0.0001		−0.0010
			（0.0003）		（0.0002）		（0.0008）
	极小		−0.0007		0.0004		0.0009*
			（0.0005）		（0.0004）		（0.0005）
降水	平均	0.0067***		0.0034***		0.0050*	
		（0.0016）		（0.0014）		（0.0028）	
	极大		0.0059***		0.0015		0.0030
			（0.0021）		（0.0018）		（0.0042）
	极小		−0.0002		−0.0007*		−0.0001
			（0.0004）		（0.0004）		（0.0008）
湿度	平均	−0.7631**		−0.7730***		0.1236	
		（0.3823）		（0.1075）		（0.4203）	
	极大		−0.0003		−0.0007***		0.0003
			（0.0003）		（0.0002）		（0.0003）
	极小		0.0015**		0.0006***		0.0007**
			（0.0006）		（0.0002）		（0.0004）
L1：产出		0.8043***	0.8457***	0.8692***	0.8430***	0.8128***	0.8196***
		（0.0447）	（0.0407）	（0.0196）	（0.0179）	（0.0270）	（0.0354）
Ln（waydist）		−0.1990***	−0.1393***	0.0021	−0.0103	−0.0523**	−0.0357
		（0.0485）	（0.0355）	（0.0274）	（0.0310）	（0.0275）	（0.0329）
Ln（fixcapi）		0.0074	0.0032	0.0033	0.0059	0.0261***	0.0237***
		（0.0146）	（0.0158）	（0.0033）	（0.0041）	（0.0076）	（0.0085）
AR（2）（p-值）		0.855	0.907	0.441	0.556	0.295	0.321
Hansen Test（p-值）		0.498	1.000	0.932	0.999	0.985	1.000
观测值		2548	2548	2652	2652	1863	1863

***在 1%水平上统计显著，**在 5%水平上统计显著，*在 10%水平上统计显著。

注：温度和湿度是在日平均数据的基础上取年平均，而降水数据则是日累计观测值的年平均。所有的估算都是用系统 GMM 的方法实现的。AR（2）和 Hansen Test 检验的涵义与表 3-2 一致。

降水增加会对经济增长产生显著的正面影响，例如，降水量每增加 100mm，东部地区的 GDP 就会增加 0.67%，西部地区的 GDP 就会增加 0.50%。较高的相对湿度对中国东部和中部地区的经济有显著的负面影响，湿度每增加 1%，GDP 将分别减少 0.7631% 和 0.7730%，而湿度对西部地区经济的负面影响并不显著。中国东部是沿海地区，而中部地区通常有湖泊或河流。因此，中国东部和中部地区都很潮湿，湿度的进一步增加可能会降低劳动强度和效率，进而对经济生产产生负面影响。对于干旱的西部地区来说，不断增加的湿度可能对农业生产产生积极影响，但也可能对工业和服务部门产生消极影响，从而给产出的净影响带来不确定性。综合各地区的变暖效应和降水效应，我们可以得出结论：富裕地区从气候变化的积极影响中获益更多，而贫困地区受到的负面影响更大，这在很大程度上验证了全球范围内的发现，即气候变化可能会加剧区域经济的不平等（Hsiang，2010；Diffenbaugh and Burke，2019）。

极端高温对经济生产的影响程度整体上较小，对于发达地区，一天的额外极端高温会使 GDP 减少 0.0005%，而额外的 100mm 降水则会使 GDP 增长 0.0059%。我们发现几乎没有证据表明极低的降水会对经济有显著的影响。对于产量的跨区域影响，无论在显著性还是非显著性的估计上，平均天气效应都与极端天气的影响高度一致（表 3-6）。这一结果一方面反映了本书经验估计的鲁棒性，另一方面也反映了中等发达地区和欠发达地区由于经济能力有限和适应能力不完全而遭受更多的不利气候事件[①]。此外，极高湿度对产出的负面影响只在中部地区显著，但极低湿度的正面影响在所有三个经济区都显著，这支持了极低湿度对全国的平均影响（表 3-5）。

3.5.3　区域气候影响的异质性

现有研究表明：气候变化对美国经济的影响在地域上存在显著的不均衡性（Wang et al.，2017；Hsiang et al.，2017），对于比美国更加气候易损的中国，我们不难推测这种地域影响分布差异也同样存在。事实上，中国地域辽阔，不同地区的自然气候条件千差万别，经济形势和产业结构也具有较大差异，这都是引起区域气候影响异质性的主要原因。表 3-7 展示了估计的气候变化对不同地区的影响差异，具体区域划分详情见附录 6。估计结果显示，中国华北和西北的气候变暖对经济的负面影响最大，其次是西南和华中地区，而东北地区受气温上升的影响较小。从数据描述部分可知，东北地区的年平均气温最低，而西南地区的年平均气温最高，显然，升温对高热地区的经济负影响将更大，而对寒冷地区的影响较小（Zhang et al.，2018）。此外，中国的西北和西南地区的经济发展水平相对较低，这也可能导致气温上升的负面影响更大，而寒冷地区的升温可以改善农业、工业和服务业生产所需的气候条件，同时节约供暖成本，继而使得这些地区受升温的影响较小，甚至从升温中获益（Fairbrother and Dixon，2013）。有趣的是，作为一个较热的地区，华南受全球变暖的影响并不显著，这似乎与上面得到的普遍发现有些矛盾。实际上，这一结果表明，在升温的负面影响和积极对冲效应之间存在着实

---

① 值得指出的是，本章的极端气候由特定门槛值定义，而诸如 2008 年中部省份由于冻雨而大面积停电、停产和交通瘫痪以及 2018 年珠三角地区"山竹"台风造成的城市内涝等气候灾难并不在我们的样本考虑之内。

质性的权衡。一方面，更高的平均气温确实意味着更大的气候影响幅度，这就解释了表 3-7 第（5）列中的负面估计。另一方面，正如在表 3-6 中所揭示的那样，经济发达地区受到气温上升的影响较小，这为对冲负面的气候影响提供了积极效果。此外，从考察期内平均温度的波动趋势看（图 3-4），华南地区的平均气温波动较大，这可能在一定程度上强化了这种对冲效应。因此，华南地区经济绩效较高的对冲正效应与平均气温较高的对冲负效应重叠，这表明全球变暖在区域层面的影响取决于经济发展水平和地理气候条件。

表 3-7　气候变化对各地理区域产出（GDP）的影响

输出	东北 （1）	西北 （2）	华北 （3）	华中 （4）	华南 （5）	西南 （6）	华东 （7）
温度	−0.0007	−0.1736***	−0.1809*	−0.1354**	−0.1011	−0.1683*	0.0417
	（0.0534）	（0.0632）	（0.1008）	（0.0658）	（0.1345）	（0.0878）	（0.0481）
降水	0.0092**	0.0090*	0.0077	0.0087***	0.0052**	−0.0152***	0.0039***
	（0.0046）	（0.0053）	（0.0202）	（0.0016）	（0.0025）	（0.0050）	（0.0013）
湿度	0.5615*	−0.1223	−1.9091**	−0.8628***	−0.5588**	0.0847	−1.0710***
	（0.2789）	（0.2982）	（0.8843）	（0.1563）	（0.2437）	（0.0592）	（0.1532）
日照	0.1284	−0.0439	−0.1041	−0.0152	−0.0435	−0.0159	−0.0536*
	（0.0810）	（0.0535）	（0.1130）	（0.0311）	（0.0602）	（0.0395）	（0.0286）
气压	0.8423	0.4712	2.6761*	0.0782***	1.2196	0.4724	0.6956***
	（0.5380）	（0.3117）	（1.5589）	（0.0176）	（2.8094）	（0.4340）	（0.2184）
风速	0.0023	−0.0022	−0.0180	0.0002	0.0015	−0.0002	0.0045**
	（0.0038）	（0.0024）	（0.0114）	（0.0021）	（0.0033）	（0.0046）	（0.0019）
L1：产出	0.6770***	0.9170***	0.7659***	0.8984***	0.8305***	0.8699***	0.8053***
	（0.0329）	（0.0406）	（0.2065）	（0.0311）	（0.0417）	（0.0697）	（0.0200）
Ln（waydist）	−0.1011***	−0.0203	−0.0211	−0.0189	−0.0781***	0.0316	−0.0523
	（0.0390）	（0.0432）	（0.0518）	（0.0473）	（0.0268）	（0.0923）	（0.0363）
Ln（fixcapi）	0.0333***	0.0300	−0.0012	0.0012	0.0179*	0.0267	0.0115**
	（0.0076）	（0.0181）	（0.0299）	（0.0049）	（0.0101）	（0.0278）	（0.0052）
AR（2）	0.621	0.114	0.990	0.730	0.729	0.463	0.000
Hansen Test	0.999	0.989	1.000	0.999	0.982	1.000	0.972
观测值	936	754	754	1040	858	797	1924

***在 1%水平上统计显著，**在 5%水平上统计显著，*在 10%水平上统计显著。

注：因变量是 Ln（GDP），采用系统 GMM 方法分别估计气候变化对特定地区的影响。从广泛采用的规则来看，我国的省份被划分为 7 个区域（Zhang et al.，2018）。括号内为标准误差。AR（2）和 Hansen Test 检验的涵义与表 3-2 一致。

如表 3-7 所示，大部分地区降水的影响是积极的，并在统计意义上显著，例如，降水量每增加 100mm，东北、西北和华中地区的 GDP 就分别增加 0.92%、0.90%和 0.87%。如表 3-2 所示，这些结果在方向和幅度上都与国家平均估计高度一致。值得注意的是，降水正效应的显著性主要出现在经济发达地区，而在欠发达或不发达地区，这种影响是负的或不显著的，降水的正效应分布更多地依赖于地理位置和其相应的气候条件。湿度的增加可能对华北、华东、华中地区的生产产生巨大的负面影响，每增加 1%的湿度，产量分别下降 1.9091%、1.0710%和 0.8628%，这也与表 3-6 的结果高度平行。事实上，华北、华东、华中是潮湿地区，要么位于沿海地区，要么位于湖泊和河流地区，湿度的进一步增加会对劳动力的投入和效率产生负面影响，反过来又会对产出产生净负面影响。

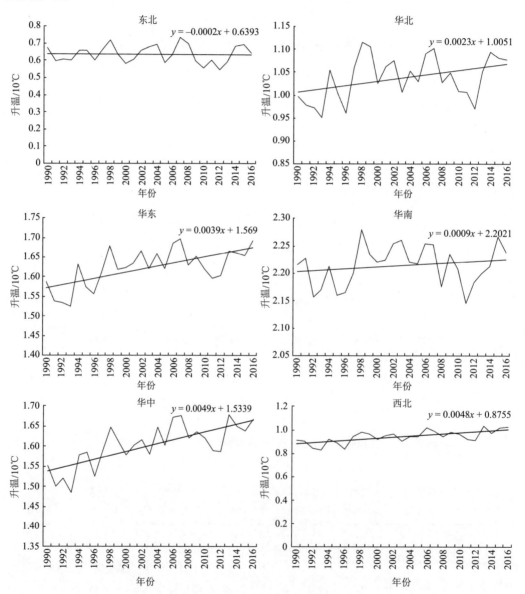

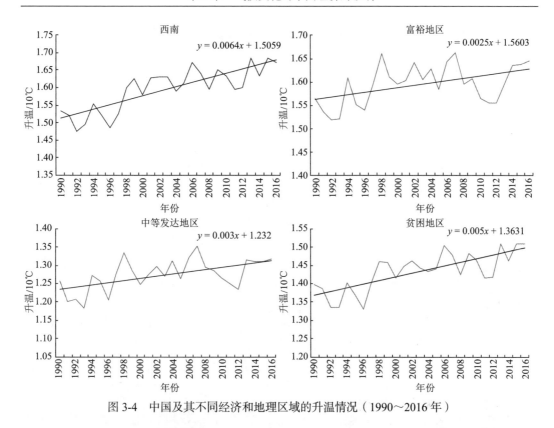

图 3-4　中国及其不同经济和地理区域的升温情况（1990～2016 年）

3.5.4　气候-经济非线性响应关系

尽管本章在考察气候变化对经济的影响时假设了温度等关键气候变量与经济之间的线性关系，但实际上气候变化与经济生产间的关系很可能是非线性的，尤其对温度而言（Wolfram and Mendelsohn，2009）。Burke 等（2015）对全球所有国家的研究表明，无论是富裕国家还是贫困国家，都存在温度与产出间的非线性关系，且该关系对农业和非农业部门均成立；而基于线性关系和非线性关系的未来气候损失的预测差异高达50%～100%。因此，探索清楚气候-经济间的非线性关系对于未来的气候损失评估和气候政策的制定至关重要。

基于此，本节在非线性关系假设下重新考察了关键气候变量与经济产出间的关系。如表 3-8 所示，列（1a）和（1b）、列（2a）和（2b）、列（3a）和列（3b）分别通过结合温度、降水和湿度的二次项来报告估算值。不难看出，温度与经济产出间存在着一致显著的倒 U 形关系，当考虑全变量时，结合一次项和二次项系数，可以判断出全年平均气温超过 10.78℃后将会对经济产出产生负向显著影响，该门槛值略低于 13℃的全球平均水平（Burke et al.，2015）。研究数据表明，在考虑的时间范围内，中国的平均气温为 14.32℃，明显超过了拐点，进一步支持了对变暖基线的负面估计。从表 3-8 中可以看出，降水-经济的非线性关系证据很少，但湿度-经济相互作用的非线性关系却证据充分。事实上，气候变化和经济之间的潜在关系还远未确定，因为不同的数据集、区块划分和模型设计可能会得出不同的结论。

表 3-8　气候变化与经济之间可能的非线性关系

产出	（1a）	（1b）	（2a）	（2b）	（3a）	（3b）
温度	0.3119[*]	0.3151[*]	−0.1464[***]	−0.0699[**]	−0.1725[***]	−0.0784[***]
	（0.1938）	（0.1831）	（0.0345）	（0.0253）	（0.0314）	（0.0236）
降水	0.0073[***]	0.0062[***]	0.0179[**]	0.0195[**]	0.0090[***]	0.007[***]
	（0.0017）	（0.0017）	（0.0077）	（0.0093）	（0.0017）	（0.0019）
湿度	−0.4813[*]	−0.8077[**]	-0.5523[**]	−0.9053[***]	2.1028	1.4481
	（0.2748）	（0.3195）	（0.2661）	（0.2924）	（1.5202）	（1.3517）
温度 ^{2}	−0.1764[**]	−0.1461[**]				
	（0.0700）	（0.0708）				
降水 ^{2}			−0.0003	−0.0004		
			（0.0002）	（0.0003）		
湿度 ^{2}					−1.9508[**]	−1.6814[**]
					（0.9836）	（0.8465）
包括其他变量	否	是	否	是	否	是
L1：产出	0.8363[***]	0.8322[***]	0.8400[***]	0.8356[***]	0.8501[***]	0.8408[***]
	（0.0156）	（0.0157）	（0.0150）	（0.0156）	（0.0154）	（0.0160）
Ln（waydist）	−0.0785[***]	−0.0537[***]	−0.0693[***]	−0.0422[***]	−0.0658[***]	−0.0503[***]
	（0.0141）	（0.0138）	（0.0142）	（0.0137）	（0.0146）	（0.0126）
Ln（fixcapi）	0.0135[***]	0.0092[*]	0.0115[***]	0.0081[*]	0.0091[***]	0.0062
	（0.0044）	（0.0052）	（0.0038）	（0.0048）	（0.0035）	（0.0046）
AR（2）	0.852	0.855	0.962	0.961	0.694	0.902
Hansen Test	0.986	0.983	0.967	0.871	0.956	0.949
观测值	7063	7063	7063	7063	7063	7063

[***]在 1%水平上统计显著，[**]在 5%水平上统计显著，[*]在 10%水平上统计显著。

　　注：在该非线性估计中，因变量仍然是 Ln（GDP），自变量为温度、降水和湿度（列（1a）、（2a）和（3a）），并且分别控制着其他气候变量，包括日照、气压和风速（列（1b）、（2b）和（3b））。此处我们分别独立引入温度（（1a）、（1b）列）、降水（（2a）、（2b）列）的二次项，括号内为标准误差。

3.6　稳健性检验

　　本节从多个角度对模型基本结果进行稳健性检验，涉及面板特征、估计方法和数据来源等。对替代数据的稳健性检验主要包括两部分：一是关于数据的处理。在进行基本结果的估计时我们利用的气候数据是通过分布在全国各地的气候站点数据转换而来的，即采用距离倒数加权法将站点数据转换为各市的气候变量平均数值。尽管这里的距离倒数加权法是进行站点数据转换的惯用方法（Mendelsohn et al.，1994；Dell et al.，2014；Zhang et al.，2018），但加权的方法实际上具有一定的主观性，可能引起估计结果的不确定性。因此本节引入了平方加权和根方加权两种替代方法对站点数据进行转换处理，见表 3-9 中的列（2a）、（2b）、（3a）和（3b）；同时，本节给出了基本权重下的数据估计结果进行对比（列（1a）和（1b））。对比列（1a）、（2a）和（3a）的估计可以发现，不同的权重选择不会对结果产生实质性的影响。以温升影响为例，在基本权重下，1℃温升对应0.775%的产出下降，在平方权重和根方权重下相应的影响分别为0.795%和0.772%，与前者较为接近且均在5%的统计意义上显著。对降水、湿度等其他气候变量的比较也可以得到同样的结论，由此可见，加权数据的规范增强了我们的结论。

表 3-9　对方法、权重和数据的稳健性检验

产出	基本权重		平方权重		根方权重	
	Sys. GMM （1a）	Dif. GMM （1b）	Sys. GMM （2a）	Dif. GMM （2b）	Sys. GMM （3a）	Dif. GMM （3b）
温度	−0.0775** （0.0349）	−0.2808*** （0.0490）	−0.0795** （0.0367）	−0.2873*** （0.0513）	−0.0772** （0.0341）	−0.2795*** （0.0483）
降水	0.0086*** （0.0018）	0.0129*** （0.0020）	0.0083*** （0.0020）	0.0128*** （0.0021）	0.0088*** （0.0018）	0.0131*** （0.0019）
湿度	−1.3417*** （0.1604）	−1.3724*** （0.1636）	−1.2941*** （0.1511）	−1.3328*** （0.1582）	−1.3555*** （0.1666）	−1.3908*** （0.1678）
日照	−0.1772*** （0.0310）	−0.0174 （0.0250）	−0.1680*** （0.0294）	−0.0095 （0.0245）	−0.1788*** （0.0317）	−0.0214 （0.0259）
气压	1.0557*** （0.2152）	1.2313*** （0.1908）	1.1128*** （0.1919）	1.2591*** （0.1796）	1.0262*** （0.2305）	1.2300*** （0.2025）
风速	0.0015 （0.0017）	0.0007 （0.0012）	0.0015 （0.0015）	0.0004 （0.0011）	0.0014 （0.0017）	0.0008 （0.0012）
L1：产出	0.8141*** （0.0192）	0.8231*** （0.0193）	0.8140*** （0.0205）	0.8233*** （0.0206）	0.8152*** （0.0187）	0.8229*** （0.0187）
Ln（waydist）	−0.0498*** （0.0162）	0.0035 （0.0124）	−0.0475*** （0.0157）	−0.0055 （0.0141）	−0.0508*** （0.0165）	0.0028 （0.0118）
Ln（fixcapi）	0.0070 （0.0046）	0.0117** （0.0049）	0.0072 （0.0048）	0.0119** （0.0051）	0.0067 （0.0045）	0.0116** （0.0047）
AR（2）	0.824	0.152	0.883	0.173	0.772	0.133
Hansen Test	0.909	—	0.894	—	0.920	—
观测值	7063	6791	7063	6791	7063	6791

***在1%水平上统计显著，**在5%水平上统计显著，*在10%水平上统计显著。

注：在基线中，气候数据是按各站点与地理中心点之间的逆向距离加权的。列（2a）和（2b）使用平方反距离加权，而列（3a）和（3b）是使用根方反距离加权。本表采用年平均数据，包括日平均气温、日平均相对湿度、日平均气压和日平均风速的年平均数，以及日累计降水量和日照时间。Sys.GMM和Dif.GMM分别代表系统GMM方法和差分GMM方法。AR（2）和Hansen Test检验的涵义与表3-2一致。括号内为标准误差。

二是关于数据的替代。我们的基本估计主要基于气候站点数据，但由于经济条件或政策波动可能存在样本期内站点进入或退出的问题，继而易于增加估计结果的有偏性（Dell et al.，2012；Auffhammer et al.，2013），因此，本节引入基于0.5°×0.5°的日度格点数据的估计结果进行对比。表3-9中列（4a）、（4b）和（4c）为站点数据估计，而（5a）、（5b）和（5c）则为格点数据结果。由于目前可获得的格点数据仅包含温度和降水两个变量，故此表3-9仅对比检验了这两个气候变量的估计结果，包括平均气候数值

情景（列（4a）和（5a））和极端气候数值情景（列（4c）和（5c））。从平均气候变量结果看，无论是基于站点数据还是格点数据，估计的升温对产出水平的影响都是负向的，且估值均在 1%的水平上统计显著，尽管格点数据的估计影响略微偏高（列（5a）较列 4（a））；同时，从估计的降水对经济的影响看，基于两套数据的估计结果是一致的，即降水对经济产出有显著正向影响，但基于格点数据的估计显著性有所上升（在 5%的水平上显著），与升温影响相类似，基于格点数据的估计结果较站点数据略偏高，10 mm 累计降水将引起 GDP 增长 0.39%。对极端气候变量结果的对比也增强了基本估计的稳健性（列（4c）和（5c））。站点数据和格点数据两种情景下，极端高温都将对经济产生显著负向影响，高温每增加一天对应的产出水平下降 0.0012%～0.0013%，且结果均在1%的水平上统计显著；而对于低温，其天数变化对产出均产生了正向影响，但均不显著。最大降水和最小降水都将对产出产生统计上显著的影响，对两种数据情景而言，这些结果无论从估值还是显著性水平上都具有较高的一致性。

表 3-10　数据替代的稳健性检验

产出		站点数据			0.5°×0.5°格点数据		
		Sys. GMM（4a）	Dif. GMM（4b）	Sys. GMM（4c）	Sys. GMM（5a）	Dif. GMM（5b）	Sys. GMM（5c）
温度	平均	−0.3009*** （0.0580）	−0.4745*** （0.0641）		−0.3778*** （0.0683）	−0.4699*** （0.0763）	
	极大			−0.0013*** （0.0004）			−0.0012*** （0.0004）
	极小			0.0008 （0.0007）			0.0009 （0.0010）
降水	平均	0.0031* （0.0016）	0.0010 （0.0017）		0.0039** （0.0016）	0.0035* （0.0020）	
	极大			0.0144*** （0.0029）			0.0157*** （0.0031）
	极小			0.0013*** （0.0003）			0.0012*** （0.0004）
L1：产出		0.8423*** （0.0224）	0.8555*** （0.0240）	0.8173*** （0.0205）	0.8312*** （0.0233）	0.8380*** （0.0243）	0.7904*** （0.0182）
Ln（waydist）		−0.0972*** （0.0180）	0.0021 （0.0107）	−0.0630*** （0.0177）	−0.1156*** （0.0206）	0.0027 （0.0110）	−0.0713*** （0.0172）
Ln（fixcapi）		0.0156*** （0.0049）	0.0201*** （0.0052）	0.0186*** （0.0053）	0.1858*** （0.0051）	0.0235*** （0.0050）	0.0273*** （0.0041）
AR（2）		0.668	0.063	0.809	0.435	0.040	0.894
Hansen Test		0.124	—	0.892	0.324	—	0.910
观测值		7063	6791	7063	6803	6541	6803

注：给定阈值以上（以下）的极大（极小）数据使用的天数。

对方法层面的稳健性讨论主要通过引入差分广义矩估计来进行，如表 3-9 和表 3-10 中列（1b）～（5b）均为差分 GMM 模型下的估计，而列（1a）～（5a）、（4c）和（5c）均为基本模型（即系统 GMM）对应的估计结果。表 3-9 的估计显示两种方法估计的气候变化（所有考虑的变量）对经济产出的影响方向和显著性水平具有高度的一致性（包括所有考虑的数据权重情景），但就温度、降水和湿度等关键变量来看，差分 GMM 估值较系统 GMM 估值偏高；对不同的数据源（站点数据和格点数据）而言，这种一致性依然成立（表 3-10），但估计的温度影响中差分 GMM 结果偏高，而降水影响偏低，且显著性水平也存在一定程度的下降。具体地，站点数据情景下，系统 GMM 的估计显示，10 mm 降水增加将引起产出增长 0.31%，且估值在 10% 的水平上显著；而差分 GMM 估计下，产出增长下降到 0.10%，且不显著。对格点数据情景也存在类似的结论。

3.7 气候变化影响的机制分析

前面的基础性研究表明气候变化将对经济产生显著影响，那么这些影响是通过何种机制产生的？换而言之，我们需要进一步探讨气候变化还会在哪些维度影响社会经济系统。劳动和产业很可能是影响气候-经济关系的两个关键维度（Dell et al., 2012）。事实上，劳动（包括数量和效率）被广泛证实是温升等气候变化作用于经济的主要机制之一（Graff Zivin and Neidell, 2014; Zhang et al., 2018）。表 3-10 的列（1a）、（2a）和（3a）给出了基于气候变量年均数据的影响估计，不管是否添加湿度作为自变量，还是控制其他气候变量，估计值均在 1% 的统计水平上负向显著，即 1℃ 温升分别对应 0.835%～2.917% 的劳动力下降。一方面，该结论反映了湿度及其他气候变量的考虑对于得到有效气候影响估计的重要性；另一方面，该结论也正好呼应了 Graff Zivin 和 Neidell（2014）的研究发现，即高温易于引起人体舒适度下降、疲劳，继而造成认知能力受损和活动效率的下降，这使得高温不仅仅会对劳动的室外暴露时间产生关键影响，降低劳动投入强度（时间），也会大幅降低劳动效率（Graff Zivin et al., 2018）。此外，表 3-10 没有报告出降水对劳动力的一致显著的影响，但得到了相对湿度对劳动投入的显著影响，1% 的湿度增加将引起劳动力水平下降 0.557%～0.7489%（列（2a）和（3a））；事实上，温升对劳动投入和生产率的影响正是通过与湿度的共同作用来实现的（Barreca, 2012; Hsiang et al., 2017）。

表 3-11 列（2a）和（2b）报告了极端气候数据情景下的估计影响，极大和极小分别表示日度气候数据中高于和低于既定门槛值的年天数。估计结果没有发现极端高温对劳动力的一致显著影响，但在较高的显著性水平上报告了低温对劳动力的正影响，低温天气每增加一天将引起劳动力增加 0.0007%～0.0016%。这意味着凉爽的温度更有利于经济生产，尽管在平均温度较低的北方并不一定成立，但对中国的 GDP 贡献较大的省份多集中在平均温度较高的南部和东部，因此，总体上凉爽气温对经济生产的正效应表现得更为明显。此外，估计结果还报告了极端高湿度对劳动力的显著的负向影响以及极端低

湿度对劳动力的不显著的正向影响（列（2b）和（3b））。该结果也与常识相符，即高湿度更不利于经济生产，尤其对降水较多、温度较高的广大东部和南部地区而言。

表 3-11　气候变化对劳动力的影响

Ln（劳动力）		仅有温度和降水		增加湿度		完整的气候变量	
		（1a）	（1b）	（2a）	（2b）	（3a）	（3b）
温度	平均	−0.2917*** (0.0461)		−0.1229*** (0.0356)		−0.0835*** (0.0267)	
	极大		−0.0007** (0.0003)		0.0003 (0.0003)		−0.0002 (0.0003)
	极小		0.0016*** (0.0005)		0.0012*** (0.0004)		0.0007** (0.0003)
降水	平均	−0.0069*** (0.0020)		0.0004 (0.0020)		−0.0033 (0.0022)	
	极大		0.0035 (0.0035)		0.0017 (0.0032)		0.0024 (0.0033)
	极小		0.0017*** (0.0004)		−0.0005* (0.0003)		0.0012*** (0.0004)
湿度	平均			−0.5576*** (0.1187)		−0.7489*** (0.1394)	
	极大				−0.0003*** (0.0001)		−0.0004*** (0.0001)
	极小				0.0002 (0.0002)		0.0002 (0.0002)
是否包括其他气候变量		否	否	否	否	是	是
Ln（empy）		0.9828*** (0.0174)	0.9945*** (0.0120)	1.0066*** (0.0117)	0.9944*** (0.0102)	1.0221*** (0.0126)	0.9974*** (0.0103)
Ln（waydist）		−0.0798*** (0.0199)	−0.0186* (0.0110)	−0.0296** (0.0125)	−0.0148** (0.0074)	−0.0122 (0.0092)	−0.0114** (0.0057)
Ln（fixcapi）		0.0139*** (0.0017)	0.0127*** (0.0011)	0.0097*** (0.0014)	0.0106** (0.0012)	0.0048*** (0.0016)	0.0079*** (0.0014)
AR（2）		0.165	0.162	0.173	0.164	0.171	0.163
Hansen Test		0.073	0.897	0.642	0.820	0.796	0.823
观测值		7045	7045	7045	7045	7045	7045

***在1%水平上统计显著，**在5%水平上统计显著，*在10%水平上统计显著。

注：所有影响均采用系统 GMM 方法估计，列（1a）和（1b）仅以温度和降水为自变量，列（2a）和（2b）在列（1a）和（1b）的基础上分别添加湿度作为自变量，列（3a）和（3b）控制其他气候变量，包括日照、气压和风速。列（1a）、（2a）和（3a）是根据年平均气候数据（如日平均温度、日平均相对湿度和日累计降水量等）估算的，而列（1b）、（2b）和（3b）中的估计值是通过使用最大（最小）气候变量数据高于（低于）给定阈值的天数给出的。Ln（empy）代表城市层面的就业对数。括号内为标准误差。

不同的产业在宏观经济中扮演不同的角色，且不同产业对温升、降水、湿度等气候变化的敏感程度也不尽相同，这很可能导致产业影响呈现显著的异质性（Dell et al.，2012）。基于此，本节系统考察了气候变化对农业、工业和服务业等三大产业的影响，见表 3-12。列（1a）、（2a）和（3a）报告了仅包含温度、降水和湿度气候自变量情形下估计的气候变化影响，列（1b）、（2b）和（3b）估计的影响则是在此基础上控制其他气候变量来实现的。总体上，温升对农业的影响显著为负，且 1℃温升对应 1.320%～1.406%的产出下降，这也验证了 Liu 等（2004）和 Ju 等（2013）的研究。同时，这一估计影响与 Dell 等（2012）的研究发现基本一致，即温度对全球贫困国家的农业产出水平产生统计意义上显著的负向影响，且 1℃温升对应平均 0.26 个百分点的产出下降。全球平均来看，温升对农业福利的影响占到 GDP 的 0.8%，且温升引起的 CO_2 肥料效应、贸易调整和补偿机制的引入将有助于进一步降低这一负向影响（Stevanović et al.，2016）。列（1b）还报告了降水对农业的显著正影响，10mm 的降水增加将引起农业产出增长约0.82%，这一数值较 Dell 等（2012）估计的平均 0.18 个百分点的正影响偏高。事实上，由于地区气候条件和种植作物的差异，降水对农业的影响可能随地理位置的不同而不同，对西南、西北、华北等地区而言，降水增加可能引起产出损失（Chen et al.，2013）。

气温升高对工业生产也产生了显著的负向影响，具体而言，1℃温升对应的可能产出影响为 1.897%～2.570%，这一影响与 Dell 等（2012）在全球层面估计的 2.04 个百分点基本相当。温升对工业的影响主要通过影响资本和劳动的作用效率来实现，尤其对于适应机制不完善的非公有企业而言，单位温升将引起中国的工业产出下降 1.75%，生产效率下降 6.81%（Zhang et al.，2018）。同时，表 3-12 的结果还体现了降水增加对工业产出的影响为正，尽管并不显著（列（2a）和（2b））。此外，我们还发现湿度增加对工业产出显著一致的负影响，1%的相对湿度增加将引起产出下降 1.2639%左右。事实上，湿度增加对工业生产的负影响主要是通过降低劳动投入强度和劳动效率来实现的（Graff Zivin and Neidell，2014）。

表 3-12 气候变化对产业的影响

Ln（GDP）	农业部门的附加值		工业部门的附加值		服务业的附加值	
	（1a）	（1b）	（2a）	（2b）	（3a）	（3b）
温度	−0.1406**	−0.1320**	−0.1897*	−0.2570***	−0.0872	0.0111
	（0.0628）	（0.0645）	（0.1168）	（0.1001）	（0.0681）	（0.0652）
降水	0.0067*	0.0082**	0.0064	0.0083	0.0095***	0.0058***
	（0.0039）	（0.0033）	（0.0052）	（0.0082）	（0.0023）	（0.0028）
湿度	0.3456	−0.3156	−1.2639**	−1.3885***	−0.5069***	−0.7703***
	（0.4125）	（0.3603）	（0.4992）	（0.5010）	（0.1529）	（0.2296）
L1：产出	0.8476***	0.8509***	0.7896***	0.8132***	0.7991***	0.7996***
	（0.0231）	（0.0215）	（0.0564）	（0.0486）	（0.0215）	（0.0259）
Ln（waydist）	−0.0049	0.0082	−0.0975***	−0.0366	−0.0667***	−0.1023**
	（0.0153）	（0.0237）	（0.0302）	（0.0537）	（0.0167）	（0.0432）

续表

Ln（GDP）	农业部门的附加值		工业部门的附加值		服务业的附加值	
	（1a）	（1b）	（2a）	（2b）	（3a）	（3b）
Ln（fixcapi）	−0.0241***	−0.0222***	0.0215	0.0112	0.0281***	0.0307***
	（0.0035）	（0.0040）	（0.0137）	（0.0130）	（0.0050）	（0.0070）
是否包括 其他变量	否	是	否	是	否	是
AR（2）	0.090	0.098	0.403	0.449	0.184	0.184
Hansen Test	0.851	0.906	0.875	0.870	0.796	0.262
观测值	4467	4467	4467	4467	4464	4464

***在1%水平上统计显著，**在5%水平上统计显著，*在10%水平上统计显著。

注：模型中以温度、降水和湿度为自变量，并控制其他气候变量，如日照、气压和风速，来估计影响。气候数据是日平均值（或累计值）的年平均数，通过采用反距离加权从站一级转移到县一级，而工业产值数据是 GDP 的年平均值。括号内为标准误差。

　　高温对第三产业（服务业）的影响存在较大的不确定性，对仅考虑温度、降水和湿度气候变量的情形而言（列（3a）），1℃温升对应产出下降 0.872%，但不显著；而当考虑控制其他气候变量时，这一影响变为正向影响，且亦不显著（列（3b））。从影响程度来看，温度对中国三大产业的影响呈现出明显差异，这与 Hsiang（2010）对其他地区的研究发现具有一定的一致性，其结果表明相对于对农业的影响，温升对制造业，以及零售、餐饮、旅游、交通等服务业的影响可能更大，例如，1℃温升对应的农业损失为 0.8%，而对制造业的影响为 4.2%，对餐饮、零售等服务业的影响则高达 6.1%。同时，列（3a）和（3b）还报告了降水对第三产业的正影响，10 mm 降水对应的产出增长区间为 0.58%~0.95%，且估计均在 1%的水平上统计显著。直接来看，降水增多有利于提高服务需求（如外卖点餐、网上购物、出租交通等），这很可能是引起服务业产出增加的原因。此外，与对第二产业的影响类似，湿度也将引起服务业产出的显著下降，1%的湿度增加将使第三产业的产出下降 0.5069%~0.7703%。由此可见，湿度对劳动投入和劳动效率的影响在工业和服务业都表现得十分显著，未来随着人工智能的发展，机器对人力的大规模替代是大势所趋，届时气候变化，尤其是湿度对劳动的影响存在大幅下降的可能。

3.8　气候损失预测

　　本节将实证估计得到的温升-经济关系(非线性)反映到综合评估模型的损失函数中，以评估不同的温升情景下中国可能遭受的气候变化损失。Burke 等（2015）的实证研究提供的更为直接的证据表明，温升-经济关系更有可能是线性的，而非此前 IAM 中普遍假设的非线性的。基于此，本节也基于前文估计得到的线性响应函数，并结合全球代表性的 IAM，也即 WITCH、AIM/CGE、GCAM、IMAGE、MESSAGE 和 REMIND，来预测 21 世纪内中国的气候经济损失。

　　假设未来经济对温度变化的反应与当今的情况类似。给定 g_t 为预测的未来 GDP 增

长率（Burke 等（2015）根据历史平均水平给出，我们采用 IAM 模拟 GDP 增长路径），
ζ_t 为温升引起的经济增长额外影响，则气候变化影响下的 GDP 增长路径演变为

$$GDP_{t+1} = GDP_t \left(1 + g_t + \zeta_t\right)^\tau \tag{3-7}$$

其中，τ 为单期的长度（本章根据 IAM 的结果选取为 10 年）。由此可见，给定基年的
GDP 数值，即可得到下一年/期气候干预下的 GDP。ζ_t 由估算的温升-经济关系 R_t 决定，
即

$$\zeta_t = R_t \left(T^{\mathrm{proj}}\right) - R_t \left(T^{\mathrm{Obs}}\right) \tag{3-8}$$

式中，T_t^{proj} 和 T^{Obs} 分别为 t 年中国的预测温度和历史基期（1992～2016 年）的平均温度。
T_t^{proj} 可以通过以下两步来实现，其一是通过各 IAM 的全球温升结果得到对应中国的温
升，其二是通过假设考察期内温度沿线性趋势升高，利用到 2100 年的总温升水平分割得
到未来各年份的温度水平。具体地，给定全球到 2100 年的温升为 ΔT^{Glob}，则中国的温升
ΔT^{CHN} 可计算如下：

$$\Delta T^{\mathrm{CHN}} = \kappa \left(\Delta T^{\mathrm{Glob}} - \Delta T^{\mathrm{Hist}}\right) \tag{3-9}$$

$$T_t^{\mathrm{proj}} = \Delta T^{\mathrm{CHN}} \left(t - t_0\right) / \left(2100 - t_0\right) + T^{\mathrm{Obs}} \tag{3-10}$$

其中，ΔT^{Hist} 为自工业化以来的全球历史升温（到 2010 年），这里设定为 0.8℃（Diffenbaugh
and Burke，2019）；κ 为规模因子，由 RCP8.5 情景下到 2100 年的全球地表平均温升和
中国的平均温升决定，即 $\kappa = \overline{\Delta T}^{\mathrm{CHN}} / \overline{\Delta T}^{\mathrm{Glob}}$；$t_0$ 为初始年份。欧洲气候评估数据库
（European Climate Assessment & Dataset）提供了 CMIP5 中涉及的所有全球气候模型在国
家和全球范围内的 RCP8.5 情景下的合计平均预测升温幅度，这些气候模型的网格单元
是以人口权重进行平均的。最后，通过跨模型对比 IAM 模拟的 GDP 与上面估算的气候
干预下的 GDP 水平，即可求得气候变化引起的 GDP 损失（图 3-5）。

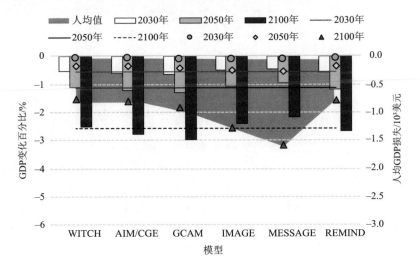

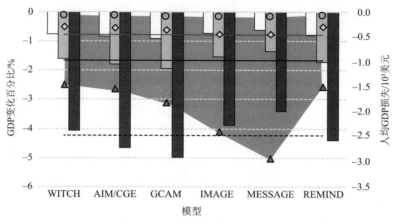

图 3-5　基于温升-经济关系估计的气候经济损失预测

上面图是"基于线性温升-经济关系的气候损失预测"，下面图是"基于非线性温升-经济关系的气候损失预测"；柱状图显示 GDP 损失的百分比；横线分别为 2030 年、2050 年、2100 年 GDP 损失的跨模型均值；而圆圈、方块和三角形则表示目标年份的人均 GDP 损失

　　从图 3-5 可以看出，基于不同 IAM 的气候损失预测存在较大差异，这些差异一方面来自各模型对未来中国经济增长的不同预期，另一方面也体现了 21 世纪内中国温升幅度的差异化预测，而人均气候损失还与不同模型的人口增长路径预测有关。整体上，随着时间的推移，中国的气候损失率将显著增加，从跨模型平均来看，将从 2030 年的 0.55%增至 2100 年的 2.58%，其中 GCAM 模型下最高可达 GDP 总量的 2.96%。从人均数值看，2030 年的人均气候损失介于 70~82 美元，跨模型平均水平为 70.7 美元，到 2050 年这一损失将增至 251 美元，而到 2100 年，这一数值将进一步平均增至 1199 美元。与 GDP损失率不同，对应人均气候损失最大的模型为 MESSAGE，其次是 IMAGE，而非 GCAM，这一差异并非由人口增长路径差异引起的，而取决于不同的经济增长预期；事实上，MESSAGE 和 IMAGE 的人口轨迹均高于其他模型，但 GDP 总量的预期较其他模型更为乐观。

3.9　总结与讨论

　　有效气候政策的制定严格依赖于对气候影响的定量评估，而气候影响的综合评估又离不开对气候变化与经济发展历史关系的判断和分析（Hsiang et al.，2017）。由于气候变化的成因复杂，影响面广泛，同时还受到生产方式调整、行为习惯改变以及适应能力变化的影响，因而要准确估计和研究气候变化对经济生产的综合影响也存在较大的挑战（Dell et al.，2012），尤其在讨论具体国家或区域尺度上气候变化与经济发展的关系时（Nordhaus and Moffat，2017）。尽管如此，本章依然试图在这一方面展开有益探索。具体地，本章研究的主要贡献体现在几个方面：首先，我们首次基于全面的气候和经济变量数据，通过构建实证模型系统考察了气候变化与中国经济发展的历史关系，并且深入分析了不同经济发展水平在气候-经济影响中所扮演的角色。其次，本章细分区域和产业的影响估计（例如，不同地理气候条件的区域影响异质性，农业、工业和服务业等分产业影响等），可以为 IAM 的中长期模拟的关键参数的设定和基本假设提供科学的现实基础。尽管基于 IAM 的气候影响综合评估研究已取得了实质性进展，但很大程度上依然存在模拟的气候损失评估与实际的气候变化影响脱钩的问题（Pizer et al., 2014；Burke et al., 2016），且无论是气候系统还是社会经济系统从长期来看其演变都存在相当大的不确定性：①气候敏感度以及同等温升对海平面上升、生物多样性、作物产出和人类健康等影响的不确定性；②适应行为和适应技术发展的不确定性引起人们对气候变化适应能力的不确定性；③国家减排行动可能带来的气候损失减缓效应的不确定性等（Heal, 2017；Pindyck, 2017）。全方位对气候变化与经济发展历史关系进行深入探究有助于 IAM 对关键变量的历史校准，使其对未来气候-经济关系的模拟更加符合历史规律，提高模拟结果的可靠性。最后，本章创新性地联合 IAM 模拟结果与实证气候-经济关系，对 21 世纪内温升对中国经济可能的影响进行了跨模型比较和预测分析，有效地助力了决策者制定长期的气候变化应对政策。气候损害的评估对气候变化战略和政策的制定有关键性影响：如果中国经济受气候变化负向影响显著（Wang et al., 2009；Ju et al., 2013；Chen et al., 2013；Stevanović et al., 2016），那么国家应该采取积极政策，包括减排和适应；如果经济受负向影响不显著甚至受益于气候变暖（Deschênes and Greenstone, 2007；Wei et al., 2014；Yang et al., 2015），那么政府对气候的反应就不会强烈，故此政策也会相对保守。我们的研究证实了过去近 30 年温升、降水等气候变化对中国经济发展的显著影响，给出了区域和产业异质性影响方向，同时对 21 世纪内气候变化对经济的长期影响进行了科学预期，为相关政策的制定提供了可靠依据。

从国家层面看，本章研究发现了温度变化与中国经济发展的显著负向关系，1℃温升对应 0.775%的经济产出下降，按照考察期内温升幅度为 0.62℃计算，由温升引起的 GDP 损失达 2417 亿美元（以 1990 年美元不变价计）；相反，降水变化与经济增长存在正向的历史关系，10mm 的年均降水增幅将引起产出增长约 0.86%；我们还发现了相对湿度、日照和气压等其他气候因素对经济的显著影响，特别地，湿度增加对产出有统计显著的负向影响，1%的相对湿度增加对应 1.3417%的产出下降。此外，极端气候也显著影响中国的经济发展，尽管影响很微弱，且各关键气候变量和经济的关系与平均气候变化情景下基本一致。

从经济发展水平看，我们发现 Dell 等（2012）得到的全球-国家层面的结论在中国-区域层面依然成立，即平均温升对中等发达地区产生了统计意义上显著的负向影响，且影响程度大大高于富裕地区和全国平均水平，1℃温升对应 2.340%的产出下降。研究还发现了降水增加对三个地区的经济产出均产生了显著的正向影响，但东部地区的效应显著大于中西部地区。这也意味着全球气候变化背景下，任何积极的变化都可能对发达群体/地区更有利，而任何负面的变化则对欠发达群体/地区更不利（Pretis et al., 2018），经济贫穷的地域可能再次面临气候贫穷的局面。Hsiang 等（2017）在美国也发现了类似的结论，其研究指出气候风险的地域不公平性在将来会表现得更加明显，到 21 世纪末美国贫困地区的气候变化损失很可能占到其 GDP 的 2%～20%；由此可见，气候变化很大程度上将阻碍当前高收入地区与低收入地区间持续下降的经济不平等差距趋势，这也印证了 Diffenbaugh 和 Burke（2019）等全球层面的相关研究结果。

从区域层面看，气候变化对经济的影响存在显著的区域异质性，总体上，温升对高热华北地区的经济负影响最大，其次是西北地区、西南和华中地区；温升对平均温度较低的东北地区的负影响相对最小，但这一估计不是统计意义上显著的。就降水而言，其对绝大多数地区带来正的经济影响，特别是东北、西北和华中地区，年均 10 mm 累积降水的增加分别对应 0.92、0.90 和 0.87 个百分点的产出增长。此外，实证结果还发现了平均相对湿度增加的区域差异化影响，东北地区平均相对湿度每增加 1%可以促进产出显著增长 0.5616%，而华北、华中和华东地区平均相对湿度增加 1%时对产出产生了 1.9091%、0.8628%和 1.0710%的抑制作用。

从产业角度看，温升负向影响了农业产出和工业产出，且在不同的气候变量选择情景下是一致的，在全气候变量情形下，1℃温升引起农业产出下降 1.320%以及工业产出下降 2.570%，其中农业估计影响与 Stevanović 等（2016）在全球层面上估计的温升对农业福利的平均影响大体相当，而工业影响略低于 Zhang 等（2018）的评估。按 1990~2016 年中国的产业 GDP 估算，对应的农业和工业温升损失分别约为 409 亿美元和 3027 亿美元（以农业 GDP 占比为 10%、工业 GDP 占比为 38%，1990 年不变价计）。降水对农业和服务业有显著的正影响，10mm 的降水增加分别引起农业产出和服务业产出增长 0.82% 和 0.58%。我们还发现了湿度对工业和第三产业（服务业）产出水平产生了显著的一致负影响。

基于（区）县级经验估计，我们构建了一个真正的"损失函数"，将未来全球变暖的加剧与中国的经济损失联系起来。损失函数是 IAM 的关键部分之一，用于评估长期的潜在气候损害，但如果单纯依靠粗略的估计来进行校准，将导致损失评估中存在大量的不确定性（Revesz et al.，2014）。因此，我们预测了在不同的温度变化情景下，到 2100 年可能出现的 GDP 损失，并对不同模型进行相应的比较。我们发现，到 2100 年，中国的模型平均气候损失可能占 GDP 的 2.58%，人均 GDP 的相对损失为 1199 美元。最重要的是，与非线性的气温-经济关系相比，这种气候损失在总量和人均方面可能分别被严重低估了 38.9%和 62.6%。

基于以上研究发现，可以得到一些政策启示：首先，从过去近 30 年气候变化与经济发展的关系中可以看出，温度、降水等气候要素的变化确实对经济产生显著的影响，与雾霾、粉尘等局地空气污染情势不同，气候变化的影响更不易感知，因此极易引起宏观应对政策和居民适应行为调整的滞后，政府应致力于以科学发现为支撑的气候变化影响观点传播，同时从减排和适应两大方面积极应对气候变化可能带来的长期风险和挑战。

其次，气候变化影响的区域不均衡性可能加剧地区经济发展的不公平性（Hsiang et al.，2017）。研究结果表明：经济发展水平较低的西部地区遭受气候变化损失的风险更大，而较富裕的东部地区受气候变化的影响相对较小或不显著。这意味国家在出台区域经济平衡发展方案时应充分重视气候损害的地域不均衡性，通过加大转移支付、增强适应性容量建设等气候扶贫手段来缓解经济发展不公平基础上的气候不公平（Diffenbaugh and Burke，2019）。

再次，不同的产业在不同地区的气候易损性存在显著差异，使得国家和地方政府在推动产业结构调整战略时除了单纯从经济产值、就业等角度考虑外，还应当将气候变化的差异化影响纳入考量。此外，对具体产业的影响也可以通过一些政策手段和行动来弱化，例如，对农业而言，增强相关部门和农业从业人员的气候变化意识，提高公共农业研发投资是缓解温升对农业负影响的有效途径（Oktaviani et al.，2011）；而对工业和服务业的负向影响风险则可以通过激励适应气候变化方面的投资、加强适应能力建设（如安装空调应对升温、强化排水管网系统、推动服务智能化升级等）来积极应对（Graff Zivin and Neidell，2014；Zhang et al.，2018）。

最后，本章的估计结果存在一定的不确定性：①数据可获得性和质量是可能引起估计结果不确定性的重要方面，尽管我们在估计国家尺度的影响时选取了全国地级市中的274 个地级市，但由于市级层面分产业就业数据的可获得性限制，样本数有一定削减，这可能影响产业影响估计的稳定性；②适应技术的发展会带来适应能力的提高，继而在一定程度上降低气候变化对经济的影响（Chen et al.，2016b），但适应效果只有在长时间尺度上才能显著，我们可获得的数据长度难以支撑对适应影响的考虑；③气候变化涉及的其他诸多方面的影响，如土壤生长结构改变、生物多样性变化、海平面上升、局地空气质量下降等，均未考虑在本章的实证估计中，这可能会引起影响的低估（Nordhaus and Moffat，2017）；④长期来看，区域层面的气候影响可能会由于跨区域贸易结构、转移支付政策等的变化而变化，贫困地区的影响可能会减缓。

第4章　平衡中国的气候损害和碳减排成本

尽管气候变暖是全球性的，但由于各国在地理位置、经济发展水平、易损程度以及适应能力等方面存在较大差异，各国受全球气候变化的影响不尽相同。一些欠发达地区普遍遭受较大的经济损失，另外一些地区受到的影响可能相对较小，而部分富裕国家则可能从气候变化中受益（Moore and Diaz，2015）。当前讨论气候损失的工作主要定位于全球，鲜有文献考察全球变暖对地区，特别是中国，造成的经济损失；基于减排成本的研究也基本集中在碳税、边际减排成本、减碳社会成本估计等微观层面（Weyant，1993；Stern，2008；Moore and Diaz，2015；Leduc et al.，2016），鲜有工作从减排和适应结合的角度来探讨气候损失与减排成本的平衡关系。基于此，本章通过发展全球综合评估模型 E3METL 和中国 CE3METL 的耦合框架，以气候变化对中国的经济影响为出发点，分析我国单边排放控制对全球变暖（全球温升水平）和减少气候损害（GDP 损失）的贡献；权衡减排政策对气候变化损失风险以及宏观减排成本的影响，尤其关注适应性行动在其中扮演的角色。

4.1　研究背景

美国国家海洋与大气管理局（NOAA）的数据显示，全球温度在持续上升，2000～2014 年平均每年上升 0.116℃；即使未来的 GHG 排放受到严格控制，温度上升的趋势依然会延续（Karl et al.，2015）。总体来看，温升效应对全球经济产出的影响很可能高达 20%（概率为 0.44～0.87），且气候变化很有可能会改变全球的经济架构，加剧地区间的经济发展不均衡性（Burke et al.，2015）；尤其对受气候灾害影响可能性更大的发展中国家和经济欠发达地区而言，应对气候变化挑战的形势更加严峻，温升不仅仅会引起产出的损失，而且会降低经济增长率（Millner and Dietz，2011；Dell et al.，2012；Sterner，2015）。

尽管气候变暖是全球性的，但各国在地理位置、经济发展水平、易损程度以及适应能力等方面存在较大差异，这直接导致各国受全球气候变化的影响也不尽相同；一些欠发达地区普遍遭受较大的经济损失，另外一些地区受到的影响可能相对较小，而部分富裕国家则可能从气候变化中受益（Moore and Diaz，2015）。因此，各国在面对气候变化和温室气体 GHG 减排挑战时采取的行动和制定的政策也应当充分考虑这种差异性。总体上看，减排和适应是应对气候挑战最基础，也是最根本的手段，全球和地区层面均如此。减排直接面对气候变化的本质问题（tackle the cause of climate change），即减少排放到大气中的 GHG 量，通过控制大气含碳浓度来减缓全球变暖的速度；而适应的效果除了直接降低气候损害外，还包括一些预防性措施以降低气候易损性（Millner and Dietz，2011；Dumas and Ha-Duong，2013）。减排难以单独应对气候变化挑战，适应亦如此。很大程度上，气候损害是经济发展到一定程度必然出现的结果，即使达到完美的适应水平（Bréchet et al.，2013）。减排和适应在控制全球变暖过程中既是彼此替代的也是相互补充的，两者的作用在很大程度上会发生重叠（Watkiss et al.，2015）。一般来看，高收入或经济发达国家倾向于同时投资减排和适应，而低收入或欠发达国家则重点关注减排（Buob and Stephan，2011）。

减排行动一方面受宏观经济与能源消费状况的影响，另一方面又对 GHG 排放（尤其是碳排放）和气候损失风险产生作用（Crost and Traeger，2014）；因此，减排相关研究一直是气候变化研究的热点，特别是在减排政策选择、市场机制的设计，以及减排效率和成本评估等方面（Weyant，1993；Stern，2008；Tol，2009；Allen and Stocker，2013；Arto and Dietzenbacher，2014；Nordhaus，2015；Duan et al.，2016a）。相较之下，气候适应性相关的定量化探索起步较晚，近些年，随着适应行为在气候损失评估中重要性的提升，适应政策才得以快速推广，相关研究也才陆续跟上（Patt et al.，2010；Massey et al.，2014）。Mendelsohn（2000）较早讨论了适应行为对气候变化的影响，认为适应与减排最大的区别是适应既可以是公共行为也可以是市场行为，因此具体机制的选择和设计十分重要；研究同时指出，适应措施对气候损失的抑降幅度最高可达 80%。事实上，适应对气候变化的影响随地区和考察时期的不同而存在明显差异。例如，对 OECD（经济合作与发展组织）等发达经济体而言，适应行动可以将经济相关的气候损失最高降低 90%，而对其他地区而言，这一抑降比率将降至 50% 左右（Hope et al.，1993）；而适应行动对气候变化的作用短期来看比较明显，最优适应情景下，可使减排压力下降 25%，平均气候损失下降约 33%，而长期来看，减排措施的效果更为显著（de Bruin et al.，2009）。

这主要由于 GHG 以及碳循环是在全球范围内流动的，由此而来的温室效应影响也是全球性的，而局地遭受的气候变化影响除了由本区域的 GHG 排放引起，更多源于世界其他地区的温室效应输入和 GHG 排放的外部性溢出，而这种排放和外部性的边界往往难以清晰地确定（Lemoine and Kapnick，2016）。此外，气候适应是评估气候变化长期影响，进行政策选择的重要环节，但当前对适应能力及其影响的研究的关注点也集中于全球尺度或发达经济体（Moore and Lobell，2014），而事实上，气候影响研究的重点正逐步从发达国家向发展中国家转变（Reilly and Schimmelpfennig，2000；Stern，2015）。一方面，发展中国家是当前最大的 GHG 排放来源，而中国的排放已占到全球总排放的23%（BP，2022）；另一方面，发展中国家的气候变化适应能力、易损性、受影响本质以及应对政策实施背景等都不同于发达国家。

中国是发展中国家的典型代表，也是全球最大的温室气体排放源，研究中国的气候变化损失风险，以及减排与适应在应对气候变化挑战中所扮演的角色具有十分重要的现实背景与意义。从变暖形势看，1909～2011 年中国的陆地区域平均温升幅度达 0.9～1.5℃，高于全球 0.8℃ 的平均温升水平；从排放趋势看，中国的排放惯性较大，高耗能产业的高占比、煤炭等化石能源的高依赖度以及快速城镇化对能源和水泥等材料的需求决定了未来排放持续增长的趋势；从减排难度看，中国应对气候变化的成本较高，减排难度较大，中国的最大可能的减排率为45%，远低于美国、欧盟的75%，如果今后中国每年的排放增长量降低0.2%，到2050年GDP将比不控制排放的情况下降5.12%（IPCC，2011）；从应对研究看，当前讨论从单国气候损失角度权衡中国减排的宏观成本与气候损失大小的研究较少，适应气候变化的政策、行动和研究积累十分不足（国家气候变化评估专家组，2015）

4.2　模型介绍

本节主要介绍Duan等（2013）基于综合评估建模理论发展的中国能源-经济-环境（3E）系统集成模型，即CE3METL（Chinese Energy-Economy-Environmental Model with Endogenous Technological change by employing Logistic curves），其是全球模型E3METL的中国化版本。CE3METL是典型的新古典经济内生增长模型，本质上承袭了气候变化IAM自顶向下的基本架构（包括效用最大化目标、CD（Cobb-Douglas，柯布-道格拉斯）/CES（constant elasticity of substitution）生产函数形式的产出过程以及消费、投资流的动态演变等），但又以其丰富的技术细节见长，而CE3METL又源于改进的Logistic多重技术演变机制和双因素内生技术进步机制。该模型为传统自顶向下的IAM架构与自底向上的技术模型框架间的软连接提供了可能，因此，CE3METL又可称为技术驱动型3E系统集成模型。研究人员基于E3METL及CE3METL已完成了一系列的研究工作，多数文献均包含了详细的模型细节，这里不再赘述（Duan et al.，2015，2016）。

值得指出的是，早期的CE3METL仅考虑了宏观经济、能源技术与碳排放间的交互关系；因此，其气候模块仅仅是经过简化了的碳排放模块（Duan et al.，2015）。为了完成本章的研究任务，我们实际上需要考虑从排放到辐射强迫、温升，直至对经济的反馈影响的全过程，基于此，本章在方法层面对CE3METL的最初版本进行了改进，即将单纯碳排放子模块拓展为气候模块，特别是耦合了碳循环模块以及气候变化-损失响应模块，同时考虑适应性选项（图4-1）。

具体地，对排放而言，由于CO_2是温室效应的主要贡献者，系统中考虑的控制变量主要指工业CO_2排放，其他的非碳排放以及土地利用变化引起的排放均以外生的形式并入世界其他地区的GHG排放中，而后者则根据DICE2013R模型的排放预测路径给出（Nordhaus and Sztorc，2013），即总GHG排放$Emis_t$可表示为

$$Emis_t = Emis_t^{ind} + Emis_t^{exo} \qquad (4-1)$$

修改的CE3METL中的碳循环关系主要基于三碳库模型（three-reservoir model）。这里的三个碳库指的是大气碳库CR_t^{at}、海洋上层碳库CR_t^{uo}，以及海洋深层碳库CR_t^{do}；CO_2在三个碳库中循环流动，尽管与海洋深层碳库的交互过程可能十分缓慢，但从长期来看，海洋深层碳库的固碳潜力巨大。具体地，三个碳库与排放间的关系可表述为

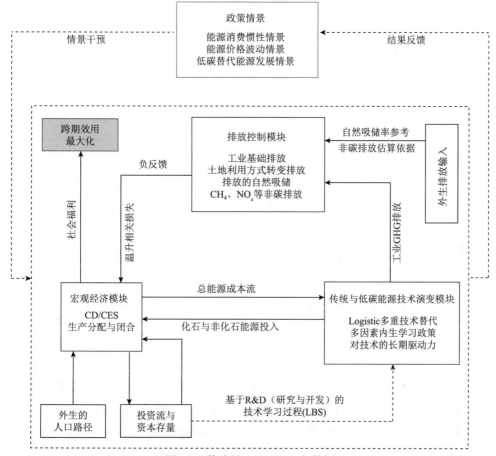

图 4-1　修改的 CE3METL 架构图

$$\mathrm{CR}_t^{\mathrm{at}} = \mathrm{Emis}_t + a_{11}\mathrm{CR}_{t-1}^{\mathrm{at}} + a_{21}\mathrm{CR}_{t-1}^{\mathrm{uo}} \qquad （4\text{-}2）$$

$$\mathrm{CR}_t^{\mathrm{uo}} = a_{12}\mathrm{CR}_{t-1}^{\mathrm{at}} + a_{22}\mathrm{CR}_{t-1}^{\mathrm{uo}} + a_{32}\mathrm{CR}_{t-1}^{\mathrm{do}} \qquad （4\text{-}3）$$

$$\mathrm{CR}_t^{\mathrm{do}} = a_{23}\mathrm{CR}_{t-1}^{\mathrm{uo}} + a_{33}\mathrm{CR}_{t-1}^{\mathrm{do}} \qquad （4\text{-}4）$$

其中，a_{ij} 为碳库相关性参数，$i,j = 1, 2, 3$。

记 1750 年以来总辐射强迫的变化为 ΔF_t，ΔF_t^{ex} 为外生的辐射强迫变化，主要来自气溶胶、臭氧等其他长生命期的排放，则根据 Nordhaus 和 Sztorc（2013），累积 GHG 排放与辐射强迫间的关系可表示如下：

$$\Delta F_t = \beta\left(\log_2 \frac{\mathrm{CR}_t^{\mathrm{at}}}{\mathrm{CR}_{1750}^{\mathrm{at}}} \right) + \Delta F_t^{\mathrm{ex}} \qquad （4\text{-}5）$$

其中，β 为相关性参数。而辐射强迫与温度变化间的关系（包括自 1900 年以来的地表温度变化 $\mathrm{Tem}_t^{\mathrm{at}}$ 和深海温度变化 $\mathrm{Tem}_t^{\mathrm{do}}$）可描述为

$$\mathrm{Tem}_t^{\mathrm{at}} = \mathrm{Tem}_{t-1}^{\mathrm{at}} + b_1\left[\Delta F_t - b_2\mathrm{Tem}_{t-1}^{\mathrm{at}} - b_3\left(\mathrm{Tem}_{t-1}^{\mathrm{at}} - \mathrm{Tem}_{t-1}^{\mathrm{do}} \right) \right] \qquad （4\text{-}6）$$

$$\text{Tem}_t^{do} = \text{Tem}_{t-1}^{do} + b_4 \left(\text{Tem}_{t-1}^{at} - \text{Tem}_{t-1}^{do} \right) \tag{4-7}$$

此处，气候敏感性相关参数 b_i ($i = 1, 2, 3, 4$) 取自 DICE2013R，模型中基于历史的数据和信息，对各参数值进行了较为完备的估计和说明（Nordhaus and Sztorc，2013）。

定义气候损失函数或影响函数是将未来的温室效应转化为经济后果的关键环节，其基本逻辑是累积的排放带来的温升效应将减少经济产出，即温升与经济产出间存在一定的非线性关系（Burke et al.，2015）。值得指出的是，损失函数的选择和参数校准过程存在很大的不确定性，这也是气候变化损失难以准确地量化最本质的缘由（Pindyck，2013；Moore and Diaz，2015）。CE3METL 利用广为采用的 DICE 损失函数来定义温升与气候损失间的关系，即假设气候损失与温度变化间是单纯的二次关系，不包括激变点和临界点。具体地，若损失系数为 Damg_t，则其与温升的关系可定义为（Lemoine and Kapnick，2016）：

$$\text{Damg}_t = c_1 \text{Tem}_t^{at} + c_2 \left(\text{Tem}_t^{at} \right)^{c_3} \tag{4-8}$$

其中，c_i ($i = 1, 2, 3$) 为损失函数系数。

给定总的经济产出为 Y_t，则净产出为

$$\tilde{Y}_t = \frac{Y_t}{1 + \text{Damg}_t} \tag{4-9}$$

必须说明的是，这里度量的损失并不包括生物多样性、海洋酸化、政治反响、海平面上升、海洋循环变化、极端气候损失等其他非市场化损失（Tol，2009）；损失函数的形式决定了度量的气候损失不会超过总产出的大小，这意味着该损失函数并不适用于刻画灾难性气候损害（Nordhaus and Sztorc，2013）。

4.3　情景设计

本节的主要任务是设置 GHG 减排和气候适应情景，以考察减排和适应政策在应对气候损失风险中所扮演的角色。具体地，从排放控制角度来看，Raupach 等（2014）基于公平性、历史排放惯性以及混合原则对 2℃、2.5℃和 3℃温控目标下世界各主要国家和地区的排放空间分配方案进行了讨论。对中国而言，2℃温控目标下，基于惯性原则的剩余可排放量最大，累积排放空间达 105.55 GtC，其次是混合原则和公平性原则，相应的排放空间分别为 87.00 GtC 和 69.55 GtC。值得指出的是，Raupach 等（2014）基于惯性原则估算的排放空间与 Ding 等（2009）的估计基本一致，后者估算中国 2050 年前的排放空间为 102.64 GtC；而其基于混合原则和公平性原则的排放空间估算则分别与 Garnaut（2008）和 UNDP（2009）的估计结果持平。由此可见，Raupach 等（2014）给出的三种排放空间分配方案覆盖面较广，且与主流的排放空间分配观点基本相符。特别地，Raupach 等（2014）还给出 2.5℃目标下基于三种分配原则的累积排放空间分配方案，

此时,各国的累积可排放量都有较大幅度的增长,其中中国的排放空间分别增长到138.27 GtC、127.09 GtC 和 112.36 GtC。基于此,本节以 Raupach 等(2014)的排放空间分配方案为基础,设计 2℃温控目标下中国的排放控制情景;具体地,根据排放空间从大到小,定义弱排放控制(weak emission control,WEC)情景、中度排放控制(moderate emission control,MEC)情景和严格排放控制(stringent emission control,SEC)情景三种情景,设置详情如图 4-2 所示。

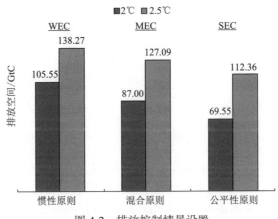

图 4-2　排放控制情景设置

现有研究表明:适应行动对气候变化的影响主要体现在短中期,其对气候损害的长期对冲影响很弱(Hornbeck,2012;Moore and Lobell,2014)。基于此,本节采用最优适应性假设,即适应对气候变化损失的长期影响趋于 0,而短期影响则以固定的适应率呈指数衰减(Moore and Diaz,2015),且适应被隐含在损失函数中。据此,我们设定了对应适应率为 10%、20% 和 30% 的三种适应性情景,分别记作低适应情景(low adaptation case,LAD)、中等适应情景(medium adaptation case,MAD)和高适应情景(high adaptation case,HAD)。

4.4　结果展示与分析

4.4.1　总量控制对排放路径和温升的影响

模拟结果显示,BAU 情景下,中国的 GHG 排放在 21 世纪上半叶继续稳步上升直至 2045 年。总量控制显著促进 GHG 排放尽早达峰,WEC、MEC 和 SEC 三种排放控制情景下,中国承诺的排放达峰目标都将如期实现(图 4-3)。同时,若按照 Raupach 等(2014)的排放权分配方案,2℃温控目标下中国 2050 年前的累积排放空间将压缩一半以上,最高压缩比例达 67%,折合 173 GtCO₂eq。事实上,从全球来看,若实现 2℃温控目标与 450μL/L 的浓度稳定目标对等,则 2050 年全球总的 GHG 排放需较 2000 年的水平下降 70%,其中发达国家的控排比例可能高达 80%~100%,而发展中国家的比例显著低于全球平均水平(Stern,2008)。由此可见,即使按照相对宽松的历史原则,Raupach

等（2014）的排放权分配方案对中国而言实际上也是非常严格的；这一方案实施的直接后果就是控排的宏观经济损失偏大（4.3 节）。

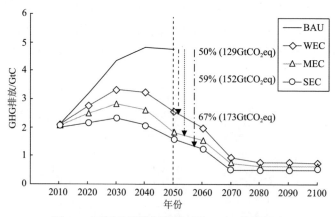

图 4-3　不同总量控制情景下的 GHG 排放轨迹

　　从温度变化的结果来看，若中国的 GHG 排放跟从 BAU 情景，则 2050 年全球平均地表温升幅度为 2℃，到 21 世纪末将达到 3.54℃（较之工业化前的温度水平），这一数值与 DICE2013R 的研究结果基本持平（Nordhaus and Sztorc，2013）。尽管中国单一国家的排放控制对全球总体温度的影响有限，但由于中国的排放量占全球排放总量的比重较大，随着其排放控制的严格化，全球平均温升幅度仍将呈现不同程度的下降。如图 4-4 所示，在 WEC 情景下，2050 年和 2100 年的全球温升水平将分别下降至 1.96℃和 3.36℃，对应的温控贡献为 1.85%和 5.07%；在最严格的情景下（SEC），到 21 世纪末，全球温升幅度将降至 3.28℃，较 BAU 情景下降 0.26℃，此时中国单方面排放控制的温控贡献较 WEC 情景提高 2.49 个百分点，达到 7.56%。由此可见，作为排放大国的中国，尽管其单方面的排放总量控制对抑制全球气候变暖有一定的效果，但总体看来，这一效果十分有限，即使削减一半以上的累积 GHG 排放，相应的温控贡献也不到 8%；显然，全球协作、共同削减 GHG 排放才是有效遏制全球平均气温持续上升趋势的关键。

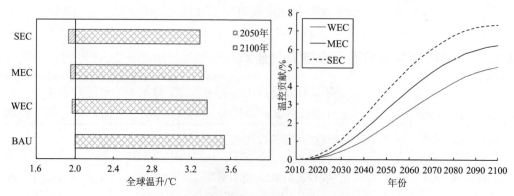

图 4-4　中国的排放控制对全球平均气温的影响

4.4.2　排放控制的宏观经济影响

本章对控排的经济影响主要从三个维度来考虑，即内生碳税、产出总量损失和经济增长损失。碳税是减少最后一单位排放应付出的成本，是将排放外部性内部化的一种典型的处理方式，因此，碳税在理论上应等同于碳社会成本，即增加一单位排放引起的社会损失（Tol，2009）；显然，排放控制越严格相应的控排成越高，内生碳税水平也越高。图 4-5 描绘的结果很好地佐证了这一点，到 2100 年，WEC 情景和 MEC 情景下的内生碳税水平分别为 440.76 美元/tC 和 492.38 美元/tC，而在更加严格的情景（SEC 情景）下，内生碳税水平将升至 592.49 美元/tC，这一数值已显著高于 Tol（2009）给出的碳社会成本的平均估值，同时也高于全球 2℃温控目标下的内生碳税水平（Nordhaus，2010；Lontzek et al.，2015）。不难看出，内生碳税的演变轨迹是递增的，这点与其他类似的研究相符（Nordhaus，2010；Thomson et al.，2011；Cai et al.，2016）。事实上，由于未来经济发展、技术进步、气候变化影响等存在诸多不确定性，排放主体（包括宏观国家和微观个体）在控排早期多持"观望"态度，继而导致推迟减排行为的发生，这使得控排后期主体面临的减排压力较大，从而导致控排成本的不断增加，而递增的内生碳税轨迹实际上反映的就是这种减排行为理性的变化。

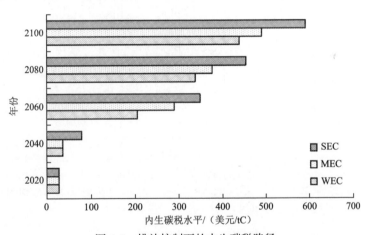

图 4-5　排放控制下的内生碳税路径

对控排经济损失的度量是从逐年 GDP 损失和分时段累计 GDP 损失两方面来考虑的（图 4-6）。根据 Raupach 等（2014）提出的排放权分配方案设置的排放控制情景实际上是十分严格的，这直接导致减排的 GDP 损失较高，如图 4-6（b）所示，在最严格的 SEC情景下，最大的经济损失发生在 2050 年前后，达到当年 GDP 的 19.5%，即使在相对较弱的 WEC 情景下，对应的 GDP 损失最高值也可达 8.88%。相比较而言，排放控制的累计 GDP 损失比重较低，例如，SEC 情景下，经济损失最大的时段为 2010~2070 年，此时的累计 GDP 损失为 12.37%，而对 WEC 情景而言，损失比重仅为 4.65%。值得注意的是，随着减排的深入，减排成本将不断降低，且排放控制越严格，成本下降的速度越快。从逐年GDP损失来看，WEC 和 SEC 情景下，2100年的GDP损失分别降至1.96%和1.51%；对累计 GDP 损失而言，WEC 和 SEC 情景下的 GDP 损失将从高峰时期的 4.65%和 12.37%

（对应 2010~2070 年）分别降至 4.58% 和 11.6%（对应 2010~2100 年）。

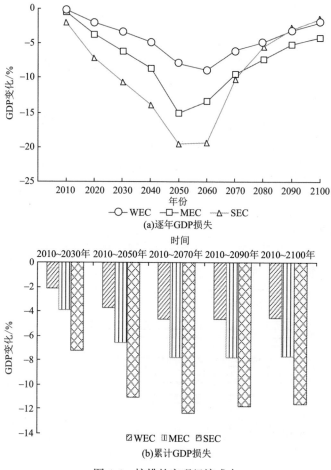

图 4-6　控排的宏观经济成本

图（a）表示逐年的 GDP 绝对量变化（相比于 BAU 情景）；图（b）给出分时段累计 GDP 变化情况
（相比于 BAU 情景），取贴现率为 5%

　　排放控制不仅仅影响经济总产出，而且还在很大程度上影响经济增速（Moore and Diaz，2015）。总体上看，排放控制对经济增速的影响与其对经济总量的影响方向是一致的，即排放控制越严格，其对经济增长率的影响越大。对 MEC 情景而言，最大的经济增长率损失发生在 2040~2050 年，此时的 GDP 变化较 BAU 情景下降 1.67%；而对 WEC 情景和 SEC 情景而言，2050~2060 年的年均 GDP 增速降幅最大，分别为 0.94% 和 2.17%（图 4-7）。此外，与控排的经济总量损失规律类似，各排放控制情景下经济增长率损失曲线也呈现出明显的 U 形规律，即随着排放控制的深化，经济增长率损失比率逐渐缩小，且排放控制越严格，经济增长率回复越快。图 4-7 的结果显示，到 2100 年，最严格的 SEC 情景下的经济增长率损失降至 0.15%，低于 WEC 情景下的 0.2%。

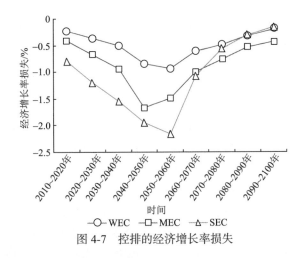

图 4-7　控排的经济增长率损失

4.4.3　减排与适应下的气候损失评估

气候变化潜在的损害威胁是一切应对行为（包括减排和适应）的根本出发点。图 4-8 展示了不同情景下气候变化损失率的情况。从减排角度看，中国单方面的温室气体减排行动对其遭受的气候损失的影响有限，到 2100 年，即使在最严格的 SEC 情景下，气候损失也仅下降 2.83%；这充分说明气候变化是典型的全球性问题，一国遭受的气候损害影响更多地取决于全球总的排放水平，而这又依赖于各国的排放现状及实际减排行动，单方面控排影响局地气候变化损害的效果十分有限。值得指出的是，中国的单边减排行动对世界其他国家所遭受的气候损害也有一定的减缓效应，而这种效益溢出效果并未考虑在本章的评估结果中（Pizer et al.，2014）；此外，针对碳排放的减缓行动也在很大程度上缓解了其他空气污染问题（Tavoni，et al.，2014），而由此带来的收益也未纳入考量。因此，这里的气候损失减缓值可能存在一定程度的低估，或可理解为全部气候减缓收益的下限。较之减排措施，适应能在更大程度上减少气候变化相关的损失。图 4-8 显示，BAU 情景下，10%的适应能力提升将使中国的气候变化损失下降 3.66%，这一数值

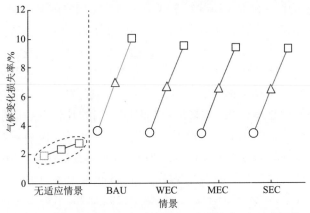

图 4-8　减排与适应对气候变化损失率的影响（2100 年）

虚线右侧圆圈、三角形和方形分别对应低适应情景、中等适应情景和高适应情景下的结果；

无适应情景上的方形从左到右分别对应 WEC 情景、MEC 情景和 SEC 情景

已显著高于最严格的排放控制情景；而当适应水平进一步提高到30%时（对应高适应情景），中国遭受的与气候变化相关的损失将下降10%。事实上，不论是否采取减排措施，或者减排的力度如何，适应对气候损害的影响都相对稳定和显著。例如，在SEC情景下，对应10%和30%适应水平的气候损失仍将分别下降3.42%和9.29%（图4-8）。

从累积损失的角度看，减排对累积气候相关损失的影响依然不显著，适应能力的提升始终是有效减少气候损失的主要依靠，且这一结果基本不受考察时间区间和排放控制措施干预的影响。事实上，较长的时间区间和减排措施的引入会在一定程度上弱化适应性对气候变化损害的减缓效果，但总体上看，这种弱化效果并不显著。图4-9显示，在无排放控制情景下，10%的适应水平将使2010～2050年的累积气候变化损失下降13.54%，在更长的时间区间（2010～2100年）上，这一数值略有下降，为13.22%；而在MEC情景下，对应两个时间尺度的气候损失降幅分别为13.24%和12.74%。当适应水平提高到30%时，气候损失的下降比例普遍提高到30%以上，其中无排放控制情景（BAU）下的气候损失降幅达35.31%，而SEC情景下的气候损失降幅也达到33.23%。

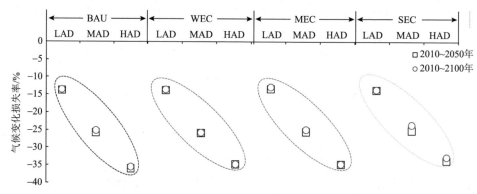

图 4-9　累积气候变化损失（相对于未考虑气候适应的 BAU 情景，取贴现率 5%）

4.4.4　排放控制成本与气候损害的权衡

前面各节讨论了中国的排放控制对全球平均温升、国家的宏观经济以及气候损害的影响，那么，从控制气候变化损害的角度看，中国单方面的减排行动究竟是否具有经济可行性，这涉及宏观排放控制成本与气候变化损害减缓量之间的比较和权衡。

从图4-10可以清晰地看出，在既定考察的排放控制情景下，控排的累积宏观经济成本为对应减缓的气候变化相关损失的数倍，且排放控制越严格，两者的比值越大，同时意味着控排的经济性也越差；而随着排放控制时间区间的延长，控排的经济性有所增加，但减缓的气候变化损失依然远低于因减排而付出的经济代价（仅为后者的23%～30%）。具体地，当考虑较短的时间区间（2010～2030年）时，对应WEC、MEC和SEC情景的比值结果分别为6.89、7.56和9.08，当考察的时间区间延长至2010～2050年时，相应的比值分别下降29.6%、28.2%和31.1%，而从整个世纪看来，中国的累计控排成本与气候损失减缓收益间的比值将进一步降到3.29、3.74和4.32。不难理解，随着排放控制的严格化，控排成本增加的速度远高于减少的气候变化损失（中国的控排成本与其控排力度直接相关，而气候变化损失则更多受到世界其他国家排放和温升贡献的影响），这使得相应的比值不断增大；同时，随着排放控制的深化，低碳技术得以充分发展，排放的控制不再主要依靠单纯的化石能源消费的削减，而更多地依赖低碳能源对传统能源的替代，因此，减排的经济代价也随之降低，这是导致长期来看控排经济性略有提高的主要原因。值得指出的是，针对气候变化的碳减排行动很多时候会带来局地空气污染改善的附带效果（Bollen et al.，2009；Nemet et al.，2010），而这种潜在可能的收益并未考虑到模型的估算中；因此，从这个角度看，这里评估的减排政策的经济性存在一定低估的可能性。

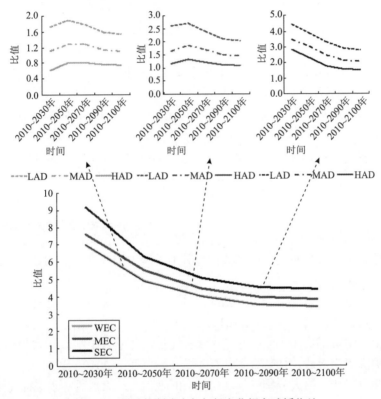

图 4-10　排放控制成本与气候变化损害减缓收益

下主图展示的是三种排放控制情景下减排的宏观经济成本与气候变化损失减缓收益间的比值的变化情况（数值均为对应时间区间的累积值）；上三辅图分别给出了 WEC、MEC 和 SEC 三种控排情景下对应不同适应情景的结果

　　适应水平的提高能显著改善中国单方面控排的经济可行性，图 4-10 显示，在弱排放控制情景 WEC 下，气候适应能使控排的经济性普遍提高 1 倍以上，其中中等适应情景下的累积气候损失减缓收益已接近累积宏观控排成本，而高适应情景时，中国的控排行动具有完全的经济性，此时的累积气候损失减缓收益已显著大于对应的累积宏观控排成本。对于排放控制更为严格的 MEC 情景和 SEC 情景而言，尽管控排经济性提高的幅度低于 WEC 情景，但与无适应情景相比，依然十分显著。对 MEC 情景而言，2010～2100年的累积控排成本与累积气候损失减缓收益间的比值将从无适应情景的 3.74 降至低适应情景 2.13，高适应情景的 1.18；对最严格的 SEC 情景而言，相应的比值将从无适应情景的 4.32 降至 2.83、2.09 和 1.55，分别对应低、中、高三种适应情景。

4.5　总结与讨论

本章的主要目的是从局部视角出发, 考察中国单方面的减排行动对控制全球温室效应的贡献, 尤其通过权衡宏观控排成本与气候相关损失的减缓额来讨论中国单方面减排行动的经济性, 同时分析了气候适应对控制气候变化损害的影响。

对比其他排放权分配方案研究, Raupach 等 (2014) 讨论的方案较为具体, 涵盖了主要分配原则, 是一种具有代表性的研究方案。若根据其对中国的排放空间进行分配, 2℃温控目标下中国剩余的累积排放空间将较 BAU 情景缩减一半以上, 最高压缩比例达67%, 这对于尚处在发展中的中国而言实际上是极其严格的 (Stern, 2008)。尽管如此, 中国单方面减排行动对全球变暖的影响仍然是十分有限的, 即使削减一半以上的累积GHG 排放, 对应减缓的全球温升幅度仍仅为 0.26℃, 而相应的温控贡献也不到 8%。

但严格控排的宏观经济代价较大, 不仅体现在经济总量上, 而且还对未来的经济增长率产生显著负影响。在排放控制的早期阶段, 经济总量的损失不断增大, 2050 年前后, 经济损失达到最高点, 占当年 GDP 的 19.5%, 随后减排的负影响开始消退, 相应的经济损失渐次减少。控排对经济增长的影响也呈现出类似的规律, 最严格的排放控制方案对应最大的经济增长率损失 2.17%, 而到排放控制的末期 (2100 年), 增长率损失降至0.15%。值得指出的是, 尽管从长期来看控排的经济影响远低于高峰时期的 19.5%, 但依然十分显著, 最严格的排放控制情景下, 中国 2010~2100 年的累积经济损失高达 11.6%。这里的损失已远高于多数研究对中国或世界其他发展中国家在 2℃温控目标下的 GDP 损失估值 (Tol, 2009)。

中国单区域适应能力的提升可大幅降低其气候变化相关损失, 且这一适应效应不受具体减排战略选择的影响。事实上, 10% 的适应水平可将 21 世纪末的气候变化损失降低3.66%, 当适应率提高到 30% 时, 对应减缓的气候损失可达 10%。从累积损失角度看, 适应战略的意义更为显著, 10% 的适应能力提升最高可将 2010~2050 年和 2010~2100年中国的累积气候变化损失分别降低 13.54% 和 13.22%; 而当适应水平提高到 30% 时, 相应的累积气候相关损失将最高降低 35.31%, 对应无排放控制情景, 当引进严格的排放控制时, 对气候损失的对冲影响略有降低, 为 33.23%。这里可以看出, 随着时间的推移, 适应效果有所减弱, 这也在一定程度上印证了 de Bruin 等 (2009) 的研究结论; 此外, 尽管减排不会显著改变适应战略对中国气候损失的影响趋势, 但会在一定程度上降低其适应效果, 这说明减排和适应在控制气候变化损失过程中确实会发生作用的重叠和效果的对冲 (Watkiss et al., 2015)。

总体上, 中国单方面采取严格排放控制的经济性较弱, 但适应能力的提升能在较大程度上改善这种经济性。短期来看 (2010~2030 年), 排放控制行动下中国的累积控排成本与气候损失减缓收益间的比值高达 6.89~9.08, 即使将考察时间区间延长至 2010~2100 年, 这一比值依然高达 3.29~4.32。在弱排放控制情景下, 气候适应能使控排的经济性普遍提高 1 倍以上, 其中中等适应情景下的累积气候损失减缓收益已接近累积宏观控排成本, 而高适应情景时, 中国的控排行动具有完全的经济性, 此时的累积气候损失减缓收益已显著大于对应的累积宏观控排成本。对于最严格的排放控制情景而言，相应的比值将从无适应情景的 4.32 最低降至 1.55，对应 30% 的适应性情景。

　　因此，无论从全球控温贡献、宏观经济代价考虑，还是从减排行动的经济性角度考虑，中国单方面的控排行动对全球气候变暖及区域气候损害的总体影响都十分有限，即使未来的排放空间压缩 50% 以上。全球协作、共同削减 GHG 排放才是有效遏制全球平均气温持续上升趋势，继而减缓气候变化对局地损害的关键。此外，对中国而言，继续大力发展经济，尤其是低碳经济，努力提高气候适应水平是缓解潜在气候损害的有力举措。

　　本章在研究减排和适应对区域气候损害影响方面做了一些尝试，但还有很多地方有待继续深入探究和改进。一方面，我们通过将适应变量隐含在损失函数中，利用最优适应性假设来考虑适应能力的提升，未能充分考虑适应成本对适应效果的影响，而这可能在一定程度上降低当前对适应性提升影响的乐观预期（Patt et al.，2010）；另一方面，适应行为（包括私人和公众）的不确定性广泛存在，这将对实际的适应成本和减排策略等产生一定的影响，继而弱化或引起适应效果的波动（Moser and Ekstrom，2010；Bréchet et al.，2013）。因此，未来将适应行为的不确定性纳入模型考量，是下一步研究工作关注的重点。

第5章　中短期气候政策对区域经济的影响

本章通过发展均衡模型中的技术刻画机制，构建了中国 30 省份的动态可计算一般均衡模型，研究传统能源与非化石能源发电技术的替代发展路径，并分析实现我国 2030 年碳减排和能源发展目标对区域经济发展的影响。模拟结果显示：①碳定价政策会给经济带来负面影响，加剧区域经济失衡状况，但会大幅减少化石能源消费，有利于能源总量控制。②电力投资政策在不同时期对经济发展的影响不同，短期看会给经济带来负面影响，但长期会促进经济发展，且有利于缓解区域经济失衡状况；此外，清洁电力投资还有利于促进非化石能源技术发展，快速提升非化石能源占比，但不利于能源消费总量的控制。③我国的碳达峰和碳强度目标相对容易实现，而能源总量控制和非化石能源发展目标的实现有一定的难度。电力投资政策和碳定价政策都有显著的减排效果，但其对经济和不同政策目标的影响存在差异，未来需要通过优化设计，在兼顾区域经济协调发展的前提下同时实现碳减排和能源发展目标。

5.1　研　究　背　景

2020 年，中国政府发布了一系列更为严苛的碳减排和能源发展目标：二氧化碳排放力争于 2030 年前达到峰值，努力争取 2060 年前实现碳中和；2030 年的碳排放强度目标从相对于 2005 年下降 60%～65%提升至下降 65%以上；非化石能源占一次能源消费比重的目标从 20%提升为达到 25%左右。作为当前全球最大的碳排放国，中国的减排政策受到学界的广泛关注，因此围绕相关主题的研究也较多，尤其是在全国层面应采取何种政策来实现碳减排目标、目标达成难度如何、成本几何等（Yuan et al.，2020；Duan et al.，2021；Jia and Lin，2021；Jay et al.，2021）。

一直以来，中国为实现碳减排和新能源发展目标做出了积极的努力，但国家层面明确的碳减排和能源发展目标最终需要在区域层面上具体落实（Zhang and Zhuang，2015），省级政府在能源发展和碳减排政策中发挥着非常重要的作用（Wang et al.，2019a）。事实上，大多省份均按照各省的实际经济和能源发展情况提出了对应的碳减排目标，如"十三五"期间很多省份发布了省级"十三五"控制温室气体排放的相关方案或规划，采取了一系列措施推动碳排放目标的达成，具体包括优化能源消费结构、加快产业低碳转型、促进服务业发展、加强重点领域节能减排、增加森林碳汇等（Han et al.，2021）。"十四五"期间，二十多个省级行政区制定的"十四五"规划中均涉及了碳达峰、碳中和行动方案。例如，北京市"十四五"规划在发展目标与任务中提出碳排放要稳中有降，向碳中和迈出坚实步伐，为应对气候变化做出北京示范等。河北省"十四五"规划提出发展目标与任务，即制定实施碳达峰、碳中和中长期规划，支持有条件的市县率先达峰。

各个省份在经济发展状况、资源禀赋和碳排放特点等方面存在很大差异，因此，碳减排政策的制定必须充分考虑区域差异以及政策对区域经济的影响（Xie et al.，2018）。从能源发展政策来看，其在区域的不同发展阶段对东中西三大区域二氧化碳（CO_2）排放和经济增长的影响差异明显（Xu et al.，2019）。因此，中央和各地方政府应该根据清洁能源在不同发展阶段发挥的不同作用因时施策，以充分发挥清洁能源发展在碳减排和经济增长中的促进作用。此外，这些政策影响与具体的实施方式和力度也紧密相关。一般而言，碳减排效率提高，高收入地区的可支配收入预期提高，而低收入地区的可支配收入预期降低，这加剧了区域收入不平等状况（Cui et al.，2021）。就碳定价政策而言，基于公平原则的配额分配方案容易导致"鞭打快牛"而损失效率，从而导致地区控排成本过高；而基于效率原则的配额分配方案虽然成本较低但也会产生"马太效应"问题，进一步加剧地区发展不平等（Wang et al.，2019a）。如果欠发达地区和发达地区的技术差距越来越大，将进一步限制碳减排潜力（Wang et al.，2020b）。总体上，只有统筹公平与效率的组合配额分配机制，才有可能在最小化减排成本的同时兼顾地区经济发展的不平等。 实现产业发展与碳减排的"双赢"还要求中国西部地区多注重绿色技术创新，而东部地区除此以外还应着力于投入资源的优化（Zhang et al.，2020a）。

从方法层面看，已有一些研究运用单区域 CGE 模型或者两区域 CGE 模型分析碳减排对部分区域尤其是碳试点区域的影响。例如，Liu 等（2013）基于两区域静态 CGE 模型，研究发现建立湖北和广东碳市场链接，会提升社会福利，降低碳排放强度，但是会加大区域和社会不公平。这一点在京津冀碳市场链接研究中也得到验证，该链接的建立会造成区域产业竞争力失衡，尤其对河北产业的竞争力造成较大的负面影响（Wang et al.，2020c）。基于此进一步建议全国碳市场应该配套建立福利转移机制。Wu 等（2016a）构建了上海和其他地区两区域的静态 CGE 模型，强调了实现 2030 年 NDC 目标下，配额分配对碳交易价格和交易量的重要影响。进一步研究发现全国碳交易市场比区域试点碳市场带来更大的环境和经济效益（Liu et al.，2018）。类似地，Weng 等（2018）构建了包含广西和非广西地区的两区域 CGE 模型，指出差异化的区域碳强度使得同样的减排目标下碳强度较大的地区承受的减排成本压力也较大。这一结论对其他碳试点地区的研究（如广东）也成立（Zhai et al.，2021）。显然，以上研究并未从更多区域尺度上细化分析差异化碳减排政策（如碳交易、碳定价等）对国家及区域经济的影响。

也有一些研究开始尝试将更多的区域纳入到分析框架中。我们较早的研究（Yuan et al.，2012，2013，2016）构建了 30 省份的动态 CGE 模型，并对其进行了静态政策冲击，结果也验证了两区域模型的研究结论，即尽管跨区域碳交易会提升减排效率，但确实会加剧区域经济失衡状况；能源补贴的引入也会同样地引起区域经济失衡问题（Wu et al.，2016a）。近年来，还有一些研究以外挂的形式对 CGE 模型进行了能源技术细节的丰富，一方面，研究了能源补贴对技术发展的影响（Wu et al.，2020）；另一方面，探讨全国和区域差异化碳税的影响，指出区域性碳税可以有效减少该区域 CO_2 和主要污染物的排放，政策覆盖的空间范围的扩大和政策强度的提高可以降低碳泄漏。此外，还有学者基于 30 省份的 CGE 模型初始配额分配对碳减排的影响，强调了其在区域层面的巨大差异，且不管采用何种分配规则，内蒙古、宁夏、陕西和山西受到的冲击均比较大（Pang and Timilsina，2021）。

已有研究表明，碳减排目标和非化石能源发展目标具有高度协同性（Duan et al.，2018a；Yuan et al.，2020）。从以上文献分析可知，无论从单区域还是多区域模型来看，目前的研究主要聚焦于碳价格政策与碳减排目标对区域经济的影响，较少有工作从多区域尺度关注碳减排与非化石能源发展目标的协同评价。由于我国能源目标采取发电煤耗法，与国际层面普遍采用的电热当量法存在较大差异，受此约束，我们也尚未发现评估我国能源发展目标与区域经济发展关系的研究。不考虑能源发展目标的实现或能源政策对碳减排目标的影响会使得对 2030 年 NDC 目标实现成本等的评估产生较大的偏差（段宏波和杨建龙，2018）。这里当然还有模型技术方面的瓶颈，当前处理能源技术普遍采用的软连接方式，或者难以考虑可再生能源快速发展带来的成本快速下降，或者弱化了新能源技术与传统技术间的替代演变关系，继而可能低估可再生能源在长期碳减排和经济发展中的贡献。

基于此，本章通过构建技术驱动的 30 省份动态 CGE 模型（详情请见附录 7）模拟分析同时实现我国碳减排和能源发展目标对区域经济和碳减排等的影响。本章的主要贡献在于：①在我们之前研究（Yuan et al.，2012，2013，2016）的基础上构建了 30 省份动态 CGE 模型，该模型引入了规模经济与干中学等机制细致刻画了非火力发电技术的动态路径，同时内生了发电煤耗系数，这便于我们模拟分析多种代表性能源政策对区域经济的影响。②协同考虑我国 2030 年碳减排和能源发展目标，分析该目标的达成对区域经济的影响，为相关政策的制定提供多维度的参考。通过与我们之前研究（Yuan et al.，2020）的模拟结果进行比较分析，从模型和情景视角探讨差异以及产生差异的原因。

5.2　模型理论与方法

5.2.1　模型基本框架

多区域 CGE 模型具有单区域 CGE 模型的一般特征，与单区域 CGE 模型不同的是经济主体优化是区域层面的，且对区域间的经济关联做了刻画，包括区域间商品交易、生产要素流动以及政府、居民或企业在区域间的转移支付等。本章多区域 CGE 模型是在我们之前研究（Yuan et al.，2012，2013，2016；Shi et al.，2016）的基础上构建起来的，图 5-1 以 R_0 地区 C 行业的生产和流向为例描绘了模型的基本框架和构成。每种投入品都由本地生产与本地进口的复合品再与其他地区调入的该投入品以 CES 的形式复合而成。本地产出可以用于出口、调出到其他地区和本地使用。本地使用和调出部分主要用于居民消费、政府消费、投资和库存调整等。与之前研究不同的地方是，本模型吸取了 Yuan 等（2020）全国模型的做法将电力拆分为火力发电和非火力发电，使得能源替代机制更为健全，且非火力发电技术进步通过学习曲线内生，可减少单纯的外生参数设定带来的偏差（Duan et al.，2015）。由于模型的宏观经济部分在之前的研究中已有详细阐释，下面主要介绍多区域 CGE 模型中创新性的技术改进和区域链接下的动态机制。

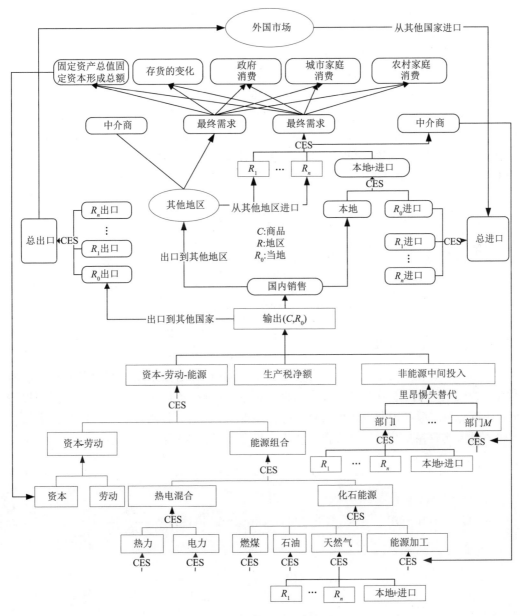

图 5-1　模型基本框架图

5.2.2　多重电力技术替代机制

本节创新性地在多区域 CGE 模型中将电力部门拆分为火力发电部门和非火力发电部门。非火力发电部门存在干中学和规模经济，也即技术进步是内生决定的，其平均成本随着累计产出的增加而降低，从而刻画出其平均成本 AC：

$$AC_{\text{nte},r} = c_{\text{nte},r} KS_{\text{nte},r}^{-\text{lx}_{\text{nte},r}} \tag{5-1}$$

$$KS_{nte,r,t} = (1-\delta)KS_{nte,r,t-1} + QEX_{nte,t} \tag{5-2}$$

其中，KS 为电力生产表征的知识存量；QEX 为非火力发电技术的发电量；$lx_{nte,r}$ 为 r 地区非火电技术的学习参数；δ 为知识资本的折旧率。通过内生非火力发电技术参数，使非火力发电以 2012 年不变价核算的成本发展曲线与学习曲线相同。

假定非火力发电和火力发电是同质的。火力发电和非火力发电的市场份额主要由其相对价格决定，如果相对价格变得有竞争力，其市场份额相对也会提升。给定 MS 为非火力发电技术的市场份额，$\widetilde{MS}$ 为技术份额的最大可能值。$RP_{nte,r,t}$ 为标杆技术 $PX_{te,r,t}$ 和替代技术 $PX_{nte,r,t}$ 的相对成本比率，具体如下：

$$\Delta MS_{nte,r,t} = a_{nte,r} MS_{nte,r,t-1}\left[\widetilde{MS}_{nte,r}\left(1-MS_{te,r,t-1}\right) - MS_{nte,r,t-1}\right]\Delta RP_{nte,r,t} \tag{5-3}$$

$$\begin{cases} \Delta MS_{nte,r,t} = MS_{nte,r,t} - MS_{nte,r,t-1} \\ \Delta RP_{nte,r,t} = RP_{nte,r,t} - RP_{nte,r,t-1} \end{cases}$$

$$RP_{nte,r,t} = PX_{te,r,t} / PX_{nte,r,t}$$

5.2.3　模型动态化机制

模型的动态化主要是由资本、劳动和技术驱动的。在短期内，经济增长存在一定的惯性，投资也是如此，在短期内投资回报率也不会有较大的变化。假定地区投资回报率会呈下降趋势，但在短期内达到均衡的可能性较小。此处，我们采用一个 logit 函数的形式来刻画资本存量的变化，从而进一步决定投资的增长变化：

$$KE_{c,r} = QINV_{c,r} + \left(1-depre_{c,r}\right)QK_{c,r} \tag{5-4}$$

$$K\_GR_{c,r} = K\_GR_{max} + K\_GR_{min} / \left\{1+\exp\left[gret_{c,r}\left(GKA_{c,r} - \frac{PK_{c,r}}{PINV_{c,r}}\right)\right]\right\} \tag{5-5}$$

$$K\_GR_{c,r} = \frac{KE_{c,r}}{QK_{c,r}} - 1 \tag{5-6}$$

$$TQK_r = \sum_c QK_{c,r} \tag{5-7}$$

其中，$KE_{c,r}$ 为 r 地区 c 行业期末的资本存量；$QK_{c,r}$ 为 r 地区 c 行业期首的资本存量；$QINV_{c,r}$ 为 r 地区 c 行业新增投资量；$depre_{c,r}$ 为 r 地区 c 行业折旧率；TQK_r 为 r 地区资本存量之和；$PK_{c,r}$ 为 r 地区 c 行业资本报酬；$PINV_{c,r}$ 为 r 地区 c 行业投资商品价格；$GKA_{c,r}$ 为 r 地区 c 行业资本存量增长率的最大值；K_GR_{max} 为资本存量增长率的最大值；K_GR_{min} 为资本存量增长率的最小值；$gret_{c,r}$ 为 logit 函数的陡度，设为 0.5。$GKA_{c,r}$ 由模型基期校准得到。新增投资由上述方程内生决定。

全国总劳动力增长外生，各省份行业劳动力主要由工资决定，假定不同地区不同行业之间工资存在的扭曲如下：

$$TTQL = \sum_r TQL_r \tag{5-8}$$

$$TQL_r = \sum_c QL_{c,r} \tag{5-9}$$

$$WAGE_r = distort_r TWAGE \tag{5-10}$$

$$PL_{c,r} = distl_{c,r} WAGE_r \tag{5-11}$$

其中，$TTQL$ 为 30 省份总劳动力数量；TQL_r 为 r 地区劳动力总量；$QL_{c,r}$ 为 r 地区 c 行业的劳动力数量；$TWAGE$ 为全国平均工资；$WAGE_r$ 为 r 地区平均工资；$PL_{c,r}$ 为 r 地区 c 行业的工资；$distort_r$ 为区域工资扭曲系数；$distl_{c,r}$ 为 r 地区 c 行业工资扭曲系数。

非火力发电技术是内生的，其他部门技术进步是通过自发性能源效率改进（AEEI）外生给定实现的，主要参考了 AIM 等的设定。

5.2.4　数据来源与处理

本章构建了 30 省份 CGE 模型（由于数据限制，香港、台湾、澳门和西藏没有包含在模型中）。本模型的数据基础为 2012 年 30 个省份的投入产出表，为了减少方程数量和降低求解难度，将 30 个省份合并为 12 个行业，包括 5 个高碳排放部门，分别是电力、热力、化工、非金属矿物质品、金属冶炼加工，4 个化石能源相关部门，包括煤炭开采和洗选业、石油开采业、天然气开采业和能源加工部门，此外还包括农业、第三产业和其他第二产业。为了细致研究电力技术的替代关系，我们进一步将电力技术拆分为火力发电和非火力发电。能源消耗数据来源于《中国能源统计年鉴》和各个地区的统计年鉴，碳排放因子数据来源于 IPCC（2019），工业过程碳排放数据来源于中国碳核算数据库（carbon emission accounts & datasets for emerging economies，CEADs）。劳动力主要来源于第六次人口普查数据设置。各地区行业资本存量设置参考了刘丽等（2019）。

模型中电力部门数据主要来源于中国电力企业联合会，电力部门干中学等相关参数设置主要参考了 Duan 等（2018a）。受制于数据的可获得性，本章并未将非火力发电进行细分，而核电、风电、水电、太阳能发电的学习率等参数也存在较大的差异，故此我们运用装机容量加权的办法来测算相关参数。火力发电的价格通过对煤电和气电电价按照发电量加权平均获得。类似地，非火力发电价格则根据核电、风电、水电、太阳能发电电价按照发电量加权平均获得。

5.3　情　景　设　计

由于已有研究发现碳定价和投资政策对减排和新能源技术发展存在差异化影响，因此本章共设计六种情景：基准情景也即 BAU 情景、两种碳定价情景、两种电力投资情景和一种复合政策情景，具体政策情景设置如下。

5.3.1 基准情景

2012～2020 年各指标根据历史拟合得到。2021～2030 年各地区经济按照"十四五"规划、2035 年远景目标和历史发展趋势增长，通过外生技术进步、劳动力增长和内生资本积累实现。以 2012 年为基期进行校准，基准情景下发电量估算误差见表 5-1。发电量受到多种因素的影响，电力规划和电力投资等都会对发电量产生影响，因此，发电量增长率与 GDP 增长率并不是线性关系。而本模型电力投资内生，发电量增长率与 GDP 增长率整体上呈正相关关系。部分地区误差较大，如天津的非火力发电部分，但该地区非火力发电量较小，2019 年非火力发电量仅为 26.4 亿 kW·h。从整体看模型误差在可控范围内，为了减小政策模拟期误差，我们根据 2019 年可获得的数据对能源消费状况和电力发展状况进行了重新校准。

表 5-1 基准情景下发电量估算误差

省份	火力发电量估算误差/%			非火力发电量估算误差/%		
	2017 年	2018 年	2019 年	2017 年	2018 年	2019 年
北京	0.75	−0.06	1.84	0.64	0.77	0.63
天津	1.12	−1.72	1.80	0.50	−4.63	−6.86
河北	0.88	−0.75	0.60	0.61	−1.12	−2.88
山西	0.76	−0.07	−0.35	0.47	−1.91	0.36
内蒙古	1.06	−1.11	−2.75	0.51	−0.03	−0.46
辽宁	1.29	−0.74	0.16	0.81	−2.02	−1.68
吉林	0.85	−0.19	−0.66	0.52	−0.42	−1.92
黑龙江	0.91	−0.53	−0.80	0.66	−2.86	−4.04
上海	0.74	1.22	2.53	0.64	−2.08	1.41
江苏	0.89	0.28	1.60	0.65	−2.51	−1.89
浙江	0.81	0.54	1.56	0.84	−1.22	−0.18
安徽	0.92	−0.48	−0.91	0.56	−2.37	1.80
福建	0.75	−1.22	0.12	0.58	1.35	0.15
江西	1.10	−1.10	−0.24	0.71	−0.41	−2.23
山东	0.79	−0.27	2.47	0.68	−3.08	−5.00
河南	1.04	−0.34	1.37	0.49	−3.18	0.23
湖北	1.53	−1.68	−2.44	0.63	0.95	2.60
湖南	0.92	−1.23	0.04	0.69	1.42	0.99

续表

省份	火力发电量估算误差/%			非火力发电量估算误差/%		
	2017 年	2018 年	2019 年	2017 年	2018 年	2019 年
广东	0.79	0.28	1.76	0.68	0.28	−2.87
广西	0.81	−1.88	−2.80	0.58	−0.18	4.01
海南	0.96	−0.54	1.74	0.72	−0.16	−0.90
重庆	0.93	−0.88	0.41	0.63	0.78	2.67
四川	1.22	−1.74	−2.15	0.58	0.80	1.85
贵州	0.74	0.17	−2.12	0.67	0.50	1.82
云南	0.74	−0.68	−2.05	0.65	0.24	−1.08
陕西	0.70	0.76	−2.11	0.61	−0.86	−3.38
甘肃	0.83	−0.71	0.25	0.86	−1.10	0.97
青海	0.91	3.47	5.63	0.82	−2.96	0.01
宁夏	0.87	−1.28	−0.32	0.61	−1.30	0.76
新疆	0.96	−0.59	−1.24	0.70	−0.56	−0.68
合计	0.91	−0.39	0.41	0.65	−0.20	0.26

注：Yuan 等（2020）假设 2050 年发电煤耗系数分别达到 230 g 标准煤/(kW·h)、240 g 标准煤/(kW·h)，分别标注为 CTI$_{230}$ 和 CTI$_{240}$。基准情景的单位火力发电煤耗系数处于 CTI$_{230}$ 和 CTI$_{240}$ 之间，在 2021 年和 2030 年分别为 292.0 g 标准煤/(kW·h) 和 282.9g 标准煤/(kW·h)。

5.3.2　碳定价情景

理论上，碳价格度量了碳排放的边际损失，而后者是随着排放的增长而递增的，因此这里的碳定价情景采取递增碳税的方式，且在上游征收，具体的碳税路径可参照 Wilkerson 等（2015），形式如下：

$$TAX_t = TAX_{2090} \left(\frac{t - 2010}{2090 - 2010} \right)^{\alpha} \tag{5-12}$$

其中，TAX$_{2090}$ 为 2090 年的碳价格，Wilkerson 等（2015）设定其为 200 美元/tCO$_2$；t 为年份；α 为碳价格递增速度，考虑到我国当前的实际承受能力和可行性，设定其为 1。Yuan 等（2020）将 TAX$_{2090}$ 设定为 30 美元/tCO$_2$、60 美元/tCO$_2$、90 美元/tCO$_2$、120 美元/tCO$_2$ 四种情景。基于此，本章设定了两种碳定价情景，对应的 2090 年碳价为 60 美元/tCO$_2$ 和 120 美元/tCO$_2$，分别标注为情景 CP60 和 CP120。政策的实施时间为 2021 年，碳税收入归政府所有。

5.3.3　电力投资情景

大力发展非化石能源电力，促进其对传统火力发电的替代，是实现碳减排目标的核心手段。因此，中央和地方政府都积极制定电力发展规划，对电力投资进行引导。为此，我们将电力内生投资调整为外生，设定方向为减少火力发电投资，增加非火力发电投资。

区域电力投资调整情景 A（PRA 情景），根据基准情景内生的电力投资情况，相对基准情景减少 20% 的火力发电投资，同时将非火力发电投资提升 20%，也即假设各地区推动电力发展的努力相同。

区域电力投资调整情景 B（PRB 情景），根据基准情景内生的电力投资情况，火力发电投资相对于基准情景减少 20%，并对非火力发电进行区域差异化设定。具体地，在资源相对比较丰富、非火力发电发展前景比较好的地区和经济欠发达地区，相对基准情景提升非火力发电投资 25%；在资源禀赋比较弱、非火力发电发展潜力比较小且经济相对发达的地区，非火力发电投资相对于基准情景提升 15%；其余地区非火力发电投资提升 20%。

5.3.4　复合政策情景

在综合碳定价和电力投资政策的减排效果与经济影响分析的基础上，根据测算结果，选取 CP120+PRB 政策参数的组合，记作复合政策情景，即 PMX 情景，以协同实现 2030 年所有碳减排和能源发展目标。

5.4　模拟结果与分析

5.4.1　经济影响与代表性 NDC 目标评估

正如其他研究所发现的，实施碳定价政策会对 GDP 造成显著的负影响，且随着时间的推移和征税力度的变大，GDP 损失率也相应提高（图 5-2）。到 2030 年，CP60 和 CP120 情景下的 GDP 变化率分别为 –0.33% 和 –0.69%，累计 GDP 变化率分别为 –0.20% 和 –0.42%（贴现率为 5%，下同）。合理规划电力投资，减少火力发电投资，加大非火力发电投资力度，会在短期内对 GDP 造成损失，但长期而言有利于 GDP 的增长，这主要是由于干中学、规模经济等使得高成本发电技术的电力成本快速下降，从而降低了经济发展的能源成本，继而在长期有利于经济发展。到 2030 年，PRA 和 PRB 情景相对基准情景的 GDP 变化率分别为 0.07% 和 0.30%，累计 GDP 变化率分别为 –0.06% 和 0.07%。PRA 和 PRB 情景 GDP 变化率分别在 2027 年和 2023 年由负变正。与 PRA 情景相比，PRB 情景下的损失率较小，且可以快速从负变正，这也意味着充分考虑资源禀赋、电力成本和经济发展特点对非火力发电进行合理规划是十分重要的。PMX 情景下 GDP 变化率先变大后逐渐变小。其 GDP 变化率在 2021 年和 2022 年在所有情景中最大，在 2025 年达到其最小值为 –0.31%；随后 GDP 损失变小，2030 年 GDP 变化率为 –0.25%，累计 GDP 变化率为 –0.29%。

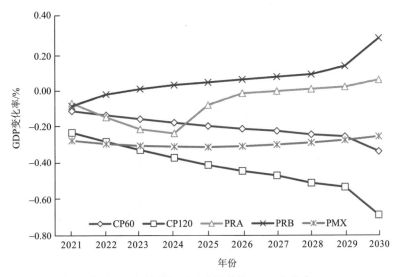

图 5-2　各情景相对基准情景的 GDP 变化率

　　各情景相对基准情景的碳排放变化率见图 5-3。可以看出，五种政策情景相对基准情景的碳排放都存在逐年下降的趋势。PRA 情景和 PRB 情景下的减排率在短期相对较低，但在长期其减排率快速提升，并于 2027 年减排率高于 CP60。此外，PMX 情景下的减排率和碳排放下降速度均高于 CP120。由此可见，复合政策的减排效果最为显著，且大于单独的碳定价政策 CP120 情景和单独的电力投资政策 PRB 情景的累加效果。具体地，以 2030 年为例，CP60 情景、CP120 情景、PRA 情景、PRB 情景和 PMX 情景下碳排放比基准情景下降 3.75%、6.99%、4.22%、4.96%和 12.18%。

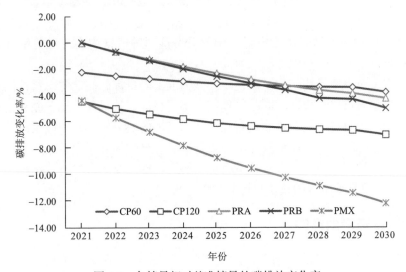

图 5-3　各情景相对基准情景的碳排放变化率

　　从碳减排政策效果来看，各政策情景均实现了碳强度控制目标和碳达峰目标（表 5-2）。PMX 情景下的碳排放强度比 2005 年下降了，降幅高达 68.22%，其次为 CP120 情景的

66.3%，然后为 PRB 情景的 65.69%；CP60 和 PRA 情景最低，但也略高于 65%的目标，与 CP60 情景相比，虽然 CP120 情景下的碳达峰时间相同，但其峰值明显下降，且 2030 年比 2029 年碳排放下降幅度更高，这也意味着达峰状态可能更为稳定。PRB 情景和 PRA 情景相比也存在相似的特点。PMX 情景下的碳达峰时间最早。

表 5-2　各情景下的主要指标

指标	BAU	CP60	CP120	PRA	PRB	PMX
碳排放强度比 2005 年下降幅度/%	64.13	65.36	66.30	65.32	65.69	68.22
2030 年能源消耗总量/亿 t 标准煤	62.96	60.74	59.00	63.83	64.27	59.98
2030 年非化石能源占比/%	19.45	20.03	20.53	25.00	25.30	25.47
2030 年单位火力发电煤耗系数/[g 标准煤/（kW·h）]	282.92	281.86	281.27	278.75	274.96	272.04
2030 年全国发电量/（10 亿 kW·h）	10157.7	9991.7	9836.1	10805.4	11019.7	10724.2
相对基准情景的累计 GDP 变化率/%	0.00	−0.20	−0.42	−0.06	0.07	−0.29

碳定价政策会提高化石能源使用成本，这有利于减少化石能源需求，继而提升非化石能源占比。CP60 情景和 CP120 情景下，2030 年的总能源消耗分别为 60.74 亿 t 标准煤和 59.00 亿 t 标准煤，比基准情景下降了 3.53%和 6.29%；非化石能源占比比基准情景略有提高，分别为 20.03%和 20.53%。大力推进非火力发电投资，会显著提升非火力发电量，进而可能会提升能源消费总量和非化石能源占比。2030 年，PRA 情景和 PRB 情景下的能源消耗分别为 63.83 亿 t 标准煤和 64.27 亿 t 标准煤，比基准情景分别提高了 1.38%和 2.08%；非化石能源占比分别为 25.00%和 25.30%。PMX 情景下，2030 年，能源消耗总量为 59.98 亿 t 标准煤，非化石能源占比为 25.47%。此外，碳定价情景下发电量下降，电力投资情景下发电量大幅提升，这两种情景均会使得单位火力发电煤耗系数下降。

总体上看，所有情景均实现了碳达峰和碳强度下降目标，而能源总量控制和非化石能源占比目标相对难以实现。不同政策作用于不同目标的效果存在显著差异：碳定价政策有利于控制能源总量，但激励非化石能源技术发展的效果较弱，因此难以独立支持非化石能源占比目标的达成；而针对性电力投资政策可显著提升非化石能源占比，但是不利于能源总量的控制。因此，多重政策目标的协同实现需要二者的有效结合。结果也显示，只有 PMX 情景下所有的政策目标均得以实现。

5.4.2　对区域经济的影响

不同政策对区域经济的影响存在巨大差异，见图 5-4。在碳定价情景下，东部发达地区受到的冲击较小，且部分省份累计 GDP 不降反增，而资源密集型省份、欠发达地区受到的冲击比较大，区域经济失衡状况加剧。另外，经济发达地区即使在政策实施初期受到碳定价的负影响，但其恢复力较强，可较早适应并消化这些负影响，实现经济的回弹。福建、广西、北京、广东、重庆、浙江、云南和江苏等 8 个地区的累计 GDP 不仅没有损失反而有所提升，且随着碳价的上涨，增幅也有所提升。例如，福建累计 GDP 变化率在 CP60 情景和 CP120 情景下分别为 0.44% 和 0.87%；北京则分别为 0.28% 和 0.54%。资源密集型地区山西、宁夏和贵州在 CP60 情景和 CP120 情景的累计 GDP 损失率分别超过了 1% 和 2%，其中山西累计 GDP 损失率分别为 1.92% 和 3.94%。陕西、安徽、湖北、湖南、内蒙古的 GDP 损失率紧随其后，在 CP60 情景和 CP120 情景的累计 GDP 损失率分别超过了 0.57% 和 1.19%。此外，海南、天津、新疆、山东、黑龙江、青海、吉林、甘肃、辽宁、江西、河南、上海、四川等地的累计 GDP 变化率也为负。从时间发展趋势来看，上海和江苏 GDP 变化率呈下降趋势，且将经历由负转正的过程。黑龙江和辽宁在 2026～2028 年 GDP 损失率变小，但随后又有增加的趋势。其余地区则随着时间的推移和碳定价力度的增强，其 GDP 变化率也逐步变大，方向与其累计 GDP 变化率相同。

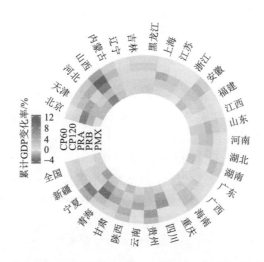

图 5-4　碳定价政策下各地区累计 GDP 变化率（贴现率为 5%）

针对性电力投资政策也会对区域经济产生显著影响。不难理解，减少火力发电投资会对对火力发电依赖度高的地区产生明显的经济负面冲击，而非火力发电投资激励则可显著促进非火力发电资源比较丰富的地区的经济发展，同时火力发电占比高、非火力发电资源相对匮乏的地区受到的冲击相对比较大。总体上，非火力发电资源丰富的地区主要集中在中西部，因此，火力发电投资激励有利于中西部欠发达地区的经济发展，可助力于缓解区域经济失衡状况。合理规划电力发展非常重要，如在非火力资源相对匮乏的北京等发达地区大力发展非火力发电则可能会给其经济带来巨大的负担。在 PRA 情景下，山西、北京的累计 GDP 损失率高达 2.99%，天津、上海、山东、河南、安徽等地的累计 GDP 损失率超过了 1%，福建、江苏、陕西、浙江的累计 GDP 损失率超过了 0.5%。内蒙古、辽宁、江西、河北、黑龙江、吉林等地也将遭受一定的电力投资调整带来的经济损失。相反地，非化石能源禀赋较好的青海、四川、云南、甘肃、海南、贵州、广西、湖北在 PRA 情景下的累计 GDP 变化率均超过了 1.45%，其中青海和四川超过了 5%。重庆、宁夏、新疆、广东、湖南等地的累计 GDP 变化率也为正。与 PRA 情景相比，PRB 情景下差异化的电力投资调整规划相对更为合理，累计 GDP 变化率为负的地区除了内蒙古、河北、辽宁、黑龙江、吉林和湖南 6 地受到的冲击略有提升外，其余地区 GDP 损失率均呈下降趋势。与此同时，青海、四川、甘肃、云南、贵州、海南、宁夏、湖北、新疆、广东、广西、重庆、江西等地的累计 GDP 变化率为正，变化幅度与 PRA 情景相比大多数也有所下降。

从时间趋势看，在 PRA 情景下，受到冲击比较大的地区其 GDP 损失率多数经历了由低到高再到低的过程；而 GDP 不降反增的地区其 GDP 增长率也经历了由低到高再到低的过程，也即存在一定的内在收敛趋势。北京、天津、山西、黑龙江、上海、江苏、浙江、安徽、福建、山东、河南、陕西所有年份的 GDP 变化率均为负。河北、内蒙古、辽宁、吉林、江西 GDP 变化率分别在 2029 年由负变正。湖南在 2021 年、2027 年和 2028 年的 GDP 变化率为负，但变化幅度都在 0.1% 以内，其余年份 GDP 变化率均为正。湖北、广东、广西、海南、重庆、四川、贵州、云南、甘肃、青海、宁夏、新疆等地的 GDP 变化率在所有年份均为正。而 PRB 情景下，GDP 变化率呈波浪式变化，未发现特定的规律。北京、天津、河北、山西、内蒙古、吉林、黑龙江、江苏、浙江、安徽、福建、山东、河南、湖南、陕西在所有年份的 GDP 变化率均为负。辽宁 2030 年 GDP 变化率为正，其余年份为负。上海除了在 2021 年和 2022 年 GDP 变化率为正外，其余年份均承受 GDP 损失，且幅度有逐年提升的趋势。江西在 2021 年 GDP 变化率为负，其余年份为正，且存在逐年递增的趋势。湖北、广东、广西、海南、重庆、四川、贵州、云南、甘肃、青海、宁夏、新疆等地的 GDP 变化率均为正。

复合政策情景下，经济较发达地区和非火力发电资源丰富的地区的 GDP 受到的负面冲击较小，而火力发电依赖度高同时经济欠发达的地区则受到一定的负面冲击，但整体上受到冲击的幅度要小于高碳价 CP120 情景。具体地，青海、四川、云南、湖北、甘肃、广西、福建、广东、重庆、北京、浙江的累计 GDP 变化率为正，其中青海和四川的累计 GDP 变化率超过了 1.5%，云南、湖北、甘肃、广西的累计 GDP 变化率在 0.5%～1%。北京和浙江的累计 GDP 变化率均不到 0.1%。从发展趋势看，天津、河北、山西、内蒙古、辽宁、吉林、黑龙江、江苏、安徽、江西、山东、河南、湖南、贵州、陕西、宁夏、新疆等地的 GDP 变化率在所有年份均为负。经济发达的北京和上海的 GDP 变化率分别在 2022 年和 2026 年由正变负，海南和甘肃的 GDP 变化率分别在 2023 年和 2030 年由负变正，而浙江、湖北、广东、广西、重庆、四川、云南、青海的 GDP 变化率在所有年份均为正。

各情景下的人均 GDP 变异系数如图 5-5 所示。碳定价情景下的人均 GDP 变异系数较高，也即碳定价政策加剧了区域经济失衡状况。高碳价 CP120 情景下的人均 GDP 变异系数整体高于低碳价 CP60 情景，这也意味着随着碳税幅度的增加，经济失衡状况会加剧。PRB 情景下除 2030 年人均 GDP 变异系数略高于 BAU 情景外，其余年份下的人均 GDP 变异系数均低于 BAU 情景，也即如果合理设计电力投资规划是可以实现区域经济失衡状况的改善的。PMX 情景下的人均 GDP 变异系数低于 CP120 情景，且随时间发展越来越接近 CP60 情景，并在 2030 年低于 CP60 情景，这也意味着从区域协调发展的视角来看，复合政策在长期也优于单一的碳定价政策。

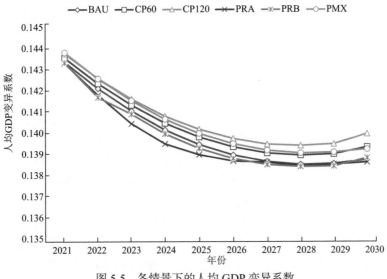

图 5-5　各情景下的人均 GDP 变异系数

5.4.3　对区域碳排放的影响

整体看，全国 2021～2030 年累计碳排放变化率在 CP60 情景、CP120 情景、PRA 情景、PRB 情景和 PMX 情景下分别为−3.07%、−6.00%、−2.44%、−2.72%和−8.85%。如图 5-6 所示，两种政策下均是政策力度越大减排效果越显著，与单一政策的减排效果相

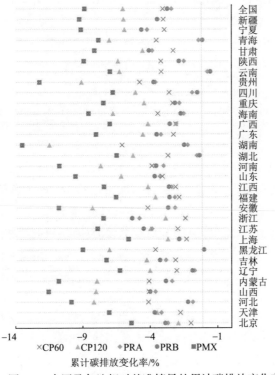

图 5-6　全国及各地相对基准情景的累计碳排放变化率

比，复合政策展现了一定程度的 1+1>2 的效果。碳定价政策和电力投资政策对不同区域的碳排放影响也存在显著差异。在碳定价情景下，化石能源资源比较丰富和经济欠发达地区的碳减排率比较高，如湖南、贵州、安徽、河北、山西、内蒙古等地的累计碳减排率相对比较高，在 CP60 情景和 CP120 情景下分别超过了 4% 和 7.9%。河南、青海、黑龙江、海南、陕西、云南、山东的累计碳减排率紧随其后，在 CP60 情景和 CP120 情景下分别超过了 3% 和 6%。相对而言，北京、上海、浙江、天津、福建等经济发达地区的累计碳减排率较低，在 CP60 情景和 CP120 情景下分别低于 2% 和 4%。

在电力投资情景下，浙江、宁夏、江苏、甘肃、山西等地的累计碳减排率较高，在 PRA 情景和 PRB 情景下累计碳减排率分别超过了 3.6% 和 4.0%。贵州、新疆、山东、天津和河南等地的累计碳减排率紧随其后，在 PRA 情景和 PRB 情景下累计碳减排率分别超过了 2.85% 和 3%。相对而言，云南、黑龙江、青海、湖北、辽宁、河北、四川等地的累计减排率相对比较低，在 PRA 情景和 PRB 情景下累计碳减排率都低于 1% 和 1.24%，其中云南的碳排放不仅没有下降，反而略有上升。复合政策情景下，贵州、山西、内蒙古、安徽、河南、河北、山东、新疆、宁夏等地区碳减排率比较高，均超过了 9%。这些地区大多为化石能源和非火力发电比较丰裕的地区。相对而言，北京、上海、辽宁、湖北、福建等地的碳减排率比较低，均低于 6.5%。

如图 5-7（a）所示，在碳定价情景下，累计碳排放变化率与累计 GDP 变化率呈明显的正相关关系，累计碳减排率较高的地区其累计 GDP 损失率相对也较高。复合政策

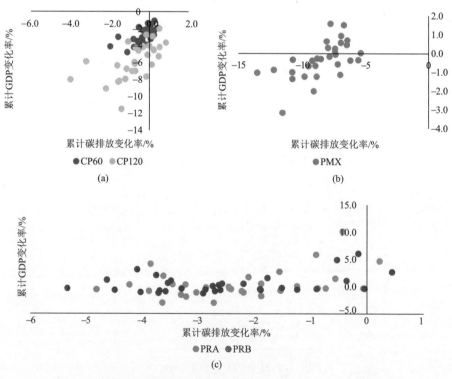

图 5-7　各情景下累计碳排放变化率和累计 GDP 变化率之间的关系

情景累计碳排放变化率与累计 GDP 变化率之间的关系与碳定价情景相似，呈拟正相关关系。而在电力投资情景下，这一关系并不明显。这主要因为非化石能源投资可以在减少排放的同时在长期促进 GDP 的增长，因此，该情景下经济增长与碳排放可以更明显地脱钩。

5.4.4　对区域电力结构的影响

碳定价政策对发电量的影响主要体现在两个方面：一方面提升电力使用成本，继而有利于降低总的电力需求；另一方面，改变了火力发电和非火力发电价格竞争格局，有利于优化电力结构，提升非火力发电在总发电量中的比重。CP60 和 CP120 两种情景下，2021～2030 年累计火力发电量分别下降了 2.15%和 4.37%，而累计非火力发电量分别下降了 0.12%和 0.24%（表 5-3）。从区域来看，碳定价政策干预下绝大多数地区的火力发电均出现不同程度的下降（除北京外）。湖南、安徽、黑龙江三省火力发电受到的冲击较大，其累计发电量在 CP60 和 CP120 情景下比基准情景分别下降大于或等于 5%和 10%。福建、北京、重庆、云南、浙江、上海、江苏等地累计非火力发电略有增长。相对于基准情景，累计非火力发电量在 CP60 情景下降超过 0.5%、在 CP120 情景下超过 1%的地区有黑龙江、河北、湖南、陕西和安徽。

表 5-3　各情景下累计发电量相对基准情景的变化率　　　　　　（单位：%）

省份	火力发电					非火力发电				
	CP60	CP120	PRA	PRB	PMX	CP60	CP120	PRA	PRB	PMX
北京	0.09	0.17	−8.78	−8.06	−6.05	0.14	0.28	18.59	17.63	14.40
天津	−1.88	−3.77	−6.95	−6.31	−7.98	−0.40	−0.81	17.17	14.50	10.35
河北	−4.28	−8.61	−3.30	−2.39	−8.59	−1.62	−3.28	15.64	15.91	9.32
山西	−2.00	−4.03	−7.98	−7.25	−8.91	−0.16	−0.32	22.66	28.65	24.32
内蒙古	−1.06	−2.14	−6.35	−5.78	−6.04	−0.20	−0.39	18.30	17.58	13.72
辽宁	−2.33	−4.73	−5.20	−4.49	−7.09	−0.43	−0.87	14.27	13.75	9.68
吉林	−1.99	−4.12	−6.44	−5.59	−7.46	−0.11	−0.25	18.03	18.15	14.44
黑龙江	−5.00	−10.02	−4.88	−4.48	−12.37	−2.07	−4.19	4.04	2.47	−1.66
上海	−0.99	−2.07	−8.87	−8.36	−8.48	0.01	0.02	17.86	17.06	13.74
江苏	−1.64	−3.37	−7.52	−6.98	−8.12	0.01	0.01	18.33	17.59	14.19
浙江	−0.99	−2.08	−8.96	−8.30	−8.12	0.03	0.06	19.30	20.06	16.60
安徽	−5.07	−10.21	−5.45	−4.72	−12.24	−0.51	−1.06	19.12	22.98	18.27
福建	−0.50	−1.01	−5.96	−5.23	−4.36	0.19	0.39	13.62	13.25	10.54
江西	−0.46	−0.93	−8.22	−7.26	−6.23	0.00	−0.01	19.24	23.47	19.81
山东	−2.24	−4.60	−8.02	−7.34	−9.41	−0.13	−0.25	19.48	21.54	17.70

续表

省份	火力发电					非火力发电				
	CP60	CP120	PRA	PRB	PMX	CP60	CP120	PRA	PRB	PMX
河南	−3.33	−6.79	−6.84	−6.29	−10.46	−0.20	−0.41	20.06	21.50	17.48
湖北	−1.78	−3.60	−4.16	−1.91	−3.01	−0.09	−0.17	18.08	23.04	19.29
湖南	−5.41	−10.76	−5.64	−4.91	−12.87	−0.90	−1.81	6.20	9.52	7.83
广东	−1.67	−3.43	−8.58	−8.02	−9.13	−0.04	−0.08	19.15	20.05	16.37
广西	−1.64	−3.34	−6.52	−5.91	−7.04	0.00	−0.01	17.82	17.51	14.12
海南	−2.43	−4.90	−5.27	−4.48	−7.25	−0.08	−0.16	19.05	18.39	14.81
重庆	−0.70	−1.43	−7.74	−7.67	−7.33	0.07	0.14	15.90	15.25	12.13
四川	−1.87	−3.87	−8.60	−7.17	−8.26	−0.04	−0.07	21.32	28.56	24.67
贵州	−1.42	−2.89	−8.37	−7.15	−7.57	−0.03	−0.05	21.56	26.70	22.77
云南	−3.08	−6.13	−1.55	0.20	−3.42	0.04	0.11	21.67	23.65	20.06
陕西	−2.91	−5.89	−6.31	−6.02	−9.78	−0.84	−1.72	19.57	20.10	14.72
甘肃	−1.58	−3.27	−9.24	−8.34	−8.99	0.00	0.00	23.03	27.00	23.05
青海	−2.02	−4.33	−7.41	−6.35	−7.83	0.00	−0.01	24.53	28.41	24.31
宁夏	−2.48	−5.05	−6.39	−5.45	−8.21	−0.31	−0.64	16.90	19.81	15.74
新疆	−1.55	−3.16	−7.18	−6.97	−7.21	−0.21	−0.42	22.01	25.45	21.35
合计	−2.15	−4.37	−6.99	−6.28	−8.29	−0.12	−0.24	19.53	22.40	18.63

电力投资调整可以减少火力发电，促进非化石电力发展，继而加快非火力发电对火力发电的替代，清洁化电力结构。从区域层面来看，过度投资非火力发电，同样会提升区域电力成本，这一影响甚至大于从区域外调入，从而会对区域经济增长造成负面影响。PRB 情景下，除了云南火力发电有略微增加外，其余地区在电力投资政策调整下累计火力发电均下降，特别地，累计非火力发电增长迅速。整体看，中西部地区的非火力发电在 PRB 情景下的增幅高于 PRA 情景，而东部地区则与之相反。与 PRA 情景相比，在 PRB 情景下，北京、天津、上海、江苏、福建累计非火力发电量下降，而累计 GDP 受到的冲击变小，这意味着在这些地区进行清洁化转型时选择适度减少非化石能源投资，而更多地从区域外调入更有利于其经济发展。四川、青海、甘肃、云南、湖北、湖南、吉林等地的累计非火力发电量上升，其累计 GDP 增长率变小，也即累计 GDP 损失率变大。这也充分说明了能源结构清洁化转型是需要付出一定经济代价的。

复合政策下，总的火力发电量下降了 8.29%，高于单一碳定价政策和单一电力投资政策。总的非火力发电量上升了 18.63%，低于单一电力投资政策。各地区非火力发电量的累计增长率除黑龙江外，其他地区均有一定幅度的上涨，但上涨幅度要低 PRB 政策。这主要是因为新增实施的 CP120 政策会使得电力需求下降。

5.5　总结与讨论

多区域 CGE 模型作为多区域自顶向下模型的代表在细致刻画区域间经济关联方面具有独特的优势,因此,本章构建了 30 省份的动态 CGE 模型,创新性地将电力部门拆分为传统火力发电和非火力发电两大类,丰富了技术细节,且在设计模型架构时提供了灵活的政策干预选项,不仅可以模拟全国尺度上各种政策对总量指标的影响,也可以分析其对区域经济发展和碳排放效果的差异化影响。围绕 2030 年 NDC 目标,得到了一系列颇具政策含义的研究发现,具体如下。

从全国层面来看,我国 NDC 目标中的碳达峰和碳强度目标相对容易实现,而能源总量控制和非化石能源占比目标达成难度略高。碳定价政策和电力投资政策对不同的政策目标产生显著差异化的影响。研究显示,碳税实施会对经济产生一致的负影响,但其会抑制化石能源消费,有利于能源总量控制目标的实现,但其对非化石能源技术的激励效果不明显。而电力投资政策对经济的负影响更多出现在短期,随着政策实施时间的推移,其最终成为经济增长的激励因素;同时,针对性的电力政策在促进非化石能源发展方面效果显著,但其会促使能源消费总量的增长,继而给能源总量控制目标带来较大的挑战。由此可见,面对多重政策目标,要充分考虑目标之间的协同性,综合利用两种政策的特点,以经济可行的方式达成所有的碳减排和能源发展目标。

这些结论与 Yuan 等(2020)基本一致,但也有两方面差异:其一,本章中碳价对 GDP 的影响相对较小,本模型中 2030 年 CP60 和 CP120 情景下的 GDP 损失率分别为 0.33% 和 0.69%,而 Yuan 等(2020)对应的结果分别为 0.55% 和 1.12%;其二,本章中电力投资调整对经济的影响由负变正的年份较早,PRA 和 PRB 两种情景下分别在 2027 和 2023 年,而在 Yuan 等(2020)对应的年份在 2029~2042 年。这些差异主要可以从以下三方面来解释:①在 Yuan 等(2020)的研究中,基准情景下的 GDP 已经部分考虑了不同电力技术相对价格变动对投资的影响。而本章中基准情景下的电力技术投资是完全内生的,因此,较大的电力投资冲击(相对于基准情景)下,政策情景相对基准情景的 GDP 变化率由负变正的年份会提前,且对经济的负面冲击也相对较小。②相对于全国单区域 CGE 模型,本章构建的多区域 CGE 模型更充分地考虑到了异质性,细致刻画了区域经济发展的特点、区域经济关联和区域碳排放特点,因而也更贴近现实。事实上,碳价对不同区域造成的影响存在巨大差异,与全国层面冲击碳价的同质性假设相比,多区域 CGE 模型允许区域层面有更多的低碳化选择,继而提高整体的减排效率,这将在很大程度上缓和碳减排政策对宏观经济造成的冲击。③全国模型中非化石能源的电力技术细节更为丰富,而受数据可得性约束,多区域 CGE 模型中仅仅将电力拆分为火力发电和非火力发电,非火力发电技术学习参数按照装机容量占比进行加权获得,这种做法有可能高估非火力发电发展速度,继而对促降政策造成负影响。

从区域层面来看,碳定价政策会加剧区域经济失衡状况,经济发达地区受到的冲击较小,而资源潜力较好的中西部欠发达地区经济受到的冲击比较大,这支持了多数已有研究的结果(Wu et al.,2020;Pang and Timilsina,2021),但与国家平衡中西部经济发展的大趋势不尽一致。我们在早期的研究（Yuan et al., 2012, 2013, 2016）中对碳排放权交易进行了较为详细的分析，发现免费发放部分采取强度分配标准对 GDP 和区域经济不平衡造成的负面影响较小，是较优的碳排放许可初始分配方式。而在全国碳交易的差异化碳定价政策下，即使考虑到碳排放初始分配向欠发达地区倾斜，考虑到减排成本的约束，其最终仍然会加剧区域经济失衡状况。

相对而言，电力投资政策在控制排放的同时有利于缓解区域经济失衡。对于非火力发电资源禀赋较好的经济欠发达中西部地区，加大其非火力发电投资，有利于加快其经济发展，但在短期可能会提升电力使用成本，但长期由于干中学和规模经济等的共同激励最终会使得其电力成本快速下降。而对非火力发电资源相对匮乏的经济发达地区而言，其电力清洁化转型可以通过从中西部地区调入更多的非火力发电等措施来实现，因此，尽管短期内其经济也会受到一定的冲击，但从长远来看有利于区域更细化的电力供需分工，其遭受的经济负影响将逐步减小。因此，结合区域经济发展特点和资源禀赋状况，合理设计电力投资导向对于区域经济和低碳协同发展意义重大。整体上，有不少研究表明非化石能源发展激励可在一定程度上降低减排政策对经济发展的冲击（Duan et al., 2018a; Xie et al., 2018），且可再生能源补贴会使得资本向中西部地区流动，提升欠发达地区的低碳投资，进而在一定程度上缓解区域经济发展失衡（Wu et al., 2020）。

尽管本章在技术驱动对多区域 CGE 建模方面具有显著创新，但仍然存在需进一步发展和完善的问题。首先，本模型基于自上而下的模型架构，因此需要自下而上模型的印证，尤其在电力生产、供销均衡、电网调度和规划等方面。其次，受数据可获得性约束，我们构建的多区域 CGE 模型中仅将电力拆分为火力发电和非火力发电，更全面的低碳转型政策评估可能需要补充更多的电力技术细节，如燃煤发电、燃气发电、水电、核电、风电、太阳能发电以及传统电力与碳捕集与封存的组合等（Duan et al., 2018a）。再次，探讨差异化碳定价政策，如碳交易机制对多重政策目标达成、区域经济发展等的影响更加具有现实意义。最后，进行模型不确定性下的多模型比较研究，这些政策比较和分析有助于更加鲁棒可靠地支持中长期低碳发展决策（Duan et al., 2019b）。

第 6 章　中长期气候目标下中国的碳中和挑战

IPCC 于 2018 年发布的《全球 1.5℃温升特别报告》指出，全球升温 2℃的真实影响将远比预测中的严重，若将目标调整为 1.5℃，人类将能避免大量气候变化带来的损失与风险。实现净零排放或碳中和是达成 1.5℃温控的必要条件，尤其在当前全球平均温升已经达到 1.1℃的背景下。自《巴黎协定》签订以来，已有不少研究对实现 1.5℃温控目标的经济和技术可行性进行了讨论，但远没有达成一致的结论，且国家层面专门针对 1.5℃目标下中国能源、经济和技术挑战的研究尝试依然较少，更不用说基于多模型比较框架（Duan et al.，2019b）。事实上，作为人口暴露度和气候易损度均较高的国家，中国的气候损失不均衡性更加明显。那么，追求与 1.5℃温控对等的碳中和目标对中国意味着什么？相较于全球层面两极分化的研究观点，中国在应对该温控目标挑战时，在排放路径选择、能源转型、技术可行性和经济代价方面存在哪些差异？与 2℃目标相比，1.5℃目标的实现需要配合何种程度的强化政策？本章将集合代表性的区域 IAM 构建多模型系统比较框架来着重解决以上问题。

6.1　研　究　背　景

面对日益严峻的全球气候变化形势，将地表平均升温幅度控制在既定门槛以内（较工业化之前的水平）成为各国应对气候挑战的一致目标，《巴黎协定》进一步将此门槛确定为 2℃或 1.5℃（IPCC，2014b）。事实上，若不开展实质性的排放控制行动，到 2100 年全球平均温度极有可能会上升 2.5℃以上，届时人均产出将下降 15%～40%（Burke et al.，2018）。全球温升存在着显著的区域差异，这意味着气候变化的影响程度在不同的地区或国家也将存在巨大差异（Vrontisi et al.，2018；Diffenbaugh and Burke，2019），因此，如果不追求严格的控温努力的话，可能会使很多易损的国家和人口遭受严重的气候变化损害（Climate Vulnerable Forum，2015；Schleussner et al.，2016a），这包括一些欠发达的自然资源较为丰富的地区可能有一半以上的物种面临灭绝的风险，一些气候易损的沿海地区同时暴露在多种气候变化相关的自然灾害之下（Warren et al.，2018；Mora et al.，2018）；同时，气候损害和损失（loss and damage）的显著差异性还可能加剧国家间的经济发展不均衡性（Pretis et al.，2018）。

自从 1.5℃温控目标被正式纳入《巴黎协定》以来，其实现的经济或技术可行性（至少 50%的概率）研究就引起了广泛的关注，而这一目标也在很大程度上与净零排放或碳中和目标一致。尽管自 2009 年哥本哈根气候变化会议以来，2℃和 1.5℃目标都在气候大会和谈判中被反复提及，但目前来看，绝大多数的研究努力主要围绕 2℃温控目标展开

（Hare et al., 2011；Jordan et al., 2013；Nieto et al., 2018），而着重评估有关1.5℃目标的达成风险，以及相应的经济影响和减排成本的研究还非常的不足（Hulme, 2016；Peters, 2016；Pretis et al., 2018），尤其是国家层面，而1.5℃与2℃温升下的气候反应和影响可能存在根本性差异（Sanderson et al., 2017），就达成成本而言，前者将比后者高出至少3倍（Hof et al., 2017）。事实上，IPCC已在2018年发布了该目标评估的特别报告，这些也成为IPCC AR6的重要构成（Hulme, 2016；Millar et al., 2017），因此，针对1.5℃温控目标的相关研究亟待开展（Rogelj et al., 2016b；Schleussner et al., 2016b）。尽管科学界对减排努力到底侧重于2℃目标还是1.5℃目标这一问题依然存有较大的争议，但基于1.5℃温控背景的学术讨论无疑将成为未来相当长时期内的研究热点（Mitchell et al., 2016；Burke et al., 2018）。

　　当前，全球平均温升已达到1.1℃，若考虑厄尔尼诺以及其他自然波动因素的影响，总的温升水平很可能已超过1.2℃（IPCC, 2022），而目前的GHG总排放依然在稳定增加，且高碳经济增长路径的锁定效应使得未来相当长时期内的排放量仍将继续增长（Rogelj et al., 2015a），那么1.5℃的目标还有可能实现吗？Rogelj等（2015a）对1.5℃目标的实现前景持并不乐观的态度，认为该目标的达成需要立即、大规模、全部门参与的减排行动，且与2℃温控目标相比，实现零碳排放的时间需提前近半个世纪，因此，除非未来能源总需求维持低位，且负排放技术规模化可期，否则达成该目标的可行性窗口实际正在关闭（Rogelj et al., 2016b）。此外，针对2℃温控目标提出的SSP情景并不完全适用于1.5℃温控目标，该目标对应于更加严格的1.9W/m² 的辐射强迫控制，这有赖于碳基能源向低碳能源的迅速切换和CDR技术的快速发展，尤其是直接的空气碳捕集（DAC）（Marcucci et al., 2017；Rogelj et al., 2018）。1.5℃目标的实现受到排放预算不确定性的影响，当目标对应的排放预算低于650 GtCO₂（2016～2100年）时，CDR技术是达成目标的关键；当预算进一步低于550 GtCO₂时，波动性超排（temporary overshoot）将不可避免（Kriegler et al., 2018a）。Schurer等（2012）认为1.5℃目标实现的可能性与工业化前的基期温升水平（pre-industrial baseline）的选择密切相关，不同的基期定义将使该目标达成的概率在61%～88%之间波动。Raftery等（2017）基于Kaya分解和不确定性统计方法的研究表明：即使在严格的RCP2.6情景下，21世纪内温升幅度低于2℃的概率也很低（5%），而基本不可能低于1.5℃（1%）。事实上，缺乏额外的金融支持（financial support）、盛行的单边主义、持续恶化的社会经济和生物物理的条件都将引起温控目标的失效（Nieto et al., 2018）。从成本角度看，对比NDC目标的达成，实现2℃温控目标的社会经济成本将高出2～3倍，而1.5℃目标的实现则高出3～5倍（Hof et al., 2017；Vrontisi et al., 2018）。

　　当然，也有不少研究持较为乐观的态度。Schleussner等（2016a）认为在实现难度上，以50%以上的概率实现1.5℃温控和以66%以上的概率实现2℃温控是基本无差异的，若加大短期（2030年前）的减排力度，且后期延续的低碳化进程不断加速，则1.5℃温控目标依然可期，尤其在允许临时温升突破门槛（overshoot）的情况下。事实上，若短期的减排得力，且2030年之后保持快速和深度的减排，即使不考虑太阳能辐射管理（SRM）等其他手段，依然有很大的可能性将此后（2015年后）的温升控制在0.6℃以内（Cai et al.，2016；Millar et al.，2017）。2000～2013 年的全球排放快速增长很大程度上是中国主导的，随着其工业化进程的加速及基础设施的逐步完善，中国的后续排放动力明显不足（Green and Stern，2017），基于此，全球的排放很可能已接近峰值（Jackson et al.，2016）。显然，若实质性减排自此开始，则 1.5℃温控目标的实现更加有望（Millar et al.，2017）。当然，若短期的减排努力受阻，则 1.5℃温控目标的实现将不得不寄希望于当前来看发展还存在诸多风险和不确定性的负排放技术（Clarke et al.，2014；Höhne et al.，2017；Jackson et al.，2017），或者非碳排放的额外减排、低碳行为的形成以及能源需求的快速电气化、清洁化转变（van Vuuren et al.，2018）。Jacobson 等（2017）为全球 139个国家设计了能源系统可再生化转型的路线图，认为到 2030 年这些国家就有潜力依靠太阳能、风能、地热能、潮汐能等可再生能源满足 80%以上的能源需求，到 2050 年这一比重可达到 100%，届时可实现《巴黎协定》提出的将全球平均温升控制在 1.5℃以内的目标。

通过分析不难看出，自《巴黎协定》签订以来，已有些许研究对实现 1.5℃温控目标的经济和技术可行性进行了讨论，但远没有达成一致的结论；特别是在 IPCC 发布的《全球 1.5℃温升特别报告》中，集聚了一批在全球层面围绕该目标的相关工作（IPCC，2018），但国家层面专门针对 1.5℃目标下中国能源、经济和技术挑战的研究尝试依然较少，更不用说基于多模型比较框架（Duan et al.，2019b）。中国煤控项目组（2018）较早讨论了1.5℃温控目标对应的中国减排情景和技术路径，指出该目标要求中国的排放从 2018 年开始逐年下降，且 2020 年之后的年均降幅达到 3.84 亿 t 左右，同时需要电力部门率先从 2050 年开始实行负排放。事实上，作为人口暴露度和气候易损度均较高的国家，气候损失的不均衡分布效应在中国可能表现得更为显著。研究表明，2℃目标将给中国带来近4%的累计产出损失，高于全球 2.3%的平均水平，而 1.5℃目标下的经济损失则高达 9.5%，即使考虑负排放技术的正向影响（Marcucc et al.，2017）。基于此，本章将通过构建多模型比较框架，系统研究碳中和目标对中国能源转型和经济低碳化的影响，并给出气候目标强化下的政策选择。

6.2　多模型比较框架

IAM 是刻画复杂的气候-经济动态交互，研究最优气候政策的基本工具，近年来已得到越来越多的应用（Golub et al.，2014；Cai et al.，2016；Hwang et al.，2017；Mach and Field，2017）。基于此，本节将引入多个中国化的或包括中国独立区域的综合评估模型，构建多模型比较框架；依据模型结构的可操作性及其与研究任务的贴合程度，选取了以下主要的参与 IAM：AIM、GCAM、IMAGE、POLES、REMIND、WITCH、CE3METL、IPAC、GCAM-TU（TU 表示 Tsinghua）。事实上，AIM、GCAM、IMAGE、POLES、REMIND、WITCH 等模型的结果主要来自 ADVANCE 项目（ADVANCE Synthesis Scenario Database），该项目于 2013 年启动，于 2016 年完成，旨在改进新一代的综合评估模型并应用于《巴黎协定》气候目标背景下的减排路径研究（Vrontisi et al.，2018）；

项目数据库提供了1.5℃温控目标下对应中国的关键变量的跨模型结果，为这些模型参与本章研究铺平了道路。ADVANCE项目总共引入了9个参与模型，本节根据情景的一致性和模型结果的完备程度选取了其中的6个。CE3METL、GCAM-TU和IPAC为中国本土IAM，其中CE3METL为单部门综合评估模型，而GCAM-TU和IPAC则属于多部门技术导向类IAM。本章构建的多模型比较框架仅重点关注全国宏观及关键性行业层面，考虑的时间尺度为2010～2050年（事实上，多数模型模拟的时间尺度是2010～2100年，但ADVANCE项目中关于21世纪下半叶仅汇报了10年一期的结果，为此，我们考虑到2050年），1.5℃温控目标下考察的主要对象是能源结构转型、技术演替、排放路径选择以及政策经济成本等方面。

AIM/CGE是AIM体系的核心部分，本质上是递归动态的CGE模型，在AIM体系中主要负责全球和区域层面的经济生产活动的描述以及相应温室气体排放对经济的反馈影响（Fujimori et al.，2017）。具体地，生产模块主要通过嵌套的CES函数来刻画经济体的生产活动；收入和机构模块由企业、政府和家庭部门组成，这一模块负责描述收入在不同利益主体间的跨部门分配；支出模块给出家庭、政府支出和资本形成间的交互关系，而市场模块负责商品市场的出清。此外，AIM/CGE细分考虑了14个能源部门和17个非能源部门，估算的排放包括CO_2以及CH_4、N_2O和NH_3等9种非碳排放。该模型在地理上定位于亚洲，且通过亚洲建模练习项目（AME）在中国得到了较长时期的应用（Calvin et al.，2012）。

GCAM是一个动态递归的综合评估模型，由太平洋西北国家实验室开发和维护；模型包含经济、能源、农业、土地利用和排放气候等子模块，其结果在人口增长、劳动力投入、生产力提高等一系列外生趋势假设的驱动下，通过跨期优化各种能源、农产品和GHG排放的均衡价格和均衡量得来。技术层面，GCAM为经济、能源和气候系统直接的动态交互提供了多重技术选项，各种技术通过自身的技术特征、投入成本优势和产出价格水平来竞争能源供给市场份额，技术层面通过隐含的概率模型来实现（Calvin et al.，2012）。该模型最初是为了分析21世纪化石能源燃烧相关的CO_2排放路径而产生的，近些年其应用已拓展到土地利用、农业，以及水资源供给和需求关系等诸多方面。

IMAGE本质上是由一系列跨期信息传递和独立优化的子模块构成的，各模块间基于数据文本的信息交互软连接起来，总体求解有赖于人口增长、经济发展、生活模式转变、技术变化和政策干预等外生趋势的假定；该模型旨在研究人类与地球系统间交互关系的变化，交互的载体包括土地利用、温室气体排放、气候反馈和政策响应等。具体地，IMAGE的经济模块由CGE模型多代理图网络（multi-agent graph network，MAGNET）构成，其通过来自能源部门的能源投入进行生产活动，并将排放输入到退化的气候模块中，同时，土地利用的变化以及GHG排放的环境影响也在这一部分分析；能源子模块是一个系统动力学模型，考虑了工业、交通、居民、服务和其他部门的能源活动，能源需求通过各种一次能源载体以及转化的能源服务来满足，能源技术之间的竞争由成本和偏好决定；气候与能源经济间的反馈关系主要通过对接MAGICC 6.0来实现（van Vuuren et al.，2018）。

POLES 即能源系统长期展望模型（Prospective Outlook on Long-term Energy Systems）的简写，是由 Enerdata 携手欧盟联合研究中心（JRC）和格勒诺布尔大学的科学研究中心（CNRS）共同开发和维护的，旨在为私企、政府和国际组织等关键利益相关方提供定量的、基于情景的能源系统分析。模型基于偏均衡理论，通过国际能源价格和供需之间的滞后调整来递归动态求解。POLES 考虑了 15 个能源需求部门、40 余种能源技术（电力与非电力），在国际能源市场价格预期、地区能源供需和贸易分析、排放交易与碳定价对能源系统的影响、气候变化背景下的能源技术扩散以及边际减排成本分析等方面应用广泛。

REMIND 的内核是 Ramsey-type 宏观经济内生增长模型，其总体框架是通过该内核模块与能源系统模型、气候变化箱（climate box）模型、土地利用模型 MAgPIE（The Model of Agricultural Production and its Impact on the Environment）的硬耦合构成的，全称为投资和技术发展精炼模型（Refined Model of Investment and Technological Development）。通过 CES 方法，模型考虑了代表性的可耗竭资源技术与可再生能源技术间的竞争演替，同时还派生了整体气化联合循环（IGCC）、生物质热电联产技术（biomass combined heat and power，Biomass-CHP）、天然气联合循环技术（natural gas combined cycle，NGCC）、H_2 等多种转化技术。利用 Negishi 迭代方法，优化区域间的能源、商品和排放贸易流以及消费、经济投资流，实现资本、能源和商品市场的跨期均衡，继而得到产出（GDP）、消费、影子价格、碳与非碳排放、GHG 浓度、辐射强迫和温升等关键产出。REMIND 在分析既定气候目标下的技术选择和政策方案方面具有独特优势，已在减排适应战略项目（adaptation and mitigation strategy，ADAM）、气候变化对欧洲经济的影响评估项目（remote climate effects and their impact on European economies，RECIPE）、亚洲模型练习项目（Asian modeling exercise，AME）、第 28 届能源模型论坛项目（the 28th energy modeling forum，EMF-28）、气候减排路径与鲁棒成本估计项目（assessment of climate change mitigation pathways and evaluation of the robustness of mitigation cost estimates，AMPERE）、可持续能源发展路线图项目（roadmap towards sustainable energy future，RoSE）等一系列重要项目中得到广泛应用（Kriegler et al.，2018a）。

WITCH 是 the World Induced Technical Change Hybrid model 的简称，是一个代表性的能源-经济-环境系统集成模型。同样地，该模型由能源、经济和简单气候等三个核心模块构成，最初将全球划分为 13 个地区，最新的版本已将区域扩展到 17 个。WITCH 在关于自顶向下的框架中内生丰富多重的能源技术方面做了有益的尝试，并成功地建立了从能源投入（化石和非化石能源）到经济生产，直至排放增加和气候变化的复杂动态演变关系。特别地，该模型考虑了基于研发投入的创新进步过程，包括能源效率和清洁能源技术的创新进步。近些年，该模型已成为全球多模型比较活动的核心参与方，在技术可行性分析、排放路径选择和气候政策综合评估方面发挥了积极的作用（Duan et al.，2019b）。

CE3METL 即技术驱动的全球能源-经济-环境（3E）系统集成评估模型的中国化版本，最早由 Duan 等在 2013 年开发（Duan et al.，2013）。CE3METL 是基于经典的自顶向下 IAM 框架的中国单部门模型，由能源、经济和排放三个子模块构成，其特点主要体现在两大方面：其一，引入了 Logistic 技术扩散机制，以替代传统的 CES 函数方法，在刻画多重能源技术演替方面具有较好的表现，为在自顶向下模型框架中丰富自底向上的技术细节提供了切实可能；其二，较早发展了多因素技术学习曲线，以内生刻画非化石能源技术进步过程，继而减少传统纯外生技术描述方式引起的技术发展水平的低估。基于该模型的研究已涉及社会碳成本评估、能效减排潜力分析、技术替代的环境效益分析、NDC 目标集成评估和减排与适应交互设计等多个方面（Duan et al.，2018b）。

GCAM-TU 模型是对 GCAM 的中国区域进行强化后的版本，其沿用了 GCAM 的基本体系，即由能源系统模块、农业和土地利用模块、简单气候系统模块、污染控制模块构成。GCAM-TU 在 GCAM 5.1 版本的基础上针对中国政策评估的具体要求做了以下两方面改进：其一是细分部门结构和服务、技术类型，即分解考虑了工业、建筑和交通三大部门，突出其终端能源消费和核心排放源的主体地位；另外，将人口增长、经济活动、一次能源价格和能源服务价格波动与能源消费关联，共同决定未来的能源需求。其二是本土化了原始 GCAM 的参数设置和假设，包括：①基于中国最新能源统计，重新校准基准年（2015 年）能源和电力相关数据；②借鉴国内最新研究结果，对能源（电力）供应和需求的未来发展趋势进行调整。该模型所有参数和数据都是公开透明的。该模型已支持了中国碳排放峰值与政策落实、2050 年中国 GHG 减排路线图等多个项目的实施（Zhou et al.，2018）。

IPAC（Integrated Policy Assessment model of China）模型是一个由国家发展和改革委员会能源研究所主导开发的能源和环境政策综合评估模型簇，其包括自顶向下的 CGE 模型 IPAC-CGE、自底向上的技术优化模型 IPAC-AIM/技术模型、排放路径模拟模型 IPAC-Emission。具体地，IPAC-AIM/技术模型旨在计算各终端能源部门分品种的能源需求量，在多重技术背景下，通过成本最小化得到最优的技术选择；能源消费产生的排放主要通过 IPAC-Emission 模型估算，该模型同时还计算了土地利用方式改变和工业过程引起的碳排放；而排放产生的经济反馈影响估计则在 IPAC-CGE 中实现，各种经济政策对排放路径的影响以及政策成本的评估也在这一部分完成。IPAC 的三个子模型间通过软对接的方式进行政策评估关联。IPAC 模型长期在中国和全球能源与排放情景中扮演着重要角色，也是 IPCC 第五次评估报告和《全球 1.5℃温升特别报告》的主要参与模型之一（Jiang，2014；Clark et al.，2014）。各参与模型的具体信息总结在表 6-1 中。

表 6-1　参与模型的信息总结

模型	模型类型	技术细节	地理范围	国家	资料来源
AIM（AIM/CGE v2）	可计算的均衡（总量）模型	多种技术：煤炭、石油、天然气、生物质、氢气、光伏、风能、核能、甲醇、地热	26 个地区，如美国、加拿大、日本、印度、中国、韩国、欧洲、世界其他地区等	日本-国家环境研究所（National Institute for Environmental Studies，NIES）	Fujimori 等（2017）

续表

模型	模型类型	技术细节	地理范围	国家	资料来源
GCAM（v4.2）	局部平衡（聚合）模型	多种技术：可耗竭的能源（煤、天然气、石油、铀）和可再生能源（风能、太阳能、地热能、生物质能等）	32 个地区，包括美国、中国、印度，以及典型的欧洲、美洲、非洲和亚洲国家	美国-全球变化联合研究所（Joint Global Change Research Institute，JGCRI）	Calvin 等（2012）
IMAGE（v3.0）	能源-土地部分平衡模型	技术：包括典型的化石和非化石技术	26 个地区，涵盖世界主要国家，特别是中国	荷兰-荷兰环境评估局（Planbureau voor de Leefomgeving，PBL）	van Vuuren 等（2018）
POLES	能源系统部分平衡模型	化石燃料、核能、生物质能、太阳能、风能、水能和其他可再生能源（40 种能源技术）	57 个地区，有丰富的地区细节，包括欧洲、美洲、非洲和亚洲国家	法国、西班牙	Luderer 等（2018）
REMIND（v1.7）	可计算的均衡增长模型	一次能源（煤、石油、天然气和铀）、可再生能源（太阳能、风能、水能等）和 50 多种转换技术	11 个地区，包括 5 个单独的国家，如中国、印度、日本、美国和俄罗斯，以及 6 个汇总的地区	德国-波茨坦气候变化研究中心	Kriegler 等（2018a）
WITCH（v2016）	能源系统一般均衡增长模型	电力：煤炭、石油、天然气、水力、核能、可再生能源；非电力：石油、天然气和生物燃料	17 个地区，包括 6 个 OECD 地区和 11 个典型的非 OECD 地区	意大利-FEEM	Aldy 等（2016）
CE3METL（v2017）	局部平衡模型	三种化石燃料和七种非化石燃料技术	单一地区，即中国	中国-CAS	Duan 等（2013）、Duan 和 Wang（2018）
GCAM-TU	局部平衡模型	可耗竭的能源（煤、天然气、石油、铀）和可再生能源（风能、太阳能、生物质能等）	与 GCAM5.2 相同	中国-清华大学	Zhou 等（2018）
IPAC	技术优化（聚合）模型	技术：有初级燃料、可再生能源和 300 多项公约技术	9 个地区，包括美国、中国、西欧和加拿大、亚太经济合作组织国家、非洲、拉美洲等	中国-ERI[a]	Jiang（2014）

a ERI 代表能源研究所。

6.3　1.5℃目标和中国的排放预算

国家或区域层面研究 1.5℃温升影响的首要一步是得到对应该目标的国家碳排放空间，而这一过程存在诸多不确定性：①全球层面，1.5℃目标下总的碳排放预算与达成目标的概率紧密相关，相较于 50% 的概率，66% 的概率下的排放预算可能要缩减 30% 以上（IPCC，2018）；②同等可能性下，全球剩余碳排放空间还受当期温升水平估测、非碳排放、气候敏感性以及减排行动力度等多重因素的影响（Luderer et al.，2018）；③国家层面的碳排放预算结果还取决于分配原则的选择，事实上，公平有效的排放空间分配历来是相关研究和国际谈判争论的焦点（Raupach et al.，2014）。

IPCC AR5 中给出了 4 类代表性的 RCP 情景，即 RCP2.6、RCP4.5、RCP6.0 和 RCP8.5，

相对而言，RCP2.6 情景下实现 1.5℃温控的可能性最大（尽管对应的概率可能不足33%），此时 2011~2100 年全球剩余可排放的碳空间约为 990 GtCO$_2$（510~1505 GtCO$_2$）；而对具体的 1.5℃等价情景而言，IPCC 第Ⅲ工作组的结果表明，2011~2050 年的碳排放空间为 680~800 GtCO$_2$（10th~90th百分位区域），而从整个世纪尺度看，排放预算总量将大幅降至 90~310 GtCO$_2$（IPCC，2014a）。这意味着负排放技术将在 1.5℃目标的达成过程中扮演十分重要的角色。基于此，Rogelj 等（2015a）也通过分析已有文献数据给出了两个时间段对应 1.5℃气候目标的碳排放空间，其中 2011~2050 年为 680~895 GtCO$_2$，而 2011~2100 年降到 200~415 GtCO$_2$。短时间尺度看，Rogelj 等（2015a）估算的可排放空间与 IPCC AR5 的结果相当，而长时间尺度上的结果则较为乐观。此外，Luderer 等（2018）估算了 67% 以上的概率水平下实现该温控目标的剩余可排放量，2011~2100 年的中值为 375 GtCO$_2$（355~405 GtCO$_2$，16th~84th 百分位区域），而对应的温室气体排放总预算要大得多，接近 1000 GtCO$_2$eq。

基于以上信息，我们可以估算 1.5℃目标下 2016~2050 年全球总的排放预算为 760 GtCO$_2$，按照 Raupach 等（2014）给出的混合分配原则得到对应中国的碳排放空间为 168.02 GtCO$_2$，此即 CE3METL 模型的 1.5℃等价情景排放预算，该估值与 GCAM-TU 相当，后者数值为 164.22 GtCO$_2$。ADVANCE 项目认为从 2011 年开始 1.5℃气候目标下的全球排放总预算可达 900 GtCO$_2$，这包括 250 GtCO$_2$ 常规预算和 650 GtCO$_2$ 负排放技术和 CCS 等技术发展带来的潜在预算（Rogelj et al.，2018），根据中国 2050 年前后实现净零排放的要求，中国的排放预算在 190~230 GtCO$_2$，且模型运行时选取 1.5℃作为情景上限（Luderer et al.，2018；Vrontisi et al.，2018）。值得注意的是，ADVANCE 数据库提供了政策情景和无政策情景两种参照情景，后者实际蕴含了《巴黎协定》NDC 目标之前一系列既行的减排政策，较符合当前现实情形，基于此，我们统一选取该情景作为本章的对比参照情景；而政策情景主要是 1.5℃等价情景，即在排放空间约束下从 2020 年开始实施统一碳定价政策（67% 的概率在 2100 年将温升控制在 1.5℃以内（Vrontisi et al.，2018））。

6.4　多模型比较分析

6.4.1　排放路径的比较

碳排放路径是测试模型结果差异最直接的指标之一，这一方面反映了基准情景中外生变量趋势以及相关弹性参数的估值差异，另一方面也蕴含了政策情景的设置差异（Calvin et al.，2012）。从图 6-1 的结果可以看出，不同模型的排放路径差异较大，尤其在无政策情景下，以 2050 年为例，无政策情景下和 1.5℃温控目标情景（以下简称 1.5℃情景）下的碳排放区间分别为 10.16~19.76 GtCO$_2$ 和 -1.93~2.34 GtCO$_2$。除了 WITCH，其他模型结果中，无政策情景下的碳排放路径均存在峰值点，峰值水平不确定性较大，介于 10.91~17.49 GtCO$_2$；相比较而言，达峰时间点的一致程度略高，其中 IMAGE 模型和 GCAM-TU 模型给出了较为乐观的结果，而 AIM 和 GCAM 模型的结果则较为保守。事实上，从近些年国内的煤炭消费疲软趋势以及排放稳中有降的现实情况看，即使不考虑未来额外的减排努力，中国未来的碳排放长时间冲高的可能性不大（Duan et al., 2021）。从这个意义上看，国内发展的 IAM 较全球其他模型的结果更为现实。当然，GCAM-TU 模型的无政策情景中实际上考虑了部分达成 NDC 目标要求的措施，这很大程度上可解释其乐观的达峰时间和偏低的峰值水平。此外，国内模型的排放路径水平整体上低于全球模型（包括达峰峰值），这一方面可能是由于全球模型对中国未来的排放潜力的预判过于乐观，另一方面也与其无政策情景中低估中国的能效提高强度有关。

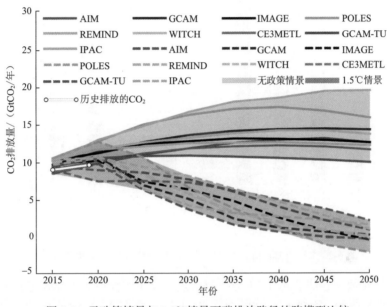

图 6-1　无政策情景与 1.5℃情景下碳排放路径的跨模型比较

严格的 1.5℃温控目标下，尽管各模型对应的排放轨迹的收敛性没有明显改善（较无政策情景），但中国的碳排放从 2020 年开始显著下降，且这一结果是跨模型一致的。此外，到 2050 年，绝大多数模型估算的排放结果均达到近零状态，这一结果也与全球层面 1.5℃温控目标下的控排要求相符（Rogelj et al., 2015a）；即使是排放量略高的 CE3METL 模型和 WITCH 模型，其对应的排放水平也仅为 2Gt CO_2 左右，而 AIM、IMAGE 及 POLES 模型在 2050 年更是实现了负排放，最高达 -1.94 $GtCO_2$。由于 1.5℃情景要求 2020 年即开始实质性减排，此时我们可以发现，1.5℃严格温控目标的实现对负排放技术的依赖程度并没有预期的大。因此决策者把握好确定的早减排行动和不确定的负排放技术依赖间的平衡对于实现 1.5℃温控目标至关重要。

事实上，碳捕集与封存技术确实在温控目标的实现中扮演了重要的角色，且主要是基于传统化石能源的 CCS 和生物质能与碳捕集封存结合的负排放技术（BECCS），这一结论是跨模型一致的。从 2050 年的结果看，排放量最低的是 POLES 模型，其对应的碳捕集量也最多，占总排放的比重达到了 39.16%（图 6-2）；其次是 GCAM，CCS 相关碳捕集量占总排放的比重达到了 28.62%，积极促进了该模型下近零排放的实现；而 WITCH、CE3METL 等模型下 2050 年的碳排放尚未接近零，也与其不乐观的 CCS 技术发展设定紧密相关，其碳捕集量占总排放的比重均低于 15%。值得一提的是，AIM 下

2050 年也达到了负排放，但其 CCS 相关碳捕集占总排放的比重较低，这意味着基于低碳化能源转型的碳减排潜力存在进一步深化的可能。从多模型比较的结果看，1.5℃目标的达成整体上有赖于 CCS 相关技术的实质性发展，2050 年之前实现近零排放可能要求碳捕集量占总排放的比重达到 40%以上。

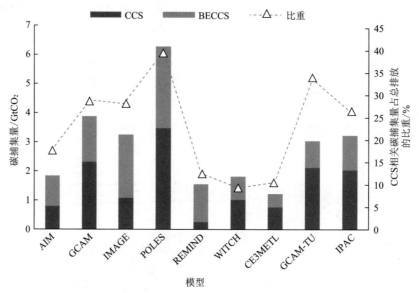

图 6-2　1.5℃目标达成对 CCS 技术的依赖程度比较（2050 年）

除了 CO_2 排放，达成全球 1.5℃温控目标还要求实质性地减少非碳排放（图 6-3）。多模型模拟结果表明，相对于 12.78～16.1 Gt 的 CO_2 排放量（2050 年无政策情景），CH_4

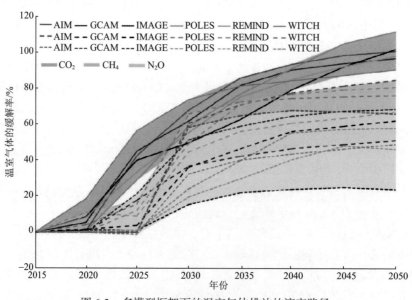

图 6-3　多模型框架下的温室气体排放的演变路径

和 N_2O 等非碳排放的量相当有限，仅分别为 70.66～98.92 Mt 和 1.79～3.32 Mt，但非碳减排对于达成严格的温控目标不可或缺（Bows-Larkin et al., 2014）。模型比较结果显示，1.5℃目标下，CO_2 需最高减排 90%以上，这一结果是跨模型一致的，而在 POLES 模型下，这一数值甚至高达 112%；CH_4 和 N_2O 的减排率尽管略低于 CO_2，但也分别在 50%和 24%以上，且跨模型的平均水平分别为 70.62%和 52.19%。由此可见，中国的非碳排放控制也是实现既定气候目标需重点掌控的环节，其对温室气体总减排任务的贡献不容忽视。

6.4.2　跨部门的 CO_2 排放分析

1.5℃温控目标对应的减排任务在部门层面存在较大的差异，无论从供给角度还是需求角度（图 6-4）。从需求角度看，多模型框架主要报告了工业、住宅和商业、交通运输等关键部门的结果。工业是最主要的碳排放来源，这一结果是跨模型一致的；无政策情景下，2030 年工业占总能源需求的排放比重为 48.68%～75.19%。从时间尺度看，除 WITCH 模型外，其他模型的工业总排放量均呈不同程度的下降趋势，其中 IMAGE 模型对应排放的下降最为明显，2030～2050 年累计降幅超过 37%；从排放结构来看，我们可以得到另一个跨模型一致的发现，即到 2050 年，工业占总能源需求的排放份额将逐步下降至 50%左右，与 2030 年的份额相比，平均下降约 10 个百分点。显然，该结果中包含了产业结构调整、工业部门能源消费结构的低碳化和能源效率改进等因素的共同作用。事实上，对中国而言，即使不施行温室气体排放控制政策，经济结构调整，局地空气、水体和土壤污染等环境问题也长期要求工业部门进行能源结构转型，而 AEEI 也贯穿其中。相比较而言，其他两个部门的排放占比将在不同程度上有所增加，跨模型平均来看，住宅和商业部门的碳排放比重从 2030 年的 16.22%缓慢增长至 2050 年的 18.74%；交通运输部门的排放比重增长略快，由 21.65%增至 27.16%。住宅和商业部门的排放增长很大程度上可从近些年中国不断推进的城镇化和产业调整趋势来解释，与发达国家相比，中国的城镇化水平和第三产业比重还存在一定的上升空间，而这也带来了交通运输部门的排放增长，若没有减排政策激励，随着机动车数量的快速增长，可以预期未来交通部门的碳排放量将继续增长。

从供给角度看，排放主要来自电力和热力生产（后者数据不可获得，故此未予分析）。从量来看，电力排放路径的演变不存在模型一致的结果，WITCH 和 IPAC 模型下的排放路径将稳步上升直到 2050 年；POLES、IMAGE、GCAM 和 GCAM-TU 在 2040 年左右存在拐点，这一结果与总排放路径的达峰时间点相对应；而 REMIND 模型的电力排放则最早在 2035 年左右达峰，较其总排放路径达峰时间点提前了 5 年。由此可见，电力排放路径尽管不一定可以完全预测总排放路径的演变，但其变化情况可以作为总排放变化的晴雨表（或减排达峰的必要条件）。从排放结构来看，电力供给占总排放的比重相对稳定，除了 REMIND 模型外（降幅为 26%左右），2030 年电力排放的跨模型平均份额为 84.11%，到 2050 年，这一份额依然在 80%左右。因此，相对于需求侧的显著变化，供给侧排放结构在未来相当长时期内是稳定的，这意味着供给侧的减排将主要依赖电力部门的清洁化转型，而结构调整可带来的减排贡献将十分有限。

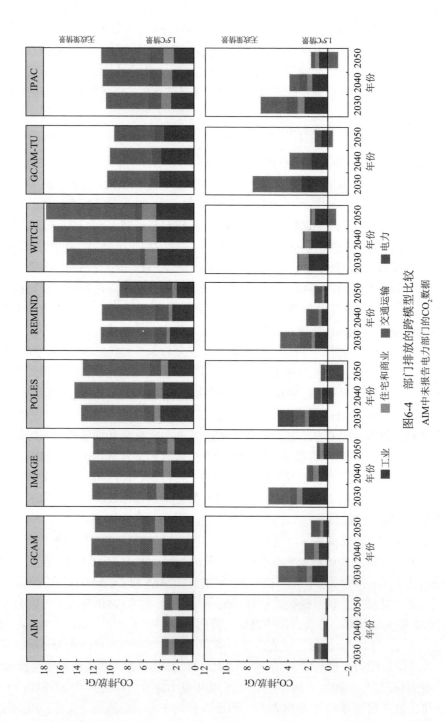

图6-4　部门排放的跨模型比较
AIM中未报告电力部门的CO₂数据

全球 1.5℃温控目标下总碳排放的控制对应着部门排放的急剧减少,这点无论从供给还是需求角度均是一致的。从多模型比较的结果看,AIM 下部门碳排放水平下降最为显著,以 2030 年为例,工业、居民和商业、交通运输部门的碳排放将较无政策情景分别下降 71.66%、57.46% 和 53.29%。从模型平均结果看,排放占比最大的工业部门,要求的减排幅度也最大,分别较住宅和商业、交通运输部门高出 5.48% 和 11.1%。1.5℃温控目标对应的电力部门的减排幅度也达到 65.6% 左右,其中 WITCH 模型下,2030 年即实现了电力部门的零排放。事实上,对所有选择的模型而言,温控目标下电力部门的排放将逐步实现零碳或负碳,其中 WITCH 模型达到负碳最早,而 POLES 和 IMAGE 模型负碳水平较高,2050 年分别达到 2.58 $GtCO_2$ 和 1.91 $GtCO_2$。

6.4.3　碳减排效率与贡献分析

碳减排效率(即碳强度的倒数,以下简称碳效率)是度量政策干预对排放结构影响的重要指标,这里的碳效率是对终端能源而言的,定义为单位终端能源消费的碳排放水平(tCO_2/t 标准煤)。从图 6-5 可以看出,1.5℃温控目标要求碳强度有实质性下降,且降幅在 60% 以上(相较于无政策情景),这一结果是跨模型一致的。具体地,GCAM-TU、IPAC、POLES 和 REMIND 模型下对应的碳效率提高水平均在 80% 以上,这使得模型平均的碳效率提高水平达到 75.6%。从绝对值看,除了 IMAGE,1.5℃温控目标要求其他所有模型 2050 年的碳效率均低于 1 tCO_2/t 标准煤,其中 GCAM-TU 模型对应的碳效率水平最低,仅为 0.28 tCO_2/t 标准煤。碳效率的改进主要有两个来源:其一是单一能源利用效率的提高(自发性外生能效改进或政策驱动的内生性能源效率改进),这可以有效降低该能源单位消费引起的碳排放量;其二是终端能源消费结构的优化,包括非电力能源向电力能源的转化以及煤基电力能源向天然气或可再生能源电力的转化等。当然,碳效率并非气候政策的直接作用载体,它更多的是能源消费结构调整的体现,但碳效率可以直观测度气候政策的效果并辅助评判政策目标能否达成。

图 6-6 对实现温控目标对减排的贡献进行了跨模型比较分析,结果显示,减排力量主要来自于化石能源 CCS、BECCS、能源清洁化转型(能源替代),以及能源消费减少和土地利用形式转变等其他方面。如图 6-2 分析所指出的,尽管 CCS 相关的减排在气候目标达成过程中扮演了不可或缺的角色,但其始终不是排放控制的主力,而排放控制更多地由清洁能源对传统能源的替代担当,这一结果具有较高的跨模型一致性。具体地,不同模型下 CCS 技术相关的减排贡献存在较大差异,POLES 模型下,CCS 技术的减排贡献最大,约为 39.2%,而 WITCH 模型下的结果仅为 10% 左右;同样地,替代减排贡献结果也存在较大的不确定性,数值区间为[24.71%, 83.55%],平均水平为 46.7%。此处我们剥离 REMIND 和 CE3METL 的模型结果,对前者而言,由于 CCS 减排量数据没有报告,我们无法对真实的减排贡献进行计算;而对后者而言,模型中没有考虑土地利用排放变化等其他可能的减排力量,故据此计算的能源替代减排贡献偏高(97.45%)。此外,AIM 模型中其他减排较大的占比主要由能源消费总量的下降引起,这点可以从图 6-6 中看出。

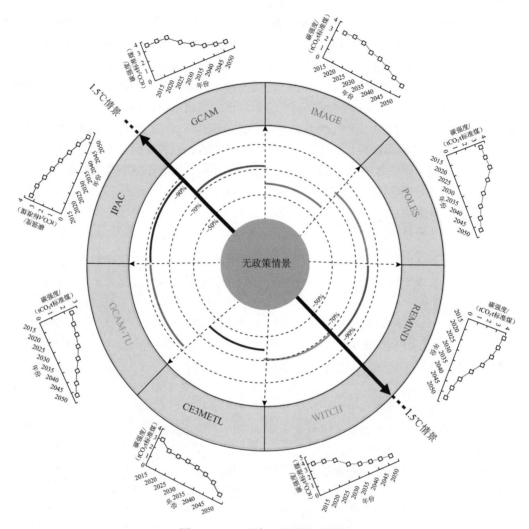

图 6-5　1.5℃目标下的碳强度挑战

主图描述了 2050 年各目标 IAM 中碳强度提升的百分比（相对于无政策情景）；子图显示了 1.5℃情景下的碳强度路径

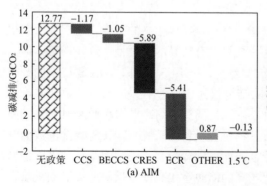

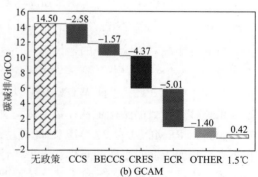

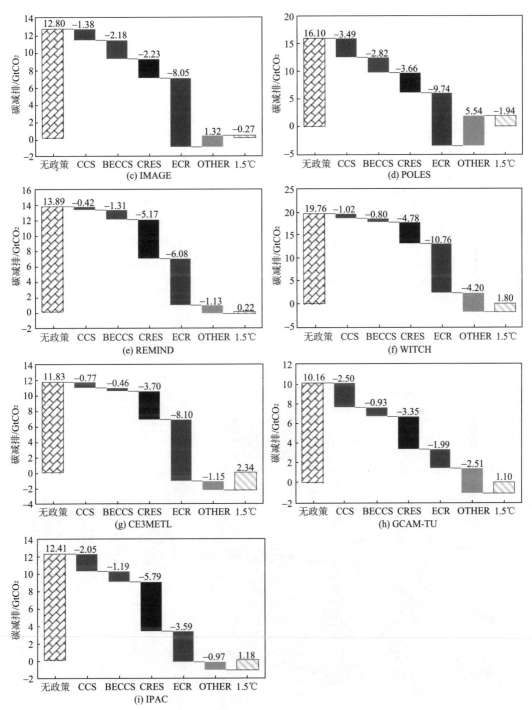

图 6-6　气候目标达成的减排贡献分析

CRES 指的是由能源替代（非化石燃料替代化石燃料）带来的碳减排，其他形式的碳减排
（如土地利用）包括在"OTHER"中

6.5　能源转型与脱碳挑战

6.5.1　一次能源消费路径

　　从排放路径分析可知,中国完成 1.5℃全球温控目标下的减排任务主要依赖于非化石能源对传统能源的替代程度, 这也充分反映在图 6-7 中。考察的 9 个 IAM 的平均结果表明, 1.5℃温控目标要求中国的一次能源消费（TPEC）较无政策情景大幅下降, 到 2050 年平均下降 4.036 Gt 标准煤,降幅达 73.9%（平均的下降与下降的平均值 42.03%不相等）;与此同时, 非化石能源技术得到实质性发展, 中国 NDC 目标中提出的 20%非化石能源份额目标到 2025 年即可达成,而到 2030 年,非化石能源占一次能源消费的比重达到 30%, 这一数值在 2050 年将进一步增至 62.77%。特别地, 可再生能源成为非化石能源发展的主力, 到 2050 年, 可再生能源消费总量将较无政策情景增长 1.285 Gt 标准煤,跨模型的平均增幅超过 175%。从单个模型的比较看, 1.5℃目标要求中国的核能和可再生能源呈现跨越式发展,且该结果是跨模型一致的。具体地,平均来看, 核能消费量将增长 270.27%（较无政策情景）, 而可再生能源消费量增长的模型平均值也达到 222.68%。显然, 跨模型平均能源消费的变化与能源消费变化的平均水平不同, 但是在温控目标对能源消费的影响方面, 不同模型的结果是一致的。

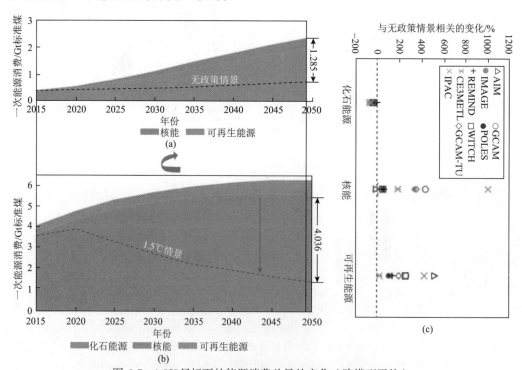

图 6-7　1.5℃目标下的能源消费总量的变化（跨模型平均）

图（a）表示 1.5℃情景下可再生能源的增长幅度;

图（b）描述了 1.5℃情景下化石能源消耗的下降;

图（c）给出了化石能源、核能和可再生能源在不同模型中相对于无政策情景水平的变化。

全球 1.5℃目标要求下单个目标模型的能源消费结构的变化可见图 6-8，总化石能源消费量，特别是煤炭消费的急剧下降是跨模型一致的结论；绝大多数模型对应的煤炭消费都将在 2050 年前后趋零，其中 REMIND 模型下中国经济最早于 2040 年前后实现完全脱煤，而 GCAM-TU 和 IPAC 模型的脱煤过程较为缓慢，到 2050 年对应的煤炭消费量分别为 0.96 Gt 标准煤和 0.84 Gt 标准煤，占当年一次能源消费量的 23.73%和 17.92%。除了 AIM，多数模型下石油的一次消费量相对稳定，尤其是 2040 年之前，这意味着中国经济对石油消费的依赖较为刚性，即使在严格的温控目标约束下，其也很难做出较具实质性的减排贡献。当然，作为石油消费的主要部门，未来储能技术和电池技术的变革式发展将有助于降低石油消费的刚性，实现交通部门的脱油减碳（取决于模型对技术预期的调整）。相较而言，天然气的消费刚性较小，因此，严格的减排约束下，绝大多数模型对应的天然气消费量都将随着一次能源消费量的下降而显著下降；但天然气的碳含量较低，这使得其对煤炭等高碳能源的替代也可以贡献较大的减排潜力，此时可能表现为天然气消费量的相对稳定甚至低幅增长，对应 IMAGE、GCAM 和 GCAM-TU 模型结果。

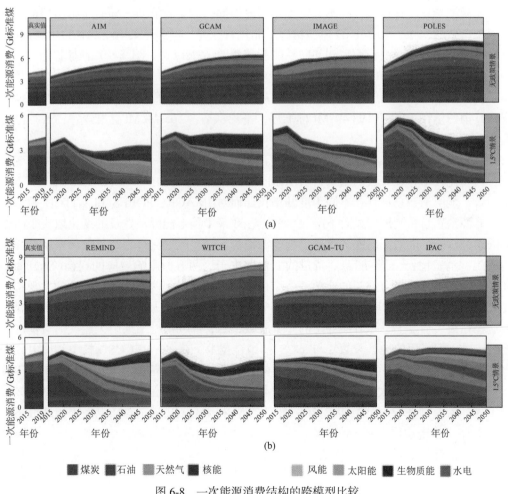

图 6-8　一次能源消费结构的跨模型比较

　　图 6-8 的跨模型结果还显示：1.5℃温控目标下最高 175%的非化石能源消费增长主要来自于生物质能、风能和核能的积极发展，这一发现是跨模型一致的。具体地，POLES 模型和 AIM 下生物质能的消费增长最为显著，其占 TPEC 的比重最高分别可达 41.98% 和 40.61%；对风能而言，其占 TPEC 的比重最高可达 30.65%，对应 WITCH 模型，而 AIM 预期的风能占比也达到 27.61%。此外，除了 IPAC 模型，我们也得到了温控目标下水电发展较为一致的结论，即水电在替代减排方面的贡献有限，即使在严格的 1.5℃温控目标下，这显然与中国的水电开发强度已然较大，未来可开发的水力资源潜力有限等现状紧密相关。由此可见，尽管严格的温控目标约束下，中国未来能源结构变化的不确定性较大，但通过模型比较，我们依然可以得到跨模型一致的发现：大规模减碳要求经济快速脱煤以及生物质能和风能等可再生能源技术的大力发展。

6.5.2　电力部门的能源重构

　　电力部门是减排潜力最大的部门之一（Clarke et al.，2014），因此，严格的气候目标对电力部门的结构调整和脱碳进程提出了较高的要求。无政策情景下，尽管各模型报告的能源消费总量存在较大的不确定性，但电力部门由化石能源主导的能源消费格局是跨模型一致的，除了 REMIND 模型给出了非化石能源，特别是太阳能发展的乐观预期，其他模型下化石能源消费均占到部门总能源消费的 67%以上（图 6-9）。对非化石能源而言，POLES、WITCH 和 REMIND 等多个模型对风电发展的预期较高，即使在无政策情景下，风电占电力部门能源消费的比重最高也可达 36%；而水电的发展状况跨模型稳定，其消费量在 105.5～198.49 Mt 标准煤，平均水平为 165.44 Mt 标准煤（占平均电力能源总消费的 10%左右）。

　　那么，在 1.5℃温控目标的严格要求下，中国的电力部门能源消费总量会如何变化呢？模型比较不存在一致的结果，对 AIM、GCAM、REMIND、GCAM-TU 和 IPAC 模型而言，能源消费总量存在不同程度的增长，而对 IMAGE、POLES 和 WITCH 模型而言，能源消费总量则出现显著下降。事实上，政策干预下能源消费量的变化取决于两方面因素的影响：电力部门能效改进引起能源消费下降、电气化过程和其他新增服务耗能引起能源消费增长，最终能源消费量的变化取决于这两方面影响效应的权衡（Sugiyama et al.，2019）。从电力部门的能源消费结构来看，可以得到两个跨模型一致的发现：首先，到 2050 年，即使考虑 CCS 技术在煤电部门的应用，电力部门也将实现完全脱煤；而这也在很大程度上意味着该部门的完全脱碳，尽管部分模型结果中天然气消费仍占一定的比重，但采用的均是天然气与 CCS 的组合技术。其次，BECCS、核电和风电成为电力部门能源消费的主力，三者占部门总能源消费的比重最高达 76%，对应 WITCH 模型；其中风电占比最大，WITCH 和 AIM 下，风电的消费占比分别达到了 63.83%和 53.15%，跨模型平均水平为 28.38%，而 GCAM 和 IMAGE 模型对核电发展预期最高，1.5℃情景下核电比重占到 35%左右。

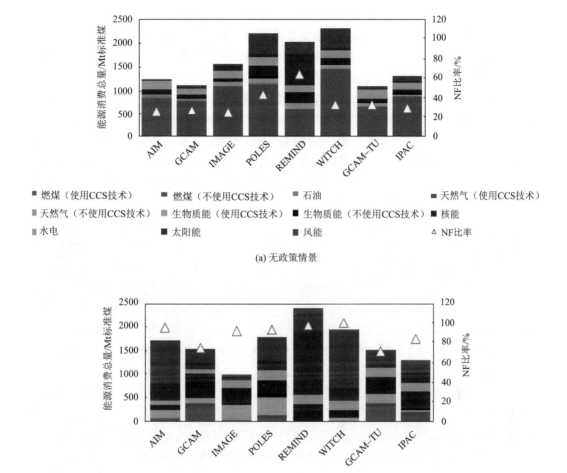

(a) 无政策情景

(b) 1.5℃情景

图 6-9 电力部门能源结构的变化（2050 年）

NF 比率表示非化石能源在总二次电力消耗中的比例

6.5.3 工业能源需求的影响评估

工业是终端能源消费的主要部门，工业部门能源需求的变化不仅关系到能源结构的优化进程，还直接关系到整个经济的脱碳效果和气候政策目标的实现。图 6-10 显示了 1.5℃温控目标对工业化石能源和电力终端需求的影响（相较于无政策情景）。显然，排放约束对工业电力终端需求的影响存在较大的不确定性，GCAM、IMAGE、WITCH 和 IPAC 模型下，影响为正，其他模型评估的影响为负；而对终端化石能源需求的影响则是跨模型一致的，且严格的气候政策约束将显著降低工业部门的化石能源需求，最高降低 78.63%，对应 POLES 模型结果，跨模型平均降幅为 46.32%。事实上，终端电力需求的增长并不直接对等于碳排放的增加，更多意味着电气化水平（非电力消费向电力消费的转化）的提高，而如果电力需求来自非化石能源，则电力需求的增加甚至是有利于减小排放的；对应地，减排政策干预下终端化石能源消费的下降则直接作用于排放水平的下降。值得一提的是，尽管工业终端能源消费结构受政策干预的显著影响，但工业能源消费占终端能源消费总量的比重受减排政策的影响较小，从图6-10可以看出，无政策情景和1.5℃情景下，这一数值都介于42%~55%，均值同在49%左右，且跨模型高度一致。这在很大程度上反映了各个模型对中国产业结构动态调整（工业GDP占比）以及工业部门能效改进水平设定了较高的内在一致性。

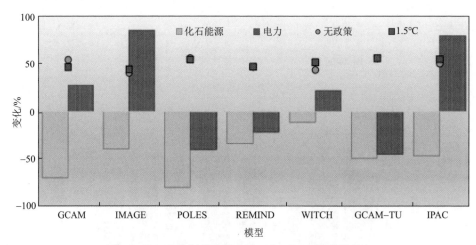

图 6-10　工业能源需求的变化（相对于无政策情景）

图中的条形块是通过比较1.5℃和无政策情景给出的2050年工业化石能源和电力消耗的变化；圆圈和方块分别代表在无政策情景和1.5℃情景下工业最终能源需求占最终能源总量的份额

6.6　经济影响综合评估

气候变化应对行动的经济含义通常涉及三个具体方面：其一是气候变化的损失评估，其二是气候政策的宏观经济影响（政策代价），其三是对应气候政策目标的社会碳成本（SCC）。其中，前两方面一般用GDP占比来刻画，第三方面则近似对等到内生最优的碳价路径（Nordhaus，2017）。由于选择的绝大多数IAM并不涉及气候相关损失的评估，因此，本节仅从气候政策成本和社会碳成本两方面来进行跨模型比较分析。

不同模型对未来中国经济发展的预期存在较大差异，从经济总量看，对中国未来经济增长最乐观的是IMAGE模型，而最保守的是POLES模型，各年份的最大GDP水平较最小GDP普遍高出70%以上（图6-11）；年均GDP增速呈现明显的收敛趋势，尽管各年份的GDP增速差异依然较大（最高达67%）。平均来看，中国的GDP增速将从2010~2015年的8.53%下降到2045~2050年的1.64%；整个考察期看，年均GDP增速为3.06%~5.2%，跨模型平均水平为4.36%。由于自底向上的IAM（GCAM、POLES、

IMAGE、GCAM-TU、IPAC）GDP 外生，并不报告气候政策成本，因此我们仅对余下的四个模型结果进行比较。从图 6-11 可以看出，1.5℃温控目标约束下，中国的气候政策成本存在很大的不确定性，尤其到 2050 年，政策成本最大占到 GDP 的 10.89%，而最小占比为 2.34%，分别对应 WITCH 模型和 REMIND 模型；这一结论从累计 GDP 成本角度看依然成立，其对应的数值分别为 5.73% 和 2.75%（取贴现率为 5%），跨模型平均值与全球尺度 1.5℃下的 GDP 变化水平相当（2030 年的变化率大概为 3.3%）（Vrontisi et al.，2018）。事实上，WITCH 模型对中国实现既定气候政策目标的经济代价评估普遍偏高，可能与其对中国传统能源效率改进、替代能源技术进步的低估有关（Aldy et al.，2016）。一般而言，经济总量较大意味着能源消费较高，而当前中国的能源消费由化石能源主导，若低估能效改进和技术进步，则严格的气候政策目标的达成主要依赖于化石能源的大幅削减，这势必会显著抑制经济增长；相反，乐观的技术进步预期不仅意味着乐观的经济增长，也有利于控制气候政策的经济成本，这一效果可从 CE3METL 模型的结果读出。

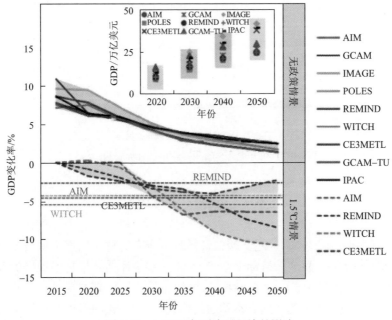

图 6-11　1.5℃目标对中国经济的影响

上半部分显示了 GDP 增长率（2010～2015 年至 2045～2050 年的五年平均值），嵌入的子图显示了各个模型的 GDP 绝对量变化趋势；下半部分表示在 1.5℃目标下的 GDP 损失率（彩色曲线）和累计 GDP 损失率（彩色直线）（相对于无政策情景的百分比变化）

相比较而言，考察的所有模型均报告了 1.5℃温控目标下的最优碳价结果，如图 6-12所示。不难看出，全球层面最优碳税不确定性较大的结论对中国而言依然成立（Duan et al.，2019b），这里的不确定性主要体现在两个维度：首先，从时间维度看，POLES和 AIM 模型对应的碳价动态路径波动较大，分别从 2030 年的 194 美元/tCO$_2$ 和 138 美元/tCO$_2$ 增至 2240 美元/tCO$_2$ 和 2190 美元/tCO$_2$，而 REMIND、GCAM 等模型对应的碳税路径则相对平稳；其次，最优碳价路径的跨模型一致性较低（各个模型的边际减排成本有很大差异），以 2050 年为例，最低碳价仅为 41.94 美元/tCO$_2$（IPAC），而最高水平达到 2239.92 美元/tCO$_2$（POLES），相差超过 50 倍。当然，IPAC 模型的结果存在偏低的可能，即使将其剔除，其余模型评估的碳价结果差异也达到 10 倍以上。这一结果差异并不意外，因为各个模型在结构和机制方面存在太多影响碳价的因素，包括基于技术的减碳能力、技术成本和表现、替代能源资源禀赋、跨地区贸易模式以及减碳成本传导机制等，有些模型通过基期的参数校准考虑了部分因素，而更多的模型则没有考虑（Calvin et al.，2012）。此外，政策情景的设定也可以解释部分碳价结果差异，尽管我们尽可能地协同了 1.5℃目标对应的排放预算。由此可见，对社会碳成本的估计是气候政策目标综合评估最困难的部分之一，因而也给稳定的减排决策带来了挑战。

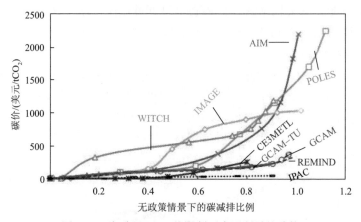

图 6-12　在升温 1.5℃的限制下中国所需的碳价

6.7　总结与讨论

随着全球气候变化形势的日趋严峻，气候政策研究的重心已逐步从 2℃温控目标转移到更为严格的 1.5℃，而这一目标下基于 IAM 的政策评估结果将呈现出更多的不确定性（Gillingham et al.，2015），因而对可靠的决策提出了更高的要求，尤其在区域层面上（Duan et al.，2019b）。基于此，本章通过构建基于 IAM 的多模型比较框架率先从减排路径、能源低碳化转型和控排的经济代价等三大维度量化研究了 1.5℃温控目标对中国的挑战，得到了诸多有价值的研究发现。

通过研究，发现了如下跨模型一致的结论。

首先，1.5℃温控目标要求中国的 CO$_2$ 排放总量最高减少 90%以上，碳强度下降超过 60%（相较于无政策情景），CH$_4$ 和 N$_2$O 的减排率略低，但跨模型的平均水平也分别为 70.62%和 52.19%，这强调了非碳排放控制在实现严格气候目标中的重要作用。

其次，CCS 技术将在温控目标的实现中扮演重要的角色，且主要是基于传统化石能源的 CCS 和负排放技术 BECCS，跨模型平均看，2050 年之前实现近零排放可能要求碳捕集在总减排中的贡献达到 20%以上。

再次，跨模型研究表明，CCS、BECCS、能源替代，以及能源消费控制是减排的主要贡献者。尽管 CCS 技术在达成严格气候目标中不可或缺，但 CCS 相关的减排始终不是排放控制的主力，而排放控制更多地由低碳能源对传统能源的替代担当，这一结果具有较高的跨模型一致性。

最后，1.5℃温控目标要求中国 TPEC 较无政策情景大幅下降，到 2050 年平均下降 4.036 Gt 标准煤，降幅达 73.9%，在此情景下，绝大多数模型对应的煤炭消费都将在 2050 年前后趋零，而石油消费量对模型变动的敏感度较低，表现为石油占 TPEC 的比重跨模型相对稳定。此外，大规模减碳要求经济快速脱煤以及生物质能和风能等可再生能源技术的大力发展。

相应地，跨模型不一致的方面主要体现在以下四方面：

其一，排放路径对模型变化的敏感度较大，包括达峰时间和峰值水平。尽管 1.5℃情景要求各模型对应的排放结果均从 2020 年开始显著下降，但幅度不一，2050 年的排放水平为 -1.94~2 $GtCO_2$。

其二，无政策情景下，到 2050 年，工业占总能源需求的排放份额将逐步下降至 50%左右，这同时也引起了住宅和商业部门以及交通运输部门排放占比不同程度的增长。严格的温控目标对部门的减排要求存在较大差异，但工业部门的减排压力最大。工业部门对应的减排幅度较住宅和商业部门以及交通运输部门分别高出 5.48%和 11.1%（相较于无政策情景），且跨模型来看，温控目标下电力部门将逐步实现零排放或负排放。

其三，对电力部门而言，各模型报告的能源消费总量和结构的变化存在较大不确定性，包括无政策情景和 1.5℃情景，但到 2050 年，电力部门将实现完全脱碳，届时 BECCS、核电和风电将主导电力部门的能源消费，联合占比最高可达 76%。这种跨模型的不确定性也同样存在于工业部门的终端能源消费，具体表现为排放控制对该部门终端能源消费产生的影响符号的不一，但工业能源消费占终端能源消费总量的比重受减排政策的影响较小，两种情景下的均值同在 49%左右。

其四，不同模型对未来中国经济发展的预期存在较大差异，从 GDP 绝对量看，各年份的最大值较最小值普遍高出 70%以上，这种差异也同样体现在 GDP 增长率上，尽管增长率轨迹的下降趋势具有一定的一致性。1.5℃温控目标约束下，中国的气候政策成本存在很大的不确定性，尤其到 2050 年，政策成本最大占到 GDP 的 10.89%，而最小占比仅为 2.34%。最优碳价路径的跨模型差异最大，以 2050 年为例，最保守的情况下，跨模型评估的碳价结果差距在 10 倍以上。

第7章 迈向碳中和：路径选择的跨模型评估

7.1 研究背景

GHG 的过度排放主要由化石燃料的大量燃烧引起，可能会对我们的社会经济活动产生负面影响（Moore et al.，2016）。如果不采取有效的行动减少碳排放并限制全球变暖，大量人群可能会遭受严重的气候损害（Schleussner et al.，2016a）。除生物多样性的损害（Farrell et al.，2015）以及生态系统的破坏（Rosenblatt and Schmitz，2016）以外，人类，特别是那些居住在欠发达和气候较易损的地区的人类，可能会面临多种风险，包括健康损害、资源短缺、极端天气，而这些很大程度上都是由温室气体的过度排放引起的（Mora et al.，2018）。自《巴黎协定》提出到 21 世纪末将全球平均温升控制在 2℃ 以内（与工业化前水平相比），并进一步控制在 1.5℃ 以内的长期目标以来，关于温度上升的气候变化研究取得了丰硕成果（Schleussner et al.，2016b）。现有研究主要集中于 2℃ 目标，主题包括但不限于目标实现、技术路径、成本评估与协同效益（Duan et al.，2018b；Jordan et al.，2013），而关于 1.5℃ 目标的研究仍然很少，特别是在国家层面（Vrontisi et al.，2018）。实际上，当前全球平均温升已经超过 1℃，未来全球变暖可能会达到更高的水平（Otto et al.，2015）。鉴于全球温室气体排放的持续增长趋势和高碳经济发展模式的锁定效应（Rogelj et al.，2015a），气候变化研究的重点逐渐从 2℃ 目标转变为 1.5℃ 强化目标（Hulme，2016）。

中国作为一个二氧化碳排放量约占全球三分之一的新兴经济体，在减缓全球气候变化方面发挥着重要作用。基于 NDC，中国正在努力通过设定一系列目标和出台与目标相关的政策来减少排放（Shi and Xu，2018）。例如，最新研究显示中国有望在 2030 年左右达到碳排放峰值，以履行其在 2015 年 11 月气候变化巴黎大会上的承诺（Zheng et al.，2019a）。尽管中国为应对全球变暖和稳定全球气候做出了巨大贡献，但由于人口众多，其依然面临着相对较高的气候损害风险（Duan et al.，2018a）。此外，气候经济波动的相关性增加了全球气候治理和国家可持续转型的不确定性，这需要对碳排放量大但减排贡献大的经济体进行更多区域尺度的研究（Yu et al.，2018）。

然而，当前研究主要围绕 2℃ 的情景展开，涵盖 2℃ 目标与 1.5℃ 目标之间多维度差异的分析有限（Duan et al.，2019b）。具体而言，以往与目标比较分析相关的研究是从排放变化、能源消耗和经济产出三个方面进行设计的（Veysey et al.，2016；Vrontisi et al.，2018）。例如，一些研究评估了 NDC 与 2℃ 情景或 1.5℃ 情景之间排放差距的总体表现（Fawcett et al.，2015）；对 1.5℃ 目标的有限研究强调了实现该目标的难度（Raftery et al.，2017），强调其需要更大幅度、更早的排放控制行动（Kriegler et al.，2018b）。在能源系统方面，现有研究结论相对一致，即把温控目标从 2℃ 提高到 1.5℃ 要求能源消耗大幅下降（Rogelj et al., 2013）。1.5℃和2℃目标的经济影响明显不同，从现有的研究中得出的一致性结论很少。例如，一派研究认为气候变暖对经济发展产生了积极影响，大约产生 36.4 万亿美元的 GDP 收益（Schleussner et al., 2016a），而另一派研究则持负面观点，认为产出损失增加 150%（Hof et al., 2017）。温控目标的强化在很大程度上依赖于世界各国在国家层面的努力（Blanford et al., 2014），而中国扮演着重要角色（Johansson et al., 2015）。目前关于中国气候政策的研究大多围绕中国在《巴黎协定》中承诺的国家自主减排目标，特别是排放峰值，然而，现有文献缺乏对不同目标情景的比较。例如，在讨论短期排放前景时，对中国经济减速与可持续转型阶段的预期可被解释为可能促成碳排放增长放缓的潜在动力（Green and Stern, 2017）。将温控目标从 2℃提高到 1.5℃，对长期气候的影响还远不清楚。据估计，在 2℃目标和 1.5℃目标下，随着 NET 的改进，中国可分别实现 40 亿 t 和 50 亿 t 的碳减排量（Marcucci et al., 2017）；类似的估计是基于全球层面的 IAM，而不是专门针对中国的。

本章试图建立一个多模型比较分析框架，以说明中国如何将全球从 2℃目标转变为 1.5℃目标的挑战作为其可持续转型的机遇。通过多模型评估，稳健的结论显示，从 2℃目标转变为 1.5℃目标，排放将大幅减少，关键时间节点将提前实现，这对目标路径做出了一致的回应。多模型比较的结果进一步表明，由于不同的跨模型设置和假设，排放路径的模式不同，包括技术进步、结构优化和经济绩效。实际上，对气候目标进行综合评估的现有研究结论差异巨大（Veysey et al., 2016；Bellamy and Geden, 2019），这迫切需要多模型分析来探索这些差异的内在机制，并进一步推广到全球范围的减排实践。

综上所述，本章从以下三个方面填补了现有研究的空白。第一，我们对温控目标从 2℃提高到 1.5℃的意义还缺乏认识，而全球范围的研究表明，强化温控目标在环境、能源和经济系统中发挥着巨大作用。本章提供了从 2℃到 1.5℃的系统变化的细节，并进一步讨论了解决不确定性问题的潜在策略。第二，与政策制定者对话的有限证据基础需要扩展到国家层面，因为全球治理取决于国家行动，特别是来自中国的贡献，这就是为什么需要关注中国并试图展示其显著的减排效果和有希望的转型努力。第三，多模型比较作为一种新兴的研究趋势，有利于支持应用不足的稳健性方法。在这项研究中，我们构建了一个多模型分析框架，以获得目标强化成果的可靠洞察，同时为可持续发展方法提供潜在启示。

本章的剩余内容如下：7.2 节简要介绍多模型比较框架中涵盖的综合评估模型；7.3 节分析能源结构调整、减排成效与经济影响；7.4 节对研究结果进行深入讨论，并与其他相关研究进行比较；7.5 节对本章进行总结。

7.2 多模型分析框架

7.2.1 模型描述

IAM 诞生于 20 世纪 70 年代，而 DICE 模型是 IAM 时代的开端（Nordhaus, 1979）。通过整合气候和经济系统，包括环境和能源变量，IAM 通常被广泛应用于气候变化政策的分析中（Hope, 2005）。本章提出了一个多模型分析框架，包括 AIM、GCAM、GEM-E3、

IMACLIM、IMAGE、MESSAGE、POLES、REMIND、WITCH、CE3METL、IPAC 和 GCAM-TU 模型，将中国设定为一个独立的地区。

　　具体地，AIM/CGE 是 AIM 模型组的核心部分，其涵盖 14 个能源部门和 17 个非能源部门，涉及 CO_2 和 9 种非 CO_2 气体排放的估算和路径模拟。特别地，该模型通过亚洲模型练习项目（AME）在中国获得了实质性发展（Calvin et al.，2012）。GCAM 模型由太平洋西北国家实验室全球变化联合研究所首次开发，也包括了气候、能源等几个独立的模块。模型提供了其代表性耦合系统的多重技术选项，使用嵌入式概率模型进行计算（Kim et al.，2006），其在近些年的多模型比较和技术可行性分析中扮演了重要角色（Duan et al.，2019）。IMAGE 提供了探索整合系统之间联系和反馈机制的综合性框架，其与 MESSAGE 模型类似，被广泛应用于与其他模型连接的应用研究中。POLES 模型由欧盟联合研究中心（JRC）开发，包括 15 个能源需求部门和 40 种电力和非电力技术。该模型采取逐年动态递归的模式，多使用于复杂网络的价格需求动态分析中。

　　参与模型还包括其他两个国际模型，即 REMIND 模型和 WITCH 模型，前者基于迭代 Negishi 思路求解，将变量整合进模型框架，具有相当灵活的模型结构，也便于应用于不同政策评估项目（Kriegler et al.，2018a）；后者通过将 13 个地区扩展为 17 个地区，给出了合作与非合作博弈求解探索（Bosetti et al.，2006），其最新版本在提供更多地理维度、丰富技术细节和更复杂进化动态方面做出了诸多尝试。多模型框架中还加入了三个国内发展模型，首先是 CE3METL 模型，它是技术诱导的全球 3E 模型（E3METL）的中国版本，全球版本被中国科学院于 2013 年首次发布（Duan et al.，2013），其致力于通过改进 Logistic 曲线和多因素学习机制将自上而下和自下而上的模型框架相结合（Duan et al.，2019a）。其次是国家发展和改革委员会能源研究所开发的 IPAC 模型组，包括 IPAC-CGE、IPAC-Emission 和 IPAC-AIM 等多个子模型，各模型间通过"软连接"实现交互，应用场景丰富。再次是 GCAM-TU，即 GCAM 模型的强化和中国版本，其继承了原始 GCAM 基础结构，如包括能源系统、农业和土地模块、简单气候系统和空气污染模块。在 GCAM 5.1 基础上，GCAM-TU 模型通过调正能源和电力本土化数据显著改善了中国能源系统表现。该模型还包含了更详细的部门结构、更多种类服务和技术、更本土化的参数设定和假设。具体的模型信息总结如下（表 7.1）：

表 7.1　参与 IAM 的基本信息和简要总结

模型简写	文献来源	模型类型	划分地区数
AIM/CGE	Fujimori et al.，2012	动态递归-CGE	32
GCAM	Kim et al.，2006	动态递归-PE	32
IMACLIM	Sassi et al.，2010	CGE	12
IMAGE	Bouwman et al.，2006	CGE	32
MESSAGE	Messner and Strubegger，1995	动态-PE	11
POLES	European Commission，1996	市场-PE	50
REMIND	Leimbach et al.，2010b	经济最优-GM	11
WITCH	Bosetti et al.，2006	经济最优-GM	13-17
CE3METL	Duan et al.，2013	整体最优-GM	1

模型简写	文献来源	模型类型	划分地区数
IPAC	Jiang et al.，2010	动态递归-PE	9
GCAM-TU	Wang et al.，2016	PE	32

注：CGE（可计算一般均衡），PE（部分均衡），GM（增长模型）。

7.2.2　多模型比较情景设计

本节的情景设计能够评估 2℃目标向 1.5℃强化目标的转变，我们试图把所有的 IAM 放在同一起点，在给定的温控目标下，大体上统一相应的排放预算，使跨模型的结果具有可比性，具体设置如下：

2℃情景：假设从 2020 年开始实施全球统一碳价，且价格水平随着控排力度的增强而单调递增，将 2011～2100 年的累计碳排放量限制在 1000 Gt 以下（相当于 2016～2100 年约 800 Gt），这样保持在 2℃以下的可能性超过 67%，与稳定在 2℃以下的目标一致。

1.5℃情景：与 2℃情景类似，假设从 2020 年开始实施全球统一碳价，且价格水平随着控排力度的增强而单调递增，将 2011～2100 年的累计碳排放量限制在 400 Gt 以下（相当于 2016～2100 年约 200 Gt），则 2100 年的温升控制在 1.5℃的可能性将大于 67%（Vrontisi et al.，2018）。

至于不包括在 ADVANCE 项目中的国家模型，即 CE3METL 和 GCAM-TU，我们设计了一个高度可比的 1.5℃一致情景，2016～2100 年的等价碳排放预算为 760 Gt；利用 Raupach 等（2014）定义的混合原则，我们得出了中国的可用碳空间约为 168.02 Gt，这与 GCAM-TU 的预期高度吻合。

7.3　研究结果与分析

7.3.1　碳排放路径的稳健性

将温控目标从 2℃提高到 1.5℃，将导致碳排放峰值的显著提前和碳排放总量的大幅降低，这主要是因为温控目标的实现与排放路径密切相关，进一步意味着不同排放路径下相应排放预算的差异（van Vuuren et al.，2011；Millar et al.，2017）。换句话说，将目标从 2℃提高到 1.5℃，意味着对排放路径和预算的约束增强（Vrontisi et al.，2018）。与此同时，碳排放主要是由与长期社会经济活动相关的能源消耗引起的。因此，通过强化全球气候政策，限制气温上升，能源体系中的能源消费量和结构将发生相应变化，能源总需求会下降，而非化石能源占比会上升。就经济系统而言，随着目标的收紧，政策成本也将增加。

从长远来看，全球温控目标转向温升 1.5℃以内，将对实现净零排放的时间点提出更高的要求。多模型比较结果显示，无论是 2℃情景（图 7-1（a））还是 1.5℃情景（图 7-1（b）），从 2040 年开始，不同模型给出了不同程度的负排放实现结果。这在很大程度上与之前的研究结果一致，即要想实现 2℃的目标，就需要在 21 世纪末实现温室气体

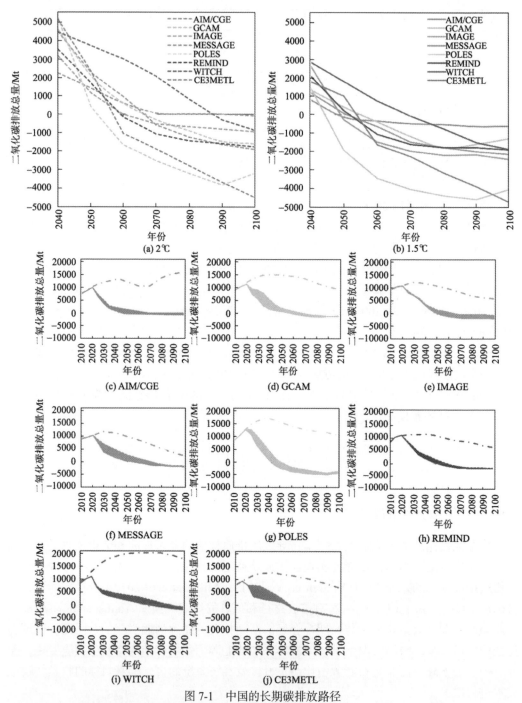

图 7-1　中国的长期碳排放路径

图（a）为 IAM 预测的 2℃情景下 2040～2100 年的二氧化碳排放总量；图（b）为 IAM 预测的 1.5℃情景下 2040～2100 年的二氧化碳排放总量；图（c）～（j）为 2010～2100 年 2℃、1.5℃情景二氧化碳排放总量的差异（下面的线是 1.5℃情景，上面的线是 2℃情景，中间阴影部分为差异）和基准情景下的二氧化碳排放总量（虚线），分别由 IAM（即 AIM/CGE、GCAM、IMAGE、MESSAGE、POLES、REMIND、WITCH 和 CE3METL）提供总排放净零，无论其浓度或概率如何（Azar et al.，2006；Meinshausen et al.，2006）。在达到 2℃目标的概率为 66%的情景下，模型结果相对稳健（Rogelj et al.，2016b），大多数零排放时间线分布在 2060～2070 年（图 7-1（a））。据估计，2030 年之前，NDC情景下的全球总排放量将大大超过 1.5℃情景（到 2100 年，将以大于 67%的概率实现 200 GtCO₂ 的排放预算目标），年均高出 19 Gt （范围为 15～22 Gt）（Luderer et al.，2018），导致到 21 世纪末时，NDC 情景下的温升将比 1.5℃阈值高出 1.1℃（范围为 0.9～1.6℃）（Vrontisi et al.，2018）。因此，NDC 承诺远未达到温控目标。在 1.5℃情景下，大多数参与的 IAM 会在 21 世纪下半叶实现负排放（图 7-1（b））。因此，在不同的温升约束条件下，实现零排放的时间点也存在差异。所有 IAM 均表明，1.5℃温控目标下，排放将提前由正转负，从而比 2℃的一致情景提前十年左右实现零排放。

此外，温控目标将导致中国的碳排放量在 21 世纪末大幅下降，而 1.5℃的强化温控目标从长远来看可以促进进一步的减排。具体而言，2℃情景下，2050 年平均排放水平相较于基准情景降低了 80%，而 1.5℃情景下的平均排放水平将进一步降低 18%（图 7-1（c）～（j））。温控目标的实现有赖于各国的积极参与和共同努力已成为共识（Blanford et al.，2014）。NDC 目标的实现是一个良好而有效的开端，特别是对排放量占比较大的中国而言，其或可在全球气候治理中发挥重要作用（Zheng et al.，2019b）。在此基础上，稳定全球气候的努力也在很大程度上依赖于中国排放量急剧下降的路径，即中国对缓解气候变化的巨大贡献（Zheng et al.，2019a）。

从短期和中期来看，全球气候政策实现 2℃并转向 1.5℃以内，有望使国家承诺的气候目标提前 10 年左右。据 67%概率下 IAM 的评估（图 7-2（a）～（c）），中国较容易实现在《巴黎协定》中承诺的碳排放峰值目标（Duan et al.，2018a）。实际上，中国一直在制定减排政策，并以技术创新的能源体系和政策激励的经济体系为支撑，这是长期强有力减排努力的基础（van der Zwaan et al.，2013）。

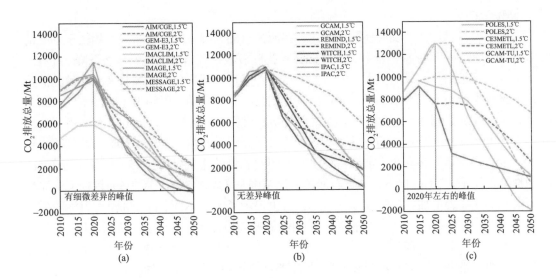

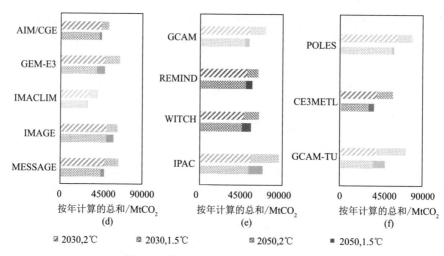

图 7-2　中短期内中国的碳排放目标

图（a）～（c）为在 2℃情景和 1.5℃情景下，2010～2050 年各 IAM 的 CO_2 排放总量，峰值差异较小，且从当下开始减排。
图（d）～（f）为在 2℃情景和 1.5℃情景下，2030 年底和 2050 年底的累计 CO_2 排放量的对比（用填充图案的长度表示
各年的总和）

　　与此同时，通过强化温控目标，中国短期以及中期的碳排放量能够大幅降低。从线条之间的距离（图 7-2（a）～（c）），特别是条形的长度（图 7-2（d）～（f））可以看出，通过比较 2℃情景和 1.5℃情景，短期内到 2030 年底的排放量和中期内到 2050 年底的排放量都将大幅减少。在 1.5℃温控目标下，进一步的大幅减排表明短期内控制温室气体排放的重要性（Eom et al.，2015）。因此，通过大幅降低早期排放量，可以提前减轻排放预算压力，将会对全球气候更有利（Friedlingstein et al.，2014）。具体来说，在 2℃的目标下，短期（即到 2030 年底）累计排放占中期（即到 2050 年底）累计排放的比例平均超过 50%，范围是 55%～85%，而在 1.5℃的目标下，这一比例范围将增加到 85%～97%。

　　给定温控目标下，实质性减排与化石能源需求的大幅下降密切相关。相较于基准情景，2℃情景的一次能源消耗和最终能源消耗都随着减排政策的实施而显著下降，且对一次能源消费量的负面影响更大（图 7-3（a））。温控目标下化石能源与一次能源的消费演变路径类似，出现大幅下降，而目标强化则意味着更大的下降幅度（Vrontisi et al.，2018）。这主要是由于化石能源消费在一次能源消费中占比最大，2030 年这一占比的模型平均水平在基准情景、2℃情景和 1.5℃情景下分别为 89%、80% 和 69%。特别地，到 2030 年，中国承诺将非化石能源占一次能源消费总量的比重提高到 25% 左右；而模型的稳健结果显示，2℃目标下，非化石能源占比范围是 11%～31%，而 1.5℃目标下，非化石能源占比显著增加，达到 14%～46%，这也揭示了实现 NDC 目标和温控目标所做努力的差异。此外，在 2050 年之前进行早期的能源消耗控制非常重要，特别是从 2℃目标转变为 1.5℃强化目标时（图 7-3（b）和（c））。事实上，在 2030～2050 年这一关键的窗口期，如果不采取短期措施控制化石能源的使用，技术的积极作用将会在之后受到限制（Duan et al.，2018b）。从最终能源消耗的角度来看，即使没有全球气候政策，

由于石油资源和储量的枯竭，交通部门可能在未来几十年发生根本性变化（van der Zwaan et al.，2013）；并且交通部门在 21 世纪晚期留下了进一步脱碳的空间，将使得短期排放量保持在一个相对较高的水平（Vrontisi et al.，2018）。

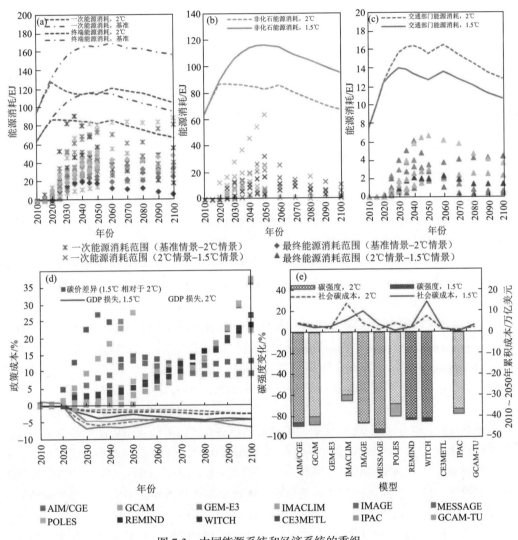

图 7-3 　中国能源系统和经济系统的重组

（c）2010～2100 年，各模型在 2℃情景和基准情景下交通部门的能源消耗，以模型平均值和情景差异进行展示；（d）在 2℃情景和 1.5℃情景下，2010～2100 年的碳价差异与 GDP 损失（涵盖三个内生经济模型，即 AIM/CGE、MESSAGE 和 REMIND）；（e）2010～2050 年的累积成本（所有价格以 2005 年美元价计）以及两个温控目标下的碳强度变化

总体而言，温控目标的强化将导致更高的政策成本或经济损失（Duan et al.，2018b），而碳减排或与技术相关的政策成本可以通过碳价和 GDP 损失来衡量（图 7-3（d））。通过将 1.5℃和 2℃温控目标下的碳价做差再除以 2010～2050 年的总成本，得到的碳价差异比例点表明，要实现 1.5℃温控目标，碳价成本要高得多。通过将基准情景与目标情景的 GDP 做差再除以基准情景的 GDP，我们发现，1.5℃目标下 GDP 损失比例远高于 2℃目标。进一步地，有两个多模型稳健且与之前研究一致的结论（图 7-3（e））：首先，

无论技术清单和成本如何设置，2010～2015年的累计成本都低于15万亿美元（van der Zwaan et al., 2013）；其次，承诺的碳强度目标，即到2030年单位GDP的碳排放量与2005年相比减少60%～65%，在2℃和1.5℃的温控目标下较容易实现，并且碳强度的模型平均水平分别降低80%和85%，显然在1.5℃情景下，碳强度的下降幅度更大，效果更好。

7.3.2　路径模式的不确定性

除多模型框架所评估的一致结论外，由于技术模型方法、结构假设和政策设置的不同，模型结果也存在差异。以CE3METL模型为主，其他模型为辅，我们关注强化温控目标下中国的气候经济转型路径。CE3METL模型被应用于设计最佳排放控制模式，提供了深刻的政策启示。研究结果的稳健性通过多模型比较得到了加强，同时提高了对模型结果不确定范围的理解。

通过强化温升控制政策，路径的大部分关键点可以根据能源和经济系统的模型稳健性变化来一致地表征，而实现这些路径的模型评估方式各不相同。技术开发，特别是NET，支撑了碳排放和能源消耗的可持续转型。除技术创新外，制度激励在路径设计中也发挥着重要作用，包括能源系统的结构改善和经济系统的政策成本（Iyer et al., 2015）。

尽管多模型评估揭示了技术开发和应用具有不可忽视的作用这一一致性结果，如CDR技术和NET在减排中的作用，而以CCS为代表的技术在不同的模型中的贡献是不同的，这在很大程度上可以解释为每个模型对CCS性能的不同预期以及技术成本设置的差异。一般而言，成本竞争力与减排贡献之间存在着正相关性。CE3METL模型结果显示，化石燃料CCS和生物质CCS的快速发展将显著增加2045年前后碳捕集的贡献（图7-4（a）），这使得2℃情景和1.5℃情景下能够在2055年左右实现零排放（图7-1（j））。而气候目标的强化更有利于提升CCS的捕集能力，例如，在1.5℃情景下，2050年前后化石燃料CCS和生物质CCS捕集的碳排放量显著高于2℃情景下捕集的碳排放量，因此，1.5℃目标能更早实现负排放。进入21世纪下半叶，CCS技术水平将出现分化，随着化石燃料CCS水平的下降，生物质CCS的使用将持续上升，两种情景下的结果在2080年左右趋于一致，在强化温控目标情景下，碳捕集的优势将不断扩大。多模型的结果一致表明，化石燃料CCS降低排放的能力在后期将被削弱（图7-4（b）），然而，就生物质CCS而言，NET的贡献存在不确定性。WITCH和CE3METL模型在碳减排量持续上升方面显示出相似的结果，这是因为生物质CCS可以提供能量，而且与纯耗能的化石燃料CCS相比，其预期潜力较大。而在AIM/CGE、GCAM和POLES模型中，由生物质CCS捕集的碳排放量显示出与化石燃料CCS捕集的排放类似的抛物线形状。尽管生物质CCS的碳捕集效果在两个目标情景中都略有下降，并且在后期情景之间的差距缩小，但在中期，1.5℃目标的优势表现得更为突出。

实际上，CCS捕集的碳排放量与能源技术清单的使用密切相关。NET的发展在一定程度上放宽了对能源需求的限制。在1.5℃目标下，采用化石燃料CCS和生物质CCS的能源消耗在短期内要高于2℃目标下的能耗（图7-4（c）），这抑制了从2℃转变到1.5℃的能耗降低。采用化石燃料CCS的能源消耗远超采用生物质CCS，这反映了生物质能的技术效率及其相对优势，特别是与 CCS 相结合。多模型的比较显示出其与排放非常相似的结果（图 7-4（d））。WITCH 和 CE3METL 模型的结果一致，而 AIM/CGE、GCAM 和 POLES 模型的结果则存在差异。此外，与其他模型相比，CE3METL 中生物质 CCS 的能源消耗量最小，但却实现了最大的减排效果，特别是在 2050 年后。除 WITCH 模型外，其他模型的结果也具有相当高的一致性。

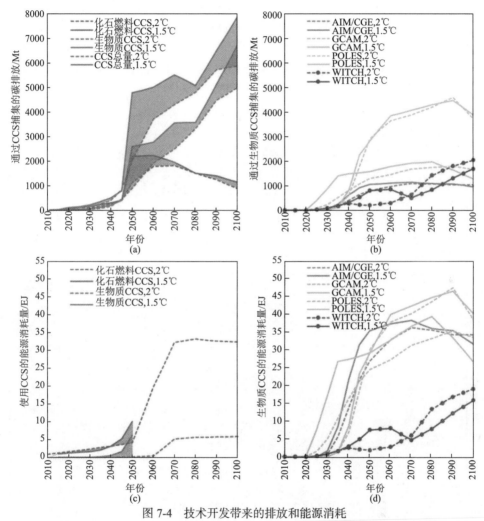

图 7-4　技术开发带来的排放和能源消耗

图（a）为在 2℃情景和 1.5℃情景下，CE3METL 评估的 2010～2100 年 CCS 总量、化石燃料 CCS 和生物质 CCS 捕集的碳排放量；图（b）为分别由 AIM/CGE、GCAM、POLES 和 WITCH 评估的 2010～2100 年生物质 CCS 捕集的碳排放量；图（c）为 CE3METL 评估的 2010～2100 年化石燃料 CCS 和生物质 CCS 的能源消耗量；图（d）为分别由 AIM/CGE、GCAM、POLES 和 WITCH 评估的两种气候政策情景下 2010～2100 年生物质 CCS 的能源消耗量

除了 NET 的贡献外，能源结构的改善也是实现排放控制目标的关键之一。CE3METL 模型中，2℃目标下的中短期能源结构（2050 年以前）主要由化石燃料和生物质组成（图 7-5（a）），未采用 CCS 的化石燃料占能源结构的主导地位，约为 83%。IMAGE 和 WITCH 模型报告的短期和中期结构与 CE3METL 模型的估计相似（图 7-5（b）和（c））。从

长远来看，没有采用 CCS 的化石燃料比例会迅速下降，从而导致整体能源消耗的大幅降低；而采用 CCS 的生物质比例会显著上升。可能是由于能源系统的惯性，早期的减排主要是通过控制整体能源消耗，特别是化石燃料的消耗来实现（Duan et al.，2015）。与早期的数量型导向控制不同，从 2050 年开始，可再生能源开始主导中国的能源市场，其中风能增量最大（从 2050 年的 1% 增长到 2100 年的 42%），其次是核能、水电和太阳能。这种长期的能源结构调整也被 AIM/CGE 和 MESSAGE 模型的评估所证实（图 7-5（d）和（e））。通过多模型分析发现，我国能源消费总体结构由化石能源向可再生能源转变，各类型清洁能源的占比随时间而增加。虽然可再生能源比 CCS 更具成本竞争力，但能源系统的长期管理依然主要通过协同发展组合 CCS 的生物质和可再生能源技术来实现。

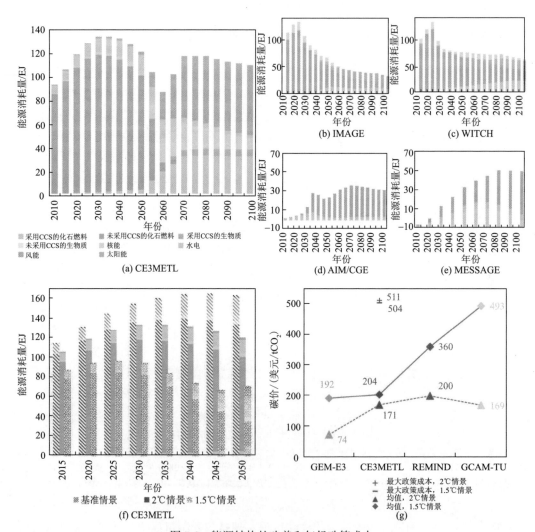

图 7-5　能源结构的改善和气候政策成本

图（a）为 CE3METL 评估的 2℃情景下 2010～2100 年的能源结构演变；图（b）和（c）为能源结构在化石能源和生物质能方面的跨模型表现；图（d）和（e）为 2℃情景下，2010～2100 年可再生能源的表现；图（f）为 2℃情景、1.5℃情景与基准情景下 2015～2050 年的能源消耗变动；图（g）为 GEM-E3、CE3METL（含极值）、REMIND 和 GCAM-TU 模型评估在 2℃情景和 1.5℃情景下 2010～2100 年的平均碳价；图（b）～（f）图例参见图（a）

　　三种情景下的能源消耗趋势如图 7-5(f)所示，基准情景下的能源消耗持续增长，2℃情景下平稳波动，1.5℃情景下显著下降，这导致 2015～2050 年目标情景下的差距逐渐扩大。从能源种类来看，在这三种情景下，未采用 CCS 的化石燃料所占比例最大，但其占比却逐渐降低。与 NET 相关的能源，包括采用 CCS 的化石燃料、采用 CCS 的生物质，以及可再生能源（即核能、水电、风能和太阳能）的占比正在增加，特别是在 1.5℃的情景下，到 2050 年，清洁能源（即不包括未采用 CCS 的化石燃料）将占到 73%。

　　同时，技术开发和结构改善需要相关政策的支持，如果路径规划得当，可以在有限的政策成本下实现可观的效用（图 7-5（g））。在 2℃情景下，REMIND、GCAM-TU 和 CE3METL 模型计算的平均碳价非常接近，分别为 200 美元/tCO_2、169 美元/tCO_2 和 171 美元/tCO_2（2005 年不变价)，而 GEM-E3 模型的平均碳价相对较低(为 74 美元/tCO_2)。由于政策情景的不同设置，当把温控目标从 2℃提高到 1.5℃时，CE3METL 模型计算的平均碳价上升最少，仅上升到 204 美元/tCO_2，而其他两种模型（即 REMIND 和 GCAM-TU）的平均碳价则分别迅速上升到 360 美元/tCO_2 和 493 美元/tCO_2。在 GEM-E3 模型下，实现 2℃目标的最低成本（即平均碳价 74 美元/tCO_2）上升到了 192 美元/tCO_2，这接近于 CE3METL 模型下 1.5℃情景下的成本（204 美元/tCO_2)。相比之下，CE3METL 模型下的最大政策成本在 2100 年分别仅上升到 511 美元/tCO_2（2℃）和 504 美元/tCO_2（1.5℃），这两个目标之间碳价的长期差异逐渐缩小。然而，中期趋势却明显不同，例如，在 1.5℃情景下，碳价在短期内快速上涨，并在后期大幅减速，而在 2℃情景下则相对加速。

7.4　迈向碳中和过渡路径的可行性

7.4.1　迈向碳中和路径的可靠性评估

　　基于目前的发展趋势和路径设计，中国有可能实现短期或长期的 NDC 承诺或国家责任目标，包括按时达到排放峰值、降低碳强度、限制化石能源比例和实现净零排放，尽管 2℃和 1.5℃的温控目标仍具有挑战性，而且远未达到。然而，这些强化目标可能是中国可持续转型的重要驱动力，具有潜在的多重效益，并且是跨模型的稳健评估。

　　随着温控目标从 2℃转变为 1.5℃，长期能源和气候政策目标的实现面临更多的约束和更严格的条件。然而，一致的模型估计结果表明，强化目标可以限制排放路径和预算，进而对能源和经济系统产生影响，这对中国能源消耗控制、能源结构升级、政策成本节约和经济可持续发展具有重要意义。

7.4.2　可行的过渡路径

　　迈向碳中和需要将温控目标从 2℃提高到 1.5℃，这对中国来说既是挑战也是机遇，整体上可以从以下三个方面主动向可持续性转型。

1. 技术开发

模型的稳健性结果表明，总能耗会大幅下降，特别是当温升控制较严格时。然而，NET 的引入可以显著抑制能源消耗的下降，这表明技术开发可以有效地缓解强化气候目标所带来的压力。由于短期内难以实现脱碳，能源支持仍然是经济发展的基础，那么 NET 对能源系统的宽松约束将有利于经济系统的稳定产出和可持续发展。

虽然不同模型表现出不同的 NET 效应模式和相应的排放路径，但在可比较的情景设定下，以化石燃料 CCS 和生物质 CCS 为代表的 NET 在中国能源系统的可持续转型和进一步减排中发挥着非常突出且重要的作用。采用技术加权的 CE3METL 模型对采用 CCS 的碳排放和能源消耗进行综合评估的结果表明，随着气候目标的强化，碳捕集能力正在迅速提高，因此，1.5℃目标将为 CCS 技术，特别是生物质技术的创新和应用提供一个宝贵机会。由于能源消耗更少，但负排放更多，生物质 CCS 成为实现给定气候目标的有效选择。NET 的重要作用体现在推动能源系统转型可以通过加大技术创新投资和为技术开发制定扶持性政策来实现。

2. 结构优化

模型的稳健性结果指出，实现 2℃向 1.5℃转变时，进一步减排的关键是尽早对能源系统进行战略重组，特别是对非化石能源的管理。在 2030 年之前的短期内，重要的是要实现减少化石能源在一次能源消费中的占比这一预期目标；并且可再生能源可以在 2030～2050 年（中期）提前开发，而 NET 则可以在 2050～2100 年（后期）同时取得成功。

NET 和可再生能源之间的竞争和冲突可以通过调整它们的发展窗口来适当避免。具体来说，考虑到 CE3METL 模型的能源系统结构，可再生能源的成本竞争力在中期可以发挥重要作用，而此时，NET 的成本在其初期发展阶段仍然较高。因此，如果可再生能源在早期发展中就释放出具有坚实基础的潜力，那么由 NET 的后期发展潜力所引起的对可再生能源的挤出效应就不太可能发生。通过对化石能源的控制和生物质技术的早期发展，生物质 CCS 的除碳性能是相当可观的，尽管它只占一次能源消费的小部分，但这为其他可再生能源的比例增加留下了更多的空间。模型结果表明，在 1.5℃目标下，通过早期控制化石能源与后期在关键窗口期的生物质能和可再生能源的比例相协调，结构合理的能源系统的实现效果会更加显著。通过前期的协调和重组，并在关键窗口期最大限度地发挥技术进步的作用以及合理地调整其他可再生能源的结构，有望实现 NET 与可再生能源的协同、系统性发展。

3. 政策支持

从经济角度看，模型一致性结论表明，就单纯措施上看，强化温控目标的政策成本和损失会更大。从相对角度来看，当将温升从 2℃限制到 1.5℃以下时，碳价的涨幅实际上很小，这意味着边际成本在减少。因此，政策覆盖面的介入和政策执行的时间安排尤为关键。与其他模型相比，CE3METL 模型估计的边际政策成本在平均水平上会更低。更优的是，1.5℃情景下，政策成本压力可以在短期和中期迅速释放。因此，技术开发和结构改善需要相关的政策支持，通过相互协调，以适当的速度逐步实施，这进一步促进了在政策成本增加最少的情况下实现温控目标。

7.5 总结与讨论

通过建立一个基于 IAM 的多模型比较分析框架，本章探讨了将温升从 2℃限制到 1.5℃以下的意义，表明了强化温控目标可能会推动中国的可持续转型。在 1.5℃情景下，随着边际政策成本的递减，中国可以通过技术发展和能源系统的升级进一步降低碳排放。

进一步，在强化温控目标下，排放路径和预算的模型稳健性结论表明，达峰和负排放可以提前实现，而且早期和长期的排放量将大幅下降。有模型发现，将 2℃目标增强到 1.5℃，减排效果更好，技术优势也更为突出。

此外，强化温控目标将减少能源消耗总量，增加政策成本。然而，可以通过早期发展负排放技术，如采用 BECCS，和提高后期可再生能源的比例等，来重构能源系统，缓解能源需求削减所带来的压力。此外，尽管边际成本下降，但气候目标从2℃提高到1.5℃，对应的是经济损失的增加，这也是迈向碳中和的必然挑战。

第 8 章　迈向碳中和：技术依赖与选择的不确定性

正如第 7 章指出的，将限温目标从 2℃ 增强到 1.5℃ 对实质性扭转全球变暖形势、迈向碳中和至关重要，而 CCS 等低碳技术的选择在其中发挥了不可或缺的作用，特别是对排放体量较大的中国而言。大量已有研究表明，若不考虑 CCS、BECCS 等捕碳或负碳技术，净零排放目标将难以达成。虽然不同的 IAM 匹配有不同的 CCS 技术模块，特别是在具体参数和应用设置方面，但一般都会保留 CCS 技术干预的核心功能，如从差异化成本角度对使用 CCS 的能源技术进行优化和管理，使 CCS 在减少碳排放并达到既定气候目标中扮演实质性角色。基于此，本章通过构建一个基于 IAM 的多模型比较框架，深入探讨技术选择在中国迈向碳中和愿景中所发挥的重要作用。在采用 CCS 技术的情景下，中国到 2100 年的负排放量将占全球负排放总量的近五分之一。本章为迈向碳中和的中长期技术路径选择提供依据。

8.1　研 究 背 景

面对气候变化的巨大挑战，将全球温升目标从 2℃ 转变为 1.5℃，凸显了中国的努力，包括其排放目标和全球治理温室气体的相关性，尤其是碳排放（Duan et al.，2021）。关于温控目标的研究，特别是从 2℃ 转变为 1.5℃（Vrontisi et al.，2018），在全球层面已有丰硕成果（Duan et al.，2019b）。但全球气候变化治理等全球性问题则强调在国家和区域层面进行国家和经济体的讨论（Yu et al.，2018）。以中国为例，其正在加速减排，朝着其碳达峰和碳中和承诺的方向实现潜在和有希望的低碳转型（Shi and Xu，2018）。在不牺牲经济增长的情况下，以最小的政策成本、社会碳成本和 GDP 损失实现减排目标，应通过技术驱动的转型，包括脱碳技术和可再生资源，特别是以 CCS（Duan et al.，2013）为代表的负排放技术（Minx et al.，2018）。

关于 CCS 的研究已从自然科学和社会科学两个角度进行展开，研究人员综述了 CCS 和碳捕集与利用（CCU）技术的发展现状和未来潜力，总结了燃烧后捕获工艺的原理（Longa et al.，2020）及其成本的意义与影响（Wang et al.，2020d）。作为减少和消除碳排放的有效途径，根据 Ruth 等（2014）的估计，CCS 技术通过考虑各种情景，尽管目前存在技术或政策上的障碍，但仍为地球提供了一个绿色而美好的未来的可能（Haszeldine，2009）。因此，公众对 CCS 的认知是积极的，但仍然需要公众对具体项目的支持（Lima et al.，2021）。CCS 技术可能带来挑战，包括与水有关的提取、消耗、足迹、稀缺和碳强化回收以及碳泄漏，已经引起全球（Rosa et al.，2021）和国家层面的关注和探讨（Lee and Choi，2018；Yang et al.，2020a）。但可以相应地构建可行和有效的解决方案，包括多样化的 CCS 技术组合、全生命周期评估、CCS 安全风险和成本分析。此外，可能存在的障碍，包括研究和开发的高成本、缺乏大规模应用等，限制了 CCS 的突破（Durmaz，2018）。例如，研究发现，通过计算减少碳排放的能源成本，在评估不同方法的相对有效性时，与 CCS 技术相比，人们更倾向于可再生能源（Babacan et al.，2020）。而将 CCS 与其他能源或系统相结合的方法，如将 IGCC 与 CCS 相结合（Ren et al.，2021a）、将 CCS 与可再生能源相结合（Liu et al.，2017），则可以实现优势的结合。CCS 在国家层面有广泛的应用，以中国为例，在较早的阶段，对中国的发展情况的定性分析主要围绕支持项目的经济性和政策展开（Zhao et al.，2021）。其次是定量研究，近年来的研究从财务角度对 CCS 技术进行了评估，包括使用实物期权法对燃煤电厂 CCS 改造的投资与可再生能源电厂投资进行比较（Fan et al.，2020），以及通过案例动态估计不同政策情景下成本的可行性（Wu et al.，2016b）。虽然研究结果可能由于方法和角度的不同而有所差异，但不同的模型之间需要强调结论的一致性，并讨论不确定的细节。

综合评估模型作为气候经济学和政策分析领域最有力的分析工具之一，涵盖了由单个模型整合和探索的大型复杂系统中与 CCS 相关的问题（Riahi et al.，2004；Muratori et al.，2016）。由于 CCS 的环境、能源和经济系统是复杂的，且与广泛的因素密切相关，因此有必要通过多模型分析更好地探索和解释如何实现减排，并进一步治理全球变暖（Duan et al.，2021）。以往的研究应用了 IAM 的多模型比较来分析非 CCS 的途径，如基于可再生能源的电气化实现 1.5℃的脱碳路径（van Vuuren et al.，2018）。然而，基于 IAM 的多模型分析对 CCS 的研究还很有限。直接空气碳捕集与封存（DACCS）作为 NET 的补充而不是替代，如果能解决其可扩展的局限性问题，则在降低碳排放和成本方面将有很大潜力（Realmonte et al.，2019）。生物质 CCS 从现有以及潜在的 IAM 结构中获得重要的价值，应通过内生化多模型设置造成的约束来进一步分析（Kberle，2019）。

本章试图建立一个多模型分析框架，以揭示中国如何通过其 CCS 的发展应对从 2℃目标向 1.5℃目标转变的全球挑战。这种多模型分析比较了 IAM 中 CCS 的相关问题，详细研究了中国 CCS 的重要作用，从而明确了这项工作如何有助于填补上述知识缺口。首先，通过多模型比较本章丰富了有限的 CCS 研究，旨在获得跨模型稳健的结论和不同的研究结果。其次，现有研究缺乏对将升温限制从 2℃提高到 1.5℃以下的重要性的理解，特别是对中国而言，尽管 CCS 在加强国家承诺与全球温度控制目标的一致性方面发挥了重要作用。通过提供可行的启示，我们希望围绕 CCS 发展合理设计碳减排路径以实现中长期气候目标。

本章的剩余部分如下：8.2 节简要介绍多模型比较框架中涵盖的 IAM 及其 CCS 设置；8.3 节将对碳排放的降低、能源系统的转变和社会经济成本分析进行探讨和详细介绍；8.4 节讨论具有潜在政策影响的重要发现；8.5 节是本章总结。

8.2　研究模型与方法

8.2.1　多模型比较方法框架

自 20 世纪 70 年代以来，气候变化经济领域的著名学者威廉·诺德豪斯教授提出了 DICE 模型，在全球、地区和国家层面上，研究人员通过耦合气候系统创建了各种类型的 IAM。本章提出了一个多模型分析框架，以 CCS 相关设置为重点，对 10 个 IAM（即 AIM/CGE、IMACLIM、IMAGE、MESSAGE、POLES、REMIND、WITCH、CE3METL、GCAM-TU 和 IPAC）进行比较。具体的模型介绍可参照第 7 章的相关部分，这里主要探讨各个模型的 CCS 技术实现。

8.2.2　CCS 技术设置与模型实现

IAM 广泛应用于未来的脱碳研究。CCS 技术，包括化石燃料 CCS 和 BECCS，在大多数情况下都包括在单个 IAM 和相关数据库中。通过回顾 IAM 中的 CCS 技术体系，可以发现由于对 BECCS 的依赖，IAM 赋予了 CCS 较高的价值，其中模型结构和假设作为价值驱动因素的作用仍有待进一步研究（Kberle，2019）。以下是 10 个参与模型中 CCS 设置的详细介绍。

（1）AIM/CGE 提供了一张基本信息表，其中 CCS 的详细设置包括 2020 年、2025 年、2030 年、2035 年、2040 年、2045 年的起始年份和安装速度（中、高、低）（Fujimori et al.，2012）。

（2）IMACLIM 在其能源、排放、气候和影响模块中生成 CCS 设置。在其能源系统中，电力技术中的煤炭、天然气、石油、生物能源和精炼液体中的煤制油都采用了 CCS。在其气候系统中，CDR 主要指的是采用 CCS 的生物质能（Sassi et al.，2010）。

（3）IMAGE 设置了减排因子来代表降低基准排放因子的气候政策，以反映在使用排放因子计算排放量时 CCS 的应用情况。同时，CCS 也在能源需求子模块中作为实施各种政策的干预措施。在电力转化子模块中，CCS 也被结合到了发电厂不同的低碳技术中，也包括 CCS。采用 CCS 系统的电厂被认为是联合循环电厂，其特定燃料的效率较低，投资以及 CCS 相关的成本较高（Stehfest et al.，2014）。

（4）MESSAGE 使用组合 CCS 的煤炭和生物质气化等能源技术，并开发气态燃料的生产技术。其制氢技术包括采用 CCS 但不采用热电联产的蒸汽甲烷重整技术、采用 CCS 和热电联产的煤炭和生物质气化技术（Krey et al.，2020）。

（5）POLES 对 CDR 方案进行了模拟，包括煤、天然气和生物质发电中的 CCS 技术，煤、天然气和生物质制氢中的 CCS 技术，工业中煤和生物质燃料的 CCS 技术，煤、天然气和固态生物质生产合成液体燃料生产中的 CCS 技术。模型中，土地利用及其变化、林业资源的净汇（LULUCF）来自于碳价、生物质生产成本和生物质潜在利用份额的动态曲线。电力生产技术中也提供了详细的 CCS 技术清单（Keramidas et al.，2017）。

（6）REMIND 依赖于农业生产及其环境影响模型（MAgPIE）的外生结果，其中包括有无 CCS 技术经济特性的详细参数，包含 CCS 捕获率、容量因子、转换效率和各种成本。CCS 技术被用于发电以及从煤炭和天然气中生产的液体燃料和氢气等可燃气体。将生物质与 CCS 结合，可用于产生生物能源和生物燃料的净负排放，并减少工业部门的大气碳排放（Luderer et al., 2015）。

（7）WITCH 专注于发电技术的改进，如产生一系列以传统化石燃料为基础的低碳和无碳技术选择，包括组合 IGCC 和 CCS 的煤基发电技术。CCS 注入和封存的供应成本涉及场地可用性、能源损失、捕获和泄漏率。电力的生产采用了里昂惕夫生产函数，其参数考虑了各种电力生产技术的特点，例如，与传统的煤炭竞争时，IGCC-CCS 的运行和维护成本较高等（Bosetti et al., 2006）。

（8）CE3METL 通过发展 NET 部门和在 NET、化石能源技术以及可再生能源技术之间建立非线性联系，来扩展其能源技术系统。利用 Logistic 技术扩散模型，将任意两种技术之间的动态相互作用转化为与标杆技术之间的简单关系，能够清晰地描述出能源系统中的多重技术替代与演变关系（Duan et al., 2013）。

（9）GCAM-TU 将管道末端（EOP）控制的 CCS 技术应用于电力、区域供热、建筑和运输等行业，其中技术成本、脱碳效率和排放因子来自于（中国）温室气体和空气污染的相互作用与协同模型（GAINS-China）（Wang et al., 2016）。

（10）IPAC 模型将大规模部署 CCS 和 BECCS 技术作为实现气候目标的必要条件（Jiang et al., 2018）。一方面，IPAC 将化石燃料发电与 CCS 技术配合使用，以尽可能降低排放；另一方面，模型还包含了对终端用能部门（如熟料制造和炼钢）的 CCS 技术的建模，以进一步减少最终使用部门的碳排放。同时，由于深度脱碳在短期内难以实现，以 BECCS 为代表的负碳技术也在模型中扮演了重要角色。土地利用排放模块建立在农业土地利用（AGLU）模型基础上，将土地利用变化所引起的温室气体纳入模型输出中（Jiang et al., 2010）。

8.3　研究结果与分析

8.3.1　CCS 在脱碳中的关键作用

中国的碳排放路径（包括短期的碳达峰和中长期的碳中和），在全球温升控制目标从 2℃提高到 1.5℃时，显示出在关键时间节点的重大进展和碳排放的大幅降低。此前的研究提供了一致的结论，即中国承诺的碳中和可在 21 世纪下半叶实现（Zheng et al., 2021），对应 2℃温控目标，而在 1.5℃的强化目标下，可进一步提前 10～20 年（图 8-1）。温控目标从 2℃提高到 1.5℃与排放路径密切相关，从而加强了对相应排放预算的约束（Millar et al., 2017）。

在短期内，限制气候变暖的强化目标将大大提前中国碳达峰的时间，这可以通过比较 10 个参与的 IAM（图 8-1（a）～（j））结果中发现，且多模型的结果是一致的，这有助于中国履行其在《巴黎协定》中的承诺。从中期来看，强化目标也将大大提前中国实现碳中和的时间。在不同的目标约束下，实现碳中和的时间也不尽相同。在 1.5℃目标下，与目标年份（2030 年）相比，IAM 结果显示实现零碳排放的时间将更早，据一些模型的估计，最多可提前 15 年。在 2℃目标下，所有模型都表明，中国可以在 21 世纪下半叶实现碳中和。从长远来看，与无法实现零碳排放的基准情景相比，强化温控目标将导致中国的碳排放量在 21 世纪末大幅下降。不同温控目标情景下的碳排放范围表明，与 2℃目标相比，1.5℃目标可以减少大量碳排放，至少超过 110 亿 t。

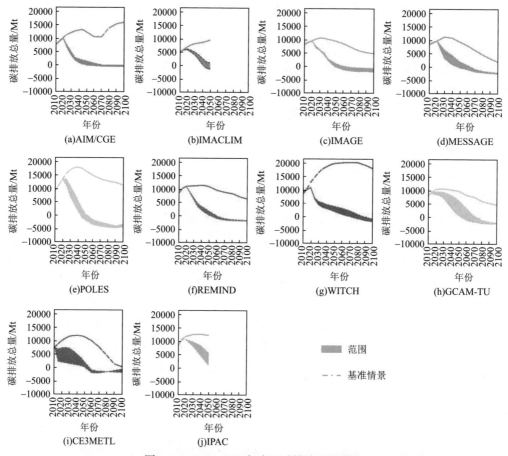

图 8-1　2010～2100 年中国碳排放总量路径
"范围"中上面的线对应 2℃情景，下面的线对应 1.5℃情景

　　每个模型的估计结果在具体数值上有所不同，但趋势大致相似。多模型分析的一致结果如下。首先，在有无 CCS 的两种目标情景下，本节比较了参与的 10 个 IAM 所估算的中国 2010～2100 年的碳排放总量（图 8-2）。通过多模型比较发现，在 2℃情景和 1.5℃情景下，与采用 CCS 的路径相比，未采用 CCS 的碳排放路径相对不稳定，而采用 CCS 的中长期排放路径相对平稳（图 8-2（a）和（c））。特别是在 2030 年之前，无论在 2℃情景下还是在 1.5℃情景下，有和没有 CCS 的碳排放路径趋势都很接近。然而，以 2030 年为转折点，包括 CCS 在内的 NET 可以通过抵消碳排放，在中长期对排放路径产生巨大影响。

　　没有 CCS 的技术支持，很难实现碳的负排放。在两个温控目标下，各模型估计的终止期排放量基本都大于零。特别地，10 个参与的 IAM 估计结果显示，在 2℃情景下，如果没有 CCS，就无法实现碳中和。MESSAGE 和 REMIND 这两个模型在 21 世纪末提供了接近零碳排放的估计，分别为 2Mt 和 82Mt（图 8-2（b））。在 1.5℃情景下，通过强化目标约束，只有上述两个模型评估出中国可以实现负排放，2100 年 MESSAGE 和 REMIND 的碳排放总量分别为–378Mt 和–64Mt（图 8-2（d））。

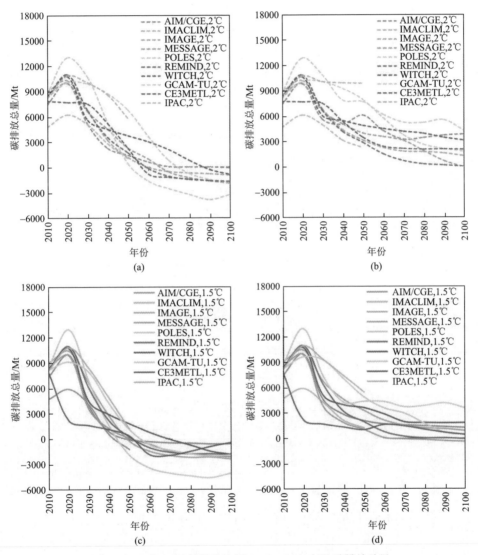

图 8-2　10 个 IAM 估算的中国 2010～2100 年的碳排放总量

图（a）和（b）给出了在 2℃的情景下，各 IAM 中有无 CCS 时的碳排放总量；图（c）和（d）显示了在 1.5℃情景下，各 IAM 中有无 CCS 时的碳排放总量

由于中国在全球气候治理中扮演着重要的角色，CCS 对中国的贡献将同时抵消全球的碳排放。利用 CCS 技术，在两种温控目标下，中国和全球的碳达峰与碳中和等关键时间节点基本一致（图 8-3）。1.5℃情景和 2℃情景均要求从当下开始实质性减排。然而，与温控情景相比，在基准情景下，中国和全球的碳排放路径展现出较大的跨模型差异（图 8-3（c））。

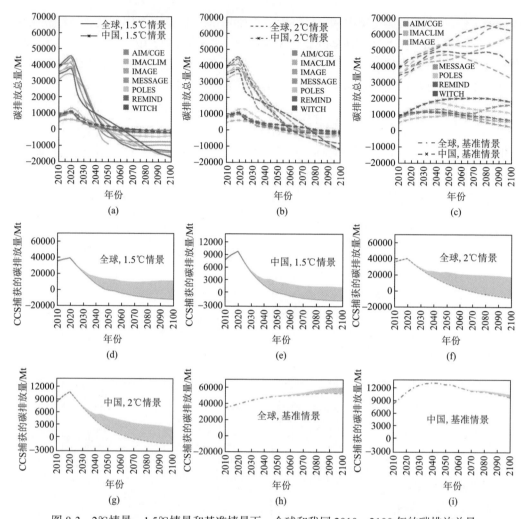

图 8-3　2℃情景、1.5℃情景和基准情景下，全球和我国 2010～2100 年的碳排放总量

图（a）为 1.5℃情景下，全球和中国采用 CCS 的碳排放总量；图（b）为 2℃情景下，全球和中国采用 CCS 的碳排放总量；（c）为基准情景下，全球和中国采用 CCS 的碳排放总量；图（d）和（e）为 1.5℃情景下全球和中国采用和不采用 CCS 的碳排放量（CCS 捕获的碳排放量为阴影部分）；图（f）和（g）为 2℃情景下全球和中国采用和不采用 CCS 的碳排放量（CCS 捕获的碳排放量为阴影部分）；图（h）和（i）为基准情景下全球和中国采用和不采用 CCS 的碳排放量（CCS 捕获的碳排放量为阴影部分）

　　由于不同 IAM 估计的结果趋势相似，因此使用模型平均来比较和分析有无 CCS 技术的排放差异。结果显示，如果没有 CCS 的技术支持，中国和全球将很难实现负排放，图 8-3（d）～（i）的阴影部分表示通过 CCS 捕获的排放量。随着中国社会经济的发展和对气候变化的重视，与全球受制于各国发展水平不均衡和气候行动不一致相比，特别是在基准情景下，中国通过减少碳排放为减缓气候变化做出的贡献更大。中国的碳排放量在 2040 年左右达到最高，而后开始下降（图 8-3（i）），而全球的碳排放量将呈现单调增长的趋势（图 8-3（h））。2010 年，中国的碳排放占全球碳排放的 22%，而到 2100 年底，中国的负碳排放预计将占全球负碳排放的近五分之一，其中 1.5℃情景下为 17%，2℃情景下为 19%。在这两种情景下，通过采用 CCS 技术，中国对全球碳排

放捕获的贡献将从 2010 年的 2%大幅增加到 2100 年的 14%。

8.3.2　CCS 的发展路径及其对能源转型的贡献

鉴于与能源有关的碳排放在碳排放总量中占比较大，分析温控目标对能源系统及其相关经济系统的影响至关重要。本节从能源消耗中捕获的碳可能不等于采用 CCS 的化石燃料和生物质的碳的总和，因为在一些模型设置中，工业过程含有 CCS。多模型分析的结果是一致的。通过强化温控目标，能源消耗总量和能源系统结构将发生相应变化，具体而言，能源需求总量将进一步下降，而非化石能源占比将进一步提升（图 8-4）。

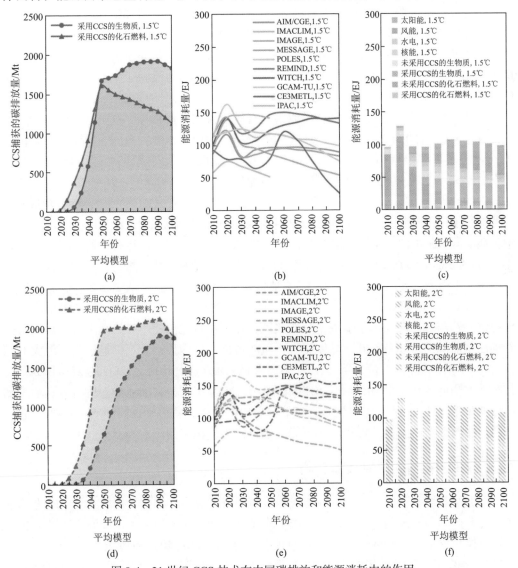

图 8-4　21 世纪 CCS 技术在中国碳排放和能源消耗中的作用

图（a）和（d）为 1.5℃情景和 2℃情景下，采用 CCS 的化石燃料和生物质中捕获的碳排放量；图（b）和（e）为 1.5℃情景和 2℃情景下，10 个 IAM 估计的能源消耗量；图（c）和（f）为 1.5℃情景和 2℃情景下，8 种能源的消耗量

　　首先，在 CCS 的作用下，通过比较不同能源的发展窗口来分析能源系统的转型。从模型的平均结果来看，由于成本优势和系统惯性，采用 CCS 的化石能源将在早期发挥相对重要的作用（图 8-4（a）和（d））。多模型结果基本预测了 2050 年左右，采用 CCS 的化石燃料和采用 CCS 的生物质技术将会快速发展，并且 2045 年是关键节点之一，这在一定程度上为中国在两种目标情景下于 21 世纪中叶（2050 年左右）实现碳中和提供了证据（图 8-4（b）和（e））。随着温控目标的强化，CCS 的能力和优势将迅速得到证明，特别是对于采用 CCS 的生物质而言。负排放主要由包括碳移除、CCS 在内的技术贡献，并与能源领域中先进技术的使用密切相关。负排放技术的发展将在一定程度上放宽对能源需求的限制。在 1.5℃情景下，采用 CCS 的化石燃料和生物质的能源消耗都将大于 2℃情景下的能耗，这将大幅抑制 2℃目标转向 1.5℃目标时的能耗下降程度。此外，采用 CCS 的化石燃料固碳效果要略逊于采用 CCS 的生物质，前者相对于后者将有更多的能源消耗，而其实际的碳捕集效果将低于后者。这也反映了生物质，特别是采用 CCS 技术的生物质的技术效率与相对优势。

　　除技术进步外，能源体系结构的改善也有助于实现气候目标。这里讨论的一次能源包括有无 CCS 的化石燃料、有无 CCS 的生物质、核能、水电、风能、太阳能和其他能源。模型平均结果显示（图 8-4（c）和（f）），从短期来看，在承诺的碳达峰时间之前，化石燃料和生物质一直在能源消耗中占主导地位，在 1.5℃情景下，其在 2030 年总能源消耗中的比例为 77%，在 2℃情景下为 94%，这主要由未采用 CCS 的化石燃料构成。在 1.5℃情景和 2℃情景下，2030 年化石燃料消耗分别占到总能源消耗的 63% 和 82%。进入中长期阶段，在两种温控目标情景下，未采用 CCS 的化石燃料占比将迅速下降，从 2010 年的 89% 分别下降到 2100 年的 5% 和 11%，并导致能源消耗总量的下降。然而，采用 CCS 的生物质比例将迅速上升，在 1.5℃情景和 2℃情景下，它将从 2030 年前的不到 1% 分别上升到 2100 年的 29% 和 17%。从长远来看，2050 年以后可再生能源将开始占据主导地位，这与以往可能由于能源系统的惯性，强调化石能源使用量的减少，在早期阶段着重控制能源消费总量不同。具体而言，风能占比在这两种情景下都显示出了最大的增长，在 1.5℃情景和 2℃情景下，将从 2020 年的 2% 分别上升到 2100 年的 25% 和 24%。其次是太阳能，在 1.5℃情景和 2℃情景下，到 21 世纪末，太阳能的占比将分别增加到 21% 和 22%。此外，到 21 世纪末，核能和水电的比重也将分别提高到 5% 和 6%。总体来说，能源消费的整体结构将从化石能源向可再生能源转变。

8.3.3　CCS 利用的政策成本分析

　　在经济系统方面，本章分析两类成本，包括资金成本和终端使用成本。与基准情景相比，考虑到温升限制时，总体政策成本将显著增加。基于前文关于能源系统的分析，尽管温控目标从 2℃转变到 1.5℃使得总能耗下降，但几种能源类型的比例都会增加或基本保持不变，包括采用 CCS 的生物质、核能、风能、太阳能等。它们除了具有良好的减排效果外，还可能具有成本优势。因此，本节进一步详细分析了这些能源的两类成本，这种成本分析在一定程度上支持了之前关于多模型一致性的结论（图 8-5）。

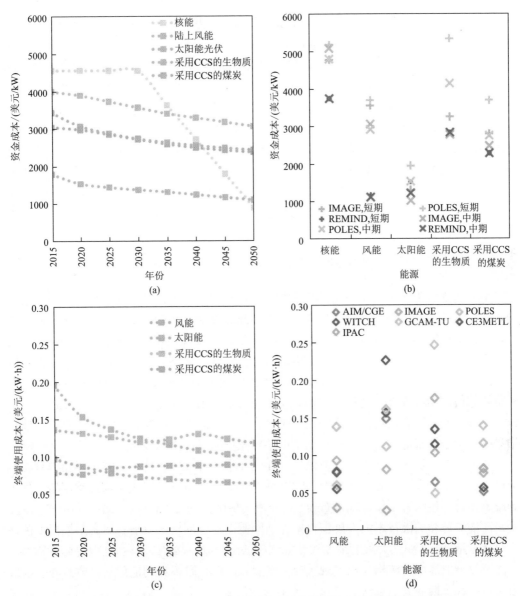

图 8-5　IAM 估算的 2015～2050 年不同类型能源的资金成本和终端使用成本

图（a）为核能、陆上风能、太阳能光伏、生物质和采用 CCS 的煤炭的模型平均资金成本；图（b）为在多种模型（即 IMAGE、POLES 和 REMIND）中，按年份平均计算的短期和中期资金成本；图（c）为风能、太阳能、采用 CCS 的生物质和采用 CCS 的煤炭的模型平均终端使用成本；图（d）为各模型中（即 AIM/CGE、IMAGE、POLES、WITCH、GCAM-TU、CE3METL 和 IPAC）按年平均计算的终端使用成本

考虑到跨模型估计的不确定性（图 8-5（b）和（d）），这里计算模型平均值以发现规律性的结果（图 8-5（a）和（c））。随着技术开发成本的大幅降低，可再生能源将显示出被终端消费者广泛应用的潜力。例如，从 2015 年到 2050 年，太阳能和风能的终端使用成本将分别下降 50% 和 34%。核电初期的资金成本相对较高（4561 美元/kW），而其整个生命周期的成本相对较低，主要是由于后续的运营成本较低。与满载的核电相

比，风能和太阳能的发电时间有限且不确定，因此，由于资金成本和终端使用成本之间存在巨大差距，其组合 CCS 技术的最终成本难以降低。

当同时关注以煤炭为代表采用 CCS 的化石燃料时，可以从制造商投资角度来分析成本，因为它涉及 CCS 技术的使用。在资金成本方面，采用 CCS 的煤炭没有明显的成本优势，而从最终使用的角度看则有所不同。与上述能源类型相比，采用 CCS 的煤炭在终端使用成本上的优势更加明显，在各个模型中基本上是最低的，尤其是在短期内。然而，随着时间的推移，这种优势将在中期阶段逐渐减弱，此外，这种趋势将普遍存在于与 CCS 技术相关的能源终端使用成本中。

8.4　技术选择下的政策影响分析

8.4.1　基于 CCS 技术改进的多模型分析

IAM 作为研究气候政策的基本工具之一，已被广泛使用，且多模型分析正逐渐成为制定强有力的碳减排路径规划的主流框架（Vrontisi et al.，2018）。然而，由于模型设置的差异，尤其是 CCS 相关模块的差异，建模过程中的稳健性相对有限，需要提供一个可靠的依据来协调全局。因此，中国的碳减排路径和低碳转型的有效性正通过这些大规模的系统耦合模型进行规划和评估，而不同模拟方法的估算结果存在不确定性，特别是当政策或其他驱动因素发生变化时（Johansson et al.，2015）。本章对多个 IAM 进行比较分析，通过比较和总结稳健一致的结果来优化全球及区域政策模拟。同时，对不同估算结果的不确定性来源进行评估，有助于调整碳减排的可行路径设计。

具体而言，从中长期来看，应该探索如何在零碳理念的支持下，通过碳减排的惯性形成固碳基础。基于 CCS 技术的发展和相关成本，采用与能源系统结构转型相匹配并得到政策支持的技术开发模式非常重要。要全面实现中国在 2060 年前的碳中和承诺，需要平衡清洁能源和关键技术的发展窗口期，共同驱动绿色创新的发展。研究结果提供了一些政策启示，包括要最大限度地发挥诸如 NET 等技术进步的效果，并合理优化诸如可再生能源等清洁能源的结构，以实现其交错发展。此外，政策影响还包括整体布局，以形成对碳中和长期规划的补充。

8.4.2　实现《巴黎协定》目标的政策影响

随着温控目标从 2℃提高到 1.5℃，各种约束也得到加强，这凸显了 CCS 在脱碳过程中日益重要的作用。多模型一致估计表明，加强气候目标将对排放路径和预算施加压力和约束，进一步对能源和经济系统提出要求，这对相关技术进步、能源消费总量控制、能源结构调整、政策成本调控与经济可持续发展具有重要意义和启示。中国最新的碳中和政策目标与全球的 1.5℃目标基本一致（Duan et al.，2021），这意味着中国碳中和的实现将影响 1.5℃情景下的全球碳排放路径。

中国气候政策目标的实现与低碳转型路径的实施密切相关。与一些发达国家相比，中国具有更大的碳减排潜力（Niu et al.，2016）。当中国的经济增速、能源消费增量、能源结构和气候安全满足一定条件时，中国的低碳能源转型将更加稳定。中国可以通过加强制定省级碳排放目标的政策来推动低碳转型，同时，鼓励使用清洁能源，特别是鼓励应用 CCS 等绿色技术来改善能源系统（Liu et al.，2015；Wang et al.，2020d；Kang et al.，2021）。虽然从技术上看，可再生能源相比于采用 CCS 的化石燃料或许更具有成本优势，但后期能源消耗的整体控制可能更多地依赖于采用 CCS 的生物质与清洁能源之间的比例协调，从而达到理想的效果。

8.5　总结与讨论

通过构建基于 IAM 的多模型分析框架，本章分析了中国的 CCS 技术在将温控目标从 2℃提高到 1.5℃中的重要作用。虽然在不同的 IAM 中，CCS 在具体参数和应用模块上的设置有所不同，但一般会对 CCS 技术进行如下探讨：通过不同的成本（即是否在能源系统中应用 CCS）对使用 CCS 的能源进行估算和管理，使 CCS 能够抵消碳排放并达到既定的气候目标。

强化目标将大大提前中国实现碳中和的时间，在严格的 1.5℃情景下，多模型的稳健估计将提前 5～20 年。与此同时，中国的碳排放将在 21 世纪末大幅下降，在 CCS 技术存在的情况下，中国的碳排放路径相对平稳。而如果没有 CCS，在这两个温控目标下，2100 年之前将难以实现碳中和。中国的 CCS 将在阻止全球变暖方面发挥重要作用，到本世纪末，其 CCS 捕获的排放量将占全球的 14%。到 21 世纪末，中国的负碳排放将占全球负碳排放的近五分之一，在 1.5℃情景和 2℃情景下分别占 17% 和 19%。

当转向能源和经济系统时，本章发现采用 CCS 的化石燃料和生物质将在短期内迅速发展。在 2℃情景和 1.5℃情景下，采用 CCS 的生物质占比将分别大幅增加到 19% 和 29%。但是，CCS 的资金成本和终端使用成本之间会有较大的差距，这可能会削弱在其生命周期内与可再生能源竞争时的技术优势。

第9章 碳中和中期目标：政策协同效应评估

碳达峰和非化石能源发展等 NDC 目标是实现碳中和必达的中期目标，而对这些目标达成可能性的讨论实际上是讨论未来可能的政策选项和潜在应对策略。对多重政策目标而言，政策体系的合理设计和优化选择事关政策协同效应的发挥，而后者可以大幅节约总的政策成本，同时提高政策的有效性。政策对于具体碳中和中期目标的重要性已引起了国内外学者的广泛关注，特别是基于政策选择的情景分析以及相应的政策成本评估。但具体政策（如碳定价和非化石能源补贴）对不同 NDC 目标的差异化作用、政策组合的选择在既定目标实现过程中所扮演的角色，以及政策协同效应下碳排放达峰和非化石能源比例目标两者间的潜在交互关系等关键问题鲜有研究深入讨论。本章将通过研究我国能源-经济-环境系统集成模型，围绕政策协同效应开展大规模情景模拟和分析，以解决上述关键问题。

9.1 研 究 背 景

早在《巴黎协定》正式生效之前，中国就已形成了应对全球气候变化挑战的 NDC 方案，设定了具体的能源与气候政策目标，即承诺到 2030 年实现二氧化碳（CO_2）排放达峰，同时非化石能源占一次能源消费的比重达到 20%。事实上，当前距离目标年份尚有较长时期，而具体政策目标（如碳排放达峰目标）能否顺利实现将受到诸多不确定性的影响，这里的不确定性除了宏观经济发展、技术内在演变规律等客观因素外，更多地体现在能源与气候应对策略等主观政策方面（刘笑萍等，2009）。具体地，在较为严格的排放控制政策的作用之下，这一减排目标实现的可能性将显著提高（姜克隽等，2016；Green and Stern，2017）；而当采取常规的控排努力时，相关气候目标实现的难度将明显增加（何建坤，2013；清华大学，2014），即使引入一定政策努力的情形下（Tavoni et al.，2014）。由此可见，讨论我国具体 NDC 目标达成的可能性，实际在很大程度上就是讨论未来可能的政策选项和潜在应对策略。除此之外，对多重政策目标而言，政策体系的合理设计和优化选择事关政策协同效应的发挥，而后者可以大幅节约总的政策成本（McCollum et al.，2011；Jewell et al.，2016）。

政策之于具体能源和减排目标的重要性已引起了国内外学者的广泛关注，特别是基于政策选择的情景分析以及相应的政策成本评估（Duan et al.，2013；张小锋和张斌，2016）。何建坤（2013）建立了我国 CO_2 排放如期达峰的低碳情景指标体系，给出了实现碳排放达峰目标的两个必要条件，即单位 GDP 的 CO_2 排放强度的年递减率要高于 GDP 的年增长率，且单位能源消耗的 CO_2 排放强度的年下降率要大于能源消费的年增长率。

事实上，具体的政策情景包括诸多关键因素的设置，包括经济转型、能效改进、核电和可再生能源等非化石能源技术发展、CCS 技术扩散，以及低碳生活方式的转变等，而在积极的组合政策作用下，我国能源活动相关的碳排放目标甚至可以提前实现（姜克隽等，2016）。总体上看，当前的减排努力程度不足以保证碳排放达峰和非化石能源发展目标的实现，未来进一步引入能效改进、可再生能源激励以及减碳等强化政策十分必要（Green and Stern，2017）。同时，de Elzen 等（2016）还给出了实现减排目标要求的可能的峰值区间，而这些区间也与政策努力的强度紧密相关，达到不同的排放峰值水平也与具体强化政策的选择紧密相关。马丁和陈文颖（2016）指出我国总体碳排放量的达峰可能依赖于电力、工业和高耗能部门的分阶段排放达峰，因此，制定战略和政策以促进这些行业和部门的供给及需求侧转型非常重要。根据清华大学的测算，对应 2030 年排放达峰目标的碳价水平为 10～25 元/t，且该碳价将沿年均 8% 的速度递增；此外，政策设计还与减排活动产生的对经济的负面冲击显著相关，实现碳排放达峰目标的总的 GDP 损失预估在 1% 以内（清华大学，2014）。林伯强和李江龙（2015）认为从政策层面看，我国的低碳转型战略应以基于能效改进的节能为主，辅之以清洁技术发展；而在能源结构成功转变之下，碳排放提早达峰将成为自然过程，不会显著抑制宏观经济发展，对应的 GDP 损失约为 0.93%。

政策选择与成本评估研究中讨论的政策多指碳定价（碳税）政策和补贴（非化石能源补贴或研发补贴）政策，其也被广泛认为是实现经济脱碳和能源转型的关键政策依托手段（Duan et al.，2013；Tol，2014；鄢哲明等，2017）。就减排而言，碳定价和补贴政策的成本有效性存在显著差异。很多情况下，研发补贴是较之碳税更为昂贵的减排手段，尤其在研发的负外部性问题没有被很好解决的情况下；此时，碳定价政策相对更为成本有效（Goulder and Schneider，1999）。当然，在政策机制足够灵活时，同等减排约束下，碳定价与补贴组合政策的成本节约效果最为显著（Gerlagh and van der Zwaan，2006；Duan et al.，2013）。朱永彬等（2010）从行业层面考察了碳税政策对经济的影响，指出实施碳税可以增加政府的收入，并有效降低高碳能源产品的供给和需求，同时对非能源部门也将造成一定的影响。石敏俊等（2013）基于可计算一般均衡模型比较了碳税和碳交易机制在减排效果和政策成本方面的差异，认为两者相结合的手段既能缓解行业减排压力，也能使减排成本得到适中控制，因而是较优的政策选择。吴力波等（2014）从动态边际减排成本的分析角度肯定了当前阶段采用总量控制和排放交易机制进行减排的合理性，并指出未来有必要将碳税政策引入到政策体系中。此外，碳定价和补贴的实施对技术演变的影响（包括能效技术、非化石能源技术和 CCS 技术等）也是相关政策分析的重要方面（Grimaud et al.，2011；Duan et al.，2013；段宏波等，2016）。

从以上文献分析可以看出，总体上，涉及我国 NDC 目标及政策量化设计的国内外相关研究的数量并不多，但各种政策因素与我国能源和碳减排目标的紧密关系已引起了充分的重视。

9.2　模型与方法

　　本章主要基于气候变化综合评估方法论展开，依托的具体模型是单区域尺度的 CE3METL（详情请见附录 8）。该模型是全球 3E 系统集成模型 E3METL 的中国化版本，而后者是 Duan 等（2013）开发的以政策 Logistic 曲线为技术扩散内核的综合评估模型。E3METL/CE3METL 的特点是创造性地将价格因子融入到描述技术扩散的经典模型 Logistic 曲线中，并将其耦合到传统气候变化 IAM 架构中，用以替换传统刻画能源替代演变的 CES 函数方法；同时，本章还内生考虑了双因素技术学习曲线模型，以更好地描绘多重非化石能源技术的成本下降和技术进步过程。

　　政策驱动的 Logistic 技术扩散机制是 CE3METL 模型的最大创新，其优势主要体现在两大方面：首先，Logistic 曲线比 CES 函数方法更加贴合能源技术扩散的内在规律（Romeo，1977），且融入价格变量的改良使得模拟的技术扩散路径更能体现技术成本的影响，而后者往往是决定技术创新竞争力和市场选择的关键（Mahajan and Peterson，1978）；其次，较之 CES 函数方法，Logistic 曲线大大简化了 IAM 对多重能源技术的融合机制，任何两种低碳技术间的竞争演变关系均可转化为各自与标杆技术间的替代关系，这种处理既可以在一定程度上降低由 CES 估计及校准所引起的结果不确定性，也极大地丰富了 IAM 的能源技术细节（Duan et al.，2015）。具体而言，记 $C_{coal}(t)$ 和 $C_k(t)$ 分别为煤炭和任一能源技术 k 的单位使用成本，则能源技术 k 与煤炭间的技术扩散关系可表示为

$$\frac{\mathrm{d}S_k(t)}{\mathrm{d}P_k(t)} = \varpi_k S_k(t)\left(\bar{S}_k\left(1 - \sum_{\tau \neq k}S_\tau(t)\right) - S_k(t)\right) \tag{9-1}$$

其中，ϖ_k 为两种技术间的替代能力参数；$\bar{S}_k$ 为能源技术 k 的最大市场份额潜力，一般有 $0 \leqslant \bar{S}_k < 1$；$P_k(t)$ 为煤炭与能源技术 k 间的相对成本比率：

$$P_k(t) = \begin{cases} \dfrac{C_{coal}(t)(1 + ctax_{coal}(t))}{C_k(t)(1 + ctax_{k \neq coal}(t))}, & k \in I \\[3mm] \dfrac{C_{coal}(t)(1 + ctax_{coal}(t))}{C_k(t)(1 - rsub_k(t))}, & k \in J \end{cases} \tag{9-2}$$

式中，I 和 J 分别为化石能源和非化石能源技术的集合；$rsub_k(t)$ 为非化石能源从价补贴；$ctax_{coal}(t)$ 为煤炭的碳税税率。由此可见，能源技术 k 的成本越低，或煤炭成本越高，或碳税政策力度越大，相对成本比率 $P_k(t)$ 越大，能源技术 k 越具市场竞争力。事实上，由于各种化石燃料所含的碳是同质的，我们可以根据煤炭的从价税率，以及煤炭与石油和天然气含碳量的差异来得到后两种化石燃料的从价碳税税率。具体地，给定煤炭、石油和天然气的碳排放因子分别为 EMF_{coal}、EMF_{oil} 和 EMF_{gas}，则石油和天然气的碳税税率分

别为

$$\text{ctax}_{\text{oil}}(t) = \frac{\text{ctax}_{\text{coal}}(t)C_{\text{coal}}(t)\text{EMF}_{\text{oil}}}{C_{\text{oil}}(t)\text{EMF}_{\text{coal}}}$$ （9-3）

$$\text{ctax}_{\text{gas}}(t) = \frac{\text{ctax}_{\text{coal}}(t)C_{\text{coal}}(t)\text{EMF}_{\text{gas}}}{C_{\text{gas}}(t)\text{EMF}_{\text{coal}}}$$ （9-4）

据此，可以计算得到每吨碳的价格 Lcarb(t)：

$$\text{Lcarb}(t) = \frac{\text{ctax}_k(t)C_k(t)}{\text{EmF}_k}, \quad k \in I$$ （9-5）

CE3METL 的第二大特色是全面刻画能源成本动态演变和技术进步的内生双因素学习曲线，这里的双因素主要指干中学（learning-by-doing，LBD）和研中学（learning-by-searching，LBS）。前者描述技术生产或消费规模扩大带来经验和知识积累，继而引起技术成本下降的过程，后者则度量技术研发投入所激发的成本下降和技术进步的效果，这一效果还可以在很大程度上弥补单纯的"干中学"过程中累积的知识"不做便会遗忘"（forgetting-by-not-doing，FBND）的缺陷（Barreto and Kypreos，2004；Duan et al.，2015）。对选择的能源技术 k，记 $\text{KnowD}_k(t)$ 和 $\text{KnowS}_k(t)$ 分别为 LBD 和 LBS 过程所累积的知识存量，则该技术的动态成本演化路径可表示为

$$C_k(t) = \vartheta_k \left(\text{KnowD}_k(t)\right)^{-\text{rLD}_k} \left(\text{KnowS}_k(t)\right)^{-\text{rLS}_k}$$ （9-6）

其中，rLD_k 和 rLS_k 分别为干中学和研中学过程的学习率；ϑ_k 由初始 LBD 和 LBS 知识存量 $\text{KnowD}_k(0)$ 和 $\text{KnowD}_k(0)$ 共同确定。

基于 E3METL 和 CE3METL 模型，其他研究主题涉及最优减排政策选择、多重能源技术扩散路径演变、国家尺度的减排政策目标达成可能性的系统评估、碳交易市场的控排效率与宏观成本分析，以及我国中长期的减排贡献结构等（段宏波和范英，2017）。关于模型的更多方程和细节表达，参见附录 8。

9.3 政策设计与基本假设

碳定价机制是国际上广为应用的应对碳减排挑战的政策手段，也是当前我国实现 2030 年排放达峰目标将重点依托的政策选项。一般而言，碳定价机制包括碳排放权交易和碳税两种，前者通过总量控制来实现，而后者则以价格调整为特征；而从理论上来看，均衡的碳交易市场价格与最优碳税水平是等同的，这意味着在一定的条件下碳税与碳排放权交易在减排方面可以达到同等的政策效果（Weitzman，1973）。基于此，在本章的模型模拟过程中，碳排放的控制主要是通过内生碳税的引入来实现的。单纯的减碳政策

对新能源技术发展的激励效果十分有限，尤其在中短期，此时，针对性补贴（从价）是促进新能源技术市场扩散必不可少的政策选择（Kalkuhl et al., 2012；Duan et al., 2013）。因此，我们将非化石能源补贴作为继碳税之后的第二类内生变量考虑到模型的优化过程中，以充分分析政策协调和优化对我国 NDC 目标达成的影响。

内生碳税路径的优化要求设定外生的排放总量限额（CAP），本章选择的排放总量限额主要以全球 2℃温控目标下中国可能的排放空间分配方案为参考。具体来看，Raupach 等（2014）给出了 2℃温控目标下基于公平性、历史排放惯性以及混合原则的世界各主要国家和地区的排放空间分配方案；就代表性的祖父制原则而言，中国 2050 年前累积的排放空间约为 1055.5 亿 tC，这一结果与丁仲礼等（2009）的估算结果基本一致。为此，本章将该估算值设定为外生的排放总量限额。

模型优化过程中我们假设碳税收入总是足以补偿补贴成本，而不同的政策组合选择则通过调整全模拟期（2010～2050 年）累计碳税与补贴的比值来实现。在计算碳税和补贴的累计数值时，我们根据国际估算惯例，取贴现率为 5%，同时也与本章模型的资本折旧率取值保持一致（Duan et al., 2013；Tavoni et al., 2014）。这里的累计碳税是对煤炭、石油和天然气三种化石能源征收的碳税的累计值之和，而累计补贴则通过加总 CE3METL 所考虑的 7 种非化石能源技术各自的补贴累计值得来。

9.4　模拟实施与结果

本节的主体内容由两部分构成，即照常情景下的基本结果与政策情景下的优化结果。这里的照常情景仅延续了"十二五"期间的历史能效改进路径，而不考虑任何碳定价和针对性新能源补贴等政策，该情景下各关键指标结果的合理性是政策优化结果可靠性的保证；政策优化结果主要涉及政策优化选择对国家碳排放达峰目标和非化石能源发展目标的影响、政策影响下两个目标达成过程中的协调关系，以及政策组合优化对宏观经济政策成本的影响等。

9.4.1　照常情景下的基本结果

中长期宏观经济、能源消费和碳排放等动态演化情况是对比考察模型合理性的重要方面。模拟结果显示，"十三五"期间我国的宏观经济增速由"十二五"时期的 8%降至 6.5%左右，这使得 2010～2020 年的平均经济增速稳定在 7.24%；随着时间的推移，经济增速将逐步下滑，到 2020～2030 年，年均增速将降到约 5.32%，而到 21 世纪中期，预期的年均经济增速进一步降至 3.40%左右。整体上看，这里给出的经济增长路径略低于国家发展和改革委员会能源研究所课题组（2009）给出的未来我国的经济增长预期，而高于清华大学（2014）的研究结果。从经济总量来看，我国的 GDP 将由 2010 年的 5.94 万亿美元增长至 2030 年的约 20.06 万亿美元，到 2050 年，经济总量将增长到 2010 年的 7.3 倍，约为 43.27 万亿美元。

从表 9-1 中的结果可以看出，尽管整个考察期内我国的能源消费总量并未达峰，到 2030 年和 2050 年，能源消费总量将分别增至 52.98 亿 t 标准煤和 62.69 亿 t 标准煤，但能源消费增长的速度显著放缓，从"十二五"期间的 3.6%降至"十三五"期间的 2.67%，到 2030 年，这一数值将进一步降至不足 1%。

表 9-1　照常情景下各关键系统指标数值的动态演变

指标	2010 年	2020 年	2030 年	2040 年	2050 年
GDP/万亿美元	5.94	11.95	20.06	30.97	43.27
GDP 增速/%		7.24	5.32	4.44	3.40
能源消费/亿 t 标准煤	32.51	44.09	52.98	59.62	62.69

注：GDP 增速一行对应 2020 年、2030 年、2040 年和 2050 年各列的数值分别表示 2010~2020 年、2020~2030 年、2030~2040 年和 2040~2050 年各期的年均经济增速。

9.4.2　最优政策选择与排放达峰目标

围绕碳排放达峰和非化石能源发展目标进行政策优化时，实施碳定价政策带来的税收收入远大于补贴非化石能源技术发展所需的支出，图 9-1 的结果显示，要实现碳排放于 2030 年达峰的目标，累计碳税与补贴的比值将大于 4。一方面，模型对应现实的设置直接导致了碳定价政策收入大于补贴成本的结果，这意味着系统不需要调用碳定价收入以外的其他资金来填补补贴支出缺口；另一方面，累计碳定价收入与累计补贴支出的大比值与严格的排放控制目标（即 2030 年碳排放达峰目标）紧密相关。总体上看，碳定价政策较补贴政策力度越大，碳排放提早达峰的可能性也越大，例如，要实现更早的碳排放达峰，累计碳税与补贴的比值将大于 5.5。从图 9-1 还可以看出，高、低不同的政策组合力度下，碳排放达峰目标均可能实现，而其中的差异主要体现在不同的峰值水平上；一般而言，碳定价政策作用越强，相应的达峰峰值越小。因此，在实际讨论排放达峰目标的实现情况时，不仅要充分重视政策的优化和选择，还需关注具体峰值水平的差异。

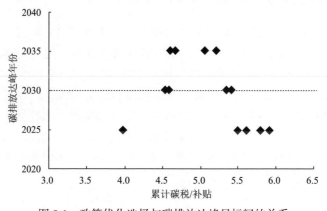

图 9-1　政策优化选择与碳排放达峰目标间的关系

　　为了更加系统地考察政策选择对未来碳排放轨迹的动态影响，这里选择了累计碳税与补贴比值分别为 4.0、4.5、5.0、5.5 和 6.0 的排放轨迹进行比较（分别对应 CtS4.0、CtS4.5、CtS5.0、CtS5.5 和 CtS6.0 情景），如图 9-2 所示。显然，图 9-2 展示的结果很大程度上证实了图 9-1 分析中得到的结论。首先，政策选择对碳排放动态轨迹的演变产生显著的影响，而这种影响很可能是非线性的。整体上看，随着组合政策中碳税力度的增强，排放轨迹被显著压低，且碳排放达峰的时间点也有不同程度的前移，这验证了碳定价政策在控制碳排放水平、促进排放达峰方面的显著效果。值得注意的是，在低的累计碳税/补贴下，碳排放轨迹也有可能较早实现达峰，这正好体现了政策选择对排放轨迹影响的非线性。其次，尽管在低碳税力度政策组合和高碳税力度政策组合的作用下，我国的碳排放达峰目标都有可能如期达成，但政策效果呈现明显的差异，这种差异主要体现在达峰的峰值水平上，如 CtS4.0 情景和 CtS6.0 情景下，碳排放的达峰时间相近，但相应的排放水平存在显著差异，这一结论也可在情景 CtS4.5 和 CtS5.5 的结果对比中发现。

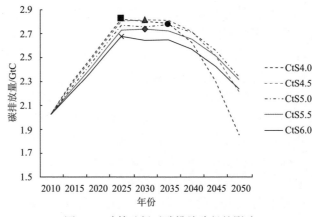

图 9-2　政策选择对碳排放路径的影响

9.4.3　最优政策选择与非化石能源技术发展

　　相比较而言，非化石能源发展受补贴政策的影响更为显著。研究表明，政策组合中补贴的作用力度越大，非化石能源技术发展速度越快。具体表现为，随着累计碳税/补贴的下降，2030 年非化石能源消费份额稳步提高（图 9-3）。结果显示，当累计碳税/补贴比值高于 5.5 时，2030 年我国的非化石能源占比普遍低于 17%；而当该比值接近 4.5 时，可实现非化石能源消费份额大于或等于 20% 的目标。特别地，当补贴政策的作用进一步强化，累计碳税/补贴低于 4 时，非化石能源的消费比例将高于 22%。由此可见，要同时实现 2030 年碳排放达峰和非化石能源发展目标，我们应充分考虑碳定价和补贴政策的差异化作用，同时协调两个目标达成难度间的关系。

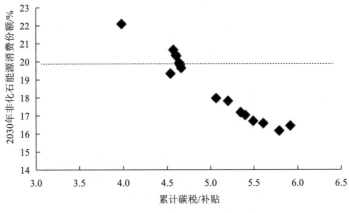

图 9-3　政策优化选择与非化石能源发展目标间的关系

图 9-4 描述了不同政策力度搭配的组合政策对非化石能源技术发展的动态影响，结果进一步证实了图 9-3 的分析结论，即针对性补贴政策可显著促进非化石能源技术的发展，尤其从中长期来看。从单一情景看，当累计碳税与补贴的比值为 4.5 时（对应 CtS4.5 情景），我国承诺的 2030 年非化石能源消费份额达到 20% 的目标可以按期达成（20.65%）；随着时间的推移，政策的效果将不断增强，到 2040 年，相应的非化石能源消费份额接近 30%，到 2050 年，这一数值将进一步增至 46.5%。从跨情景比较来看，政策组合中补贴的力度越大，其促进非化石能源技术发展的效果越好，对比 CtS6.0 情景和 CtS4.0 情景，2050 年的非化石能源消费份额分别为 25.2% 和 59%，后者比前者高出 33.8 个百分点；此外，在 CtS6.0 情景下，我国提出的 2030 年 20% 的非化石能源发展目标至少要到 2040 年才能完成，而在 CtS4.0 情景下，该目标完全可以提前实现。这意味着补贴政策效果的充分发挥可以大幅缩短非化石能源技术从利基市场向市场化、规模化转变的时间。特别地，与碳税对排放轨迹的动态非线性影响不同，针对性补贴对非化石能源技术扩散的影响在很大程度上是线性的，在图 9-4 中表现为随着政策组合中补贴力度的循序增强，各年的非化石能源消费份额稳定地渐次提高。

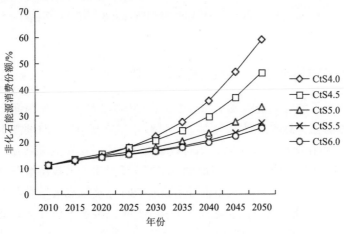

图 9-4　政策选择对非化石能源技术发展的动态影响

9.4.4　关键 NDC 目标的潜在关系分析

　　政策优化组合与选择的背景下，碳排放达峰目标与非化石能源发展目标间可能的关系如图 9-5 所示。具体而言，这种潜在关系可以从两个维度来分析：一方面，多数情况下这两个目标的实现过程是冲突的，即控排或达峰目标越宽松，非化石能源发展目标达成的可能性越大。这是由于宽松的控排目标降低了系统优化过程对碳定价的依赖，继而提高了政策组合中补贴政策的作用效果，而补贴对非化石能源发展的激励效果更为显著。另一方面，碳排放达峰和非化石能源发展目标间也存在潜在的协同关系，这表现为在一定的政策组合作用下，两个目标可同时实现。特别地，当补贴政策的作用力度足够大时，其不仅可以促进非化石能源技术的显著发展，进而保证非化石能源比例目标的顺利达成，还可以在很大程度上替代碳定价政策的减排效力，促进碳排放路径尽早达峰。结合图 9-1、图 9-3 和图 9-5 的结果可以看出，当累计碳税与补贴的比值低至 3.9 时，可使我国的非化石能源消费比例超过 22%。

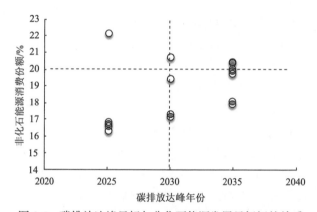

图 9-5　碳排放达峰目标与非化石能源发展目标间的关系

　　由此可见，我们在探讨如何实现 NDC 目标时，不能将目光局限在任意单一政策目标上，而应重点关注不同目标间可能存在的潜在关系，这种关系既可能是冲突性的，也可能是协同性的，而如何基于不同的认识来实现既定的政策目标则依赖于政策工具的选择和优化。

9.4.5　政策选择对达成 NDC 目标成本的影响

　　能源和气候政策的宏观经济成本与政策组合中碳定价政策的作用强度显著相关。如图 9-6 所示，随着累计碳税/补贴的增加，累计政策成本显著提高（取贴现率为 5%）。例如，当累计碳税/补贴在 5 左右时，组合政策成本仅为 GDP 的 0.19%，而当该比值接近 6 时，对应的组合政策成本升至 GDP 的 0.77%。反过来，当政策组合中补贴的作用效果不断提升，也即累计碳税与补贴的比值不断缩减时，政策成本呈显著下降态势；特别地，当累计碳税/补贴低于某一门槛数值（如 4.7）时，碳定价与补贴的组合政策的实施不仅不会损害我国的宏观经济增长，还可能带来正的政策效益。图 9-6 的研究结果显示，当累计碳税/补贴低至 4.66 时，组合政策的实施带来的相关正效益占到累计 GDP 的 0.27%；而当该比值进一步降至 4 以下时，相应的政策收益高达 0.75%。基于碳定价政策的 CO_2 减排主要是通过缩减化石能源消费量来实现的，而这势必会对能源驱动型经济增长产生负面影响，尤其是在当前化石能源严格主导总能源消费的背景下；而随着补贴政策的持续施行和相应激励效果的日趋显著，以风能、光伏太阳能为代表的可再生能源技术得以成熟和规模化发展，继而逐步替代传统化石能源技术支撑并驱动宏观经济的后续增长。

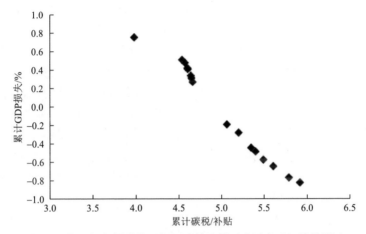

图 9-6　能源与气候政策目标下政策选择对我国宏观经济的影响

9.5　总结与讨论

本章基于 CE3METL 模型，围绕国家提出的中长期能源发展和气候政策目标，系统考察了基于碳定价和补贴的政策组合选择对碳排放达峰和非化石能源发展目标的差异化影响，特别讨论了两个目标间的潜在交互关系，以及政策选择和优化对实现既定 NDC 目标的政策成本的影响。通过研究，得到以下主要结论。

其一，就排放控制和非化石能源发展而言，碳定价和补贴政策的作用效果呈现出显著的差异化：碳定价政策控制碳排放的效果较好，而针对性补贴政策则对非化石能源技术发展的激励效果更为显著。事实上，研究还发现，在政策优化的背景下，针对性补贴对非化石能源技术发展的影响是线性的，即组合政策中补贴的作用力度越大，既定时间节点的非化石能源市场份额越高；碳税对碳排放轨迹的动态影响则呈现出一定的非线性特性，尤其对于碳排放达峰的时间点而言，具体表现在：当组合政策中碳税政策的力度达到某一门槛值后，增加或减小碳税作用的强度均可能促使碳排放轨迹提前达峰，而此时不同组合政策的差异主要体现在达峰的峰值水平上。

其二，基于内生政策的优化结果表明，要实现我国 NDC 方案中的碳排放达峰和非化石能源发展目标，组合政策的效果显著优于任意单一政策，而整体上看，组合政策中碳定价政策的力度需数倍于补贴政策，尤其对于碳排放达峰目标而言。对碳排放达峰目标，具体的达峰时间取决于政策组合方式和预期的峰值水平两大因素，低峰值水平的目标达成要求组合政策中有较高的碳定价政策力度；对非化石能源发展目标，组合政策中补贴的作用效力越强，实现 2030 年非化石能源比例目标的可能性越大。

其三，非化石能源发展和碳排放达峰两大目标的实现过程既存在冲突性，也体现出了显著的协同性，取决于政策的优化和组合选择。排放控制目标越严格，碳排放路径如期达峰的可能性越大，同时组合政策中碳定价的作用越占优，而相应的非化石能源发展目标越难达成；当组合政策中补贴政策的作用效果足够显著时，非化石能源比例目标和碳排放达峰目标均可如期实现。因此，认识到不同 NDC 目标间可能存在的潜在关系，同时利用好其中的政策协同关系是完成既定政策任务的关键。

其四，政策选择显著影响达成给定 NDC 目标的宏观政策成本，而后者往往构成了评判该政策或组合政策是否有效的标准。基于单独的碳定价政策的排放控制行动将带来较大的宏观经济成本，这点已在诸多国内外研究中得以证实（朱永彬等，2010；Duan et al.，2013；吴力波等，2014），引入适度补贴的组合政策可以大幅降低由碳税政策实施所引起的经济损失。特别地，当减排政策设计得足够适宜时，从长时间尺度来看，完全可能在近零成本下实现既定的脱碳目标，这一结论也与 Tol（2014）的研究相符。故此，合理的政策优化和选择有助于在保证政策目标达成的条件下将政策成本最小化，最终实现政策有效与成本节约的双赢。

基于上述研究结论，我们可以延伸出以下具体的、对实现我国关键 NDC 目标有实际指导意义的政策建议。

首先，为保证国家承诺的 2030 年 NDC 关键目标的顺利达成，政府在制定具体战略和政策时，一方面要充分考虑两个目标在实现过程中的潜在交互关系，另一方面还应重点研究组合政策的优化和选择，尤其对碳定价和针对性补贴政策所构成的多重组合而言。对目标间交互关系的认识有利于引导出最优的政策策略，而政策组合的优化和选择反过来又可以促进政策目标的顺利达成。实际操作中，政策制定者应尽量避免决策的短视化，尤其不能被某个单一政策目标的急迫性所左右，导致"头痛医头，脚痛医脚"，而应该更加注重多重目标的全局和长远考虑；此外，决策支持机构和相关研究者也应当更多地通过系统性研究提供有力的科学证据，助力决策者形成协同思维。

其次，对具体的碳排放达峰和非化石能源发展的双重目标，我们希望两者在达成过程中尽量减少或避免冲突性，而更多地体现出协同性，这实际上要求政府在制定配套政策时需朝两个具体的方向去努力：其一，在实施政策时尽量多打政策"组合拳"，而组合过程中以碳定价政策为主，以补贴政策为辅；其二，不断优化政策的组合和选择，找到碳定价和补贴政策潜在的最优结合点，即在保持两种政策主辅关系不变的情况下适时加大补贴政策的作用力度。因此，在风能、光伏太阳能等可再生能源技术远未实现大规模市场化发展之时，过早削减甚至取消技术补贴，而仅依靠碳定价政策来实现我国的能源和气候政策目标的做法显然是不合时宜的。事实上，只有合理优化碳定价和补贴的政策组合，充分发挥政策目标的协同性，才能既保证双重目标的如期达成，又实现政策成本的最小化，甚至获得组合策略实施带来的可能的政策红利。

最后，把握好已经建成的全国统一碳排放权交易市场带来的排放控制机遇，充分发挥其与可再生能源补贴政策体系的协同效应，服务于 NDC 目标的顺利达成。排放权交易机制也是极具代表性的碳定价手段之一，理论层面上，在控制碳排放量和激励新能源技术发展上，碳交易市场完全可以通过价格机制达到与最优碳税同等的政策效果。此时，组合政策的力度调整和协同效应的发挥主要通过控制总的碳排放预算来实现，例如，在补贴水平相对稳定的情况下，紧缩排放预算将显著增加碳定价政策的强度，反之，配额的宽松化将使价格信号走弱，继而引起组合政策中碳定价政策的力度随之下降。当然，除了战略层面的碳预算调整，加快应对气候变化挑战的立法进程、制定化石燃料补贴的逐步削减计划、完善除补贴以外的旨在提高能效和促进可再生能源技术发展的金融财税体系等其他相关配套措施对发挥政策协同效应、推进 NDC 目标的最终实现也至关重要。

第10章 碳中和中期目标：最优的气候政策选择

碳达峰和非化石能源发展两大目标的实现过程可能是冲突或协同的，其取决于政策组合的优化和选择，这意味着如何选择最优的气候政策或政策组合成为碳中和中期目标研究的一大主题。对不同的气候目标而言，政策选择和效果存在显著差异。碳定价被认为是实现 2030 年前碳排放达峰的重要政策选择，已有研究认为中国如期实现碳排放达峰的碳价要达到 100～500 美元/tC，但高碳价将极大地削弱政策选择的经济和政治可行性。针对性补贴和能效改进对能源节约和非化石能源技术发展效果显著，但政策效果受到火力发电技术发展的不确定性以及政策对发电煤耗系数的影响。基于此，本章在丰富电力技术细节并考虑发电煤耗系数不确定性的基础上构建中国多区域动态可计算一般均衡模型，以系统分析应对中国碳减排和非化石能源发展等碳中和中期目标挑战的最优政策选择。

10.1 研 究 背 景

2016 年国家发展改革委和国家能源局联合发布了《能源生产和消费革命战略（2016—2030）》，设定了中国应对气候变化和能源发展中长期目标，主要的数值型目标包括：到 2020 年，能源消费总量控制在 50 亿 t 标准煤以内，非化石能源占比 15%；单位国内生产总值二氧化碳排放（碳强度）比 2015 年下降 18%；单位国内生产总值能耗（能源强度）比 2015 年下降 15%。到 2021～2030 年，能源消费总量控制在 60 亿 t 标准煤以内，非化石能源占能源消费总量比重达到 20% 左右，碳强度较 2005 年下降 60%～65%，并争取二氧化碳排放尽早达峰；展望 2050 年，能源消费总量基本稳定，非化石能源占比超过一半。这些目标之间既存在着一定的差异，又有着紧密联系，具有较强的协同性（Duan et al.，2018a）；其中哪些属于强约束性目标，哪些目标可协同实现，如何设计有效的政策体系以保证这些目标的如期达成值得我们进行深入的研究。

作为排放量最多的国家，中国的减排行动引起了国内外学者的广泛关注，探讨其碳减排和能源发展目标的可行性与政策选择的研究颇多，但依然在目标能否如期达成、需要何种政策、成本几何等多个方面存在诸多争议（Duan et al.，2018a）。针对这些研究的比较分析表明，虽然不同的模型在经济（GDP）增长率、技术进步率、经济结构等参数设置方面有所差异，但引起模型结果产生根本性差异的代表性因素是对非化石能源技术多样性的设置及其长期发展趋势的假定（Duan et al.，2019b）。例如，Tavoni 等（2014）基于多区域全球 IAM 的研究表明，中国的碳排放很难在 2030 年前达峰，但对应的政策情景并未讨论中国 20% 的非化石能源发展目标在中长期排放控制中所扮演的角色。

Tavoni 等的主要结论得到了 den Elzen 等（2016）的研究支持，后者特别加强了中国现行多种政策的集成分析碳定价被认为是实现 2030 年前碳排放达峰的重要政策选择，已有研究认为中国如期实现碳排放达峰的碳价要达到 100～500 美元/tC（Duan et al.，2019b），宏观经济成本可能达到 GDP 的 0.04%～1.6%（Aldy et al.，2016）；这一碳价水平明显偏高，将极大地削弱实现这一目标的经济和政治可行性，而未充分考虑非化石能源技术发展带来的潜在红利和协同正效应很可能是引起该结果出现的主要原因（Krey et al.，2019）。

非化石能源技术发展在排放控制中的重要角色在诸多研究中得到了证实（Gielen et al.，2019）。He（2015）指出基于能源系统创新的非化石能源大力发展和能源革命是中国实现碳达峰的重要保证，这意味着更乐观的目标达成预期必须依赖更为积极的能源变革，尤其是清洁能源技术的跨越式发展（Niu et al.，2016），以及以全面脱碳为目标的电力行业改革（Gallagher et al.，2019）。而若同时考虑我国经济转型、能源效率提升、可再生能源和核电的发展、CCS 技术，以及低碳生活方式的转变，中国能源活动相关的 CO_2 排放甚至有望在 2025 年之前实现达峰（Jiang et al.，2018；Yu et al.，2018）。Green 和 Stern（2017）也肯定了中国在 2030 年前实现碳排放达峰的可能性，但需充分考虑中国现阶段正在经历且巨大的经济结构变革，以及这一过程中能源供给、需求和技术发展的不断变化。从协同性角度考虑，针对非化石能源目标达成的努力有利于碳排放目标的实现，但这一过程仍需碳定价等其他政策的配合（Gielen et al.，2019；Ding et al.，2019）。当然，气候变化政策也会对非化石能源技术的发展和能源系统低碳化转型产生重要的影响。碳定价等气候政策的引入会降低传统能源的竞争力，促进新能源技术从利基阶段向成熟阶段的转变，继而推动能源系统的清洁化发展（Zhou et al.，2012；Schumacher，2017）；同时，排放控制政策的实施也有利于降低能源需求，促进供能系统的多样化，提升国家的能源安全水平（Duan and Wang，2018）。

此外，充分利用政策的协同性对同时达成非化石能源发展和气候变化应对等多重目标十分关键，研究显示，协同实现气候和能源政策目标的总成本会显著小于分别实现两大政策目标的成本之和（Gielen et al.，2019）。一般地，碳强度目标与碳达峰目标的实现具有高度的一致性，因为碳强度的下降很大程度依赖于能源效率的提高，而后者在削减排放上具有显著的贡献潜力，但其与非化石能源发展目标的一致性程度不高（Wang and Zhang，2016）。Duan 等（2018）分析了不确定条件下气候和能源发展目标之间的关系，发现碳强度目标最容易实现，其次是碳达峰目标，而 2030 年的非化石能源发展目标相对最难实现。该文献同时指出，非化石能源发展和碳排放达峰两大目标的实现过程可能是冲突或协同的，其取决于政策组合的优化和选择，而"组合拳"式的政策导向将有利于协同效应的发挥。

为实现中长期非化石能源发展目标，中国付出了很大的政策努力，如国家先后出台了《电力发展"十三五"规划（2016—2020 年）》、《可再生能源发展"十三五"规划》和《水电发展"十三五"规划（2016—2020 年）》等，这些努力对非化石能源技术投资和利基市场的培育产生了重要的引导作用和激励性影响，水电、核电和风电等占一次非化石能源消费的比重已从 2011 年的 85.55%升至 2016 年 89.50%，对应的非化石能源占一次能源消费总量的份额也由 8.4%上升到 13.3%。一般而言，中国非化石能源目标设定时采用的测算方式为发电煤耗法，这与国际上多使用的电热当量法存在一定的差异，导致一直以来对中国能源发展目标的集成分析和评估研究较少（Lewis et al., 2015）。发电煤耗法的核心是以当年单位火力发电能耗计算的转换系数，这一系数随着火力发电结构、技术进步率、热转换效率等的调整而变化，这些不确定性的存在使得我们对非化石能源中长期目标的综合评估变得更为困难（Otto et al., 2015）。事实上，已有的相关研究多聚焦于中国 2020 年非化石能源发展目标与碳排放的关系，如 Dai 等（2011）、Zhou等（2012）和 Zhu 等（2018）等，而关于中国 2030 年和 2050 年能源发展目标的研究很少。此外，受模型既定结构的约束，多数相关工作假定该转换系数按照特定趋势外生递减（den Elzen et al., 2016），这种做法显然难以考虑未来火力发电技术发展过程中的诸多不确定性以及能源和气候政策对发电煤耗系数的可能影响，继而引起政策评估结果的显著偏差（Gillingham et al., 2018）。

　　基于此，本章在丰富电力技术细节并考虑发电煤耗系数不确定性的基础上构建中国多区域动态 CGE 模型，以系统分析应对中国碳减排和非化石能源发展挑战的最优政策选择。具体地，本章将对现有文献产生以下几个方面的贡献：①试图突破传统 CGE 模型的技术处理瓶颈，将能源系统中的电力技术细分为 8 种，包括燃煤、燃油、燃气 3 种化石能源电力技术，以及水电、核电、风电、太阳能发电和其他电力等 5 种非化石能源技术；②摒弃已有工作外生设定发电煤耗系数的传统思路，通过对火力发电技术的结构性细分内生出这一系数，同时引入了非化石能源技术扩散的内生学习机制，以纠正外生技术进步设定给模型结构带来的可能偏差；③考虑到非化石能源补贴政策的过渡性特征以及有限的补贴预算空间，从长远看，投资结构的优化将在能源结构转型和非化石能源发展目标的实现中扮演重要的角色，因此，我们将重点分析电力投资结构的变化对能源发展和气候变化目标的影响；④创新性地考虑火力发电技术发展和发电煤耗系数不确定性对实现能源发展和气候目标的影响，并给出可行的政策选择方案。

10.2　理论发展与模型构建

10.2.1　模型理论与基本结构

　　CGE 模型以其丰富的变量结构、灵活的参数设置、细致的产业划分等诸多优势而被广泛应用于国家或者区域层面多种政策冲击影响的模拟和分析中（Babatunde et al., 2017）；近年来，大量气候变化研究议题的分析带动了许多全球尺度的 CGE 模型的发展，如 EPPA、IMACLIM-R、IGSM 和 WorldScan（Babiker, 2005; Sassi et al., 2010; Johannes and Corjan, 2014），这些模型在多模型比较理论发展和稳定的气候政策制定方面发挥了至关重要的作用（Duan et al., 2019b）。当然，CGE 模型也存在一定的局限性，其中包括能源部门电力技术的单一考虑以及基于自发性能源效率改进（AEEI）的外生技术进步处理，前者难以分析发电煤耗系数变化的影响以及发电煤耗法测算的能源消费相关指标的变化，后者难以预估非化石能源技术快速发展的趋势。

本章构建的 CGE 模型中，非电力部门生产模块、收入支出模块、进出口模块、投资模块、宏观闭合模块和均衡模块与 Shi 等（2016）相同，模型基本框架图见图 10-1；电力生产技术模块重点参考了 Zhou 等（2012）的做法，将电力拆分为 8 种发电技术，但 Zhou 等（2012）将 8 种电力技术运用 CES 复合成电力产出束，且所有电力技术均采用外生 AEEI 形式，且并未刻画发电煤耗系数。而本章电力技术市场份额的划分和技术进步机制参考了 Duan 等（2018a）构建的技术驱动型综合评估模型（CE3METL），该模型利用双因素技术学习曲线较好地内生化处理了技术进步和市场份额。

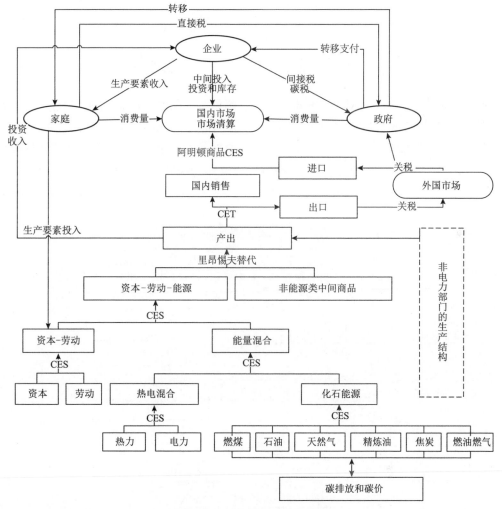

图 10-1 CGE 模型基本框架图

CET（constant elasticity of transformation）

10.2.2 电力生产结构解析

电力部门是能源系统的核心，也是排放控制和能源体系低碳化转型的主要阵地，这实际上强调了对传统 CGE 模型中电力部门技术细化的重要性。本章发展的模型中电力部门的生产结构如图 10-2 所示。具体地，电力部门包括燃煤、燃油和燃气等化石能源发电技术，以及水电、核电、风电、太阳能发电和其他发电技术。其中其他发电技术主要包括余温、余气、余发电，垃圾燃烧发电和秸秆、蔗渣、林木质发电等，属于火力发电的范畴。燃煤、燃油和燃气发电技术通过 CES 函数方法复合为化石能源发电束。假定电力产出具有同质性，电力总产出等于 8 种电力技术的产出之和，价格等于其平均价格。

$$QE_e(t) = \sum_{i \in I} QE(i,t)$$
$$= \{燃煤，石油，天然气，水电，核能，风能，太阳能，其他\}$$
（10-1）

$$PE_e(t) = \sum_{i \in I} \left(PE(i,t) QE(i,t) \right) / \sum_{i \in I} QE(i,t)$$
（10-2）

其中，I={燃煤，石油，天然气，水电，核能，风能，太阳能，其他}为能源技术的集合；t 为年份，从 2012 年开始，到 2050 年结束；$QE_e(t)$ 为 t 年电力部门的产出；$QE(i,t)$ 为 t 年第 i 种发电技术的产出；$PE(i,t)$ 为第 i 种发电技术的价格；$PE_e(t)$ 为电力部门价格。这里，2012～2019 年为模型校准期，2020～2050 年为报告结果的主要时期。

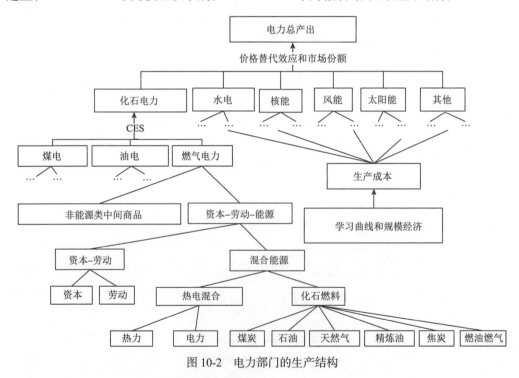

图 10-2　电力部门的生产结构

10.2.3　价格替代效应和市场份额机制

不同技术成本竞争力的差异是影响技术间长期替代演变的关键，具体表现为价格弹性选择对供能市场份额的影响。模型中燃煤、燃油和燃气发电的市场份额由复合成化石能源发电

的 CES 参数确定，化石能源发电所占份额等于 1 减去非化石能源发电所占份额，即

$$MSF(t) = \sum_{fi \in FI} MS（fi, t) = 1 - \sum_{nfi \in NFI} MS(nfi, t) \qquad (10-3)$$

$$MS(i, t) = \frac{PE(i, t)QE（i, t)}{\sum\limits_{j \in I} PE(j, t)QE（j, t)} \qquad (10-4)$$

其中，$MSF(t)$ 为化石能源发电所占份额；$MS(i, t)$ 为第 i 种发电技术所占的市场份额；$FI = \{燃煤, 燃油, 燃气\}$；$NFI = \{水电, 核电, 风电, 太阳能发电, 其他发电\}$。

水电、核电、风电、太阳能发电和其他发电占电力产出的份额则由其与化石能源发电的相对价格决定，具体见式（10-5）～式（10-7），给定技术的可能最大市场份额为 $\widetilde{MS}(nfi)$。我们有

$$\Delta MS(nfi, t) = a(nfi)MS(nfi, t-1)\left(\widetilde{MS}(nfi)\left(1 - \sum_{k \neq nfi} MS(k, t-1)\right) \atop -MS(nfi, t-1)\right)\Delta RP(nfi, t) \qquad (10-5)$$

$$\begin{cases} \Delta MS(nfi, t) = MS(nfi, t) - MS(nfi, t-1) \\ \Delta RP(nfi, t) = RP(nfi, t) - RP(nfi, t-1) \end{cases} \qquad (10-6)$$

$$RP(nfi, t) = PXF(t) / PE(nfi, t) \qquad (10-7)$$

其中，$PXF(t)$ 为化石能源发电 CES 复合品的价格；$RP(nfi, t)$ 为非化石能源 nfi 相对于化石能源发电 CES 复合品的价格；$a(nfi)$ 为技术间的替代参数。式（10-5）将传统模型中 Logistic 份额关于时间的变化修改成了技术份额关于相对价格的变化（Duan et al., 2018a），这里假设 $\widetilde{MS}(nfi) = 1$。

能源投资结构直接影响能源产出及消费结构，技术成本与市场份额间的交互关系也通过能源投资连接起来。模型中电力行业总投资外生给定，相对化石能源价格下降速度越快的技术，未来发展前景越好，其所占供电市场的份额（$IS(i, t)$）也应该越高，为此根据式（10-5）可构造出投资份额分配系数：

$$\Delta IS(nci, t) = \beta a(nci)IS(nci, t-1)\left(\widetilde{IS}(nci)\left(1 - \sum_{\tau \neq nci} IS(\tau, t-1)\right) \atop -IS(nci, t-1)\right)\Delta RCP(nci, t) \qquad (10-8)$$

$$\begin{cases} \Delta IS(nci, t) = IS(nci, t) - IS(nci, t-1) \\ \Delta RCP(nci, t) = RCP(nci, t-1) - RCP(nci, t-2) \end{cases}, nci \in NCI \qquad (10-9)$$

$$\mathrm{IS}\big(\mathrm{Coal},t\big)=1-\sum_{\mathrm{nci}\in\mathrm{NCI}}\mathrm{IS}\big(\mathrm{nci},t\big) \tag{10-10}$$

$$\mathrm{RCP}\big(\mathrm{nci},t\big)=\mathrm{PE}\big(\mathrm{Coal},t\big)/\mathrm{PE}\big(\mathrm{nci},t\big) \tag{10-11}$$

其中，$\mathrm{RCP}(\mathrm{nci},t)$ 为第 nci 种发电技术相对于燃煤发电的价格，它越大，代表该发电技术越有发展潜力，可供的替代性技术 $\mathrm{nci}\in\mathrm{NCI}=I_{i\neq\mathrm{Coal}}$，这里选择燃煤发电技术作为标杆技术；$\mathrm{IS}(\mathrm{nci},t)$ 和 $\widetilde{\mathrm{IS}}(\mathrm{nci})$ 分别为 nci 发电技术在 t 年所占的投资份额和可能的最大投资份额，两个份额根据向前递推的两期发电技术发展状况确定，相对煤炭技术越有竞争力的发电技术获得的投资份额也越大；β 为推动非化石能源发电投资的力度，它与政策有关，也与市场预期相关，β 越大，对有发展潜力的非化石能源发电投资的力度也越大。

10.2.4　学习曲线和规模经济

技术进步是降低新能源技术使用成本，提高其对传统能源替代能力的关键驱动力，因此，以往外生的技术进步假设难以充分反映技术动态演变的内在逻辑，继而低估由此带来的新能源技术发展潜力及其在碳排放控制中的可能贡献（Nachtigall and Dirk，2016）。干中学曲线是代表性的内生技术进步刻画方法，该方法描述了能源技术成本随着其生产或消费累积而不断下降的过程；一般而言，累积生产或消费翻倍时技术成本下降的比率定义为这种技术的学习率（Duan et al.，2018a）。基于此，我们在模型中按如下方式刻画非化石能源技术学习：

$$\mathrm{AC}\big(\mathrm{nfi},t\big)=\mathrm{TC}\big(\mathrm{nfi},t\big)/\mathrm{QE}\big(\mathrm{nfi},t\big)=c\big(\mathrm{nfi}\big)\mathrm{KS}\big(\mathrm{nfi},t\big)^{-\mathrm{lx}(\mathrm{nfi})} \tag{10-12}$$

$$\mathrm{KS}\big(\mathrm{nfi},t\big)=\big(1-\delta\big)\mathrm{KS}\big(\mathrm{nfi},t-1\big)+\mathrm{QE}\big(\mathrm{nfi},t\big) \tag{10-13}$$

其中，$\mathrm{AC}(\mathrm{nfi},t)$ 为非化石能源发电技术 nfi 的平均发电成本；$\mathrm{TC}(\mathrm{nfi},t)$ 为非化石能源发电技术 nfi 的总发电成本；$\mathrm{lx}(\mathrm{nfi})$ 为技术学习指数；$\mathrm{KS}(\mathrm{nfi},t)$ 为累积的知识存量，随着生产或者消费的增长而不断累积，采用累积的生产量来表示；$c(\mathrm{nfi})$ 为学习曲线参数，可以通过技术初始成本和初始知识存量校准确定。

值得指出的是，在非化石能源技术中，水电的成本已然很低，且开发利用程度较高，而未来经济可开发的资源潜力十分有限，故此我们忽略了该技术的学习进步，即假定其成本将维持在低位稳定状态，这一假定与 IRENA（2018）研究结果保持一致。此外，由于其他发电技术所囊括的组分较多，无法具体到特定技术进行成本分析，模型根据 IRENA（2018）对生物质能发电结果外生其成本趋势不变。此处涉及的所有成本均以 2012 年不变价测算。

而发电煤耗系数也即单位火力发电耗能量等于：

$$\mathrm{CTR}\big(t\big)=\sum_{\mathrm{ti}\in\mathrm{TI}}\mathrm{EC}(\mathrm{ti},t)/\sum_{\mathrm{ti}\in\mathrm{TI}}\mathrm{QE}(\mathrm{ti},t),\quad \mathrm{TI}=\{\text{燃煤，燃油，燃气，其他发电}\} \tag{10-14}$$

其中，$CTR(t)$ 为 t 年的发电煤耗系数；$EC(ti,t)$ 为火力发电技术 ti 在 t 年的能源消耗。

10.3　数据处理及情景设计

10.3.1　数据来源

模型基础数据来自于 2012 年的社会核算矩阵（SAM）表，包括 35 个行业、2 组居民家庭（城市和农村）、3 种生产要素（劳动力、资本和能源）；其中，电力部门拆分为 8 项发电技术，并基于 2012 年中国投入产出表以及相应的海关、税收、国际收支、资金流量等数据编制。能源消耗来自《中国能源统计年鉴 2013》，行业劳动力数据来自《中国 2010 年人口普查资料》和《中国统计年鉴 2013》，固定资产投资、人口等数据来自《中国统计年鉴 2013》。碳排放因子取自政府间气候变化专门委员会发布的排放因子报告（IPCC，2006）。模型的动态化主要通过资本积累、劳动力增长和要素技术进步来实现。2012～2017 年的结果根据这一阶段经济发展的各项实际指标和相应的投入产出关系进行了拟合校准。

除电力外的其他行业技术进步过程均通过外生 AEEI 值来实现（Li et al.，2017）；电力价格采用真实上网电价，参见《2018 年度全国电力价格监管情况》；不同发电技术发电量、新增装机容量、本年度完成的电力投资等数据来自于中国电力企业联合会发布的电力统计数据一览表；技术学习率和技术替代率参见段宏波和杨建龙（2018）；非化石能源发电成本数据来源于 IRENA（2018）。

10.3.2　GDP 增长设定

不同模型对 GDP 增长率的预测存在着明显的差异，表 10-1 和图 10-2 中总结了几个典型的例子。总体而言，ERI（2015）对中国未来的经济增长持乐观态度，2020 年的 GDP 增长率高达 7.5%，21 世纪中期为 3.0%。Li 等（2018）也持乐观态度，特别是对 21 世纪前半个世纪的后期，相应的 GDP 增长率达到 3.5%。相比之下，Li 等（2017）对中国的经济发展持有温和的预期，认为中国 2020～2050 年的 GDP 增长率将从 6.8% 下降到 2.0%。根据 IEA 和国际货币基金组织（IMF）的预测，Guo 等（2015）为中国未来的经济表现设计了三种具有代表性的情景，即参考情景、低增长情景和高增长情景，几乎涵盖了其他研究的所有预测。

基于中国近年来的实体经济发展表现，我们对未来 GDP 增长倾向于持保守态度。尽管中国近几十年的经济增长堪称典范，但 GDP 增长率已从 2012 年的 7.9% 下降至 2018 年的 6.6%，特别是考虑到能源消费控制、经济结构调整和环境治理的多重政策目标，未来这条理性且保守的道路还将继续。因此，我们假设中国经济在"十四五"期间预计年增长 5.8%，这一增长率在 2030 年和 2050 年可能会分别降至 4.9% 和 2%，这与 Timilsina 等（2018）的预测基本相符，也与 Li 等（2017）的预测相当（表 10-1）。

表 10-1　GDP 增长率设定与比较　　　　　（单位：%）

文献		2020 年	2021~2025 年	2026~2030 年	2031~2035 年	2036~2040 年	2041~2045 年	2046~2050 年
ERI（2015）		7.5	5.5	5.5	4.0	4.0	3.0	3.0
Guo 等（2015）	参考情景	7.5	5.7	5.7	4.0	4.0	2.5	2.5
	低增长情景	6.9	4.4	4.4	2.7	2.7	1.7	1.7
	高增长情景	7.9	6.6	6.6	4.8	4.8	3.0	3.0
Li 等（2017）		6.8	5.6	4.7	3.9	3.3	2.7	2.0
Li 等（2018）		6.5	6.2	5.3	4.4	4.4	3.5	3.5
本章		6.5	5.8	4.9	3.9	3.3	2.7	2.0

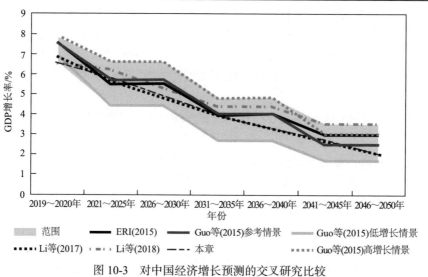

图 10-3　对中国经济增长预测的交叉研究比较

10.3.3　火力发电技术进步

由于我国《能源生产和消费革命战略（2016—2030）》制定的能源和碳减排目标是按照发电煤耗法测算的，发电煤耗系数对于模型结果的解读非常重要。数据显示，发电煤耗系数从 2010 年的 320.8 g 标准煤/（kW·h）下降到 2015 年的 305.7g 标准煤/（kW·h），降幅达 4.71%。"十二五"期间，全国火电机组平均供电煤耗降至 315 g 标准煤/（kW·h），煤电平均供电煤耗约为 318 g 标准煤/（kW·h），均达到世界先进水平，供电煤耗五年累计降低 18 g 标准煤/（kW·h）。

苗韧（2013）较系统地研究了中国化石能源发电的供电煤耗情况，其研究指出：在低碳政策情景下，中国 2020 年、2030 年和 2050 年的燃煤发电供电煤耗分别为 315 g 标准煤/（kW·h）、294.9 g 标准煤/（kW·h）和 282.3 g 标准煤/（kW·h），燃气发电供电煤耗分别为 256.3 g 标准煤/（kW·h）、212.7 g 标准煤/（kW·h）和 181.1 g 标准煤/（kW·h），而化石能源发电的平均供电煤耗分别为 308.0 g 标准煤/（kW·h）、282.6 g 标准煤/（kW·h）和 250 g 标准煤/（kW·h）。事实上，这一研究观点相对保守。我国《电力发展"十三五"

规划》显示，"十三五"期间，新建燃煤发电机组平均供电煤耗将低于 300 g 标准煤/（kW·h），而现役燃煤发电机组经改造平均供电煤耗也低于 310 g 标准煤/（kW·h），这意味着 2020 年燃煤发电平均供电煤耗必然会在 310 g 标准煤/（kW·h）以下。就目前我国已经运行的先进煤电技术来看，隶属于申能（集团）有限公司的两台 100 万 kW 机组，可满足上海全市 1/10 的电力需求，其年平均能耗水平仅为 276 g 标准煤/（kW·h），且机组额定净效率已超过 46.5%（含脱硫、脱硝）；而尚未实施但已具有技术可行性的最先进燃煤发电技术单位发电能耗甚至可以降至 251 g 标准煤/（kW·h）。

由于未来火力发电技术的发展存在一定的不确定性，我们通过改变火力发电的技术参数来设定多种发电煤耗系数情景，假设 2050 年发电煤耗系数分别达到 215 g 标准煤/（kW·h）、230 g 标准煤/（kW·h）、240 g 标准煤/（kW·h）、250 g 标准煤/（kW·h）、260 g 标准煤/（kW·h）和 270 g 标准煤/（kW·h）（分别标注为 CTI_{215}、CTI_{230}、CTI_{240}、CTI_{250}、CTI_{260} 和 CTI_{270}），其对应的 AEEI 设置值分别是 Li 等（2017）给定 AEEI 水平的 1.20 倍、1.00 倍、85%、55%、42% 和 17%。值得指出的是，10.4 节分析多种政策的不同影响时以 CTI_{215} 为基准情景，而其他发电煤耗情景则主要用于 10.5 节分析火力发电技术发展不确定性对实现能源发展和碳减排目标政策选择的影响。

10.3.4　情景设计：碳定价

碳定价是实现碳减排目标、减少化石能源消费的重要手段之一（Harmsen et al., 2016; Duan et al., 2018a）。理论上，最优的碳定价应等于排放的社会碳成本，后者又等价于边际气候损失（Nordhaus, 2014）；现实中，碳定价的设定要充分考虑其实施的可能性，过低的碳定价无法反映真实的社会碳成本，因而也达不到实现气候目标所需的碳减排力度，而过高的碳定价设定则会高估减碳成本，也不利于争取利益相关方提高其政策可行性。由于排放的边际气候损失是趋势递增的，故碳定价路径也呈递增趋势（Duan et al., 2019b）。据此，本章设置碳定价情景时也采取递增碳税的方式，且在上游征收，具体的碳税路径可参照 Wilkerson 等 （2015）给出，形式如下：

$$TAX(t) = TAX(T) \left(\frac{t - 2010}{T - 2010} \right)^{\alpha} \tag{10-15}$$

其中，$TAX(T)$ 为到 21 世纪末预计的碳定价，Wilkerson 等（2015）设定其为 200 美元/tCO_2；$T = 2090$；α 为碳定价递增速度，考虑到我国当前的实际承受能力和可行性，设定其为 1。2015 年，中国碳排放权交易试点的平均碳定价最高为北京 41.45 元/tCO_2，最低为重庆 18.76 元/tCO_2，所有 6+1 个试点的平均价格为 25.5 元/tCO_2，据此逆推可得到 2090 年碳定价分别为 106.5 美元/tCO_2、48.2 美元/tCO_2 和 65.5 美元/t CO_2（按照 2015 年汇率）。基于此，我们设定了四种碳税情景，对应的 2090 年碳定价为 30 美元/tCO_2、60 美元/tCO_2、90 美元/t CO_2 和 120 美元/tCO_2，分别标注为情景 CP_{30}、CP_{60}、CP_{90} 和 CP_{120}。政策的实施时间为 2019 年，碳税收入归政府所有。

10.3.5　政策情景：能源投资

将投资引向非化石能源电力部门是发展新能源技术，实现非化石能源占比目标的重要途径。式（10-8）中的 β 代表对非化石能源发电投资的支持力度，根据 2012～2016 年电力投资结构变化情况，得出 $\beta = 0.5$ ，在式（10-8）～式（10-11）的投资结构下，基准情景下 2020 年和 2030 年的非化石能源发展目标均可如期达成。在乐观的发电煤耗技术情景 CTI_{215} 下，β 等于 1.0、1.2、1.3、1.4 和 1.45 时分别标注情景为 $EI_{1.0}$、$EI_{1.2}$、$EI_{1.3}$、$EI_{1.4}$ 和 $EI_{1.45}$。此外，根据碳定价政策情景和能源投资情景的模拟结果，以较小的 GDP 损失率达成所有能源消费和生产以及碳减排目标的政策组合被标记为 $CP_{60}EI_{1.45}$ 情景。

10.4　模拟结果和分析

10.4.1　政策目标达成的经济影响分析

尽管不同研究估算的碳税政策对经济的影响大小存在广泛差异，但影响为负的结论是跨模型一致的（Duan et al., 2019b）。本章的研究显示，实施碳税政策会对 GDP 造成显著的负影响，征税力度越大，政策成本也相应越高（图 10-4）；到 2050 年，对应四种碳税政策情景的 GDP 变化率分别达到了–0.29%、–1.19%、–1.82%和–2.43%（相对于基准情景）；2019～2050 年累计 GDP 变化率分别为–0.15%、–0.6%、–0.93%和–1.23%（贴现率为 5%）。

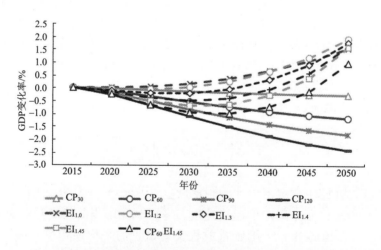

图 10-4　不同情景下政策选择对 GDP 的影响（相对于基准情景的 GDP 变化率）

适度加大对非化石能源技术的投资对经济发展会产生一定的激励效应，如图 10-4 所示，在 $EI_{1.0}$ 情景下所有年份的 GDP 相对于基准情景都有不同程度的上升，到 2050 年这一正效应达到了 GDP 的 1.55%。一般而言，适度的非化石能源投资不会改变既有的能源投资格局，因而也难以对传统能源投资产生显著的挤出效应，这决定了该政策的有限负影响；而新能源投资加大会激励相关技术创新，增加就业，这些都是促进经济增长的重要方面。然而，在新能源技术发展尚未成熟的阶段，过度加大非化石能源发电投资，强力推动能源体系的低碳化转型势必会增加在中短期内的总能源成本，从而负向影响宏观经济增长；但从长期来看，在投资激励和干中学的技术进步驱动下，非化石能源发电技术的成本竞争力会不断增强，甚至超过传统化石能源，此时，绿色能源技术的发展将成为经济增长的新引擎，这也在很大程度上解释了强化新能源投资政策对 GDP 影响的抛物线轨迹（图 10-4）。从图中可以看出，随着投资力度的增大，相对于基准情景，GDP 的负向变化率持续的时间和程度都在增长，具体地，$EI_{1.2}$、$EI_{1.3}$、$EI_{1.4}$ 和 $EI_{1.45}$ 情景对应的 GDP 变化率分别在 2023 年、2027 年、2030 年和 2031 年达到最大，且分别为–0.07%、–0.24%、–0.51%和–0.72%；同时，经济影响转正的时间点分别为 2029 年、2036 年、2040 年和 2042 年，对应 2050 年的正影响分别为 1.92%、1.77%、1.63%和 1.59%。特别地，$EI_{1.2}$ 情景下，投资政策对经济的正影响最早出现在 2029 年，此后正影响快速加强，并于 2042 年超过了低投资情景 $EI_{1.0}$。$EI_{1.0}$、$EI_{1.2}$、$EI_{1.3}$、$EI_{1.4}$ 和 $EI_{1.45}$ 情景下，如果按照 5% 的贴现率测算，2020～2050 年累计 GDP 变化率为 0.37%、0.32%、0.10%、–0.16%和–0.32%，$EI_{1.0}$ 情景下最高，如图 10-5 所示；如果不考虑贴现率，2020～2050 年累计 GDP 变化率分别为 0.64%、0.66%、0.42%、0.13%和–0.05%，$EI_{1.2}$ 情景下最高。考虑和不考虑贴现率的累计 GDP 变化率差异还是很大的，最主要的原因是非化石能源投资对 GDP 的促进作用主要体现在中长期，尤其是在长期，降低能源使用成本等带动 GDP 增长的效果显著，且 β 越大，这种效果越显著。

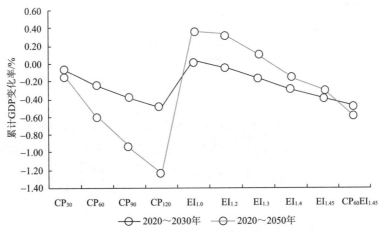

图 10-5　政策选择对 GDP 的累计影响（相对于基准情景的 GDP 变化率）

复合政策 $CP_{60}EI_{1.45}$ 情景下的 GDP 损失轨迹与单独的投资情景 $EI_{1.45}$ 类似，但变化率更高，其在 2034 年达到最高，为 1.01%（相对于基准情景）；相应地，政策正影响出现的时间点也更晚，需到 2045 年，2050 年时最大的正影响可达 0.97%；2020～2050 年累计 GDP 损失率也较高，达到了 0.60%（贴现率为 5%）。组合政策情景与单纯碳税情景 CP_{60} 情景下的 GDP 损失路径在 2038 年处相交，即非化石能源投资政策的引入可在一定程度上缓解单纯碳税政策带来的一致的负经济影响，尤其在较长期尺度上政策实施的中后期。

10.4.2　政策选择对碳排放的影响

基准情景和 10 种政策情景下，2020 年碳排放强度较 2015 年水平的降幅都超过了18%，2030 年的碳排放强度较 2005 年的降幅也都超过了 60%，均达到了中国《能源生产和消费革命战略（2016—2030）》设定的目标。其中 CP_{120} 情景和 $CP_{60}EI_{1.45}$ 组合情景下的碳排放强度下降幅度较大，2030 年相对于 2005 年分别下降了 62.05%和62.30%。

碳税政策和非化石能源投资政策都会对排放产生显著负影响，随着政策力度的增强，碳排放轨迹和峰值均会降低。基准情景下碳排放控制目标难以如期实现，但在碳税情景 CP_{30}、CP_{60}、CP_{90} 以及主要的能源投资情景下，这一目标都有望如期达成。这些情景下达峰年份虽然并未随着碳税税率或者非化石能源发电投资力度的增加而提前，但与峰值接近的年份，也即碳排放高峰的时间段有明显提前，见表 10-2。强化的政策情景 CP_{120}和 $EI_{1.45}$ 下，达峰时间可进一步提前。由此可见，各种政策情景下均可实现 NDC 方案中的碳强度下降和碳排放达峰的目标，且随着碳税税率的提高和非化石能源发电投资力度的增长，峰值水平有显著下降，排放高峰期亦有所提前，但严格的目标实现仍依赖于更为强化的碳税及非化石能源投资政策的作用。

表 10-2　主要情景的碳排放指标

情景	碳排放强度		碳排放	
	2020 年比 2015 年下降/%	2030 年比 2005 年下降/%	峰值变化/%（相较于基准情景）	峰时区间变化/年数（相较于基准）
基准	18.83	60.05	0	0
CP_{30}	19.46	60.67	−1.69	−2～0
CP_{60}	19.88	61.05	−3.04	−2～−1
CP_{90}	20.42	61.52	−4.49	−2～−2
CP_{120}	20.86	62.05	−5.88	−3～−3
$EI_{1.0}$	18.86	60.38	−0.67	−2～0
$EI_{1.2}$	18.91	60.68	−1.56	−3～−1
$EI_{1.3}$	18.97	60.92	−2.40	−3～−1
$EI_{1.4}$	19.03	61.19	−3.36	−4～−2
$EI_{1.45}$	19.11	61.46	−4.19	−4～−2
$CP_{60}EI_{1.45}$	19.11	62.30	−6.46	−4～−4

注：碳排放高峰时期是指排放量与排放峰值非常接近的年份区间。

10.4.3　政策选择对能源消费的影响

能源消费变化是国家实现能源发展目标（能源强度目标和非化石能源占比目标）的晴雨表。研究结果显示，在所有情景下 2020 年的能耗强度较 2015 年均下降超过了 15%；

非化石能源占总能源消费的比重（非化石能源占比）在 2020 年均达到了 15% 以上，在 2030 年均达到了 20% 以上，且 2020 年的能源消费总量控制在 50 亿 t 标准煤以内，均达到了政策目标，但 2030 年能源消费总量控制和 2050 年的非化石能源占比目标的达成存在一定难度，见表 10-3。

表 10-3　主要情景下能源消费主要指标

指标		基准情景	CP_{30}	CP_{60}	CP_{90}	CP_{120}	$EI_{1.0}$	$EI_{1.2}$	$EI_{1.3}$	$EI_{1.4}$	$EI_{1.45}$	$CP_{60}EI_{1.45}$
2020 年能耗强度较 2015 年下降/%		15.9	16.6	17.3	17.9	18.3	15.9	16.1	16.2	16.4	16.5	16.5
发电煤耗系数/(g 标准煤/(kW·h))	2015 年	305.7	305.7	305.7	305.7	305.7	305.7	305.7	305.7	305.7	305.7	305.7
	2020 年	292.6	292.1	291.5	291.0	290.7	292.6	292.5	292.3	292.2	292.1	292.1
	2030 年	267.9	266.3	264.6	263.4	262.7	267.3	266.6	265.8	264.8	264.2	261.7
	2050 年	214.2	209.4	203.0	199.1	196.2	209.1	202.6	194.3	183.6	178.8	171.0
非化石能源占比/%	2020 年	15.3	15.4	15.5	15.7	15.7	15.3	15.4	15.5	15.6	15.6	15.6
	2030 年	20.4	20.6	20.7	21.4	21.5	21.0	21.5	21.9	22.4	22.8	23.1
	2050 年	35.1	35.6	36.0	37.7	38.0	40.1	43.7	46.1	48.8	50.8	50.4
能源消费总量/亿 t 标准煤	2020 年	49.7	49.3	48.8	48.4	48.2	49.7	49.6	49.5	49.3	49.2	49.2
	2030 年	61.9	60.8	59.5	58.6	58.0	61.9	61.5	61.1	60.6	60.1	58.5
	2050 年	64.3	61.9	59.4	57.7	56.6	65.7	65.3	64.1	62.8	62.3	59.2

　　碳定价政策对能源消费的影响体现在量和质两个方面：从量的角度看，碳定价政策的引入会减少化石能源的消费，增加非化石能源电力需求；从质的角度看，碳税政策有助于化石能源发电部门生产效率的改进，降低单位火力发电煤耗系数和发电煤耗系数，同时在一定程度上促进非化石能源技术进步。从表 10-3 可以看出，代表性的碳税情景下，2030 年中国的能源消费总量较基准情景均有显著下降，最大的降幅达到 6.3%，对应 CP_{120} 情景；且除了 CP_{30} 情景，能源消费总量均可控制在 60 亿 t 标准煤以内，达到了《能源生产和消费革命战略（2016—2030）》设定的目标。就非化石能源发电投资政策对能源消费的影响而言，一方面，投资政策会通过降低非化石能源技术成本促进其快速发展，继而对总能源消费有一定的增长影响；另一方面，投资政策也会通过相对价格作用来降低单位火力发电煤耗，继而引起能源消费总量的下降。因此，非化石能源发电投资政策对总能源消费的影响取决于两方面因素共同作用的结果；整体上看，加大非化石能源投资力度会降低总能源消费，且政策作用力度越强，能源消费的降幅也越大，尽管对应的下降幅度的绝对量不大（表 10-3）。设定的 5 种非化石能源发电投资情景下，2030 年的能源消费总量均超过了 60 亿 t 标准煤，未能达到《能源生产和消费革命战略（2016—2030）》设定的政策目标，且直到 2050 年，能源消费仍将持稳定的增长态势，在 $EI_{1.45}$ 情景下 2050 年的能源消费总量达到了 62.3 亿 t 标准煤。碳定价政策与能源投资

政策相互作用的降能效果更为明显，在复合政策 $CP_{60}EI_{1.45}$ 情景下，2050 年的能源消费总量降至 59.2 亿 t 标准煤，低于绝大多数单独的碳定价情景和能源投资情景下的结果，且实现了《能源生产和消费革命战略（2016—2030）》下的能源消费控制目标。

从表 10-3 中的结果可以看出，碳税在提升非化石能源占能源消费比重方面的效果有限，这一结论与 Duan 等（2019b）的研究基本一致。虽然随着碳税税率的提高非化石能源占比呈增长趋势，但升高幅度较小。设定的四种碳定价情景下，2050 年非化石能源占比均未达到既定的政策目标，最高也为仅为 38.0%，对应 CP_{120} 情景。非化石能源投资政策对相应技术的激励效果较为显著，随着投资支持力度的增强，非化石能源占比会大幅度提升，在 $EI_{1.45}$ 情景下已达到了 50.8%，可实现 2050 年的政策目标。由于发电煤耗系数降低，复合政策情景 $CP_{60}EI_{1.45}$ 下非化石能源占比虽然比 $EI_{1.45}$ 略有下降，为 50.4%，但也达到了政策目标。

10.4.4　政策选择对电力部门的影响

电力部门是能源系统低碳化转型的主战场，同时也是实现国家碳排放总量达峰的排头兵，因此对电力部门政策效果的考察十分重要。碳税政策会在一定程度上促进总发电量的增加，但这一促增速度远低于非化石能源发电投资政策。具体地，到 2050 年，碳税政策下发电量最高为 $14188.6 \times 10^9 kW \cdot h$，对应强化的碳定价情景 CP_{120}，这一数值甚至低于最弱的非化石能源发电投资政策情景 $EI_{1.0}$ 下的结果（$14701.5 \times 10^9 kW \cdot h$），而在更强的政策力度下，总发电量最高可达 $16894.1 \times 10^9 kW \cdot h$，较基准情景高出 22%，对应 $EI_{1.45}$，见表 10-4。

表 10-4　不同情景下电力结构与终端消费电力化程度

情景		发电结构/%							总发电量/ （$10^9 kW \cdot h$）	终端消费电力比重/%
		E01	E03	E04	E05	E06	E07	E08		
基准	2015 年	67.9	2.9	19.4	3.0	3.2	0.7	2.8	5739.9	21.3
	2030 年	47.4	7.4	16.5	8.9	9.5	6.8	3.5	10020.5	25.9
	2050 年	18.3	13.9	11.8	10.3	24.8	16.0	4.8	13842.9	32.4
CP_{30}	2030 年	47.7	7.4	16.4	8.8	9.5	6.7	3.5	10040.1	26.5
	2050 年	18.9	13.8	11.7	10.2	24.6	15.9	4.8	13879.7	33.6
CP_{60}	2030 年	47.5	7.5	16.6	8.8	9.4	6.7	3.5	10072.0	27.3
	2050 年	17.7	14.4	12.4	10.3	24.4	16.0	4.7	14034.6	35.3
CP_{90}	2030 年	47.4	7.6	16.6	8.8	9.4	6.7	3.5	10089.4	27.9
	2050 年	17.1	14.7	12.7	10.4	24.2	16.1	4.7	14118.1	36.4
CP_{120}	2030 年	47.2	7.6	16.8	8.8	9.4	6.8	3.5	10102.3	28.2
	2050 年	16.2	14.9	13.3	10.5	24.1	16.3	4.7	14188.6	37.1

续表

情景		发电结构/%							总发电量/ （10⁹kW·h）	终端消费电力比 重/%
		E01	E03	E04	E05	E06	E07	E08		
EI₁.₀	2030 年	45.9	7.5	16.3	9.7	10.2	6.9	3.5	10042.9	25.9
	2050 年	11.7	10.5	9.9	12.8	33.7	16.5	4.9	14701.5	33.4
EI₁.₂	2030 年	44.8	7.6	16.4	10.1	10.5	7.0	3.6	10064.8	26.2
	2050 年	7.4	8.3	9.4	14.4	38.8	16.7	4.9	15307.5	34.6
EI₁.₃	2030 年	43.9	7.8	16.6	10.3	10.7	7.0	3.6	10088.2	26.4
	2050 年	4.5	6.7	9.3	15.6	42.0	17.0	4.9	15798.1	35.8
EI₁.₄	2030 年	42.9	8.0	16.9	10.5	10.9	7.1	3.6	10106.7	26.7
	2050 年	1.7	4.1	9.1	17.0	46.0	17.2	4.8	16425.0	37.2
EI₁.₄₅	2030 年	42.1	8.2	17.2	10.7	11.0	7.2	3.6	10097.0	26.9
	2050 年	0.5	2.0	8.8	17.9	48.8	17.2	4.8	16894.1	38.1
CP₆₀EI₁.₄₅	2030 年	42.6	8.1	17.0	10.6	10.9	7.1	3.6	10129.6	27.8
	2050 年	1.1	3.3	8.9	17.5	47.4	17.1	4.7	16839.3	39.4

注：E01～E08 分别代表燃煤、燃油、燃气、水电、核电、风电、太阳能发电和其他发电；由于燃油发电（E02）占比没有超过 0.1%，所以在表中未标注，"发电结构"中部分行 E01～E08 项相加不为 100% 是由四舍五入引起的；"终端消费电力比重"是按电热当量法计算的。

终端能源消费的电力化是能源消费结构调整的重要途径，相应的电力化占比是衡量能源消费重构程度的主要指标。基准情景下，2015 年电力占终端能源消费的比重约为 21.3%（按照电热当量法），到 2030 年，这一数值增至 25.9%，2050 年进一步达到 32.4%（图 10-6）。随着碳定价政策和非化石能源投资政策力度的增强，终端能源电力化的程度会越来越高，且较之碳定价政策，非化石能源投资政策对终端能源电力化的影响效果更为显著。如图 10-6 所示，最严格的碳税政策下，电力在终端能源消费中的份额为 37.1%，而最强的非化石能源投资政策对应的电力在终端能源消费中的份额达到了 38.1%。组合政策下，电力占终端能源消费的比重最高可达 39.4%。

在基准情景下，火力发电在电力结构中的占比延续了近些年持续下降的趋势，将从 2015 年的 70.8% 降至 2030 年的 54.8%，到 2050 年，其比重进一步降到 32.2%。火力发电占比的快速下降主要得益于燃煤发电份额的紧缩，表 10-4 和图 10-6 的结果显示，相对于 2015 年，2050 年的燃煤发电占比下降了近 73%，这一紧缩效应甚至完全抵消了中短期燃气发电占比的拉升趋势。从政策情景看，非化石能源投资政策在促进电力部门清洁化转型中的作用效果要显著强于碳定价政策；在最严格的碳定价情景下，到 2050 年煤电的份额依然有 16.2%，而在非化石能源投资政策下，相应的技术份额最低仅为 0.5%。此外，所有政策情景下，核电、风电和太阳能发电在总发电量中所占的比重均逐年上升，其中 2050 年时风电占比最高可达 48.8%，对应 EI₁.₄₅ 情景；在最乐观的情况下，核电和太阳能发电所占比重相近，均为 17% 左右；水电则由于可开发资源潜力的约束和成本的

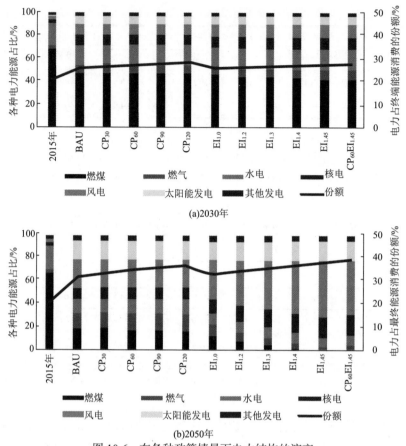

(a)2030年

(b)2050年

图 10-6　在各种政策情景下电力结构的演变

燃油发电占比没有超过 0.1%，所以在图中未标注，BAU 表示基准情景，下同

限制，市场份额整体呈下降趋势，尤其在非化石能源投资政策下，水电的投资预算将被风能、太阳能等可再生能源技术挤占，其发电市场份额下降得更为明显，到 2050 年，水电在总发电量中的占比将下降到 8.8%。

10.5　火力发电技术进步的敏感性分析

对发电煤耗水平的预期是影响电力结构动态演变的关键因素，其可通过改变火力发电的技术参数来设定；为进一步考察发电煤耗系数的变化对经济、排放、能源消费和电力结构等主要模型结果的影响，本章设计了除基准情景 CTI_{215} 之外的另外 5 种发电煤耗情景，即 CTI_{230}、CTI_{240}、CTI_{250}、CTI_{260} 和 CTI_{270}，分别对应 2050 年 230 g 标准煤/（kW·h）、240 g 标准煤/（kW·h）、250 g 标准煤/（kW·h）、260 g 标准煤/（kW·h）和 270 g 标准煤/（kW·h）的发电煤耗水平。通过模型优化和政策选择，得到 5 种发电煤耗情景下达成国家《能源生产和消费革命战略（2016—2030）》系列目标所需的政策组合，即 $CP_{60}EI_{1.3}$、$CP_{90}EI_{1.2}$、$CP_{90}EI_{1.1}$、$CP_{120}EI_{1.0}$ 和 $CP_{120}EI_{0.9}$；由此可见，火力发电技术进步水平越低，发电煤耗系数越高，实现既定政策目标要求的碳定价水平也越高，同时对非化石能源发电投资的要求越低，对应的政策成本（以 GDP 变化率衡量）也越大。表 10-5 的结果显示，当煤耗水平为 270 g 标准煤/（kW·h）时，需要引入 CP_{120} 的碳税才能保证 2030 年各个能源发展和排放达峰目标的如期达成，此时的 GDP 损失率为 0.7%，2019~2050 年累计 GDP 损失率高达 0.57%；而发电煤耗水平降至 230 g 标准煤/（kW·h）时，只需 CP_{60} 的碳税配合积极的非化石能源投资政策即可达成既定的各个政策目标，对应 2030 年的 GDP 损失降至 0.55%，由于非化石能源投资政策的激励性效果，到 2050 年 GDP 甚至上涨 1.33%，但 2019~2050 年累计 GDP 相对于基准情景仍有 0.14%的下降，同时碳排放达峰时间也将相应提前。

表 10-5　碳排放指标与 GDP 变化率

	指标	$CTI_{230}BAU$	$CTI_{230}CP_{60}$ $EI_{1.3}$	$CTI_{240}BAU$	$CTI_{240}CP_{90}$ $EI_{1.2}$	$CTI_{250}BAU$	$CTI_{250}CP_{90}$ $EI_{1.1}$	$CTI_{260}BAU$	$CTI_{260}CP_{120}$ $EI_{1.0}$	$CTI_{270}BAU$	$CTI_{270}CP_{120}$ $EI_{0.9}$
碳排放强度	2020 年比 2015 年下降/%	18.50	20.02	18.46	20.34	18.42	20.15	18.40	20.74	18.40	20.74
	2030 年比 2005 年下降/%	63.81	65.89	63.79	65.84	63.78	65.66	63.82	66.02	63.88	66.03
GDP 变化率/%	2030 年	0.00	−0.55	0.00	−0.55	0.00	−0.54	0.00	−0.64	0.00	−0.70
	2050 年	0.00	1.33	0.00	0.87	0.00	0.50	0.00	0.08	0.00	−0.36
2019~2050 累计 GDP 变化率/%（贴现率为 5%）		0.00	−0.14	0.00	−0.23	0.00	−0.29	0.00	−0.44	0.00	−0.57

从 2019~2050 年累计 GDP 变化率来看，$CTI_{230}CP_{60}EI_{1.3}$ 情景下达到所有目标的政策成本最低，如果发电煤耗系数变高，则需要加大控制能源消耗总量的力度，从而需要实施的碳税变大，使得累计 GDP 损失率也变高。如果发电煤耗系数变低，需要加大非化石能源投资力度以实现非化石能源目标，从而在短中期加大了 GDP 损失率，虽然在长期尤其是 2050 年以后 GDP 增长率会快速增大，但由于折现率的存在仍然会导致累计 GDP 损失率加大。从累计 GDP 损失率角度来看，CTI_{230} 是较优的火力发电技术发展路径。

从能源消费的结果来看，当不考虑能源发展或排放控制政策时，单位火力发电煤耗水平的增加对能源消费总量有显著的驱增影响，同等的非化石能源发电量折算的标准煤量也变高，其占能源消耗的比重也变高，非化石能源占比也变高。表 10-6 显示，随着发电煤耗系数的增长，2050 年的能源消费总量将从 66.0 亿 t 标准煤增至 70.0 亿 t 标准煤，同时非化石能源占总能源消费的比重（非化石能源占比）也从 37.5%增至 42.8%。这意味着在高发电煤耗系数情景下，国家实现能源总量控制的压力较大，需要配合较严格的碳税政策方可保证《能源生产和消费革命战略（2016—2030）》各能源发展和排放控制目标的如期达成，如表 10-6 中结果所示，优化的政策选择下，各发电煤耗情景下 2050 年的能源消费将控制在 64 亿 t 标准煤以内，非化石能源占比也普遍高于 50%，达到了非化石能源发展减排目标。

表 10-6　单位火力发电煤耗水平变化对能源消费的影响

指标		CTI_{230} BAU	CTI_{230} $CP_{60}EI_{1.3}$	CTI_{240} BAU	CTI_{240} $CP_{90}EI_{1.2}$	CTI_{250} BAU	CTI_{250} $CP_{90}EI_{1.1}$	CTI_{260} BAU	CTI_{260} $CP_{120}EI_{1.0}$	CTI_{270} BAU	CTI_{270} $CP_{120}EI_{0.9}$
2020 年比 2015 年能耗强度下降/%		15.6	17.1	15.4	17.4	15.3	17.1	15.3	17.7	15.3	17.7
单位火力发电煤耗水平/（g 标准煤/（kW·h））	2020 年	296.7	295.5	298.4	296.9	299.8	298.3	300.2	298.4	300.2	298.4
	2030 年	280.9	275.1	287.9	282.0	292.2	286.7	294.1	287.7	295.5	289.0
	2050 年	229.7	190.0	240.8	213.3	250.4	226.9	261.7	239.7	270.1	245.5
非化石能源占比/%	2020 年	15.6	15.9	15.6	16.0	15.7	16.0	15.7	16.1	15.7	16.1
	2030 年	21.4	23.6	21.9	23.8	22.2	23.9	22.5	24.2	22.8	24.3
	2050 年	37.5	50.2	38.8	50.2	39.9	50.1	41.6	50.3	42.8	50.1
能源消费总量/亿 t 标准煤	2020 年	49.9	48.9	50.0	48.8	50.1	48.9	50.1	48.6	50.1	48.6
	2030 年	62.8	59.9	63.3	60.0	63.6	60.0	63.8	60.0	63.9	60.0
	2050 年	66.0	60.8	67.1	62.7	68.0	63.9	69.2	63.8	70.0	63.8

发电煤耗系数越高，意味着火力发电技术进步越缓慢，同等数量非化石能源发电量折算的标准煤量越高，此时能源发展和碳减排目标主要依靠能源消费总量（尤其是电力消费总量）的控制来实现；表 10-7 的结果显示，当发电煤耗系数为 230 g 标准煤/（kW·h）时，2050 年的发电总量为 157359 亿 kW·h，而当这一系数升至 270 g 标准煤/（kW·h）时，对应的发电量将降到 138212 亿 kW·h，降幅超过 12%。此外，发电煤耗水平的增长将在一定程度上激励非电力能源的需求，继而导致电力占终端能源消费比重的下降，这一结果在 BAU 情景和政策情景下均成立；BAU 情景下，从 CTI_{230} 情景到 CTI_{270} 情景，2050 年中国的电力消费占比将从 31.6% 降至 30.4%，降幅为 3.8%，而在优化政策情景下，电力消费占比的下降速度更快，从 37.5% 降到 35.1%，对应的降幅达 6.4%。值得注意的是，随着发电煤耗水平的增长，BAU 情景下火力发电占总发电量的比重将随着电力消费占比的下降而下降，但在优化政策情景下，火力发电的占比则呈上升态势，具体地，从 CTI_{230} 情景到 CTI_{270} 情景，2050 年的火力发电占比将从 10.3% 增至 17.0%。事实上，从优化政策情景的结果可以看出，高煤耗情景下政策目标的实现主要依靠严格的碳定价政策，而该政策对减碳的效果较显著，而对非化石能源技术发展的激励有限，故在此政策环境下经济增长对传统火力发电的依赖程度依然较高，继而引起发电份额在一定程度上的反弹。此外，政策情景下风电与核电的比重将下降，而水电和太阳能发电的占比会逐步上涨。具体地，从 CTI_{230} 情景到 CTI_{270} 情景，2050 年风电与核电占比分别从 44.7% 与 17.2% 降至 34.4% 与 15.1%，对水电和太阳能发电而言，相应的比重将分别从 10.0% 和 17.7% 增至 14.6% 和 18.9%。

表 10-7 发电煤耗变化对电力结构调整的影响

情景		年份	发电结构/%							总发电量/（亿 kW·h）	电力消费占比/%
			E01	E03	E04	E05	E06	E07	E08		
CTI$_{230}$	BAU	2030	45.1	7.7	17.6	9.0	9.6	6.9	4.1	99322	25.7
		2050	13.6	14.4	13.2	11.1	25.9	16.7	5.0	135119	31.6
	CP$_{60}$EI$_{1.3}$	2030	41.3	8.2	17.8	10.5	10.8	7.2	4.2	99991	27.3
		2050	1.4	4.0	10.0	17.2	44.7	17.7	4.9	157359	37.5
CTI$_{240}$	BAU	2030	44.2	7.7	18.1	9.1	9.7	7.0	4.1	98484	25.5
		2050	12.7	13.4	13.9	11.5	26.4	17.1	5.0	133494	31.3
	CP$_{90}$EI$_{1.2}$	2030	41.9	8.0	17.8	10.3	10.7	7.1	4.2	99571	27.4
		2050	3.3	5.5	10.9	16.2	41.1	17.9	5.0	150713	36.7
CTI$_{250}$	BAU	2030	43.8	7.7	18.4	9.2	9.8	7.0	4.2	98003	25.4
		2050	12.5	12.3	14.4	11.7	26.7	17.4	5.1	132269	31.1
	CP$_{90}$EI$_{1.1}$	2030	41.7	7.9	18.2	10.2	10.6	7.2	4.2	98998	27.2
		2050	4.2	5.9	12.0	15.8	38.7	18.2	5.1	146496	35.9
CTI$_{260}$	BAU	2030	43.3	7.5	18.9	9.2	9.8	7.1	4.2	97701	25.3
		2050	11.6	10.5	15.5	12.2	27.1	17.9	5.2	130644	30.7
	CP$_{120}$EI$_{1.0}$	2030	42.0	7.6	18.5	10.0	10.4	7.2	4.2	98635	27.4
		2050	5.5	5.9	13.2	15.4	36.3	18.5	5.2	141461	35.6
CTI$_{270}$	BAU	2030	42.8	7.3	19.4	9.3	9.9	7.1	4.2	97427	25.2
		2050	10.9	9.3	16.3	12.5	27.5	18.2	5.2	129454	30.4
	CP$_{120}$EI$_{0.9}$	2030	41.8	7.4	19.1	9.9	10.3	7.2	4.2	98301	27.3
		2050	5.9	5.9	14.6	15.1	34.4	18.9	5.2	138212	35.1

注：E01～E08 分别代表燃煤、燃油、燃气、水电、核电、风电、太阳能发电和其他发电；由于燃油发电（E02）占比没有超过 0.1%，所以在表中未标注，"发电结构"中部分行 E01～E08 项相加不为 100% 是由四舍五入引起的。

表 10-8 提供了本章研究结果与最新的中国能源发展研究报告的对比，这两个报告分别为《中国可再生能源展望 2018》和"Energy Transition Trends 2018"，为提法方便，我们将前者简称为《能源展望报告》，后者简称为《能源转型报告》。与《能源展望报告》相比，《能源转型报告》2℃温控情景下的风力发电量略低，而太阳能发电偏高，我们的模型尚未产出对应全球温控目标情景的结果。《可再生能源发展"十三五"规划》预计 2020 年发电煤耗系数约为 295 g 标准煤/（kW·h），这一数值与我们优化得到的组合情景 CTI$_{230}$CP$_{60}$EI$_{1.3}$ 下的发电煤耗水平基本持平；从总发电量和非化石能源发展状况来看，该组合情景与《能源展望报告》2℃温控情景下的结果非常接近，而 CTI$_{270}$CP$_{120}$EI$_{0.9}$ 情景则与《能源展望报告》中 Stated Policies 的情景结果基本一致。

表 10-8　代表性政策情景与其他主要研究结果的对比　　（单位：10 亿 kW·h）

对比项	《能源展望报告》		《能源转型报告》	$CTI_{270}CP_{120}EI_{0.9}$	$CTI_{230}CP_{60}EI_{1.3}$	$CTI_{215}CP_{60}EI_{1.45}$
	2℃	Stated Policies	2℃			
总发电量	15324	13848	—	13821	15736	16839
水电	1831	1831	—	2018	1574	1499
风电	7622	5955	6963	4754	7034	7982
太阳能发电	3525	2694	4270	2612	2785	2880
核电	925	925	—	2087	2707	2947
化石能源	920	1944	—	1631	850	741

组合情景 $CTI_{230}CP_{60}EI_{1.3}$ 下的风电发展水平已基本达到了两份报告中实现 2℃目标所要求的风电发展水平。此外，本章模拟结果中的水电和太阳能发电发展水平偏低，而核电发展水平较高。对水电而言，我们在模型中设定了发电成本不变，并对未来可开发的水资源潜力持保守态度，这是结果中水电供电量偏低的原因；事实上，《能源展望报告》充分考虑了核电发展可能存在的安全隐患（包括核电站运行过程以及核废料的处理安全问题），设定了核电发展的上限，而我们的模型在考虑核能发电成本时并未包含相应的安全成本，故此核电发展较上述报告更乐观。在政府不主张大力发展核电的前提下，为达到上述政策目标总发电量和非化石能源目标，应该在模拟结果的基础上加大清洁能源发电的发展力度，水电资源和水电成本约束下水电发电量难以有大的提升，在风电发电增速已经很高的情况下，大力发展太阳能发电就成了重要的政策选择。

10.6　总结与讨论

可计算一般均衡模型是典型的自顶向下型模型，这类模型的优势是可以细致地刻画经济部门的生产和消费活动，同时具有灵活的区域和行业划分，但劣势是缺乏自底向上的技术描述。基于此，本章拓展了传统 CGE 模型结构，创新性地将电力部门按传统能源和非化石能源进行了细分，使其刻画了 8 种代表性的能源技术，同时考虑了技术学习驱动的非化石能源内生技术进步和发电煤耗表征的化石能源电力技术发展的不确定性，通过构建技术细化的中国多区域动态 CGE 模型分析了中国直到 2050 年的中长期能源发展和排放控制目标达成的可行性、实现路径和政策选择，得到了以下重要发现。

碳税实施会对经济产生一致的负影响，当初始碳价从 30 美元/tCO$_2$ 增长到 120 美元/tCO$_2$ 时，GDP 损失将从 0.15%增至 1.23%；从更长时间尺度看，随着可再生能源技术的发展和能源结构转型的深化，碳税对经济的负影响将逐步减弱（Duan et al.，2018a），但从本章的研究结果来看，这种效果难以在 2050 年之前达到。非化石能源投资政策对经济的影响与实施政策的力度紧密相关，适度的投资政策将会对经济发展产生一定的正向激励效果，这一效果最高可达 GDP 的 1.55%；而过度强化的投资政策将会对经济造成一定程度的负影响，尤其在主要的可再生能源技术瓶颈尚未确定实质性突破的中短期，但长期来看，随着投资激励效果的增强和干中学技术进步的驱动，非化石能源发电技术的成本竞争力会不断增强，甚至超过传统化石能源，此时，绿色能源技术的发展将成为经济增长的新引擎。

《能源生产和消费革命战略（2016—2030）》中的碳强度目标最易实现，基准情景和所有考察的政策情景下，2020 年和 2030 年能源强度下降目标都可如期达成；相较而言，排放达峰目标的实现需要一定碳税政策的干预，但相较于 Yu 等（2018）和 Gallagher 等（2019）等研究的乐观预期，我们认为实现碳排放提早达峰的难度较大，依赖于更严格的碳定价政策（2090 年碳定价高于 120 美元/tCO$_2$）或更有效的组合政策（碳税与非化石能源补贴或投资政策）的作用。

非化石能源发展目标的达成难度较大，尤其是 2050 年非化石能源消费占比超过一半的长期目标，考察的四种碳税情景均无法保证该目标的达成，但可以将能源消费总量控制在 60 亿 t 标准煤以内。由此可见，碳定价政策对排放控制和能源消费总量控制的效果显著，而在激励非化石能源技术发展方面的成效有限，这一结论也响应了 Duan 等（2018a）的研究。相较而言，非化石能源投资政策直接作用于非化石能源技术竞争力的提高，在激励其快速发展方面效果突出，严格的投资政策可保证中国长期非化石能源发展目标的实现，尽管其在控制能源消费总量方面的作用存在明显的局限。因此，碳定价与非化石能源投资的组合政策可能是保障长期非化石能源发展目标和能源消费控制目标同时实现的有效政策途径。

碳定价与非化石能源投资政策的差异化效果还体现在对电力部门的影响上。从能源消费的电力化程度看，投资政策的促增影响显著强于碳定价政策，尽管后者也在一定程度上促进发电总量的增长；从电力结构清洁化角度看，碳定价政策的效果依然弱于非化石能源投资政策，具体地，在 CP$_{120}$ 的最严格碳定价政策下，煤电份额将从 2015 年的 70.8%降至 16.2%，而在选择的最强的投资政策下，对应的煤电份额仅为 0.5%。此外，非化石能源投资政策对可再生能源技术的发展激励效应也十分显著，最乐观的情景下风电占发电总量的比重达 48.8%。

敏感性分析结果表明，单位火力发电煤耗水平（发电煤耗系数）对政策目标达成的可行性及政策选择会产生关键性影响。首先，发电煤耗系数越高，说明火力发电技术进步水平越低，那么实现既定政策目标尤其是碳排放控制和达峰目标要求的碳定价水平也越高，这一方面暗示着较大的 GDP 损失，另一方面也降低了对非化石能源发电投资政策的要求。其次，当不考虑能源发展或排放控制政策时，更高的发电煤耗系数将显著增加能源消费总量，同时单位发电煤耗水平的增加对非化石能源技术市场竞争力的提高也产生一定的积极影响，后者的影响小于前者的影响；这意味着在高发电煤耗预期下，实现能源总量控制的压力将增加，中长期能源发展和排放控制目标的达成有赖于较严格的碳定价政策的实施。最后，高发电煤耗系数情景下对能源消费和排放总量的控制会产生对碳定价政策的高度依赖，而该政策的主要优势在于减少碳排放，而对非化石能源技术发展的激励作用有限，这使得经济增长对传统火力发电的依赖程度依然较高，不利于电力部门的清洁化。

尽管本章在拓展 CGE 技术结构方面做出了积极贡献，但在建模方面仍有些地方可以进一步改进：①作为经典的自顶向下框架，要自底向上地大规模丰富 CGE 模型的技术细节存在较大的难度，电力部门拆分的方式无法刻画更多能源技术的动态演变；②火力发电技术水平的高低决定了 CGE 模型中发电煤耗水平的大小，而后者对政策目标评估和政策路径选择都有关键性影响，这一技术水平的刻画除了依赖于外生的 AEEI 参数，也可以尝试发展技术进步内生化的途径；③不同技术的资源禀赋、技术发展内在规律、成本的构成等存在较大差异，如何将这些差异程式化到技术路径的演变中极具挑战，尤其对核电而言，需要将可能的安全风险成本纳入考量，以真实反映其在长期能源结构转型中的地位；④完善的政策目标评估有赖于多样化政策体系的引入，且非化石能源投资政策本身也需要细化到价格补贴、税收优惠、投资补贴等方面。这些都为我们后续模型的改进和政策评估研究指明了方向。

第11章 碳中和下最优的减排与适应战略

影响气候损害程度的因素在不同的时间尺度上存在显著差异。当下或短期来看，不同国家或地区的气候损害主要受地理位置、气候条件和与经济发展相关的适应能力的影响；而从长期来看，气候损害还受到减排效果的影响，因此，减排和适应在缓解气候损害方面存在长时间尺度的交互作用。尽管适应并不会从根本上减少温室气体排放，但可以大幅降低由全球变暖引起的气候损失。研究指出适应可将不同国家的气候损失降低50%~90%，在未发生灾难性气候损害的情况下，适应的降损贡献甚至可以达到减排的3.5倍。然而，在既定的预算条件下，适应和减排之间往往又存在着相互挤占的关系，各自减缓气候损失的效果均受到对方实施强度的影响，且适应对减排的挤出效应要远大于减排对适应的挤出效应。基于此背景，本章以《巴黎协定》设定的2℃温升控制为目标，通过在IAM中建立目标减排和最优适应机制，从减适交互的角度探讨气候损失减缓的成本-效益有效性。

11.1 研究背景

到21世纪末，将全球平均温升幅度控制在2℃以内（较工业化前的水平）的门槛目标已在全球范围内达成了共识，在2015年召开的《联合国气候变化框架公约》第21次缔约方会议（即巴黎气候变化大会），该目标被再次确立为具有法定约束力的《巴黎协定》的核心内容。事实上，当前的温升幅度已接近1.2℃，这意味着2℃温控目标的实现前景已然十分不明朗（Parry，2009；Peters et al.，2013）；而《巴黎协定》中各国自主贡献减排方案的实施远不足以保证2℃温控目标的达成（Hof et al.，2016；Reis et al.，2016），后者要求全球在当前的减排承诺下每年增加5000亿美元的气候相关投资（Tavoni et al.，2014），同时付出更大的减排努力（Schleussner et al.，2016a）。由此可见，在当前努力减排的过程中积极开展气候适应行动是应对气候残余损失风险的必要举措。事实上，自1997的《京都议定书》开始，到2007年的《巴厘岛路线图》，再到2015年的《巴黎协定》，气候适应以及适应与减缓交互在减缓气候损失方面的重要性已显著跃升（Bosello et al.，2010）。

相较于全球，不同国家或地区在地理位置、气候变化适应能力以及易损程度等方面存在显著的差异，使得其对气候变化引起的局地气候损害更为敏感（Baker et al.，2012），这意味着气候适应将在降低区域气候损失方面发挥更大的潜力（Lesnikowski，et al.，2015；Araos et al.，2016）。中国人口总量大，2015年的人口总数已突破13.6亿人，占全球总人口的18.8%，庞大的人口结构产生了对经济产出、消费和能源资源的强劲需求，结果是中国贡献了全球近 1/3 的温室气体排放，也带来了前所未有的排放控制压力；同时，中国拥有全球 1/15 的陆地面积，拥有 1.84 万 km 海岸线，显然，对中国而言，海平面上升、飓风活动和海啸等气候变化相关灾害的风险暴露度更高，这又进一步对海岸带综合管理体系、灾害防护能力建设、极端气候防御和应急响应机制等气候适应综合能力提出了更高的要求。

事实上，中国在向《联合国气候变化框架公约》（UNFCCC）提交的国家自主贡献减排方案中已明确将适应能力建设作为应对气候变化国家战略的一部分，并承诺加快实施《国家适应气候变化战略 2035》；在此背景下，从学术层面围绕中国气候适应投资成本分析、损失减缓收益综合评估、适应与减缓措施交互机制讨论等相关主题展开深入的研究无疑具有十分重要的意义。一般而言，减缓措施的政策有效性完全可以通过测量控排力度来评价，因此，减排政策评价标准和体系的建立也相对较容易（Ford and Berrang-Ford，2015）；对适应而言，无论是全球层面还是国家/区域层面，对具体适应效果或目标进行评估的标准、方法指标和基线等都还有待发展，尤其对发展中国家而言（UNFCCC，2015）。本章的研究即是在这样的背景下提出的，我们相信研究的深入开展将在很大程度上为当前极其薄弱的气候"适应追踪"体系建设提供科学支撑[①]。

具体而言，本章的研究目标主要有两个：其一是基于 CE3METL 模型考察最优适应情景下中国的最优适应投资、适应保护水平，给出适应成本曲线，并对相应的成本-收益率进行评估；其二是以《巴黎协定》正式提出的 2℃ 全球温控目标为参考，分析减排行动干预对中国气候适应效果的影响，特别是基于成本-收益分析框架比较减排与适应措施的有效性，同时讨论二者在避免气候变化损失方面的交互影响。

当前已有大量的文献对气候适应问题进行了研究，尤其是方法层面 IAM 适应机制的引入和改进，以及应用层面适应的有效性分析、减排与适应在减缓气候损失方面的交互影响评估等（Wende et al.，2012；Evans et al.，2014）。综合评估模型中对气候适应的考虑始于 20 世纪 90 年代初，Hope 等（1993）最早将适应视为情景变量，通过外生其路径对适应的成本收益进行了分析。随后，IAM 中的适应机制经历了从适应变量的隐式考虑，到作为独立变量的显式引入，再从单纯的流量适应到流量与存量的混合适应机制的全过程（de Bruin et al.，2009；Patt et al.，2010；Agrawala et al.，2011；Moore and Diaz，2015）。

尽管适应并不会从根本上减少温室气体排放，但可以大幅降低由全球变暖引起的气候损失，这点已被许多研究证实（Bréchet et al.，2013）。例如，Hope 等（1993）指出适应可将 OECD 国家的气候损失降低 90%，其他国家的降损比例为 50%，而 de Bruin 等（2009）的评估结果显示，气候适应可使减排压力下降 25%，将气候变化损失降低 33%；在未发生灾难性气候损害的情况下，适应的降损贡献甚至可以达到减排的 3.5 倍（Bosello et al.，2010）。事实上，减排主要通过排放控制来降低灾难性气候损害的风险，而适应

---

① 适应跟踪系统专门服务于气候适应效果的监测和评估，同时还对适应行动进行动态的识别、特征化以及跨区域的适应效果比较等（Ford et al.，2015）。

则作用于减缓措施未及处理的残余损失，二者在控制气候损害风险层面很多时候是相互补充的（Watkiss et al.，2015），且从政策层面看，对气候适应的关注度增加并不意味着对减排的关注度会相应减少（Carrico et al.，2015）；但从投资成本角度考虑，适应和减缓之间往往又存在着相互挤占的现象，各自避免气候损失的效果均受到对方实施强度的影响，且适应对减排的挤出效应要远大于减排对适应的挤出效应（Bosello et al.，2010；Agrawala et al.，2011）。值得指出的是，对高适应容量国家（high adaptive capacity country）而言，减排与适应间的这种替代效应并不显著（Tubi et al.，2012）。一般而言，减排的损失减缓效果主要体现在长期，而短期来看，适应是避免气候损失的主力，尤其对海平面上升引起的特定气候损害而言（Tol，2007），即使到 2130 年，最优适应带来的气候损失减缓收益依然高于减排（de Bruin et al.，2009）。

从以上文献分析可以看出，当前绝大多数工作均从全球视角出发来考察气候适应问题，而极少有研究从区域层面考察中国的气候适应战略，尤其是《巴黎协定》或碳中和目标下减排与适应在减缓气候损失方面的成本-收益关系，本章将致力于填补这一空缺。

11.2　模型与方法

本章主要基于气候变化综合评估方法论展开，依托的具体模型是全球尺度的 3E 系统集成模型 E3METL 及其中国化的单区域版本 CE3METL（Duan et al.，2013，2015）。事实上，适应与减排情景的实施和模拟均是在 CE3METL 模型的框架内完成的，但对全球温升以及相关气候损失的测度与中国以外的 GHG 排放紧密相关，而这些外生的排放结果则由全球尺度的 E3METL 模型来提供。

E3METL 是 Duan 等（2013）年开发的以政策 Logistic 曲线为技术扩散内核的综合评估模型，CE3METL 则是随后发展的 E3METL 的中国化版本。E3METL/CE3METL 的特点是创造性地将价格因子融入描述技术扩散的经典模型——Logistic 曲线中，并将其耦合到传统 IAM 架构中，用以替换刻画能源替代的 CES 函数方法。模型创新的优势主要体现在两大方面：首先，Logistic 曲线比 CES 函数方法更加贴合能源技术扩散的内在规律（Romeo，1977），且融入价格变量的改良使得模拟的技术扩散路径更能体现技术成本的影响，而后者往往是决定技术创新竞争力和市场选择的关键（Mahajan and Peterson，1978）；其次，较之 CES 函数方法，Logistic 曲线大大简化了 IAM 对多重能源技术的融合机制，任何两种低碳技术间的竞争演变关系均可转化为各自与标杆技术间的替代关系，这种处理既可以在一定程度上降低由 CES 估校所引起的结果不确定性，也极大地丰富了 IAM 的能源技术细节（Duan et al.，2015），CE3METL 模型的基本架构及本章工作的行动路线见图 11-1。

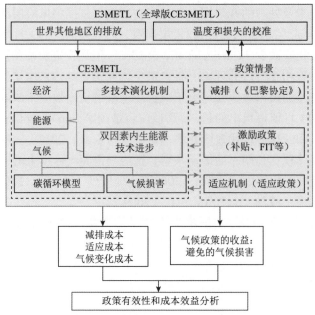

图 11-1　CE3METL 模型基本架构及本章工作行动路线
双因素学习曲线（two-factor learning curve，TFLC）

在 E3METL 和 CE3METL 中，我们尝试采用修正的 Logistic 曲线来描述多种能源技术的演变动态，特别是传统碳基燃料和非化石能源技术之间的相互作用。鉴于非化石能源技术的份额 $S_{i,t}$ 及其可能的潜力 $\tilde{S}_{i,t}(0 < \tilde{S}_{i,t} \leqslant 1)$，多技术扩散机制可以描述为

$$\frac{\mathrm{d}S_{i,t}}{\mathrm{d}P_{i,t}} = \alpha_i S_{i,t}\left(\tilde{S}_{i,t}\left(1 - \sum_{j \neq i} S_{j,t}\right) - S_{i,t}\right) \tag{11-1}$$

其中，$P_{i,t}$ 为标记技术（如煤炭）相对于目标非化石能源技术 i 的成本；α_i 为替代可能性参数。考虑到标记技术的碳税率（$\mathrm{Tax}_{\mathrm{coal},t}$）和替代技术 i 的补贴（$\mathrm{Sub}_{i,t}$），我们定义相对成本为

$$P_{i,t} = \frac{C_{\mathrm{coal},t}\left(1 + \mathrm{Tax}_{\mathrm{coal},t}\right)}{C_{i,t}\left(1 + \mathrm{Sub}_{i,t}\right)} \tag{11-2}$$

式中，$C_{\mathrm{coal},t}$ 和 $C_{i,t}$ 分别为煤炭和替代技术 i 的单位成本。很容易发现，如果相对成本 $P_{i,t}$ 等于时间步长 Δt，技术潜力 $\tilde{S}_{i,t}$ 等于 1，那么修正后的 Logistic 模型将还原为初始模型。式（11-1）和式（11-2）表明，替代技术 i 的扩散速度随着相对成本（$P_{i,t}$）的增加和碳税严格程度（$\mathrm{Tax}_{\mathrm{coal},t}$）的提高而加快。

基于 E3METL 和 CE3METL 模型，从 2013 年开始我们已经先后完成和发表了数篇文章，主题涉及最优减排政策选择、能源技术扩散路径演变、国家尺度的减排政策目标达成可能性评估、碳交易市场的控排效率与宏观成本分析，以及中国中长期的减排贡献结构等，故此，关于模型的细节我们不再赘述，这里仅重点讨论模型对气候适应机制的考虑。

一般来讲，适应是能够直接或间接降低自然和人类社会系统脆弱性/易损性，预防和减少气候变化引起的可能损害的一系列措施的统称（Dumas and Ha-Duong, 2013）。CE3METL 模型显式地定义了独立的适应变量，且适应能力的形成来源于流量和存量投资的共同作用，这允许适应投资和效果发生在不同的时期，也符合存量投资效果滞后的特点（Agrawala et al., 2011; Bosello and de Cian, 2014）[①]。类似于 Agrawala 等（2011），我们假设流量适应与存量适应间是不完全替代的，故而可借助 CES 函数方法来描述两者之间的关系。具体地，记总的适应为 ADAP（t），则

$$\text{ADAP}(t) = \xi_1 \left(\xi_2 I_{\text{rfa}}(t)^{\xi_3} + (1 - \xi_2) K_{\text{pas}}(t)^{\xi_3} \right)^{1/\xi_3} \qquad (11\text{-}3)$$

其中，ξ_1 为规模因子；ξ_2 和 ξ_3 分别为反应性流量投资份额及其与存量资本间的不完全替代弹性；$I_{\text{rfa}}(t)$ 和 $K_{\text{pas}}(t)$ 分别为反应性流量适应投资和预防性适应资本存量，后者则进一步表示为折旧后的上一期资本存量净值与新增预防性投资 $I_{\text{pas}}(t)$ 之和，即

$$K_{\text{pas}}(t) = (1 - \delta_{\text{pas}}) K_{\text{pas}}(t-1) + I_{\text{pas}}(t) \qquad (11\text{-}4)$$

其中，δ_{pas} 为适应资本存量的折旧率，本章拟定其取值与实物资本存量相等。

CE3METL 利用 DICE 损失函数来界定温升与气候损失间的关系，即假设气候损失与温度变化间是单纯的二次关系，不包括激变点和临界点。具体地，若损失系数为 $\varnothing(t)$，则温升对经济产出的反馈影响可由式（11-5）表示（Lemoine and Kapnick, 2016）：

$$Y_{\text{N}}(t) = \frac{1}{1 + \varnothing(t)} Y(t) \qquad (11\text{-}5)$$

其中，

$$\varnothing(t) = \zeta_1 \Delta T + \zeta_2 \Delta T^{\zeta_3} \qquad (11\text{-}6)$$

式中，ζ_1、ζ_2、ζ_3 为损失函数系数；$Y(t)$ 和 $Y_{\text{N}}(t)$ 分别为总产出和扣除气候损失后的净产出[②]。在没有考虑减排和适应措施时，总气候损失 $D_{\text{G}}(t)$ 等于残余损失 $D_{\text{R}}(t)$，且总损失可按式（11-7）计算：

---

① 所谓的流量适应主要指一些反应性适应行动，相关的投资支出与收益发生在同一时期，如购买空调以降低炎热天气的影响；而存量投资则主要是一些效果滞后、预防性的投资，如修建堤坝、提升作物的耐旱性以及农业灌溉基础设施升级等。此外，由于细分数据的缺失，我们并没有考虑一般性适应能力建设投资，而特定的适应能力投资则合并到预防性投资中。

② 这里度量的损失并不包括生物多样性、海洋酸化、政治响应、海平面上升、海洋循环变化、极端气候损失等其他非市场化损失（Tol, 2009）。

$$D_G(t) = Y(t) - Y_N(t) = \varnothing(t)Y_N(t) \tag{11-7}$$

显然，损失函数的形式决定了总的气候损失不会超过总产出的大小，这意味着该损失函数并不适用于刻画灾难性气候损害（Nordhaus and Sztorc，2013）。

当考虑适应行动时，我们有

$$\varnothing'(t) = \frac{1}{1 + \text{ADAP}(t)}\varnothing(t) \tag{11-8}$$

此时，残余损失为

$$D_R(t) = \varnothing'(t)Y_N(t) = \frac{1}{1 + \text{ADAP}(t)}\varnothing(t)Y_N(t) \tag{11-9}$$

由此可见，当适应水平为 0 时，损失系数 $\varnothing'(t) = \varnothing(t)$，残余损失等于总损失；而当适应投资足够大，适应水平趋于无穷时，残余损失趋于 0。此外，若给定适应成本为 ADC(t)，则适应收益（避免的气候损失）$D_B(t)$ 可表示为

$$D_B(t) = D_G(t) - D_R(t) - \text{ADC}(t) \tag{11-10}$$

而且适应成本即为各类适应投资的总和，也即

$$\text{ADC}(t) = I_{\text{rfa}}(t) + I_{\text{pas}}(t) \tag{11-11}$$

11.3 数据、参数与模型校准

本节主要涉及 CE3METL 中新引入的气候反馈损失与适应部分的参数校准。与主流研究类似，我们选取 CO_2 浓度翻倍点（在 DICE2016 的气候敏感参数水平下对应于 2.5℃温升）为模型的校准点（de Bruin et al.，2009；Agrawala et al.，2011）。基于最新的 DICE2016 的气候敏感参数设定以及 CE3METL 估算的 CO_2 排放路径，我们得到 2100 年全球平均升温幅度为 3.7℃（相较于 1900 年），与 WITCH 模型的估算结果持平，略低于 DICE 模型 3.85℃的结果，而高于 GCAM 模型 3.4℃的预期（Nordhaus and Sztorc，2013；Bosello and de Cian，2014；Iyer et al.，2015）。气候相关损失的度量（包括市场化损失和非市场化损失）历来是气候变化综合评估的难点，Tol（2009）对相关研究进行了较为系统的综述，给出了校准点全球气候损失介于–1%～2.5%的结果（GDP 占比）。全球气候变化引起的区域气候损失的评估难度更高，到目前为止，评估中国气候变化损失的研究也非常少，Bosello 和 de Cian（2014）总结了 DICE、WITCH、MERGE 等几个模型中估测的校准点处中国的气候相关损失，结果显示，若以 GDP 占比来衡量，损失率最低为 0.17%，最高为 1.92%。相比较而言，CE3METL 估算的校准点处的损失率为 1.12%，到 2100 年，这一损失率将升至 2.36%（图 11-2）。

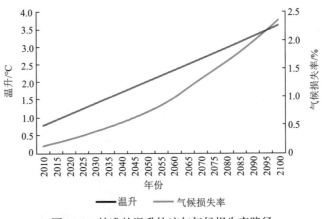

图 11-2　校准的温升轨迹与气候损失率路径

本质上讲，IAM 中对气候损害的评估是由损失函数的系数决定的。表 11-1 列出了 DICE 损失函数系数在不同模型和研究中的取值，DICE-2R 将原始单部门的 DICE 模型划分为贫穷和富裕两部门，因此，这里对应的损失函数系数值并不是特定于中国的，而是全球贫困/发展中国家和地区的平均值。RICE2010 在进行区域划分时将中国单列一区，故可以从模型数据库中直接读得中国的损失函数系数，但系数似乎已经过时，因为校准点的估计损害超过了调查范围的上限（2.5%）。因此，我们参照最新的 DICE 模型，即 DICE2016（Nordhaus，2017），对 CE3METL 模型中的损失函数系数进行了校准。实际上，考虑到 DICE2016 中损失函数的原始系数，校准点的气候损失仍然高于我国调查的损失上限（1.92%）。所以我们将参数值 ζ_2 校准得稍低一些，这组参数值下的效果与之前版本的 RICE 模型，即 RICE1999 基本一致（Nordhaus and Boyer，1999a）。

表 11-1　不同模型的 DICE 损失函数系数值比较

模型	ζ_1	ζ_2	ζ_3	地域	来源
RICE1999	−0.0041	0.0020	2.000	中国	Nordhaus 等（2000）
RICE2010	0.0780	0.0126	2.000	中国	Nordhaus（2010）
DICE-2R	0.0026	0.0022	2.000	贫困地区	Moore 和 Diaz（2015）
DICE2016	0.0000	0.0024	2.000	全球	Nordhaus（2017）
CE3METL	0.0001	0.0017	2.000	中国	在这项工作中的校准值

适应流量和存量投资的初始数据主要来自《中国环境统计年鉴 2011》（国家统计局，2011），两者间的不完全替代弹性选自 WITCH 模型（$\sigma = 1.2$）。校准点处反应性适应投资和预防性适应投资的额度根据 Bosello 和 de Cian（2014）得到；此外，从中国环保投资实际数据的分类考虑，我们将特定的适应能力投资合并到预防性存量投资中，故校准点处的预防性投资额也是两者之和。据此，我们得到了参数校准后适应总投资的增长情况，如图 11-3 所示。从投资流来看，到 2100 年，反应性适应投资（IREACT）和预防

性投资（ISTOCK）将分别增至 1306 亿美元和 2232 亿美元，占当年 GDP 的比重为 0.138%和 0.237%。从累计投资来看，2050 年时两者占累计 GDP 的比重分别为 0.025%和 0.03%，到 2100 年，这一数值增至 0.047%和 0.066%。

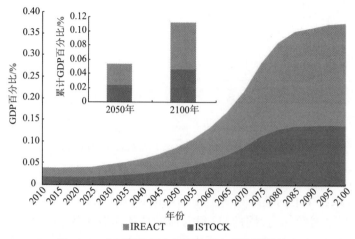

图 11-3　中国最优适应投资路径与投资结构演变

此外，适应投资关系式中的参数的估值还与适应保护水平的路径校准紧密相关，这里的保护水平定义为 $(D_G(t) - D_R(t))/D_G(t)$。Bosello 和 de Cian（2014）从农业、海岸线保护、基础设施、生态系统等多个方面考虑了全球 13 大区域在校准点处的保护水平，给出了简单平均、损失份额加权平均和保护成本加权平均三种意义下的对应数值，其中中国的取值分别为 0.44、0.21 和 0.39。以此为参考，我们得到了 CE3METL 模型中校准点处的保护水平数值为 0.33，参数校准后的适应保护水平动态路径如图 11-4 所示。从图中可以看出，2050 年的适应保护水平为 0.215，到 2100 年，对应的保护水平将增至 0.689。

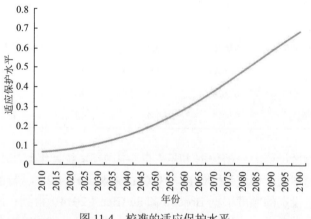

图 11-4　校准的适应保护水平

11.4　结果展示与分析

本节将围绕两个研究主题展开：首先，重点分析最优适应投资下动态适应成本曲线的变化、残余损失与气候变化总成本的演变关系，并初步讨论最优适应的成本-收益率；其次，引入《巴黎协定》温控目标下的减缓措施，考察减排干预对适应效果的影响，特别地，对减排、适应政策进行综合的成本-收益比较分析。为此，我们设定了 RES、ADS、PAS、ADPAS 等四个模拟情景，设置详情见表 11-2。

表 11-2　模拟情景设置

情景	设置详情
RES	REference Scenario，未考虑任何适应和减排措施的对比参考情景
ADS	ADaptation Scenario，未考虑减排措施的最优适应情景
PAS	PAris agreement Scenario，即以《巴黎协定》设定的到 2100 年将全球平均升温幅度控制在 2℃以内为目标，引入最优减排政策，且不考虑适应性措施
ADPAS	ADaptation and PAris agreement Scenario，同时考虑最优适应和 2℃温控目标下的最优减排措施

注：对于定向减排情景（MIS），我们采用最宽松的"祖父效应"原则，从与 2℃升温限制目标一致的全球排放上限中获得中国的累积排放空间（Raupach et al.，2014），并通过内源性社会碳成本得到最优排放轨迹。

11.4.1　最优适应成本曲线与适应效率

基于 11.3 节校准后的参数值，可以得到 2100 年前中国气候变化的总损失、残余损失、适应成本及气候变化总成本（即适应成本与残余损失之和）间的动态演变关系，如图 11-5 所示。与总损失路径的单调递增情形不同，由于适应的作用，残余损失在 2070 年以后呈现出稳中有降的趋势，其占 GDP 的比重基本稳定在 0.75%左右；

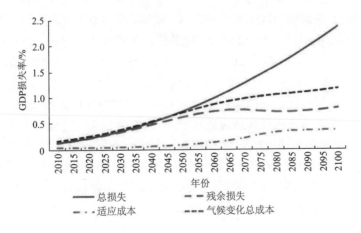

图 11-5　最优适应情景下分类气候损失的动态演变路径

但残余损失路径在后期并不是单调递减的，随着适应投资力度的放缓，残余损失呈现一定程度的回弹。从模拟结果看，残余损失占 GDP 的比重从 2070 年的 0.76%，降至 2085 年的 0.72%，到 2100 年再回弹到 0.8%。此外，在整个考察期内，气候变化总成本是持续增长的，其占 GDP 的比重相应地从 2050 年的 0.71% 到 2100 年的 1.17%。

　　从累计损失的分布情况来看，残余损失与总损失间的差距随时间显著增大，2050 年时，两者间的差值仅为 0.03 个百分点，而到 2100 年，累计残余损失将比累计总损失低 0.23 个百分点（图 11-6）。这主要是因为早期的适应性投资力度有限，且存量适应投资避免气候变化损失的效果具有明显的滞后性；到后期，随着最优适应投资的快速增长以及适应存量资本的累积，适应努力转化为不断提高的气候变化保护水平，继而引起气候损失的显著下降。由此可见，适应效果的充分发挥需要适应相关的投资活动尽早开始，无论是全球层面还是区域层面，该结论都是一致的（Agrawala et al.，2011）。

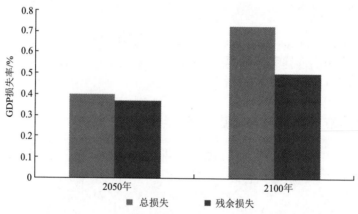

图 11-6　累计总损失与残余损失的分布（取贴现率为 5%）

　　图 11-7 给出了中国的最优适应成本曲线，横轴为适应保护水平，纵轴表示适应总成本占 GDP 的百分比。从图中可以看出，随着适应投资成本的增加，适应保护水平也呈现出显著的单增态势，从初期的 0.01 增长至 2050 年的 0.15，再到 2100 年的 0.66；考察期内的平均保护水平为 0.28，这意味着在最优适应背景下，最优的适应努力平均可以避免 28% 的气候变化损失，这一结果低于 de Bruin 等（2009）评估的全球尺度上的结果（33%）。显然，即使不考虑任何适应性限制，到 21 世纪末，适应保护水平也未能达到 100%，这说明依靠单独的适应措施是无法完全避免气候变化带来的损害的（de Bruin and Dellink，2011）。事实上，与减排行动相比，适应行动可理解为人类应对气候变化的一种"妥协的努力"，因为它无关乎排放控制，也无益于限制温升，过高的适应投资甚至会挤占减排投资资源，从而影响排放控制效果。

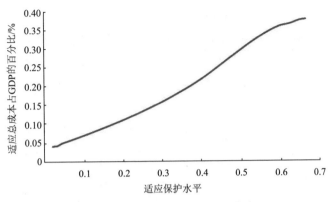

图 11-7　中国的最优适应成本曲线

　　为了分析适应行动的成本-收益情况,本节绘出了最优适应情景下的收益-成本比率曲线,如图 11-8 所示。显然,适应投资收益率的增长趋势是十分显著的,自 2050 年开始,适应行动的收益(即避免的气候变化损失)就超过了当年的投资成本,收益-成本比率达到了 1.23;随着适应行动的深入,适应收益率不断提高,到 21 世纪末,收益-成本比率升至 4.17。值得指出的是,这里评估的中国的收益-成本比率依然低于相关研究对全球最优适应情景下的估值。例如,Hope 等(1993)给出的 2000～2200 年的累计收益-成本比率为 11.7,而 PAGE2002 模型评估的收益-成本比率最高可达 60(Parry et al.,2009)。

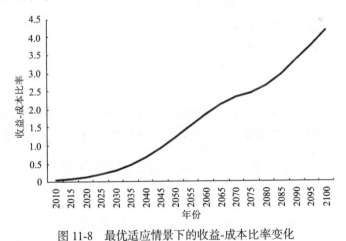

图 11-8　最优适应情景下的收益-成本比率变化

11.4.2　减排干预对最优适应效率的影响

　　本节的主要任务是讨论 2℃温控目标下最优减排行动的引入对最优适应行动效率的影响,包括残余损失和气候变化成本路径的变化以及行动收益率的比较。在此之前,先了解一下最优减排行动下中国的排放路径的演变和控排率的变化情况,如图 11-9 所示。参考情景下,中国的碳排放曲线的斜率一直大于 0,直到 2045 年,同时,PAS 目标下,碳排放轨迹将显著下移,这也从侧面反映出《巴黎协定》中提出的 2℃温控目标的挑战性。此外，由于适应并不作用于排放控制，故存在适应时，碳排放路径与无适应情景基本重合。从排放控制率来看，其动态路径呈现出先增后减的驼峰型，控排力度最大的点发生在 2075 年前后，对应的排放控制率达到了 60%；此后，随着控排行动边际效率的递减，控排力度也下降，到 21 世纪末，排放控制率降至 44% 左右。

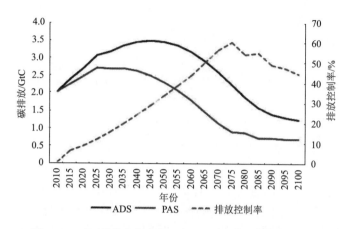

图 11-9　《巴黎协定》温控目标下中国最优的碳排放路径

　　有效的排放控制在避免气候残余损失方面的效果十分显著。如图 11-10 所示，PAS情景下，2050 年的气候变化损失将下降 26.1%，到 2100 年，损失控制率进一步升至 63.9%，此时，避免的气候损失占 GDP 的比重达到 1.56%。从图中还可以看出，在模拟的前半程，ADS 情景下的残余损失始终高于减排情景，后期（2075 年以后），随着最优适应投资的增长以及适应资本存量的累积，适应的效果愈发显著，结果是其气候残余损失低于 PAS 情景。此外，相较于单独的适应或减排政策，两者的组合政策减缓气候损失的效果最好，这点与de Bruin 等（2009）和 Agrawala 等（2011）的研究结论相一致。例如，2050 年时，ADPAS情景下的残余损失占 GDP 的比重仅为 0.46%，到 2100 年，这一数值进一步降至 0.28%，比单独的适应和减排情景分别低 0.51 个百分点和 0.57 个百分点。

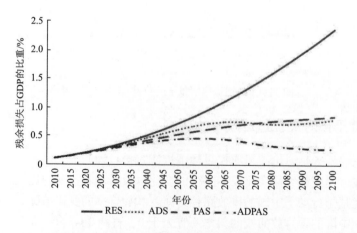

图 11-10　减排与适应对气候变化损失的影响

图 11-11（a）给出了三种政策情景下气候变化总成本的变化情况（到考察点的累计值，取贴现率为 5%）。显然，2℃温控目标下的最优减排成本要显著高于最优适应成本，这直接导致 PAS 情景下的气候变化总成本大幅度高于 ADS 情景；但减排与适应组合政策对气候变化损失的减缓效应能在很大程度上抵消高额的排放控制成本，使得 ADPAS 情景下的气候变化成本与 PAS 情景相比基本持平，特别地，到 2100 年，ADPAS 情景下的气候变化总成本甚至小幅低于 PAS 情景。图 11-11（b）～（d）分别展示了 ADS、PAS、ADPAS 情景下到 2050 年和 2100 年累计收益、成本的变化情况，这里的收益即为避免的气候变化损失的大小。从图中可以看出，适应行动的有效性（或效率）最高，尽管行动初期的较长时间内，适应成本大于相应的收益（例如，2050 年累计收益-成本比率仅为 0.586），但随着适应投资的快速增长和适应存量的累积，适应的效果逐渐显著，结果是适应行动收益大幅高于投资成本，到 2100 年，累计收益-成本比率已接近 2（图 11-11（b））。

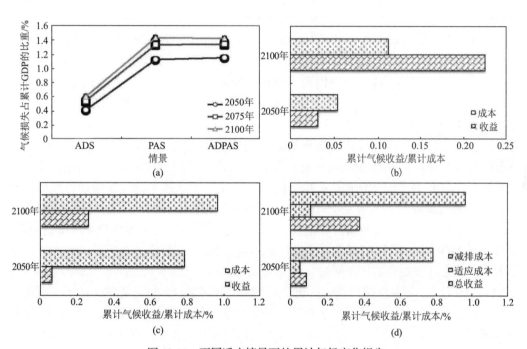

图 11-11　不同适应情景下的累计气候变化损失

相比较而言，减排是一种昂贵的应对气候损失风险的选择，图 11-11（c）显示，整个考察期内，最优减排政策的效率都较低（尽管呈上升趋势），表现为累计减排政策成本远高于其所避免的气候变化损失，即使到 21 世纪末，2℃温控目标下最优减排行动的累计收益-成本比率也仅为 0.27。这里有两点值得强调：首先，2℃温控目标实际上比当前《巴黎协定》中中国在其 NDC 中承诺的减排目标要严格得多，这直接导致基于该目标的减排成本较高，到 2100 年，累计的减排成本占 GDP 的比重达到 0.97%；其次，如果考察的时间进一步延长，减排选择的有效性将继续提高，减排的累计收益或许可以达到与累计成本相等的点，此后，减排行动变得有效率。

减排的高昂政策成本也直接导致了适应与减排组合行动的低效率，尽管行动总收益的提升在一定程度上改善了效率水平，但累计总政策成本仍远高于总收益，即使到2100年，ADPAS情景下的累计收益与累计成本的比率也仅为0.35（图11-11（d））。结合图11-11（a）的结论我们不难发现，由于气候变化过程（主要是碳循环过程）、经济结构调整以及能源技术发展与更迭的长期性，减排政策的有效性主要体现在更长时期上，如de Bruin等（2009）的结论指出，即使到2130年，适应的气候损失减缓收益依然高于减排。这同时也暗示着为较早达到减排行动的有效点，我们有必要尽早进行减排相关投资。

11.4.3　贴现率选择对政策有效性的影响

由11.3.1节的分析可知，适应和减排的效率评估结果很大程度上受到时间尺度选择的影响，而时间尺度的作用主要体现在贴现率的选择上，故此，我们有必要讨论下适应与减排的效率结果相较于不同贴现水平的稳定性。

总体上看，所有政策的有效性都将随着贴现率的提高而下降，因此，贴现率越小，气候政策的有效性越高；此外，从图11-12还可以看到，存在减排干预的情景下，政策的效率下降得更快。这主要是因为在更长的时间尺度上，相较于气候适应，减排行动应对气候变化的效率往往更高，贴现率的影响也更大。这同时也印证了de Bruin等（2009）和Bosello等（2010）的研究结论，即大的贴现率选择将削弱减排政策的有效性，继而引起最优气候政策选择从减排向适应转变。从时间尺度上看，各种气候政策的有效性随时间递增的结论相对于贴现率的变化是稳定成立的。具体地，对ADS情景而言，2100年7%的贴现率下的收益-成本比率依然达到1.48，而即使在最低的贴现率选择下，2050年的收益-成本比率也仅为0.67（图11-12（a））。对PAS情景而言，由于考察后期减排收益的快速增长，贴现率选择对政策成本的影响表现得更显著，例如，到2100年，5%的贴现率下的累计成本与2050年的数值基本持平，而同样贴现率水平下的累计收益则数倍于后者，结果是政策的收益-成本有效性至少提高了150%（图11-12（b））。在适应与减排的组合政策下，即使在7%的贴现率选择下，政策收益的增长也十分明显，且显著高于单独的减排情景，给定3%的贴现率。到2050年和到2100年的累计政策成本相当,但到2100年的累计气候收益则数倍于到2050年的收益,结果是政策的收益-成本有效性提高了150%以上（图11-12（c））。

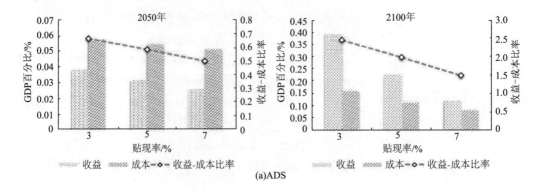

(a)ADS

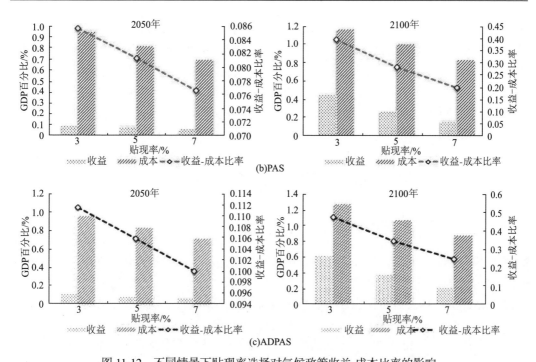

图 11-12 不同情景下贴现率选择对气候政策收益-成本比率的影响

图（a）～（c）分别表示 ADS、PAS、ADPAS 情景下，累计政策收益、成本与收益-成本比率对贴现率选择的敏感度（左右子图给出了到 2050 年和 2100 年两个时间点的结果）

11.4.4 损失函数的不确定性

损失曲线的系数也是模型不确定性的关键影响因素（Ekholm，2018），尤其是损失函数中线性项的系数（ζ_1），如图 11-13 所示，不同模型的 ζ_1 值明显不同。在此背景下，本节设计了三个情景来检验二元交叉熵（binary cross entropy，BCE）对该参数的敏感性：①基线情景（Base×1），保持参数值假设，如图 11-13 所示；②高线性损失情景（Base×10），ζ_1 从 0.0001 增加到 0.001；③更高的线性损失情景（Base×100），ζ_1 从 0.001 进一步上升到 0.01。

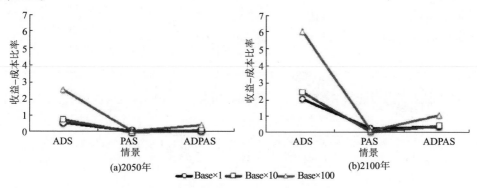

图 11-13 关键损失曲线系数对政策有效性的影响

通过上述敏感性分析，可以得到三个结果：首先，线性项系数 ζ_1 对适应、减缓以及联合行动的效益成本有很大影响，总体而言，线性趋势项的损失系数越大，政策努力的 BCE 越高。其次，与其他情况相比，适应情况下的 BCE 对 ζ_1 更敏感，从 Base×1 到 Base×100，整个模拟期间，纯适应的 BCE 将从 2 升到 6。最后，线性损失的增加对纯缓解的 BCE 的促降影响较小，而适当的干预提高了敏感性。这意味着政策努力的 BCE 相对于线性损失系数的剧烈变化是相对稳定的，即使对于最敏感的适应情况，损失系数增加百倍也只带来了 3 倍的 BCE 增加。

11.5　关键结果的可靠性分析

11.5.1　关键指标的跨模型比较：全球尺度

本章关注全球气候变化损失问题，尽管减排、适应等政策操作均是在中国化区域模型（CE3METL）中实施，但中国以外的碳排放主要来自全球尺度的 E3METL 模型，且该模型估算的全球温升路径也为中国单区域模型的温升模拟提供了校准参考。为此，我们绘出了 E3METL 模型 BAU 情景下关键指标的动态演变路径，并与当前代表性模型（主要是 DICE、RICE 和 WITCH 等）的结果予以比较，以增强本章研究结果的可信度。为了统一口径，实际比较时主要选取各模型在 BAU 情景下的模拟结果，特别地，由于 WITCH2016 设定了不同条件下的多种 BAU 情景，这里我们选取的是适度的 BAU 情景 SSP2，选取的结果比较指标主要包括全球经济增长、CO_2 排放和平均温升水平。详细的比较结果见图 11-14～图 11-16。

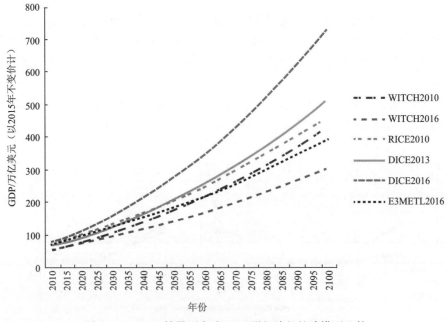

图 11-14　BAU 情景下全球 GDP 增长路径的跨模型比较

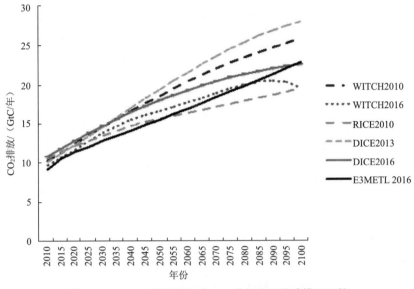

图 11-15　BAU 情景下全球 CO_2 排放路径的跨模型比较

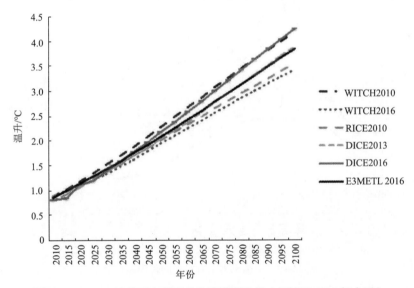

图 11-16　BAU 情景下全球温升的跨模型比较（相较于 1900 年水平）

　　从图 11-4～图 11-6 中的结果比较来看，E3METL 2016 模型的各关键指标均在其他模型结果所覆盖的范围中，其中 GDP 增长与 WITCH2010 的模拟结果最为接近；相较之下，我们的碳排放路径偏低，但依然整体高于 RICE2010 的结果，模拟后期也高于 WITCH2016 的预测路径；E3METL 2016 模拟的全球温升水平大体处于各个模型结果的中间位置，相应的变化路径高于 RICE2010 和 WITCH2016，但低于 WITCH2010 和 DICE2016 的模拟结果。

11.5.2　关键指标的跨模型比较：中国尺度

　　本章进行最优适应和减排的模拟时主要在 CE3METL 的框架内进行，为验证该模型基本结果的可靠性，本节对模型的关键性指标，即经济增长和排放轨迹进行跨模型研究，相关结果如表 11-3 和图 11-17 所示。关于经济增长的比较，除了考虑 WITCH 和 RICE 等模型的模拟结果外，本节还特别考虑了一些代表性研究机构的预测结果，包括 IEA、美国劳伦斯伯克利国家实验室（LBNL）、联合国开放计划署（UNDP）、国家发展和改革委员会能源研究所（ERI-NDRC）、清华大学（THU）等，其中 THU 给出了高、中、低三种经济增长情景，这里仅选取了中间情景的结果（ERI, 2009；UNDP, 2009；IEA, 2010；Zhou et al., 2010；清华大学, 2014）。

表 11-3　中国 GDP 增长率的跨研究比较　　　　　（单位：%）

时间	ERI-NDRC	LBNL	IEA	UNDP	THU	WITCH2010	WITCH2016	RICE2010	CE3METL
2010～2020 年	8.3	7.8	6.6	6.5	7.5	8.8	7.3	4.9	7.3
2020～2030 年	7.1	5.9	4.4	5.5	4.8	5.6	4.9	3.0	5.3
2030～2040 年	4.5	4.1	3.8	4.5	3.2	3.0	2.6	2.5	4.4
2040～2050 年	3.6	2.8	3.8	3.5	3.2	2.1	1.5	2.0	3.4

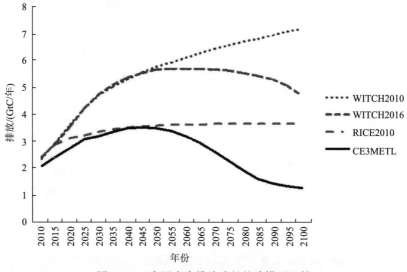

图 11-17　中国未来排放路径的跨模型比较

从表 11-3 的结果比较可以看出，WITCH 系列模型和 RICE 模型对中国经济增长的预测普遍偏低，而与 ERI、IEA、LBNL、UNDP 和 THU 的预测结果相比，CE3METL 模拟的各年份的经济增速均在这些机构预测的结果范围之内，这在很大程度上验证了模型基本设置和结果的合理性。从排放预测结果来看，WITCH 系列模型和 RICE 模型的预测结果普遍偏高，这与中国国内对排放的预期存在一定的偏差有关（何建坤，2013；郝宇等，2016；霍健等，2016；马丁和陈文颖，2016；姜克隽等，2016）。相比较而言，RICE2100 模型给出的排放路径较为合理，但后期的碳排放始终稳定在 3.6 GtC 左右，而在国家大力推动能源转型革命和非化石能源技术发展的背景下，未来的碳排放在达峰后将呈现出稳步下降的趋势。

11.6　总结与讨论

本章的贡献主要体现在两大方面：理论层面，将当前发展较为成熟的气候适应模块耦合到中国气候变化综合评估模型 CE3METL 中，构建了同时融合适应和减排机制的中国单部门 3E 系统集成模型，同时，通过结合全球尺度的 E3METL 模型，建立了在国家/区域尺度上研究全球气候变化问题的框架；应用层面，较早给出了中国的最优适应成本曲线，并对适应政策的有效性进行了系统评估，特别地，我们以《巴黎协定》官方设定的 2℃温升控制为目标，引入了最优减排政策，对比分析了适应、减排及其组合政策的动态有效性。

适应是避免气候变化损失的有效选择，整个考察期内，中国的最优适应行动平均可以避免 28%的气候相关损失，且最高的降损比率达到 66%。值得一提的是，依靠单独的适应措施不足以完全避免全球气候变化带来的损害，研究结果显示，即使不考虑任何适应性限制，到 21 世纪末，最优适应保护水平也远未及 100%。同样地，单独的减排行动也难以完全避免所有的气候相关损失，但与最优适应相比，减排选择的政策有效性显著偏低，尽管随着时间的推移其政策效率会明显提高。因此，短期来看，适应行动的效率显著高于减排行动这一全球层面成立的结果对中国而言依然成立。需要强调的是，本章的最优减排行动是在 2℃温控目标下实施的，该目标较中国在《巴黎协定》中承诺的 NDC 减排目标更加严格，由此引起的 GDP 损失较大，这在很大程度上削弱了减排政策的有效性，可以预见，若以 NDC 任务为目标，最优减排的有效水平将大为提高。

适应与减排的组合政策在避免气候变化损失方面并未呈现出"1+1≥2"的效果。从模拟结果来看，组合政策共同作用下的气候损失减缓收益远小于纯适应和纯减排情景下的政策收益之和，但依然显著高于单一政策下的结果。这一方面说明减排与适应的共同作用过程中存在着负的交互影响（主要由投资的相互挤出引起）；另一方面说明减排干预后带来的这种负的干扰性影响依然在很大程度上被其正向的气候损失减缓效益所抵消，结果是在应对气候损失风险方面，组合政策依然是效果最好的选择。

通过分析各种政策有效性对贴现率选择的敏感性，可以发现：选择的贴现水平越低，气候政策的有效性相对越高，而随着贴现水平的提高，所有政策的有效性都将下降，特别地，存在减排干预时，政策的效率下降得更快。因此，贴现率选择是影响政策有效性的重要因素，同时，这一结果也从侧面印证了 de Bruin 等（2009）和 Bosello 等（2010）的研究结论，即相较于气候适应，减排效率的往往发生在更长的时间尺度上，而时间越长受贴现率的影响越大。此外，从时间尺度上看，不论贴现水平的高低，各种气候政策的有效性都将随时间显著提高。由此可见，在评估政策在减缓气候损失方面的效果时，两个重要的因素必须考虑：政策有效性与时间尺度，且这两个因素共生相关。有效性涉及政策实施的收益和成本，这两者都是决策者和政策受众最为关注的，一般而言，只有有效水平高的政策和组合政策选择才是占优的；而时间尺度的界定显著影响政策效率的评估，尤其是对适应和减排行动的评估方面，其中贴现率选择是不可忽视的重要因素。

第12章 实现碳中和目标的技术经济
路径：国家尺度

中国政府向国际社会承诺了 2060 年前实现碳中和，随后的《中共中央 国务院关于完整准确全面贯彻新发展理念做好碳达峰碳中和工作的意见》强调了实现碳达峰、碳中和，是着力解决资源环境约束突出问题、实现中华民族永续发展的必然选择，是构建人类命运共同体的庄严承诺。已有研究表明，我国的碳中和目标与全球 1.5℃温控目标对中国的减排要求具有较高的一致性。然而，虽然当前围绕 1.5℃温控目标的研究较多，但尚缺少研究对我国碳中和实现路径进行系统综合的评估工作。特别是，我国碳中和目标的实现难度如何，是否如全球层面 1.5℃温控目标的实现一般充满挑战，通过何种政策选择可以实现？目标达成的能源技术演变场景如何，各种能源技术在该目标达成中扮演着怎样的角色？从长期来看，碳中和目标的实现是否具有经济可行性，气候挑战的应对战略是否与我们稳定的经济增长目标一致？本章将通过 CE3METL 模型来解决这一系列重要问题。

12.1 研究背景

气候变化是当前全球面临的主要挑战，它同时也孕育着能源系统变革和经济新增长的巨大推力。在此背景下，在 2020 年 9 月 22 日召开的第七十五届联合国大会一般性辩论上，中国向国际社会承诺将提高国家自主贡献力度，涉及从碳达峰到碳中和的具体目标；在随后的 12 月 12 日气候雄心峰会上，国家主席习近平进一步重申了中国达成这一目标的决心[①]。中国是全球四大排放国中首个承诺碳中和的国家，这一目标的提出，引起了世界各国和国内社会各界的广泛关注，它势必对未来我国的中长期能源转型、技术投资、碳减排规划和经济发展产生深远的影响（范英和衣博文，2021）。

UNFCCC 的统计数据显示，当前全球已有 100 多个国家或地区在相关文件中提及了碳中和，其中通过正式渠道给出官方承诺的有 29 个（包括 27 个欧盟国家），覆盖了全球 50%以上的碳排放（邓旭等，2021）。尽管各国碳中和的内涵、目标细则和推动碳中和的进度有所差异，但无不体现了全球共同应对气候变化挑战的决心（王灿和张雅欣，2020）。根据 IPCC《全球 1.5℃温升特别报告》，"碳中和"可定义为一种二氧化碳（CO_2）

---

① http://www.gov.cn/xinwen/2020-12/13/content_5569138.htm。

净零排放的状态，它通过自然或人为的 CDR 在全球范围内抵消人为 CO_2 排放来实现（IPCC，2018）。本章将基于这一定义和内涵来推进研究。

已有研究和事实表明，我国的碳中和目标与全球 1.5℃温控目标对中国的减排要求具有较高的一致性。全球层面，1.5℃温控目标要求各国共同开展实质性减排活动，将 2030 年的全球人为净排放降至 2010 年 55%的水平，并在 2050 年前后实现净零排放。国家层面，在差异化的排放预算分配情景下，1.5℃温控目标要求中国在 2060 年左右实现近零排放（段宏波和汪寿阳，2019）。由此可见，尽管当前尚缺少文献对我国碳中和的实现路径进行系统综合的评估，但围绕 1.5℃温控目标的研究较多，可以为碳中和的评估工作提供有益借鉴。考虑到当前全球平均温升已经达到 1.1℃，而目前的温室气体总排放依然在稳定增加，因此，不少研究认为 1.5℃温控目标的实现难度很大（Rogelj et al.，2015a），即使通过大规模侵入性的政策干预来强力推进，也将付出较大的社会经济代价（Méjean et al.，2019）。整体上，这一目标的实现需要立即、大规模、全部门参与的减排行动；另外，还有赖于碳基能源向低碳能源的迅速切换和 CDR 技术的快速发展，尤其是 CCS、BECCS 和 DAC 技术等（Marcucci et al.，2017）。当然，也有些观点对该目标的达成持乐观态度。特别地，若加大短期（2030 年前）的减排力度，且后期延续的低碳化进程不断加速，则 1.5℃温控目标依然可期（Schleussner et al.，2016b；Millar et al.，2017）；当然，这个过程中非碳排放的额外减排、低碳行为的形成以及能源需求的快速电气化、清洁化转变也十分重要（van Vuuren et al.，2018）。

本章将通过 CE3METL 模型来综合评估我国实现碳中和目标的政策选择及技术经济可行路径。

12.2　技术扩展的综合评估模型

碳中和目标的评估是一个长时间尺度，涉及经济、能源和环境等多个系统维度的复杂问题，IAM 是开展这一研究的强有力工具，它可以提供政策干预下经济、能源和排放关系的动态闭环反馈（段宏波等，2016）。基于此，本章将采用我国自主构建的 CE3METL 模型来综合评估我国的碳中和目标。CE3METL 是一个基于内生经济增长理论的中国单区域动态跨期优化模型，该模型由宏观经济、能源技术和气候三大主模块构成；基于政策驱动的 Logistic 多重技术扩散机制的引入是该模型最大的特点，这也使得其具备了自顶向下模型进行技术经济路径评估的能力（Duan et al.，2013）。目前该模型体系已被广泛应用于能源和气候政策的模拟与评估工作中，包括排放空间约束下中国的最优排放和碳税路径问题、能源技术替代的综合协同效益评价、减排与适应困境问题，以及《巴黎协定》目标的政策综合评估等诸多方面（Duan et al.，2016b，2019a；莫建雷等，2018）。模型的框架如图 12-1 所示。

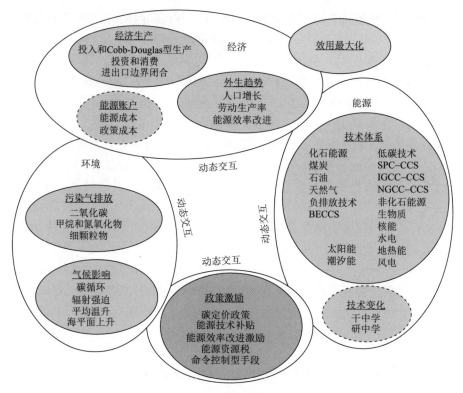

图 12-1　CE3METL 模型架构及运行示意图

　　CE3METL 模型假设系统中存在完美预期的中央计划人，其以给定偏好的社会福利最大化为目标，而福利的累积来源于代际人均消费的增加，因此，福利目标的最大化与动态消费流和排放控制力度紧密相关。不同代间的效用分配依赖于纯时间偏好和边际消费效用（或消费弹性）两个因素，而这又决定了跨期效用累积的贴现因子选择。具体地，给定消费 $C(t)$，模型的目标函数可表示如下：

$$\max_{U} \sum_{t \in T} L(t) \lg \frac{C(t)}{L(t)} \prod_{\tau=0}^{t} \left(1+v(\tau)\right)^{-\Delta t} \qquad (12\text{-}1)$$

其中，U 为效用；$v(\tau) = v_0 \cdot e^{-d_v \tau}$ 为贴现因子，v_0 为初期贴现率，d_v 为贴现率的动态递减率；Δt 为每期的年数。CE3METL 模型中的生产基于资本 $K(t)$、劳动 $L(t)$ 和能源 $E(t)$ 等投入要素，以科布-道格拉斯（Cobb-Douglas）与能源的常弹性复合函数形式进行，生产过程如下：

$$Y(t) = \left(\alpha(t) \left(K(t)^{\gamma} L(t)^{\gamma} \right)^{\rho} + \beta(t) E(t)^{\rho} \right)^{\frac{1}{\rho}} \qquad (12\text{-}2)$$

其中，$Y(t)$ 为产出；$\alpha(t)$ 和 $\beta(t)$ 分别衡量了要素生产率和 AEEI 水平；γ 为资本值份额；ρ 为替代弹性。人口增长轨迹外生给定，资本存量通过投资和消费流的优化来决定（Nordhaus，2008）。与 DICE 等其他综合评估模型一样，假设经济产出是单一的复合商品，产出的流向包括投资、消费（政府消费和居民消费）、支付能源成本和碳

排放成本以及进出口等，即

$$C(t) = Y(t) - I(t) - EC(t) - IM(t) + EX(t) \tag{12-3}$$

其中，$I(t)$ 为投资；$EC(t)$ 为能源成本；$IM(t)$ 和 $EX(t)$ 分别表示进口和出口额。

CE3METL 模型假设进口 $IM(t)$ 和出口 $EX(t)$ 随 GDP 优化路径的变化而变化，这主要通过设定进口的上界和出口的下界来实现（Kumbaroğlu et al., 2008）。能源成本 $EC(t)$ 一方面包含了能源使用成本（为化石能源成本 EC_F、低碳技术成本 EC_{LC} 和非化石能源技术成本 EC_{NF} 之和），另一方面还作为一个单独的账户来调和系统中碳税 $Ftax_i$ 和补贴 Sub_j 等政策成本，即

$$PE(t) = EC_F(t) + EC_{LC}(t) + EC_{NF}(t) \tag{12-4}$$

且

$$EC_k(t) = \begin{cases} \sum_{i \in F} S_i(t) C_i(t)(1 + Ftax_i(t)), & k = F \\ \sum_{i \in F} S_i(t) \zeta_i C_i(t)(1 + Ftax_i(t)) + \sum_{j \in LC} S_j(t) OC_j(t)(1 - Sub_j(t)), & k = LC \\ \sum_{k \in NF} S_k(t) C_k(t)(1 - Sub_k(t)), & k = NF \end{cases} \tag{12-5}$$

其中，$S_i(t)$ 为能源技术的份额；F、LC 和 NF 分别为化石能源集、低碳技术集和非化石能源技术集（具体技术清单如图 12-1 所示）；C_i 为技术 i 的使用成本；ζ_i 为低碳技术中燃料成本占比；OC_j 为除燃料成本以外的其他发电成本。

已有研究表明，严格气候目标的达成离不开低碳及负碳技术的贡献（Rogelj et al., 2018；Duan et al., 2019b）。考虑 CCS 可将 2℃温控目标下 21 世纪内的化石能源的排放预算和现有化石能源储量可开发程度翻倍（Budinis et al., 2018），因此到 2050 年，负排放技术每年可以提供 28 EJ 的电力，封存 25 亿 tCO_2，到 2100 年，这一数值将分别增至 220 EJ 和 400 亿 tCO_2（Hanssen et al., 2020）。因此，为科学评估碳中和目标的实现路径，我们急需进一步丰富 CE3METL 模型的能源技术细节，即将代表性的低碳和负排放技术纳入已有的能源技术体系中。基于此，我们改进了模型现有的能源技术体系，引进了三种低碳技术，即超临界煤电与 CCS 组合技术（SPC-CCS）、整体煤炭气化联合循环与 CCS 组合技术（IGCC-CCS）、天然气联合循环与 CCS 组合技术（NGCC-CCS），和一种负排放技术，即生物质与 CCS 组合技术（BECCS）。详细技术清单如图 12-1 所示。技术间的替代主要通过修改的 Logistic 多重能源技术替代演变机制来刻画，即

$$\frac{dS_i(t)}{dP_i(t)} = a_i(t) \, S_i(t) \left(\bar{S}_i(t) \left(1 - \sum_{j \neq i} S_j(t) \right) - S_i(t) \right) \tag{12-6}$$

且

$$P_i(t) = \begin{cases} \dfrac{C_{\text{mark}}(t)(1+\text{Ctax}(t))}{C_i(t)\big(1+\text{Ftax}_i(t)\big)}, & i \in F \\[3mm] \dfrac{C_{\text{mark}}(t)\big(1+\text{Ctax}(t)\big)}{\zeta_i C_i(t)\big(1+\text{Ftax}_i(t)\big)+\text{OC}_i(t)\big(1-\text{Sub}_i(t)\big)}, & i \in \text{LC} \\[3mm] \dfrac{C_{\text{mark}}(t)\big(1+\text{Ctax}(t)\big)}{C_i(t)\big(1-\text{Sub}_i(t)\big)}, & i \in \text{NF} \end{cases} \qquad (12\text{-}7)$$

其中，$\text{Ctax}(t)$ 为从价碳税率；$C_{\text{mark}}(t)$ 为标杆技术的单位用能成本。

给定煤炭为标杆技术，则任意两种技术间的替代均可转化为标杆技术与目标技术 i 间的替代关系，替代难易程度由参数 a_i 决定。$\overline{S}_i$ 是技术市场潜力，有 $0 \leqslant \overline{S}_i < 1$。该机制以 Logistic 技术扩散模型为基础，将技术份额关于时间的变化调整为市场份额关于相对价格的变化（即标杆技术价格与替代技术价格的比值），并巧妙地将碳税和补贴等政策的干预效果考虑在其中。此时，技术的替代演变路径取决于政策的实施力度和技术的相对成本的变化。从相对成本 $P_i(t)$ 的表达式可以看出，不同技术的政策干预方式不同，如化石能源技术按总成本从价征收碳税，低碳技术则分为两部分：化石燃料部分征收碳税，其他成本部分则从价补贴，而对非化石能源技术我们可以统一进行补贴激励。给定 $\text{Ctax}(t)$ 和 $C_{\text{coal}}(t)$ 分别为煤炭的税率和综合使用成本，则其他技术的碳税从价税率为

$$\text{Ftax}_i(t) = \frac{\text{Ctax}(t)\xi_i C_{\text{coal}}(t)}{\xi_{\text{coal}} C_i(t)}, \quad i \in F \cup \text{LC} \qquad (12\text{-}8)$$

其中，ξ_i 为相应技术的碳排放因子。根据对应技术的使用成本，可以计算出具体的碳税水平：

$$\text{Ltax}(t) = \frac{\text{Ctax}(t)C_{\text{coal}}(t)}{\xi_{\text{coal}}} \qquad (12\text{-}9)$$

技术内生化是纠正单纯的外生技术进步带来结果偏差的主要手段（Duan et al., 2013）。本章采取基于干中学效应的技术学习曲线方法来内生化技术进步。这种方法的本质是随着生产规模的扩大，生产经验或知识会逐渐累积，而知识存量的累积反过来会促进技术改进，继而降低生产或技术使用成本。因此，内生技术进步过程可以描述为

$$C_i(t) = C_i(0)\left(\frac{\text{KD}_i(t)}{\text{KD}_i(0)}\right)^{-b_i} \qquad (12\text{-}10)$$

其中，$C_i(0)$ 为替代技术的初始成本；$\text{KD}_i(t)$ 为知识资本存量，初期水平为 $\text{KD}_i(0)$；b_i 为技术 i 的学习指数，由学习率 lr_i 的指数关系确定，即 $\text{lr}_i = 1 - 2^{-b_i}$。值得注意的是，知

识资本与传统资本一样在跨期累积过程中需要考虑折旧效应，因此，当期的知识资本应当是上一期的知识存量扣减过时部分之后的净值与新增知识流之和，即

$$KD_i(t+1) = (1 - \delta_i)KD_i(t) + S_i(t+1)E(t+1) \qquad （12-11）$$

其中，δ_i 为知识资本的折旧率/过时率。

　　在全球尺度上，刻画气候系统与经济、能源系统之间的闭环反馈关系是综合评估建模的主体工作之一，这种关系包括碳循环、辐射强迫流的形成、温升响应关系以及气候反馈损害等。对于区域模型而言，我们对气候系统模块进行了简化，仅仅考虑外生的自然碳排放和内生的人为碳排放，人为碳排放可以通过加总各种含碳能源的碳含量与对应消费量的乘积得到。假定非化石能源是完全零排放的，那么人为碳排放 $Emis_{anth}$ 可以通过式（12-12）计算：

$$Emis_{anth}(t) = \left(\sum_{i \in F} \xi_i S_i(t)E(t) + \sum_{k \in LC} \xi_k S_k(t) - \xi_{be} S_{be}(t) \right) E(t) \qquad （12-12）$$

其中，ξ_i、ξ_k 和 ξ_{be} 分别为化石能源技术、低碳能源技术和负排放技术的碳排放因子；$S_{be}(t)$ 为负排放技术的份额。

12.3　数据及处理

　　本章的模型演算以 2010 年为初始年份，以 2010~2020 年为校准期，政策从 2020年开始实施，模型考察期为 2020~2060 年，以报告整个碳中和目标期的优化结果。产出、消费、投资、进出口等宏观经济数据主要来自《中国统计年鉴》，各品种的能源消费数据来自《中国能源统计年鉴》，碳排放因子来自《IPCC 2006 年国家温室气体清单指南2019 修订版》（IPCC，2019），外生的人口增长路径则根据世界银行的最新预期设定。更多的模型数据介绍和参数设定可参考段宏波等发表的文章（Duan et al.，2019b；段宏波和汪寿阳，2019）。

　　由于与之前的模型版本相比，本章模型的主要差异是重构了 CE3METL 的能源技术体系，新引入了对于碳中和目标达成可能发挥关键性作用的低排放和负排放技术，因此，这里主要介绍下这些技术的成本数据和技术参数。对于三种低碳技术，其成本由燃料成本和其他成本构成，前者随燃料（煤炭和天然气）价格的增长而增长，本章假定燃料成本（包括 CCS 耗能）平均占总供能成本的 60%，后者则包括运营成本、输配成本和 CCS运行成本（碳捕获、运输、封存及碳泄漏检测和管理成本等）。对于负排放技术 BECCS，其成本包含生物质供能和 CCS 运行成本两部分。由于化石能源和生物质等非化石能源的供能成本在 CE3METL 模型中已有较完善的设定，这里新增的成本不确定性主要来自CCS 技术。已有不少研究报告了代表性示范电厂的 CCS 成本信息（Woolf et al.，2016；Kang et al.，2020），本章对相关的数据进行了整理，如表 12-1 所示。

表 12-1　CCS 技术成本

成本	SPC-CCS	IGCC-CCS	NGCC-CCS	BECCS
发电成本	59～167	111～278	61～102	—
全链发电成本 [a]	229～703	281～814	231～638	—
运营成本	9～11	9～11	11～16	
总成本	1854.8～4855.1	3273.1～7882.7	1963.9～3218.6	2673.7～6507.7
碳捕获成本	41～62	41～62	75～95	
运输成本 [b]	4.4～7.6（陆上） 7.0～9.8（离岸）	4.4～7.6（陆上） 7.0～9.8（离岸）	4.4～7.6（陆上） 7.0～9.8（离岸）	—
碳规避成本 [c]	24～110	3～140	10～146	25～60
总成本	154.2～261.1	154.2～261.1	268.2～371.8	—
碳捕获成本	28～111	28～111	28～111	49～128
运输成本	1.3～14.8	1.3～14.8	1.3～14.8	0～25
存储监测成本 [d]	0.6～8.3	0.6～8.3	0.6～8.3	—
总成本	99.4～445.6	99.4～445.6	99.4～445.6	164.8～536.0

　　a 这里的成本包含了 CCS 富氧燃烧和碳存储成本，单位统一为美元/（MW·h）（2015 年不变价），总成本为发电与 CCS 的平准化（LCOE）成本，单位是元/t 标准煤（2010 年不变价），数据信息主要来自 Budinis 等（2018）。

　　b 本章假设碳捕集与封存点的距离平均小于 500km，管道运输的容量为 1000 万 tCO_2/年。

　　c 碳规避成本是 CCS 运行的全链成本，包括捕获、运输和存储，单位是美元/tCO_2（2015 年不变价），数据主要来自 Budinis 等（2018）和 Kang 等（2020）。

　　d 假定容量因子为 0.65～0.85，此时的固定资本成本比容量因子为 0.85 时高出约 24%，数据主要参考 Woolf 等（2016），这里的单位是美元/tCO_2（2014 年不变价），这里的总成本主要指 CCS 运营成本，不包含供能成本，计算中单位统一换算为元/tCO_2（2010 年不变价）。

　　注：运营成本单位为美元/tCO_2。

　　CE3METL 模型中的技术成本为包含供能和碳处理的平准化总成本，化石能源成本变动趋势根据资源稀缺性和历史价格波动信息外生线性设定，而碳处理成本主要通过表 12-1 中的成本信息平均化得来。其他重要的参数包括 CCS 碳捕获效率和技术学习率。对于 CCS 碳捕获效率，我们根据示范电厂的数据设定为 85%（Zhu et al.，2015），据此可以得到三种低碳能源技术的碳排放因子，而 BECCS 技术的燃烧和锻炉配置都假定为 100% 的生物质原料，尽管过程效率可能只有 24.6%，但负碳因子高达 1545 gCO_2/（kW·h）（Hanssen et al.，2020）。对于 CCS 技术学习率，传统上通常利用烟气脱硫装置的技术学习效果来设定 CCS 技术的双因素学习率，干中学和研中学过程的学习率分别估计为 7.1% 和 6.6%（Lohwasser and Madlener，2013）。Kang 等（2020）针对具体的示范电厂数据对估值进行了更新，指出 SPC-CCS、IGCC-CCS 和 NGCC-CCS 的平准化成本学习率分别为 0.024～0.084、0.088～0.182 和 0.045～0.100，本章取其中值，分别为 0.054、0.135 和 0.073。

12.4　结果和分析

　　本章设计的政策选项主要包括化石能源碳税、低碳、无碳和负碳能源技术补贴，以及碳税与补贴政策的组合选择。相应地，我们设置了几类情景，首先是参考情景，即仅考虑当前的减排政策（通过能源消费、碳排放等路径的校准来体现），而不考虑新的碳定价或补贴政策，该情景作为政策情景提供对比参考。其次是碳税政策情景，政策力度参考《巴黎协定》目标实现的政策要求。最后是补贴政策及其与碳税的组合政策情景，模型假定补贴资金来源于碳税收入。

12.4.1　参考情景结果

为保证模型政策优化结果的可信性，我们一方面需要依据历史数据对经济增长、能源消费等关键指标进行校准，另一方面通过广泛参考已有研究和专家观点设定未来的指标预期。就宏观经济而言，根据《中国统计年鉴》的数据可估计得到 2010~2015 年和 2015~2019 年的年均增速分别为 8.38%和 6.74%，考虑到 2020 年疫情对经济的冲击，预计 2015~2020 年的年均增速将低于 6.74%。据此，CE3METL 模型校准得到了 2010~2015 年和 2015~2020 年的年均 GDP 增速分别为 8.32%和 6.71%，充分反映了我国历史的经济增长状况。基于此，我们进一步对未来的经济增长路径进行了预期。我们预计 2020~2030 年的平均经济增速可达 5.68%，此后将逐步回落到 2040~2050 年的 3.25%以及 2050~2060 年的 2.72%。当前，已有不少国内外文献给出了对中国未来经济增长态势的预期，包括 UNDP、IEA、清华大学等，而从 2030 年以后的经济增长预期看，我们的结果与这些研究趋于收敛（清华大学，2014）。此外，中国工程院发布的“推动能源生产和消费革命战略研究”第一期报告表明，到 21 世纪中叶，中国的人均 GDP 将较当前增长 5~6 倍，这也与我们模型结果的 6.5 倍的预期相当，如图 12-2 所示。

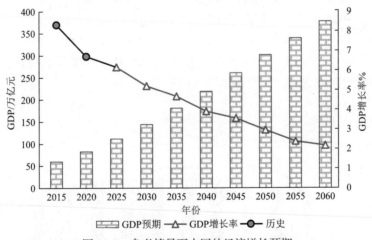

图 12-2　参考情景下中国的经济增长预期

对能源部门而言，已有多个报告的研究结果表明，中国的一次能源消费将在 2035~2045 年达峰。具体地，中国石油经济技术研究院（2017）发布的《2050 年全球和中国能源展望》报告指出，我国的一次能源消费将于 2035 年达峰，其中化石能源达峰时间为 2030 年。中国工程院能源生产与消费革命研究组的结果认为中国一次能源消费达峰时间在 2040 年前后，这与国网能源研究院有限公司发布的报告结果一致，后者预期达峰峰值为 57 亿 t 标准煤，而对应的化石能源达峰峰值约为 43 亿 t 标准煤（代红才等，2020）。

相比较而言，清华大学（2020）给出的一次能源达峰时间相对较晚，为 2050 年，对应的峰值水平也偏高，即 62 亿 t 标准煤。本章给出的能源消费预期及结构如图 12-3 所示，一次能源消费将于 2045 年左右达峰，峰值水平约为 57.5 亿 t 标准煤，而化石能源将在 2035 前后达峰，峰值为 46 亿 t 标准煤，这一结果显然在各机构的预期之中。

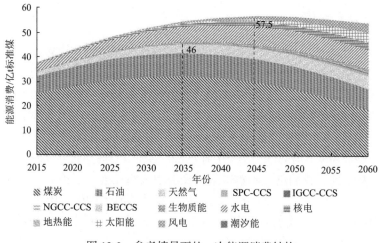

图 12-3　参考情景下的一次能源消费结构

参考情景下我国的碳排放路径如图 12-4 所示，这里的碳排放主要是由能源消费引起的，同时也包括了外生的由土地利用变化所产生的碳排放。图 12-4 也给出了参考情景下全球代表性综合评估模型对中国碳排放路径的优化结果，数据主要来自 ADVANCE 数据库（Luderer et al., 2018）。显然，除了 WITCH 和 POLES 模型的估计偏高之外，CE3METL 模型给出的碳排放路径与其他绝大多数模型的预期具有较高的一致性，且达峰时间也介于其他模型评估的 2030～2045 年，这亦在很大程度上增强了 CE3METL 模型参考情景结果的可信度。

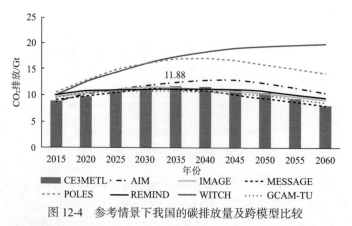

图 12-4　参考情景下我国的碳排放量及跨模型比较

12.4.2　碳定价政策的角色

排污收费政策是纠正环境外部性的有效市场手段之一，基于此，碳定价政策被广泛用于控制温室气体排放（Duan et al.，2013；莫建雷等，2018）。那么，碳定价政策能够帮助我国实现 2060 年的碳中和目标吗？为回答这一问题，我们首先需要设计差异化的碳税政策情景。根据碳定价高级别委员会的报告，要实现《巴黎协定》温升控制目标，2020 年的碳价水平要达到 40～80 美元/tCO$_2$，这一数值将进一步增至 50～100 美元/t CO$_2$（Stiglitz and Stern，2017），这些结果实际上依然远低于 2℃ 或 1.5℃ 温控目标下的最优碳价水平（Duan et al.，2019b）。基于此，本章设定了三种政策情景 T25、T40 和 T55，对应 25%、40% 和 55% 的从价碳税税率，计算可得三种情景下的碳价路径，如图 12-5 所示。不难看出，这里的初始碳价水平依然偏于保守。

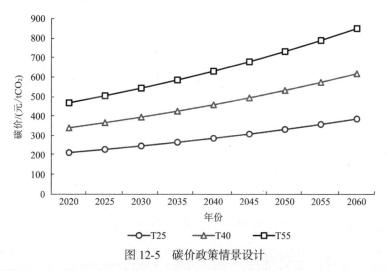

图 12-5 碳价政策情景设计

政策激励下的碳排放路径如图 12-6 所示。显然，碳定价政策可带来显著的碳减排效果，且减排幅度随着碳税政策力度的加大和时间的推移而不断增加，但三种政策作用均不足以实现中国 2060 年碳中和的目标，在最严格的碳价情景下，到 2060 年，碳排放水平可以较参考情景下降 5.6%，但依然距碳中和目标存在 36 亿 tCO$_2$ 的减排缺口。

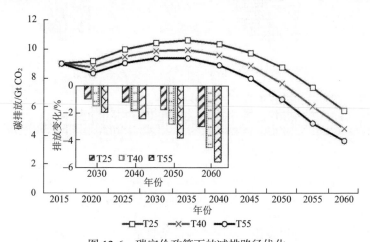

图 12-6 碳定价政策下的减排路径优化

　　那么，究竟是什么原因导致这一缺口的存在呢？是经济系统脱煤力度不足还是非化石能源发展水平不够？因此，进一步的分析需围绕不同政策情景下的能源结构演变情势展开。具体的结果展现在图 12-7 中。不难看出，碳价政策的实施显著加速了能源系统的脱煤进程，具体表现为从 2020 年政策实施开始，碳排放开始显著下降。参考情景下，2060年的煤炭需求为 19.2 亿 t 标准煤，T25 情景下，这一需求被压缩到 10.8 亿 t 标准煤，下降幅度达到 43.8%；而在更严格的 T55 情景下，煤炭需求进一步降至 3.3 亿 t 标准煤，仅占一次能源消费总量的 6.2%，经济系统接近完全脱煤。由此可见，碳价激励下，实质性的能源系统脱煤贡献了显著的减排潜力。图 12-7 也显示，碳价政策下，可再生能源技术得到了大力发展，尤其对风电和太阳能而言。T25 情景下，2060 年核电、风电和太阳能占一次能源消费的比重达到 7.9%、15.2% 和 19.8%，非化石能源消费总份额超过 64%，而在 T55 情景下，三者所占比重将分别增至 8.3%、17.5% 和 24%，对应 71% 的非化石能源消费总份额，这一数值比参考情景高出了 30% 以上。因此，碳价激励下，非化石能源发展对碳减排的贡献也是显而易见的。

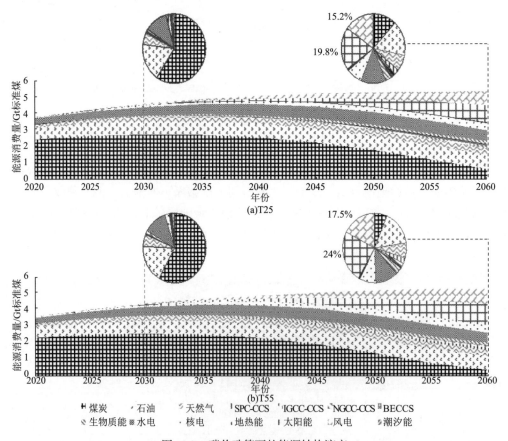

图 12-7　碳价政策下的能源结构演变

　　进一步观察图 12-7 可以发现，不同的碳价情景下，石油和天然气的消费量均保持稳定，而天然气低碳化程度较高且消费占比不大，不是残余排放的主要贡献者，那么，持续的石油消费很可能是碳减排缺口的主因。这意味着根据单位含碳量统一征税的政策模式并不能实现能源系统的脱油，如果未来的油价不出现显著高于煤炭的增长态势，长期稳定的石油消费将成为我国实现 2060 年碳中和目标的主要挑战。当然，这一结果并非仅得到本章模型的支持，也在 Duan 等（2021）的研究中获得充分的依据。具体地，在其研究中引进了国内外 8 个代表性综合评估模型的相应结果进行了分析，相关数据来自IIASA 公布的 ADVANCE 数据库和中国的模型比较项目数据库[①]。结果显示：只有 AIM和 IMAGE 模型给出了逐步下降的石油消费量，绝大多数模型下中国未来的石油消费结构趋于稳定，REMIND、GCAM-TU 和 IPAC 模型评估的石油消费份额还呈现了显著的增长。这些跨模型的结果很大程度上增强了本章的研究发现[②]。

12.4.3　非化石能源补贴政策的角色

国网能源研究院有限公司的报告认为：到 2060 年，中国的非化石能源占比可达到81%，其中风电和太阳能的贡献超过 50%。这是否意味着我们继续强化非化石能源发展可以帮助实现碳中和呢？为此，本节将在上述碳价政策情景上引入非化石能源的补贴激励，这里的非化石能源包括可再生能源、低碳和负碳能源技术，补贴的资金主要来自碳税收入。从价补贴率分别为 10%、20% 和 30%，设定依据参考莫建雷等的研究，对应 S10、S20 和 S30 三种情景。由于中等碳价情景与补贴的组合情景下，我国 2060 年的非化石能源消费份额可达到 80%，因此这里主要选取该组合情景下的结果进行讨论，即 T40S10、T40S20 和 T40S30。

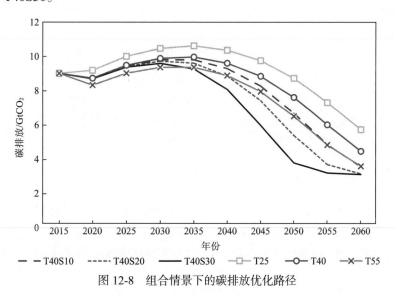

图 12-8　组合情景下的碳排放优化路径

① 作者依托中国模型比较项目组织了多个国内外综合评估模型，围绕《巴黎协定》目标展开了一系列多模型比较工作，国内的模型包括 IPAC、GCAM-TU 和 CE3METL，相应结果由各模型团队提供，国际模型结果及数据信息可参考 Vrontisi 等（2018）。

② 除了 AIM 和 IMAGE 两个模型给出了脱油结果，其他模型结果均展示了刚性的石油消费结构，这在很大程度上支持了我们的研究发现。

　　从图 12-8 不难看出，补贴政策的引入可以带来一定的减排效果（减排 13.5 亿 tCO_2)，但碳价与补贴的组合情景下，2060 年的碳排放依然没有达到近零或中和，缺口为 31 亿 tCO_2，这一结果也印证了已有研究的结论，即即使充分利用了替代能源，我国实现碳中和的负排放需求仍将高达 25 亿 t/年（焦念志，2021）。这一缺口的存在可以从三个方面来解释。首先，针对性补贴对非化石能源技术的发展激励效果是显著的，但随着时间的推移，这种效果在边际递减；其次，均等补贴下，低碳和负碳技术并没有得到跨越式发展，在补贴实施的后期，低碳技术市场份额甚至在不同程度下被其他技术挤出；最后，石油消费的刚性并未因为非化石能源补贴的激励而下降，与单纯的碳价政策下的结果类似，稳定的石油消费依然是碳中和目标难以达成的主要原因（图 12-9）。一方面，我国的石油消费集中在交通部门，难以应用 CCS 技术，另一方面，均等的补贴机制正在激励负碳技术的发展。

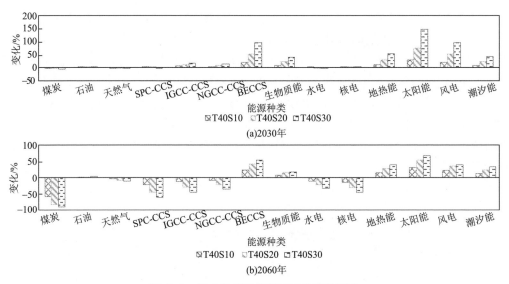

图 12-9　组合政策对能源结构演变的影响

纵坐标为组合政策下不同能源技术份额的变化，相较于参考情景

12.4.4　实现碳中和的政策选择和技术路径

　　从以上分析可知，要实现碳中和目标我们主要需要从两方面进行政策发力：其一，促进技术替代，打破石油的消费刚性；其二，为生物质能等低碳/负碳技术提供有力的政策激励。事实上，在储能技术的发展瓶颈下，风能、太阳能等可再生能源在相当长时间内也难以作为稳定的基荷能源使用，此时，生物质能与 CCS 的组合技术对同时实现能源稳定供给和减排的双重目标提供了现实可依赖的技术选择（潘家华，2020）。为此，本节引入削减石油消费的约束条件，强化非化石能源对油气的替代性。同时，调整补贴策略，一方面根据当前新能源补贴退坡的政策环境取消对所有可再生能源的补贴（林伯强和刘畅，2016）；另一方面将所有补贴预算投入到 BECCS 等负排放技术中，并设置了40%、45% 和 50% 的从价补贴情景（BE40、BE45 和 BE50）。结果显示，在此补贴力度

下，只需要引进较低的碳价政策（15%、25%和 35%，对应 T15、T25 和 T35 情景）即可填补净零排放的缺口，此时的初始碳价水平低至 128～298 元/tCO$_2$，到 2060 年每吨 CO$_2$ 的价格也仅为 231～540 元。通过对 9 种组合政策情景的比较分析，得到了成本最小框架下的三种政策选择，即 T15BE50、T25BE45 和 T35BE40。

由图 12-10 可以看出，尽管不同政策下的排放轨迹有所差异，但都可以在 2060 年之前达成碳中和愿景，并在目标年份实现 1 亿～4 亿 t 的负排放。由此可见，2030 年前碳排放达峰目标的实现与碳中和目标的达成之间或许并没有绝对的相关关系，负排放技术的实质性发展可以显著降低中短期的碳减排压力，同时也可以在很大程度上缓解对不确定的大规模发展的可再生能源技术的依赖，这一结论也与全球尺度上的研究基本一致（Gasser et al.，2015；段宏波和汪寿阳，2019）。

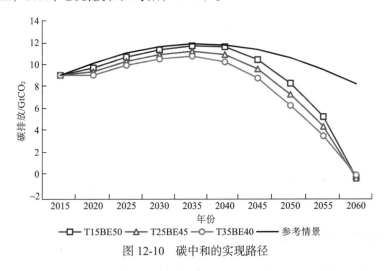

图 12-10　碳中和的实现路径

碳中和目标达成下的能源技术路径如图 12-11 所示。首先，碳中和要求化石能源从 2040 年开始实现与经济的实质性脱钩，2045 年开始非化石能源逐步主导能源市场。其次，碳中和目标与 2030 年非化石能源发展目标基本一致，届时非化石能源占一次能源消费的比重达到 24.7%～26.3%；到 2050 年非化石能源份额最高可达 75%，而到 2060 年，这一数值接近 100%，全面实现经济增长与含碳能源消费脱钩。最后，在不同的时间点，非化石能源的消费结构有所不同。2030 年，水电充当非化石能源的主力，占比超过 11.5%，其次是风电和太阳能，其份额分别为 6.1%和 4.4%，且这一结构基本能延续到 2040 年，届时三者的占比分别为 14.8%、10.9%和 10.5%（对应 T35BE40 情景）；到 2050 年，太阳能消费比重开始超过水电和风电，三者的总份额超过 55%，同时 BECCS 逐步发展起来，其供能比重最高可达 4.9%；2060 年，太阳能和风电依然是能源供给的主力，其合计份额达到 53%，其次是水电和 BECCS，对应的消费占比分别为 13.7%和 12.5%（Luderer et al.，2018；Zhang et al.，2021）。

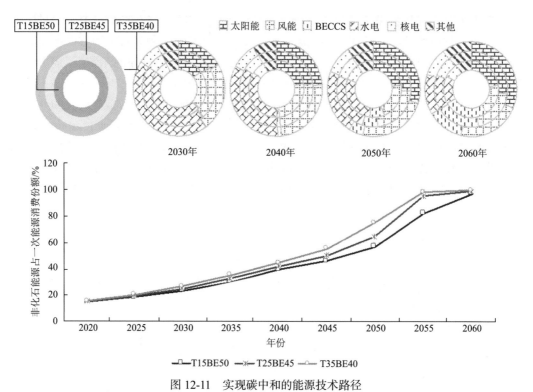

图 12-11　实现碳中和的能源技术路径

右边的四个圆环图分别给出了三种政策情景下 2030 年、2040 年、2050 年和 2060 年各种非化石能源技术的具体占比，其他能源技术主要包含三种化石能源与 CCS 的组合技术和地热、潮汐等可再生能源技术

12.4.5　达成碳中和目标的经济性分析

综合评估模型研究气候政策的最大优势是可以建立起从政策干预到排放控制目标评估，再到技术路径演变和政策成本分析的闭环反馈，特别地，政策成本是影响政策可行性的关键环节，因此也是决策者关心的重点。图 12-12 的结果显示，碳中和目标达成的即时政策成本（以 GDP 损失占比计）随时间呈现出"对钩"形，即政策实施初期的负影响较大，最高可占到 GDP 的 4%；但随着时间的推移，新能源技术获得发展空间，其成本和竞争优势将增强其对传统能源技术的替代，继而表现为经济系统对政策冲击的适应和消化程度增加以及政策成本的逐步下降。结果显示，到 2050 年前后可实现零政策成本，此后碳中和政策的影响体现为对经济发展的正向激励，且当前的政策力度越大，正向激励效果越强，到 2060 年最大的正影响可达到 GDP 的 2.4%。从总政策成本角度看，到 2060 年，碳中和政策所引起的累计经济成本占累计 GDP 的 0.3%～1.9%（以 5% 的贴现率计）。这一结果略低于清华大学评估的中国实现 1.5℃温控目标的投资成本，后者认为 1.5℃温控目标将要求中国每年的新增投资占 GDP 的比重达到 2.5%（清华大学，2020）。

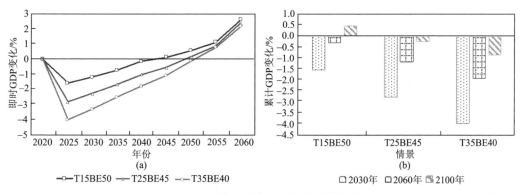

图 12-12 实现碳中和目标的政策成本

即时 GDP 变化（占当年 GDP 的百分比，相较于参考情景）；

累计 GDP 变化（占累计 GDP 的百分比，取 5% 的贴现率，相较于参考情景）

12.5 总结与讨论

中国承诺的 2060 年前实现碳中和的宏伟目标，将应对气候挑战提到了中长期的国家战略高度，这势必对未来我国的经济发展、能源转型和减排政策的制定产生深远的影响。在此背景下，对这一目标进行系统综合的评估将具有重要的现实意义。基于此，本章通过考虑对实现严格碳减排目标产生关键影响的低碳和负碳技术，改进了综合评估模型 CE3METL 的能源技术体系，并借此综合评估了我国实现 2060 年碳中和目标可能的政策选择、能源技术优化路径和政策成本，给出了有助于达成这一战略目标的政策建议。

研究首先根据历史经济增长和能源消费情势，同时考虑疫情对经济的短期影响校准并预期了我国未来的经济增长状况，指出 2020～2030 年我国年均 GDP 增速可稳定在 5.6% 以上，这一数值将逐步降至 2040～2050 年的 3.25% 和 2050～2060 年的 2.72%；到 21 世纪中叶，中国的人均 GDP 将较 2010 年增长约 6.5 倍。同时，当前的碳排放将增至 2035 年前后，这与国内外诸多代表性 IAM 的结果基本一致。

我们模拟了多种政策选择对碳中和目标的影响。研究发现，首先，单纯的碳价政策不足以帮助中国如期实现承诺的碳中和目标，即使碳价水平达到全球层面实现《巴黎协定》承诺的水平。其次，碳价与非化石能源的普惠式补贴政策组合可以在一定程度上激励能源的低碳化转型，并有效拉低碳排放轨迹，但依然不足以实现我国的碳中和目标，到 2060 年，实现净零排放的缺口仍将达到 31 亿 tCO_2。再次，研究发现了石油消费的相对刚性，其很可能成为我国实现碳中和目标的主要挑战之一。最后，碳价政策和对负排放技术的针对性补贴激励的组合可以帮助我国顺利实现碳中和，碳中和路径对碳排放达峰并没有严格的要求，但需要缩短高排放的"平台期"。

评估结果给出了碳中和目标达成情景下的能源技术路径。化石能源于 2055 年前后实现净零排放，这为大多数火电厂在生命周期内逐步退役提供了时间。研究发现了达成 2030 年非化石能源发展目标和碳中和目标的一致性，25% 的非化石能源占比要求可以作为碳中和的阶段性目标。从 2045 年开始，非化石能源主导能源市场，其消费份额最高可达 75%，而到 2060 年可基本实现 100% 的清洁能源转型，届时太阳能和风能成为能源系统的主力，可合计贡献 53% 的占比，水电的消费占比依然达到 13.7%，而负排放技术 BECCS 的占比也将达到 12.5%。从政策成本角度看，实现碳中和目标的经济代价整体上低于实现《巴黎协定》温控目标的成本，最高即时经济损失占到 GDP 的 4%，到 2060 年的累计 GDP 损失不超过 1.9%；政策成本随时间的推移而显著下降，21 世纪中叶后，我国逐步开始享受碳中和政策带来的发展红利，并进入后中和时代的经济快速增长期。

基于此，本章提出了应对中长期碳中和挑战的政策建议。首先，应该肯定中短期阶段性目标的设计和落实对实现长期气候战略目标的重要性，如 2030 年 25% 的非化石能源发展目标与 2060 年的碳中和目标具有较高的一致性，但排放达峰目标与碳中和目标并不是强因果的关系，这实际上要求相关部门充分理解相对目标与绝对目标、短中期目标与长期目标的关系，而这一关系又在很大程度上依赖于未来的技术发展状况和达成目标的政策选择。本章研究显示，未来我国的碳排放路径不一定呈现出"驼峰"形（此时越早达峰意味着实现碳中和的可能性越大）；而有可能是"平抛物线"形（此时排放达峰时间的早晚并不能决定碳中和实现的难易程度）。这意味着政府在做短中期目标实现决策时要充分依托能源技术的发展现实，以尽可能将过渡目标与长期目标的不一致程度降到最低。此外，过早的碳达峰势必会推高峰值水平，这可能会带来新的碳锁定效应，继而不利于实现长期的碳中和。

其次，研究结果并未发现非化石能源与石油消费间的自然高替代性，石油消费引起的碳排放很可能成为实现我国中长期气候政策目标的阻碍。这可以提供两点启示：其一，考虑到煤炭的高含碳量及其在能源结构中的绝对占比，当前普遍将脱碳对等到脱煤的观点并无弊病，但从长期看我们建议要将一部分注意力转移到易于被忽视的石油消费控制上。其二，我们需要在政策层面强力推动石油与非化石能源的替代，引入削减机制实现脱油；这又对应到一系列与石油消费相关的具体的行业发展政策、产业结构调整和技术变革上，如交通体系的脱油规划和氢燃料电池技术发展的政策激励等。此外，配置 CCS 技术的生物质能对石油消费的削减也具有重要意义，此时政策又需更多地关注到生物质管理和 CCS 技术发展等方面（如补贴激励方向的倾向性转移等）。

最后，政策成本不一定成为碳中和目标能否达成的主要顾虑，一方面，政策选择和组合策略对于降低政策成本十分关键，高的经济负影响主要来自于强碳价冲击，而针对性能源补贴的引入可以在保证同等目标实现的同时降低对高碳价的依赖，继而降低政策成本。另一方面，碳中和政策对经济的负影响主要体现在短中期（也即转型的阵痛期），长期来看，经济系统最终将享受到技术变革和结构调整带来的红利，实现后中和时代的绿色高质量增长。

尽管本章较早基于系统集成模型对我国碳中和目标进行了闭环式综合评估，得到了有意义的新发现和政策启示，但依然存在一定的局限。首先，改进的 CE3METL 模型基于可耗竭资源的稀缺性和历史价格波动趋势以线性增长的形式设定了三种主要化石能源技术的成本演化路径，未考虑能源市场波动引起的成本不确定性，这也在很大程度上影响了政策干预下非化石能源对传统能源的竞争替代。其次，考虑到石油消费主要集中在交通领域，对于移动排放源的管理存在较大的难度，因此模型中未考虑石油燃烧相关的碳捕获技术，也未引入氢储能、燃料电池等可能对交通石油消费产生关键性替代的技术选项，这使得石油削减在机制层面难以与具体技术对应。再次，本章探讨了负排放技术在碳中和目标实现中的重要角色，但生物质能的大规模发展需要权衡生物质开发潜力、土地利用、粮食和水安全等一系列相关问题，这些都有待后续研究来加强和完善。最后，本章给出的碳中和能源转型路径中，风能和光伏太阳能技术占了较大比重，但这并未考虑矿产资源的约束，而事实上，可再生能源对关键矿产资源的依赖程度远高于传统化石能源（Ali et al., 2017）。因此，矿产资源约束的引入很可能引起以风光为主体的清洁能源贡献比重的下降，这也有赖于资源约束机制下模型的发展和政策优化研究。

第13章 实现碳中和目标的技术经济路径：城市尺度

城市在应对碳中和挑战中扮演着举足轻重的角色。全球来看，城市能源需求量占能源总需求量的 67%～76%，相应的 CO_2 排放量也占到全球排放总量的 71%～76%。对中国而言，城市贡献了 85%的碳排放量，随着工业化和城镇化的进行，城市能源需求量和碳排放量也将进一步增长。基于此，本章将从城市层面探讨碳减排的成本效率，分析当前城市的碳排放结构和减排潜力，随后将评估的城市减排潜力与未来可能的减排表现相匹配，并以典型城市为例，分析不同经济发展和政策选择下实现碳中和的可行路径。

13.1 研 究 背 景

气候变化问题已成为 21 世纪人类面临的最严峻挑战之一，目前已引起世界各国的广泛关注。政府间气候变化专门委员会的《2022 年气候变化：减缓气候变化》报告表明，如果不采取紧急行动，人类无法将温升范围控制在 1.5℃之内，除非全球温室气体排放在三年内达到峰值，并在 2030 年之前减少近一半的温室气体排放，否则世界将可能受到更多的极端气候影响（IPCC，2022）。因此，减少二氧化碳(CO_2)排放已经成为全球各个国家环境治理的一个重要目标。

自《巴黎协定》以来，世界各国纷纷承诺降低自身 CO_2 排放，作为当前最大的发展中国家和 CO_2 排放量最高的国家，中国的碳减排进程对减少温室气体排放和应对气候变化具有重要意义（Duan et al.，2021）。2019 年中国的 CO_2 排放量达到全球 CO_2 排放总量的 28%，目前仍呈现出持续增长的态势（Larsen et al.，2021）。中国"双碳"目标的实现是一个涉及各个城市、地区和产业的巨大且复杂的系统性工作，也为社会经济发展和政策制定等带来了严峻的挑战。

在应对气候变化的行动中，城市无疑扮演着重要角色，城市是经济增长的关键载体，庞大的工业活动、纵横的交通设施和丰富的居民生活使其成为 CO_2 排放的最大单元（Liu et al.，2022b）。随着城镇化进程的迅速推进，为满足城市经济发展、就业增长、住房需求以及生活需要，城市能源需求量和 CO_2 排放量也在与日俱增。IPCC 第五次评估报告及相关研究表明，全球城市能源需求量占能源总需求量的 67%～76%，所产生的 CO_2 排放量占全球 CO_2 排放总量的 71%～76%，预期到 2030 年，这一数值将增至 76%（IPCC，2014a）。对中国而言，85%的 CO_2 排放量来自城市（Shan et al.，2017），其中 35 个大城市占据了总人口的 18%，并且贡献了中国近 40%的能源消耗和 CO_2 排放（Dhakal，2009）。与此同时，中国的城镇化仍在继续，城镇化率预计到 2050 年将超过 80%，城

市能源需求总量和 CO_2 排放量也将进一步增长。由此可见，城市将在国家节能减排、减缓和适应气候变化过程中发挥越来越重要的作用，以城市尤其是大中型城市为重点研究对象，进行碳减排目标设定和减排工作的推进对于中国"双碳"目标的实现尤为重要。

一方面，提高中国大中型城市碳排放效率在降低经济活动能源消耗和 CO_2 排放中扮演了重要角色，因而也在很大程度上关系到城市层面"双碳"目标的实现（Yang et al.，2018）；但不同城市间的能源消耗和 CO_2 排放情况存在显著差异（Cai et al.，2019），进而导致城市间碳减排潜力也有所不同。因此，对于大中型城市 CO_2 排放效率及其差异的准确衡量对于制定因地制宜的中长期碳减排政策至关重要。

另一方面，城市碳减排工作的推进和低碳转型路径的设计是一项长期动态的系统性工程，涉及多个方面和领域，城市未来的脱碳路径和减排表现不仅与当前碳排放情况和减排潜力有关，还会受到社会经济系统、能源环境系统以及政策系统及其未来变动的影响（Zhang et al.，2011）。因此，只有通过对城市 CO_2 排放现状和未来减排表现的交互耦合，才能进行有效的脱碳路径设计，并进一步推动中国"双碳"目标的实现。

在上述背景下，本章主要从城市层面，尤其是大中型城市层面，探讨碳减排的成本效率，并分析其在推动中国"双碳"目标实现中的角色。具体地，本章主要研究两个问题：一是中国大中型城市目前的 CO_2 排放结构和减排潜力及城市间的差异如何；二是将城市目前的减排潜力与未来可能的减排表现情况相匹配，并以典型城市为例，分析不同经济发展趋势和政策环境下实现碳中和的可行路径和可能挑战。

13.2 已有研究评述

现如今关于城市 CO_2 排放的研究中，主题主要集中在 CO_2 排放的核算、CO_2 排放影响因素分析、CO_2 排放效率分析以及 CO_2 排放情景分析等。目前学术界关于 CO_2 排放的核算方法并不统一，大多数学者根据已公布的能源使用数据测算了城市层面的 CO_2 排放量（Cai and Zhang，2014；Guan et al.，2017）。此外，Feng 等（2014）提出了基于多区域投入产出表从消费端核算 CO_2 排放的方法，并以北京市和重庆市两个大城市为例进行 CO_2 排放测算。Chen 等（2020）利用粒子群优化-反向传播（PSO-BP）算法统一美国国防气象卫星计划/卫星运行的线性扫描系统（DMSP/OLS）和 NPP/VIIRS（national polar-orbiting partnership/visible infrared imaging radiometer suit）卫星影像尺度，估算了 1997～2017 年中国 2735 个县的 CO_2 排放量。目前来看，CO_2 排放核算研究已经相对多样丰富，为进一步探索城市 CO_2 排放研究问题提供了较充分的数据基础。在此基础之上，一些学者将眼光投向于 CO_2 排放影响因素分析，进而为城市碳减排工作提供方向和思路。CO_2 排放影响因素分析研究方法主要包括考虑人口、富裕和技术的随机影响回归（stochastic impacts by regression on population，affluence，and technology，STIRPAT）模型、对数平均迪维西亚指数法（logarithmic mean Divisia index，LMDI）和拉斯佩尔（Laspeyres）指数分解模型以及计量回归模型等（Zhao et al.，2010；Chen et al.，2017b；

Zheng et al.，2019b；Fang et al.，2019a）。研究结果显示，影响 CO_2 排放的因素主要包括GDP增长和产业结构等宏观经济因素，人口增长和城镇化率等社会发展因素以及能源使用效率等技术因素（Liu and Xiao，2018）不仅能够解释城市 CO_2 排放现状，还会进一步对城市未来减排目标的实现与低碳转型路径的发展造成影响。

当前，中国大中型城市 CO_2 排放结构和减排表现及城市间的差异是城市碳减排目标设立和减排路径设计的基础，其中 CO_2 排放结构可以基于 Chen 等（2020）核算的 CO_2 排放量值进行计算比对，减排潜力则可以通过对城市 CO_2 排放效率的测算进行衡量。而未来城市在不同发展趋势和政策环境下的碳减排表现是城市低碳转型路径设计的重要依据，目前大多数学者通过能源需求和 CO_2 排放预测模型，并考虑多种 CO_2 排放影响因素及其变化情况对城市 CO_2 排放进行情景分析。有关 CO_2 排放效率测算模型、能源需求与 CO_2 排放预测模型的具体研究如下。

13.2.1　CO_2 排放效率测算模型

节能减排的关键在于降低 CO_2 排放强度、提高 CO_2 排放效率，因此，对于 CO_2 排放效率的准确测算就显得尤为重要。近些年来，CO_2 排放效率已经成为学术界的重要议题，目前关于 CO_2 排放效率的定义，国内外学者仍存在较强的争议。但是，从经济学的视角定义 CO_2 排放效率时主要有单要素碳排放效率（partial factor carbon efficiency，PFCE）和全要素碳排放效率（total factor carbon efficiency，TFCE）两个概念。Kaya 和 Yokobori（1993）首先从单要素的视角定义了 CO_2 排放效率，并称其为碳生产率，定义为一段时间内 GDP 与同期 CO_2 排放量之比。由于构造简单、数据易得等优势，许多学者都使用其代表 CO_2 排放效率（Ang and Zhang，2000；Qi et al.，2016）。

但也有学者持有不同的观点，他们认为单要素能源测算方法只考虑了能源这一种生产投入要素而忽略了其他与经济相关的生产投入要素，如劳动、资本、技术等，同时也忽略了这些投入要素之间的互补效应和替代效应，不能准确衡量决策单元的 CO_2 排放效率（Filippini and Hunt，2011）。基于此，不少学者从全要素的角度对 CO_2 排放效率展开研究。与单要素碳排放效率测算方法不同，全要素碳排放效率测算基于新古典生产理论，能够充分考虑到各生产要素之间的关系并反映经济活动的能源使用效率和 CO_2 排放效率（Chen et al.，2021）。

目前全要素碳排放效率测算方法主要有两类，一类是参数方法，其中最典型的是随机前沿分析方法（stochastic frontier approach，SFA）（Meeusen and van den Broeck，1977）。至今，仍有部分学者将其应用于决策单元的效率评估研究当中（Filippini and Hunt，2015；Marin and Palma，2017）。另一类是非参数方法，主要以数据包络分析法（data envelopment analysis，DEA）为代表（Charnes et al.，1978）。相比于 SFA，DEA 既能够更好地拟合多投入多产出的生产活动并进行效率评价，又可避免 SFA 关于模型假定和随机干扰项正态分布的强假设偏误，进一步避免参数加权的人为主观性（Molinos-Senante et al.，2015），在环境效率的评价中更受青睐，被广泛应用于不同国家、不同地区以及不同产业部门的研究中（Hu and Kao，2007；Mukherjee，2008；Honma and Hu，2008）。

在径向的 DEA 模型当中，对效率的测度允许所有的投入同比例缩减，或者是要求所有的产出同比例增加，但当存在投入和产出的非零松弛时，松弛改进的部分在效率值的测量当中并没有得到体现。因此，径向 DEA 模型往往会高估决策单元的效率。此外，在对决策单元的相对效率进行评价时，径向 DEA 模型测算的效率值在（0, 1]，有效的决策单元效率值为 1，当存在多个有效的决策单元时，并不能根据测算出的 CO_2 排放效率值对其进行进一步的比较（Song et al.，2012）。为避免径向导致的偏差并增强测算结果的可比性，Tone（2001）提出了一种非径向的 DEA 模型——基于松弛变量的超效率 DEA（slacks-based measure，SBM）模型，SBM 模型将松弛变量直接纳入目标函数，形成一种非径向非角度的效率度量方法，避免径向与角度的选择差异带来的偏差，能够更加全面客观地反映决策单元的 CO_2 排放效率。随后，Tone（2004）又进一步将非期望产出引入该模型，构建了包含非期望产出的超效率 SBM 模型，完善了对于决策单元 CO_2 排放效率的评价体系，目前该模型成为 CO_2 排放效率和碳减排成本测算的主要方法，为能源系统减排潜力分析和减排路径设计提供了重要参考（Gómez-Calvet et al.，2014;Iftikhar et al.，2016）。

13.2.2　能源需求与 CO_2 排放预测模型

尽管目前的研究已为能源系统 CO_2 排放效率及减排成本研究提供了重要的测算方法，但 CO_2 减排工作是一项复杂的动态化的系统性工程，尤其对于当前最大的发展中国家和 CO_2 排放量最高的中国，以及国家中能源需求仍然较为旺盛的大中型城市来说，减排工作任重道远。在对 CO_2 排放效率进行准确测算的基础之上，如何根据不同研究主体的 CO_2 排放效率表现及其他社会经济特征和能源政策环境变动进行低碳转型路径设计，是减排工作的重中之重。碳减排路径设计研究的核心在于对能源系统减排潜力进行分析和预测，这对于日后减排目标的设立和减排任务的分配，以及采取适宜的减排力度和措施具有重要意义。

目前已有许多可用于研究城市能源资源利用和 CO_2 排放预测的模型，从建模方案的角度来看，能源需求和 CO_2 排放预测模型可以分为自上而下模型、自下而上模型和混合模型（Turton，2008）。在具体模型选择中，学术界仍存在一定的争议，一方面，一些学者认为自上而下模型指定了能源生产和消费过程中使用的能源技术，从供给和需求两个方面分析能源生产过程，可以很好地反映价格在经济活动中的作用，显示经济主体之间的相互关系，以及经济活动对能源系统的影响，并将其应用于能源规划和宏观经济政策分析的研究中。其中，应用最广泛的自上而下模型主要包括基于一般平衡理论的 CGE 模型、基于非线性宏观经济学的能源-经济（macroeconomic，MARCRO）模型和基于计量经济学的能源-经济-环境（3E）模型等（Meng et al.，2018；Meyer and Ahlert，2019；Yuan et al.，2020）。

另一方面，部分学者指出，自上而下的能源需求与 CO_2 排放预测模型对能源技术的描述有限，导致技术进步对社会经济部门的影响可能被低估，且模型内容较为复杂，构建难度较大（Zheng et al.，2019a）。与之相比，自下而上的模型由于可以捕捉城镇与乡村和传统能源与现代能源之间的差异性，更能体现能源技术的变革及其对 CO_2 排放的影响，在区域和部门能源需求和 CO_2 排放预测研究中得到了广泛应用（Messner and Schrattenholzer，2000；Selvakkumaran and Limmeechokchai 2015；Khanna et al.，2019）。

在这些模型中，LEAP 模型不仅可以基于情景模拟对能源-环境系统进行自下而上的测算和分析，而且还拥有世界上各个国家不同技术种类的排放指标的数据，可根据所研究的具体问题，如区域类型、经济结构和能源结构等特点以及数据可获得性灵活地进行模型设置，数据输入透明度高（SEI，2011）。此外，LEAP 模型还可以详细刻画当前和未来的能源技术，适合应用于技术或政策分析，进而被广泛应用于国家、地区、城市和部门的碳减排路径研究当中。Parshall 等（2010）利用 LEAP 模型研究了美国城市地区能源消耗和 CO_2 排放情况。Ma 等（2019）通过 LEAP 模型预测了三种情景下中国京津冀地区的 CO_2 排放情况，为地区协同减排的推进奠定了基础。Huang 等（2022）建立了 LEAP-Beijing 模型，研究在中国"双碳"目标压力下，北京市节能减排路径的设计。

混合模型是自上而下和自下而上模型的结合，可以根据研究需求自由搭配自上而下和自下而上两种模型，将能源系统与宏观经济系统联系起来（Chen，2005），但通常来说混合模型对于建模能力和数据都有较高的要求，其应用具有一定的局限性。

13.2.3　文献总结与评述

现有文献已经为碳减排研究奠定了坚实的基础，但仍存在一些可以改进的空间。从研究对象上来看，无论是在对 CO_2 排放效率的测算方面还是中长期 CO_2 排放预测方面，国外学者大多是从宏观层面对多个国家或者经济体进行研究，国内学者更多地将眼光放向省级地区或者是行业部门，缺乏从更微观的城市层面进行 CO_2 排放效率的研究来细化中国碳减排任务目标和减排路径设计；从研究方法上来看，测算 CO_2 排放效率研究方法以非参数方法 DEA 模型为主，但由于 DEA 模型只能测算决策单元的效率值，无法反映出无效决策单元的改进路径，大大限制了其研究范围，而超效率 SBM 模型可以结合超效率 DEA 模型和 SBM 模型的优势，不仅可以更恰当地处理非期望产出，而且可以在有效的决策单元中进一步做出比较，因而更有利于对不同城市的 CO_2 排放效率进行评估和比较。基于过往研究的不足之处，本章采用基于非期望产出的超效率 SBM 模型和传统 SBM 模型及其对偶模型分别测算我国大中型城市的 CO_2 排放效率和边际减排成本，并建立起中国区域低碳转型路径分析模型，为我国不同区域"双碳"目标的实现提供政策建议。

13.3　研究模型及方法

本章首先通过碳减排潜力分析模型对中国大中型城市减排潜力进行评估，具体地，采用基于非期望产出的超效率 SBM 模型和传统 SBM 模型及其对偶模型分别测算我国大中型城市的 CO_2 排放效率和边际减排成本，并以此为基础构建成本效率分类矩阵对城市进行分类，分别探讨不同区域城市碳减排的成本效率及其差异。在此基础上，基于 LEAP 模型构建中国区域低碳转型路径分析模型对不同区域内典型城市的能源需求和 CO_2 排放总量及其结构进行情景分析，将城市目前的减排潜力与未来可能的减排表现情况相匹配，进一步探究不同经济发展趋势和政策环境下的城市碳中和之路。

研究方法脉络与集成框架如图 13-1 所示。

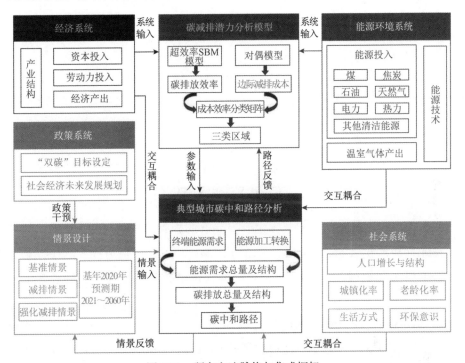

图 13-1 研究方法脉络与集成框架

13.3.1 碳减排潜力分析模型

1. 基于非期望产出的超效率 SBM 模型

在经济生产过程当中，劳动、资本和能源等投入不仅会带来经济产出，也会由于能源的消耗而产生一系列的污染物，如 CO_2 的排放。因此，为了测算中国大中型城市的 CO_2 排放效率，不仅要考虑像经济产出一般的期望产出，还要考虑 CO_2 排放等非期望产出。与传统的 DEA 模型相比，基于非期望产出的超效率 SBM 模型不仅可以解决投入产出松弛性问题，还能解决非期望产出存在下的效率分析问题。因此，Tone（2004）提出了一种新的非参数 DEA 方案进行效率评估，即考虑非期望产出的超效率 SBM 模型，模型内容如下。

假设一个经济体中有 n 个决策单元（decision making unit，DMU），每个决策单元都由投入向量 $x \in \mathbf{R}^m$，期望产出向量 $y^g \in \mathbf{R}^{s_1}$ 和非期望产出向量 $y^b \in \mathbf{R}^{s_2}$ 三部分组成，对应的矩阵分别为 X、Y^g、Y^b，具体形式如下。

$X = [x_1, \cdots, x_n] \in \mathbf{R}^{m \times n}, Y^g = [y_1^g, \cdots, y_n^g] \in \mathbf{R}^{s_1 \times n}, Y^b = [y_1^b, \cdots, y_n^b] \in \mathbf{R}^{s_2 \times n}$，假定 $X > 0$，$Y^g > 0, Y^b > 0$，那么生产可能性集可定义为

$$P = \left\{ x, y^g, y^b \mid x \geqslant X\lambda, y^g \leqslant Y^g\lambda, y^b \geqslant Y^b\lambda, \lambda \geqslant 0 \right\} \tag{13-1}$$

其中，$\lambda \in \mathbf{R}^n$，为权重变量。

基于生产可能性集定义决策单元$\left(x_0, y_0^g, y_0^b\right)$的效率值为$\rho^*$的目标函数值，根据 Tone 的 SBM 模型将非期望产出纳入评价决策单元的 SBM 模型表达式如下：

$$\text{and}\quad \rho^* = \min \frac{1 - \dfrac{1}{m}\sum_{i=1}^{m}\dfrac{S_i^-}{x_{i0}}}{1 + \dfrac{1}{s_1+s_2}\left(\sum_{r=1}^{s_1}\dfrac{S_r^g}{y_{r0}^g} + \sum_{r=1}^{s_2}\dfrac{S_r^b}{y_{r0}^b}\right)}$$

$$\begin{aligned}\text{s.t.}\quad &\text{and}\quad x_0 = X\lambda + S^- \\ &\text{and}\quad y_0^g = Y^g\lambda - S^g \\ &\text{and}\quad y_0^b = Y^b\lambda + S^b \\ &\text{and}\quad S^- \geqslant 0, S^g \geqslant 0, S^b \geqslant 0, \lambda \geqslant 0\end{aligned}\tag{13-2}$$

其中，m 为投入要素的种类数量；r 为产出要素的种类数量，包括了 s_1 种期望产出要素与 s_2 种非期望产出要素；$S=\left(S^-, S^g, S^b\right)$，$S^-$、$S^g$、$S^b$ 分别为投入的松弛量、期望产出的松弛量和非期望产出的松弛量；ρ^* 的目标函数值是决策单元的效率值，其范围为 0～1，对于给定的决策单元$\left(x_0, y_0^g, y_0^b\right)$，当且仅当 $\rho^*=1$ 即 $S^{-*}=0, S^{g*}=0, S^{b*}=0$ 时，该决策单元是有效的，如果 $\rho^*<1$，这意味着该决策单元是无效的，模型需进一步提升；模型中的下标"0"表示被评价决策单元。由于式（13-2）是非线性的，为方便计算和处理，可通过 Charnes-Cooper 变换将上述非线性方程转换为线性模式，其等价形式如下：

$$\tau^* = \min\left(t - \frac{1}{m}\sum_{i=1}^{m}\frac{S_i^-}{X_{i0}}\right)$$

$$\begin{aligned}\text{s.t.}\quad &1 = t + \frac{1}{s_1+s_2}\left(\sum_{r=1}^{s_1}\frac{S_r^g}{y_{r0}^g} + \sum_{r=1}^{s_2}\frac{S_r^b}{y_{r0}^b}\right) \\ &x_0 t = X\Lambda + S^- \\ &y_0^g t = Y^g\Lambda - S^g \\ &y_0^b t = Y^b\Lambda + S^b \\ &S^- \geqslant 0, S^g \geqslant 0, S^b \geqslant 0, \Lambda \geqslant 0, t > 0\end{aligned}\tag{13-3}$$

通常在多数情况下会存在多个决策单元达到有效率的情况，由于 SBM 模型效率值在（0，1]区间分布，有效的决策单元效率值为 1，当存在多个有效的决策单元时，并不能区分这些有效率决策单元的效率排序。然而，大中型城市作为经济发展和碳减排的中坚力量，通常会存在多个城市达到有效率的情况，而且，不同大中型城市间 CO_2 排放效率的横向比较和同一城市时间上的纵向比较对城市减排效果的衡量和减排路径设计具有重要意义。因此，为对我国大中型城市碳效率进行深入比较和减排潜力分析，本章进一步采用 Tone 于 2004 年提出的超效率 SBM 模型，允许决策单元的效率值超过 1，并引入 CO_2 排放量作为非期望产出进行城市 CO_2 排放效率的测算，模型内容如下：

$$
\delta^* = \min \frac{\dfrac{1}{m}\displaystyle\sum_{i=1}^{m}\dfrac{\overline{x}_i}{x_{i0}}}{\dfrac{1}{s_1+s_2}\left(\displaystyle\sum_{r=1}^{s_1}\dfrac{\overline{y}_r^{\mathrm{g}}}{y_{r0}^{\mathrm{g}}}+\displaystyle\sum_{r=1}^{s_2}\dfrac{\overline{y}_r^{\mathrm{b}}}{y_{r0}^{\mathrm{b}}}\right)}
$$

$$
\begin{aligned}
\text{s.t.} \quad & \overline{x} \geqslant \sum_{j=1,\neq 0}^{n} \lambda_j X_j \\
& \overline{y}^{\mathrm{g}} \leqslant \sum_{j=1,\neq 0}^{n} \lambda_j y_j^{\mathrm{g}} \\
& \overline{y}^{\mathrm{b}} \geqslant \sum_{j=1,\neq 0}^{n} \lambda_j y_j^{\mathrm{b}}
\end{aligned}
\tag{13-4}
$$

$$
\overline{x} \geqslant x_0, \overline{y}^{\mathrm{g}} \leqslant y_0^{\mathrm{g}}, \overline{y}^{\mathrm{b}} \geqslant y_0^{\mathrm{b}}, \overline{y}^{\mathrm{g}} \geqslant 0, \lambda_j \geqslant 0
$$

其中，δ^* 的目标函数值是决策单元的效率值，值的大小可以超过 1；$\overline{x}$、$\overline{y}^{\mathrm{g}}$、$\overline{y}^{\mathrm{b}}$ 分别为投入松弛量、期望产出的松弛量和非期望产出的松弛量。

以上模型都是基于规模不变的假设设定的，如果对模型增加 $\sum_{j=1}^{n}\lambda_j=1$ 的限制，则模型变为规模可变的。Zhou 和 Ang（2008）指出，规模不变的假设满足所有的生产技术，并且比规模可变的假设具有更高的识别能力，因此，本章选择基于规模报酬不变假设下的考虑非期望产出的超效率 SBM 模型作为中国大中型城市 CO_2 排放效率的测算模型。

2. 传统 SBM 模型及其对偶模型

为了从更多维度更加全面地衡量不同地区 CO_2 排放效率以及碳减排难度，为之后区域减排政策的制定和中国碳达峰碳中和的推进奠定基础，本章在 Choi 等（2012）和 Zhang 等（2011）研究的基础上，采用传统 SBM 模型的对偶模型求解 CO_2 排放的影子价格，以此来探究衡量碳减排边际成本。我们假定一个经济体当中有 n 个决策单元，考虑这样一种生产可能性集，在这个生产可能性集中，每个决策单元使用资本(k)、劳动力(l) 和能源(e) 来生产 GDP(g) 和能源消耗的副产品 CO_2 排放(c)，那么该生产可能性集可定义为

$$
P = \left\{(k,l,e,g,c):(k,l,e)\,\text{can produce}\,(g,c)\right\}
\tag{13-5}
$$

在经济生产理论中，通常假定生产可能性集 P 满足一些标准公理，例如，允许不生产并且有限的投入只能生产有限的产出，投入和期望产出可以被自由处置等。基于式（13-2）可以推导出以下模型：

$$\rho_0^* = \min \frac{1 - \frac{1}{3}\left(\frac{s_0^k}{k_0} + \frac{s_0^l}{l_0} + \frac{s_0^e}{e_0}\right)}{1 + \frac{1}{2}\left(\frac{s_0^g}{g_0} + \frac{s_0^c}{c_0}\right)}$$

$$\text{s.t.} \quad k_0 = \sum_{j=1}^{n} \lambda_j k_j + s_0^k$$

$$l_0 = \sum_{j=1}^{n} \lambda_j l_j + s_0^l$$

$$e_0 = \sum_{j=1}^{n} \lambda_j e_j + s_0^e \quad\quad (13\text{-}6)$$

$$g_0 = \sum_{j=1}^{n} \lambda_j g_j + s_0^g$$

$$c_0 = \sum_{j=1}^{n} \lambda_j c_j + s_0^c$$

$$s_0^k \geqslant 0, s_0^l \geqslant 0, s_0^e \geqslant 0, s_0^g \geqslant 0, s_0^c \geqslant 0, \lambda \geqslant 0$$

其中，k_0、l_0、e_0、g_0、c_0 分别为决策单元的资本、劳动力、能源投入和期望产出 GDP 以及非期望产出 CO_2 排放量；s_0^k、s_0^l、s_0^e 和 s_0^c 分别为资本、劳动力、能源投入和 CO_2 非期望产出的冗余量；s_0^g 为期望产出 GDP 的短缺量；下标"0"表示被评价的决策单元；下标"j"表示第 j 个决策单元。当 $\rho^* = 1$，所有冗余变量都为零时，表明被评价的决策单元是有效的。

同理可以通过 Charnes-Cooper 变换将上述非线性方程转换为线性模式，其等价形式如下：

$$\tau_0^* = \min t - \frac{1}{3}\left(\frac{S_0^k}{k_0} + \frac{S_0^l}{l_0} + \frac{S_0^e}{e_0}\right)$$

$$\text{s.t.} \quad 1 = t + \frac{1}{2}\left(\frac{S_0^g}{g_0} + \frac{S_0^c}{c_0}\right)$$

$$k_0 t = \sum_{j=1}^{n} \eta_j k_j + S_0^k$$

$$l_0 t = \sum_{j=1}^{n} \eta_j l_j + S_0^l \quad\quad (13\text{-}7)$$

$$e_0 t = \sum_{j=1}^{n} \eta_j e_j + S_0^e$$

$$g_0 t = \sum_{j=1}^{n} \eta_j g_j + S_0^g$$

$$c_0 t = \sum_{j=1}^{n} \eta_j c_j + S_0^c$$

$$S_0^k \geqslant 0, S_0^l \geqslant 0, S_0^e \geqslant 0, S_0^g \geqslant 0, S_0^c \geqslant 0, \eta \geqslant 0, t > 0$$

式（13-6）和式（13-7）中的变量满足如下关系：$\rho^* = \tau^*$，$\eta^* = \lambda^* t^*$，$S_0^{k*} = s_0^{k*} t^*$，$S_0^{l*} = s_0^{l*} t^*$，$S_0^{e*} = s_0^{e*} t^*$，$S_0^{g*} = s_0^{g*} t^*$，$S_0^{c*} = s_0^{c*} t^*$。线性变换后的模型（3）可以保证模型存在最优解 $\left(t^*, \eta^*, S^{k*}, S^{l*}, S^{e*}, S^{c*}, S^{g*} \right)$，并且可以通过线性规划的方法推导出。

CO_2 排放的影子价格可以通过式（13-8）的对偶模型测算，其对偶模型如下：

$$\sigma^* = \max \sigma$$
$$\text{s.t.}\quad \sigma + p^k k_0 + p^l l_0 + p^e e_0 - p^g g_0 + p^c c_0 = 1$$
$$-\left(\sum_{j=1}^{n} p^k k_j + \sum_{j=1}^{n} p^l l_j + \sum_{j=1}^{n} p^e e_j \right) + \sum_{j=1}^{n} p^g g_j - \sum_{j=1}^{n} p^c c_j \leqslant 0 \qquad (13\text{-}8)$$
$$p^k \geqslant \frac{1}{3}[1/k_0], p^l \geqslant \frac{1}{3}[1/l_0], p^e \geqslant \frac{1}{3}[1/e_0]$$
$$p^g \geqslant \frac{\sigma}{2}[1/g_0], p^c \geqslant \frac{\sigma}{2}[1/c_0]$$

其中，p^k、p^l、p^e、p^g 和 p^c 分别为劳动、资本、能源、GDP 以及 CO_2 排放的对偶变量；σ 为式（13-8）中目标函数对应的对偶变量。CO_2 排放的对偶变量 p^c 可以解释为 CO_2 排放的影子价格，而对偶变量 p^g 表示期望产出 GDP 的影子价格。CO_2 排放边际成本（影子价格）的具体公式如式（13-9）所示：

$$r^c = r^g \frac{p^c}{p^g} \qquad (13\text{-}9)$$

其中，r^c 为 CO_2 排放的相对影子价格，即减排成本；r^g 为期望产出 GDP 的市场价格。基于此，可以测算出中国不同大中型城市的边际减排成本并进行进一步的比较。

13.3.2　中国区域低碳转型路径分析模型

不同区域的自身禀赋、CO_2 排放效率以及边际减排成本都存在一定的差异，所以可选择的减排路径也有所不同。为进一步探究我国大中型城市减排路径设计和不同类型城市间减排潜力的差异，本章基于 LEAP 模型建立了中国区域低碳转型路径分析模型（Regional LEAP of China，以下简称 RLEAPC 模型）对中国不同区域进行长期能源替代规划。

LEAP 是一个自下而上的基于情景的能源环境建模工具，由斯德哥尔摩环境研究所和 Tellus 研究所开发（SEI，2011）。它包括能源供应、能源转换和终端能源需求等板块，旨在预测国家或地区的能源供需，并计算中长期能源使用和转换过程中的空气污染物和温室气体排放量。此外，它允许分析技术规格和最终用途的细节。采用的 LEAP 模型可分为能源需求总量、终端能源需求量、能源损失量、能源加工转换投入产出量和 CO_2 排放量五部分。

1. 能源需求总量

$$EC = ED + ET \tag{13-10}$$

其中，EC为能源需求总量，包括终端能源需求量 ED 和能源加工转换投入产出量 ET。

2. 终端能源需求量

终端能源需求量是各部门生产活动和生活活动中最终得到的能源量，各部门活动水平，如行业增加值、行业产值、人口等，与相应的能源强度相乘得到各部门的终端能源需求量。不同部门在不同情景中的发展速度和能源利用效率不同，即不同情景下拥有不同的活动水平和能源强度，因此拥有不一样的能源消耗水平和 CO_2 排放量。能源转换模块将以终端能源需求预测数据为基础，模拟能源转换过程来计算 CO_2 排放量。其计算公式为

$$ED = \sum_i ED_i \tag{13-11}$$

$$ED_i = \sum_j \sum_k AL_{kji} \times EI_{kji} \tag{13-12}$$

其中，ED_i 为部门 i 的终端能源需求量；AL_{kji} 为部门 i 使用设备 j 消费第 k 类能源的活动水平；EL_{kji} 为部门 i 使用设备 j 消费第 k 类能源的单位经济活动水平的能源消耗量。

3. 能源损失量

能源损失量是一定时期内能源在输送、分配、储存过程中发生的，以及由其他客观原因造成的各种损失的总量。能源传输效率会影响能源传输过程中的能源损失量，进一步影响整个能源系统中的 CO_2 排放量，能源损失量的具体计算公式如下：

$$EL_k = \frac{ED_k}{ER_k} \times LR_k \tag{13-13}$$

$$ER_k = 1 - LR_k \tag{13-14}$$

其中，ED_k 和 EL_k 分别为第 k 种能源的终端需求量和损失量；ER_k 和 LR_k 分别为第 k 种能源的传输效率和传输过程中的损失率。

4. 能源加工转换投入产出量

能源加工转换部门中不同加工转换过程中的各种能源投入之和与过程中各种能源产出之和的差值称为加工转换投入产出量。能源加工转换效率直接影响到加工转换部门的用能量，进一步影响到整个能源系统的 CO_2 排放量。本章中只考虑发电、炼油和供热等能源消耗量较大的能源加工转换部门。能源加工转换情况如下：

$$ET_k^m = IT_k^m - OT_k^m \tag{13-15}$$

$$\mathrm{ET} = \sum_{k}\sum_{m}\mathrm{ET}_k^m \tag{13-16}$$

$$E^m = 1 - L^m \tag{13-17}$$

其中，ET_k^m 为第 m 种加工转换过程中第 k 种能源的加工转换投入产出量；IT_k^m 为第 m 种加工转换过程中第 k 种能源的产品投入量；OT_k^m 为第 m 种加工转换过程中第 k 种能源的产出量之和；E^m 和 L^m 分别为第 m 种加工转换过程的能源加工转换效率和能源加工转换及输送过程引起的损失率。

5. CO_2 排放量

CO_2 排放发生在终端能源需求部门和加工转换部门所消费的能源发生氧化作用时，对于终端能源需求部门，本章采用的 CO_2 排放计算公式如下：

$$\mathrm{CEF}_i = \sum_{p}\mathrm{cf}_p \cdot \sum_{j}\sum_{k}\mathrm{AL}_{kji} \cdot \mathrm{EI}_{kji} \cdot \mathrm{EF}_{kjip} \tag{13-18}$$

其中，CEF_i 为部门 i 的终端能源需求造成的 CO_2 排放总量；EF_{kjip} 为部门 i 使用设备 j 消费第 k 种能源所排放的第 p 类温室气体的量；cf_p 为第 p 类温室气体的全球变暖潜势值，用于将不同的温室气体折算为碳当量。

对于加工转换部门，本章采用的 CO_2 排放计算公式如下：

$$\mathrm{CEF}^m = \sum_{m}\mathrm{IT}_k^m \cdot \mathrm{EF}_k^m \tag{13-19}$$

其中，CEF^m 和 EF_k^m 分别为第 m 种加工转换过程中产生的 CO_2 排放量和第 k 种能源的排放因子。

CO_2 排放总量 CEF 等于终端能源需求部门和加工转换部门产生的 CO_2 排放量的加总，具体计算公式如下：

$$\mathrm{CEF} = \sum_{i}\mathrm{CEF}_i + \sum_{m}\mathrm{CEF}^m \tag{13-20}$$

其中，CEF 为 CO_2 排放总量。

13.4 指标与数据处理

13.4.1 指标选取

SBM 模型指标包括投入指标、期望产出指标和非期望产出指标三大类。借鉴前人研究（Choi et al.，2012；Gómez-Calvet et al.，2014）并参考数据的可得性，本章选取期末就业人口总数、全社会固定资产投资总额（基于 2010 年不变价水平）以及全社会居民用电量分别作为劳动投入、资本投入与能源投入。除此之外，选取各地 GDP（基于 2010

年价格水平）和城市 CO_2 排放量作为期望产出与非期望产出，构建中国大中型城市 CO_2 排放效率投入产出指标体系。

13.4.2　数据来源与处理

本章基于投入产出视角计算中国大中型城市的 CO_2 排放效率，根据国家统计局定义的 70 个大中型城市名单，考虑到部分城市数据的缺失，最终将研究对象确定为全国 65 个大中型城市，研究时间段为 2010～2017 年，从城市层面探索中国碳效率和大中型城市的减排路径。模型中投入指标和期望产出指标数据来源于《中国城市统计年鉴》（2011～2018）和相关年份各城市统计年鉴以及各城市国民经济和社会发展统计公报等。对于存在部分数据缺失的年份和城市，本章采取以上下年份的平均数补齐的方式加以处理，同时，为了消除通货膨胀带来的影响，增加不同年份之间数据的可比性，将全社会固定资产总额和各地 GDP 值平减至 2010 年。

13.5　中国大中型城市减排潜力实证分析

13.5.1　城市 CO_2 排放效率测算

本章采用基于非期望产出的超效率 SBM 模型对中国 65 个大中型城市 CO_2 排放效率进行测算，2010～2017 年平均 CO_2 排放效率测算结果如表 13-1 所示。大中型城市 CO_2 排放效率值为 0.227～1.201，跨度较大，其中深圳、常德、无锡、北京和广州五个城市的 CO_2 排放效率超过 1，而重庆、银川、兰州和贵阳等 10 个城市的 CO_2 排放效率值低于 0.4，处于较低水平。

为进一步探究不同中国大中型城市不同时期 CO_2 排放效率的差异情况，将这些城市按所在区域进行划分，并计算出历年来各个地区大中型城市 CO_2 排放效率的平均值，结果如图 13-2 所示。从 CO_2 排放效率时间分布情况来看，中国中部地区大中型城市的 CO_2 排放效率随着时间的推移缓慢增加，由 2010 年的 0.559 增加到 2016 年的 0.589。东部地区和西部地区的 CO_2 排放效率呈现出相反的变化趋势，即随着时间的推移逐渐下降。从 CO_2 排放效率空间分布情况来看，以 2010～2017 年各个地区大中型城市 CO_2 排放效率平均值为衡量标准对三个地区 CO_2 排放效率进行对比分析，发现东部地区大中型城市 CO_2 排放效率最高为 0.666，其次是中部地区为 0.569，而西部地区大中型城市 CO_2 排放效率最低为 0.433，低于平均水平。这与三个地区的经济发展模式和产业结构有关，与中西部相比，东部地区的第三产业比重较大，且近年来呈现出稳步上升的趋势，能源使用效率较高，因此 CO_2 排放效率也较高。而相对于东部和中部地区，西部地区经济建设压力较大但同时生产技术和产业结构较为落后，且能源结构当中煤炭占比较高，这些因素共同导致了西部地区较低的 CO_2 排放效率。

表 13-1　中国大中型城市 CO_2 排放效率测算结果

城市	效率值	排名	城市	效率值	排名	城市	效率值	排名
深圳	1.201	1	长春	0.598	23	郑州	0.451	45
常德	1.111	2	济宁	0.590	24	蚌埠	0.442	46
无锡	1.093	3	唐山	0.590	25	秦皇岛	0.440	47
北京	1.037	4	泸州	0.580	26	西安	0.434	48
广州	1.015	5	福州	0.577	27	厦门	0.433	49
大连	0.899	6	合肥	0.569	28	南宁	0.430	50
青岛	0.894	7	徐州	0.555	29	韶关	0.430	51
上海	0.841	8	南京	0.552	30	牡丹江	0.427	52
包头	0.834	9	锦州	0.550	31	遵义	0.409	53
长沙	0.817	10	吉林	0.548	32	惠州	0.408	54
泉州	0.806	11	南充	0.544	33	北海	0.403	55
湛江	0.761	12	天津	0.536	34	平顶山	0.397	56
烟台	0.753	13	安庆	0.529	35	昆明	0.386	57
岳阳	0.711	14	宜昌	0.529	36	乌鲁木齐	0.378	58
温州	0.706	15	杭州	0.528	37	太原	0.376	59
宁波	0.675	16	成都	0.516	38	重庆	0.372	60
扬州	0.670	17	海口	0.500	39	三亚	0.326	61
沈阳	0.657	18	石家庄	0.495	40	兰州	0.318	62
济南	0.643	19	九江	0.480	41	银川	0.302	63
哈尔滨	0.617	20	南昌	0.478	42	西宁	0.299	64
桂林	0.614	21	丹东	0.474	43	贵阳	0.227	65
武汉	0.611	22	洛阳	0.462	44	均值*	0.582	—

*此处代表全部 65 个备选城市效率值的平均值。

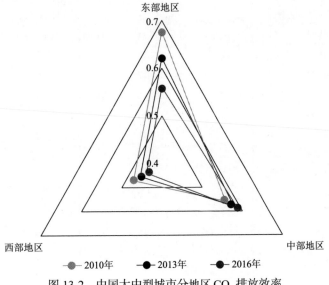

图 13-2　中国大中型城市分地区 CO_2 排放效率

13.5.2　城市边际减排成本估计

采用传统 SBM 模型的对偶模型求解 CO_2 排放的影子价格，以此来衡量碳减排边际成本。表 13-2 展示了 2010～2017 年中国大中型城市的年平均边际减排成本的绝对值及其排名情况，其中，深圳、北京和海口三个城市的边际减排成本分别为 6111.43 元、5182.75元和 5081.18 元，远远超过了其他城市，意味着每减少 1tCO_2 排放分别会造成 6111.43元、5182.75 元和 5081.18 元社会生产总值的损失。不同城市之间的边际减排成本差异较大，65 个城市的边际减排成本跨度也较大，包头市的边际减排成本最低，仅为 511.33 元。以 2003.90 元的平均值为分界线对中国大中型城市进行划分，深圳至郑州等 24 个城市的边际减排成本高于平均值，而重庆至包头等 41 个城市的边际减排成本低于平均值。这说明碳减排对于中国大部分大中型城市来说造成的经济成本相对较小，多数城市边际减排成本集中在 1000～2000 元，少部分城市的边际减排成本高于 5000 元或者低于 1000 元。

表 13-2　中国大中型城市边际减排成本　　　　（单位：元）

城市	边际减排成本	排名	城市	边际减排成本	排名	城市	边际减排成本	排名
深圳	6111.43	1	岳阳	2016.18	23	蚌埠	1513.19	45
北京	5182.75	2	郑州	2009.13	24	湛江	1474.97	46
海口	5081.18	3	重庆	1974.59	25	牡丹江	1438.44	47
福州	3478.49	4	南充	1939.89	26	扬州	1408.24	48
厦门	3388.99	5	济南	1916.58	27	丹东	1365.17	49
合肥	3377.71	6	徐州	1912.88	28	吉林	1353.82	50
杭州	3347.53	7	沈阳	1911.15	29	泉州	1222.38	51
泸州	3259.04	8	大连	1853.68	30	三亚	1165.16	52
广州	2843.96	9	洛阳	1852.19	31	平顶山	1162.31	53
长沙	2826.71	10	南宁	1811.14	32	北海	1156.95	54
温州	2781.90	11	昆明	1799.34	33	石家庄	1145.99	55
南京	2708.77	12	长春	1718.52	34	锦州	1119.38	56
西安	2603.40	13	乌鲁木齐	1705.47	35	无锡	1093.81	57
哈尔滨	2600.65	14	韶关	1681.62	36	唐山	1084.75	58
南昌	2499.80	15	九江	1665.96	37	遵义	1075.29	59
青岛	2447.01	16	太原	1664.44	38	兰州	995.00	60
成都	2355.29	17	惠州	1656.07	39	秦皇岛	970.61	61
武汉	2347.08	18	烟台	1624.85	40	贵阳	803.99	62
宁波	2249.21	19	济宁	1609.67	41	常德	630.14	63
天津	2246.06	20	上海	1607.13	42	银川	588.39	64
宜昌	2102.93	21	安庆	1605.46	43	包头	511.33	65
桂林	2058.19	22	西宁	1540.31	44	均值[*]	2003.90	—

*此处代表全部 65 个备选城市边际减排成本的平均值。

图 13-3 展示了中国大中型城市分地区的边际减排成本,东部地区和中部地区大中型城市边际减排成本都呈现出逐步下降的趋势,西部地区基本也如此,但是 2016 年边际减排成本稍有上升。对比分析三个地区,东部地区的边际减排成本都要高于其他两个地区,尽管西部地区大中型城市 CO_2 排放效率较低,但边际减排成本也处于较低水平,因为西部地区较东部地区来说,其产业结构、能源结构和技术进步的空间更大,因此碳减排的经济成本相对于东部经济发达地区来说也相应更低。

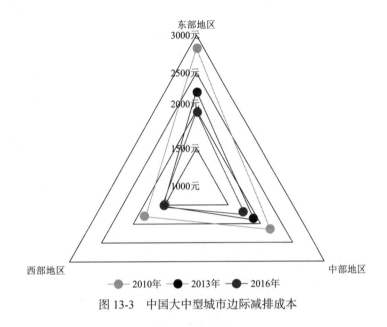

图 13-3　中国大中型城市边际减排成本

13.5.3　城市碳减排分类及其减排路径分析

参照 Wang 等（2020b）和 Yang 等（2020b）的做法,利用之前计算出的中国 65 个大中型城市的 2010～2017 年平均 CO_2 排放效率和平均影子价格即边际减排成本构建分类矩阵（图 13-4）。图中以 CO_2 排放效率和边际减排成本分别作为横纵坐标,将中国大中型城市分成三类。其中,第二象限中所有城市被分为 I 类区域,这个区域中所有城市的 CO_2 排放效率低于平均值,意味着这些城市在经济发展过程中能源使用效率不高,能源技术发展还处于较低水平,未来经济发展过程中还有较大的技术进步和低碳减排的空间。与此同时, I 类区域中所有城市的边际减排成本均高于平均水平,这说明尽管这些城市亟须提高能源使用效率,推进节能减排工作,但其每减少一吨 CO_2 排放会造成高于平均水平的社会生产总值的损失,减排工作付出的经济成本较高。对于这些城市来说,在解决 CO_2 排放与经济增长的矛盾方面未能找到较好的汇聚点,很难在短时间内大力开展减排工作,因此,可以采取较为柔和的方式,考虑一个低速率的减排路径。

处于坐标轴第三象限的所有城市被定义为 II 类区域,这个区域内城市的 CO_2 排放水平低于平均水平,但边际减排成本相对较小,说明碳减排造成的经济成本比较小,在通过能源技术进步和绿色能源发展进一步提升城市CO_2排放效率的基础之上，这些城市的减排空间较大，可以采取中高速率的减排路径。

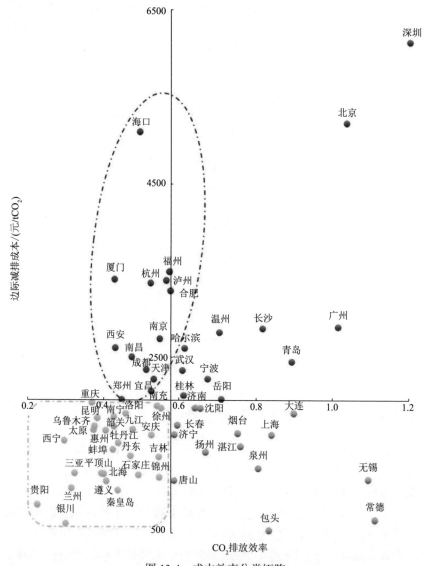

图 13-4　成本效率分类矩阵

　　除此之外，剩下的所有城市被归于Ⅲ类区域，包括坐标轴第一象限和第四象限的所有城市。对于深圳、北京、广州、长沙、青岛、岳阳、桂林七个城市来说，尽管它们的边际减排成本较高，但CO_2排放效率也较高，从技术层面来看，这些城市采取高速率的减排路径能够带来较好的减排效果。虽然这些城市的边际减排成本都高于平均水平，但这些城市的边际减排成本分布较分散，极值较大，除深圳和北京的边际减排成本高于5000元外，其他城市的边际减排成本均低于3500元，特别是桂林、岳阳和宁波等城市，其边际减排成本十分接近平均水平，能够在确保经济增长的前提下较好地推进减排工作,适合采取高速率的减排路径。深圳和北京作为中国两座超大型城市,也是"双碳"目标的领跑者,在经济发展、能源使用效率和能源结构转型中都表现出色。一方面,作为"双碳"目标的领跑者,深圳和北京必须采取高速减排路径,率先实现碳达峰碳中和的目标,引领中国其他大中型城市节能减排;另一方面,作为经济高速发展的超大型城市,深圳和北京有能力承担较高的减排成本,推进节能减排工作的进行,因此,也适合采取高速率的减排路径。处于第四象限的城市的 CO_2 排放效率较高而同时边际减排成本较低,在经济效益和技术实力方面都具有良好的减排前景,适合采用高速率的减排路径来推动城市减排工作的进行和"双碳"目标的实现。

13.6　典型城市的低碳转型路径分析

13.6.1　情景设计

根据平均 CO_2 排放效率和边际减排成本构建的分类矩阵将中国大中型城市分为三类区域,分别适应低速率、中高速率和高速率的减排路径。为进一步探究不同类型区域内城市减排路径的差异,本章从适应低速率减排路径的Ⅰ类区域和适应高速率减排路径的Ⅲ类区域中选出成都市和上海市两个大中型城市作为不同区域的代表性城市。与此同时,本章根据 LEAP 模型的模块特点和数据需求特征,以及中国区域各项能源数据的可获得性建立 RLEAPC 模型对代表性城市进行情景分析,从微观层面为中国区域减排和碳达峰碳中和目标的实现提供参考。

RLEAPC 模型以 2020 年为基期来预测 2021～2060 年不同情景下各部门能源需求和 CO_2 排放情况,设置两个模块计算能源需求量和 CO_2 排放量,即终端能源需求模块和加工转换模块,其中将终端能源需求模块分为农业、工业、建筑业、服务业、交通运输和居民生活六个部门,根据各部门的具体情况将其进一步细分为多个子部门;加工转换模块考虑发电、炼油及供热等 CO_2 排放量占比较大的部门。

根据上海市和成都市已经出台的相关政策目标对两市未来经济发展情况和节能减排潜力进行合理构想,将两市未来发展情况分为三种情景:基准情景(BAU)、减排情景(MPS)和强化减排情景(EMS),各情景的具体内涵如表 13-3 所示。本章情景设计主要考虑 GDP 增长潜力、人口增长潜力及产业结构等宏观经济因素和城市未来发展规划等政策因素。RLEAPC 模型中基年各参数数据主要来源于《城市统计年鉴》、《城市能源统计年鉴》和城市能源与 CO_2 排放相关的发展报告等。预测期内各关键假设预测值主要来源于中国以及各城市能源与 CO_2 排放相关政策和规划,并根据历史数据和政策发展目标采用平均增长量法、线性拟合和曲线拟合等方法进行设定。表 13-4 列出了模型关键假设,包括人口规模、区域 GDP 水平、城市化率及产业结构等,模型详细情景细节与参数设置见表 13-5～表 13-7。

表 13-3　情景设计与参数设定

情景名称	情景内涵
BAU （business as usual scenario）	基于过去年份各项经济和能源使用数据推导预测期城市用能发展趋势，能源需求在过去的基础上自然发展，各部门能源强度参考过去十年的平均变化率进行设置，GDP 增速和产业结构按照城市"十四五"规划设定
MPS （mitigation policy scenario）	在两市"十四五"规划的基础上，参照两市各项政策规划，综合考虑城市经济社会可持续发展，并结合能耗现状，分析城市节能减排潜力，针对上海市 2025 年实现碳达峰的目标、成都市碳中和先锋城市建设规划、我国碳达峰及碳中目标要求，采取相应的政策措施推进节能减排工作的进行
EMS（enhanced mitigation scenario）	在完成两市"十四五"政策规划下，以尽早实现城市碳达峰碳中和目标为导向，深入挖掘节能减排潜力

表 13-4　关键假设

关键假设	上海						成都					
	BAU-SH		MPS-SH		EMS-SH		BAU-CD		MPS-CD		EMS-CD	
	2025年	2060年	2025年	2060年	2025年	2060年	2025年	2060年	2025年	2060年	2025年	2060年
GDP 增长率/%	4.5	3.0	4.5	2.5	4.0	2.0	6.5	3.0	6.0	2.5	6.0	2.5
总人口/百万人	24.92	25.00	24.92	24.80	24.92	24.50	18.72	23.00	18.72	20.50	18.72	20.00
城市化率/%	90	95	90	96	90	98	80	90	80	95	80	95
第三产业/%	75.0	85.0	76.0	88.2	76.5	90.0	68.0	80.0	70.0	85.4	70.0	85.4
电力传输损失/%	4.95	4.00	4.90	3.50	4.80	2.50	4.80	4.00	4.60	3.50	4.50	3.00
发电效率/%	34.00	38.52	34.50	39.16	35.55	40.23	34.00	38.52	34.50	39.16	35.55	40.23

表 13-5　RLEAPC 的 BAU 情景中的关键假设

关键假设		BAU-SH			BAU-CD		
		2025 年	2035 年	2060 年	2025 年	2035 年	2060 年
GDP 增长率/%		4.5	3.5	3.0	6.5	5.0	3.0
总人口/百万人		24.92	25.00	25.00	18.72	23.00	23.00
城市化率 /%		90.00	91.43	95.00	80.00	86.00	90.00
产业结构	第一产业	0.30	0.24	0.10	3.15	2.48	1.40
	第二产业	24.70	21.90	14.90	29.00	25.77	18.60
	第三产业	75.00	77.86	85.00	67.85	71.75	80.00
陆地植被的碳固存价值/百万 t		16.25	16.75	18.00	25.38	26.13	28.00
CCS /%		10.25	10.75	12.00	10.25	10.75	12.00
电力传输损失/%		4.95	4.68	4.00	4.80	4.60	4.00
发电效率/%		34.00	35.29	38.52	34.00	35.29	38.52
炼油效率/%		75.57	77.35	78.00	75.57	77.35	78.00
供热效率 /%		80.10	80.75	82.00	—	—	—

表 13-6　RLEAPC 的 MPS 情景中的关键假设

关键假设		MPS-SH			MPS-CD		
		2025 年	2035 年	2060 年	2025 年	2035 年	2060 年
GDP 增长率/%		4.5	3.5	2.5	6.0	4.5	2.5
总人口/百万人		24.92	25.00	24.80	18.72	23.00	20.50
城市化率 /%		90.00	91.71	96.00	80.00	84.29	95.00
产业结构	第一产业	0.30	0.24	0.10	3.10	2.62	1.40
	第二产业	23.80	20.34	11.70	27.10	22.98	13.20
	第三产业	75.90	79.42	88.20	69.80	74.40	85.40
陆地植被的碳固存价值/百万 t		16.50	17.50	20.00	25.50	26.50	29.00
CCS /%		10.50	11.50	14.00	10.50	11.50	14.00
电力传输损失/%		4.90	4.58	3.50	4.60	4.29	3.50
发电效率/%		34.50	35.83	39.16	34.50	35.83	39.16
炼油效率/%		76.07	78.33	80.00	76.07	78.33	80.00
供热效率/%		80.25	81.88	85.00	—	—	—

表 13-7　RLEAPC 的 EMS 情景中的关键假设

关键假设		EMS-SH			EMS-CD		
		2025 年	2035 年	2060 年	2025 年	2035 年	2060 年
GDP 增长率/%		4.0	3.0	2.0	6.0	4.5	2.5
总人口/百万人		24.92	25.00	24.50	18.72	23.00	20.00
城市化率/%		90.00	92.29	98.00	80.00	84.29	95.00
产业结构	第一产业	0.30	0.24	0.10	3.10	2.62	1.40
	第二产业	23.20	19.40	9.90	27.10	22.98	13.20
	第三产业	76.50	80.36	90.00	69.80	74.40	85.40
陆地植被的碳固存价值/百万 t		16.75	18.25	22.00	25.63	26.88	30.00
CCS /%		10.83	12.50	15.00	10.83	12.50	15.00
电力传输损失/%		4.80	4.42	2.50	4.50	4.07	3.00
发电效率/%		35.55	36.89	40.23	35.55	36.89	40.23
炼油效率/%		78.00	80.00	85.00	78.00	80.00	85.00
供热效率/%		80.40	83.00	88.00	—	—	—

13.6.2　典型城市的碳中和路径分析

1. 终端能源需求量及结构

利用 RLEAPC 模型对代表性城市在三种不同情景下的长期能源需求进行预测，结果如图 13-5 所示。在基准情景下，上海市和成都市终端能源需求量都呈现逐年增长的态势。上海市 2060 年终端能源需求量由 2020 年的 14670.49 万 t 标准煤增长至 25445.94 万 t 标准煤。成都市 2060 年终端能源需求量将达到 11106.26 万 t 标准煤，较 2020 年增长 117.52%。减排情景和强化减排情景下，两市严格落实节能减排政策，统筹推进能耗双控和碳达峰行动，终端能源需求量增长速度放缓。减排情景下，上海市和成都市终端能源需求量都在 2050 年实现达峰，峰值分别为 18237.65 万 t 标准煤和 7342.16 万 t 标准煤，此后缓慢下降，到 2060 年终端能源需求量分别为 17092.55 万 t 标准煤和 7289.11 万 t 标准煤。强化减排情景下，能源清洁化转型和技术创新进程进一步推进，两市终端能源需求量增长速度进一步放缓，但上海市表现得更为突出，终端能源需求量于 2039 年实现达峰，峰值为 16661.33 万 t 标准煤，较减排情景下降 8.64%，到 2060 年进一步下降至 14576.75 万 t 标准煤，为基准情景的 57%左右。而成都市终端能源需求量仍是在 2050 年实现达峰，峰值为 6786.63 万 t 标准煤，2060 年能源需求量为 6746.06 万 t 标准煤，较峰值变化不大。

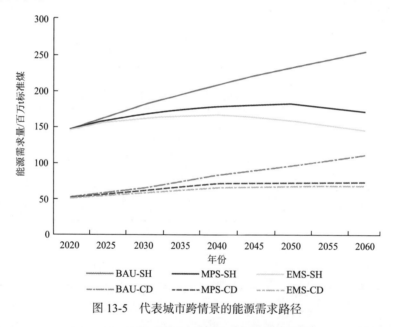

图 13-5　代表城市跨情景的能源需求路径

无论何种情景下，上海市终端能源需求量都要明显高于成都市，2020 年上海市终端能源需求量约为成都市的三倍，差值为 9564.71 万 t 标准煤，这与两市经济体量和产业特征有关。到 2060 年，基准情景下两个城市的终端能源需求量进一步增加，但由于上海市经济体量高于成都市，两者之间能源需求量的差异进一步拉大。减排情景下，差异随时间变化不明显。强化减排情景下，上海市产业结构转型和能源效率提升步伐快于成都市，这不仅体现在其终端能源需求量达峰时间早于成都市，还体现在随着时间的推移和两市节能减排进程的推进，上海市达峰后能源需求量下降幅度明显大于成都市，两者之间终端能源需求量差异的绝对值逐步缩小。到 2060 年三种情景下两市终端能源需求量差值分别为 14339.68 万 t 标准煤、9803.44 万 t 标准煤和 7830.69 万 t 标准煤。

除能源需求总量之外,两个城市三种情景下的能源需求结构也存在较大差异,图 13-6 展示了不同情景下上海市和成都市终端能源需求结构。随着能源转型政策的推进和能源技术的进步,三种情景下两市的能源结构都在不断优化,煤品、油品、焦炭等能源比重逐步下降,由于"以气代油"减排政策的推行,天然气所占比重呈现出先上升而后下降的趋势,电力占比则呈现持续增长的态势,但总体看来,上海市电气化进程快于成都市。至 2060 年,基准情景下两市终端能源需求中电力需求占比分别为 77.68% 和 69.30%,减排情景和强化减排情景下终端能源需求结构差距进一步深化,电力需求占比分别相差 12.99 个百分点和 14.39 个百分点。与基准情景相比,减排情景和强化减排情景下能源清洁化转型进程加速,同时,与减排情景相比,强化减排情景下煤品、油品和天然气等化石能源更早退出能源系统,为城市碳中和目标的实现打下了坚实基础。

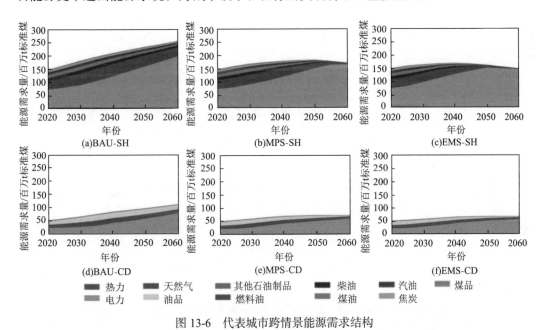

图 13-6　代表城市跨情景能源需求结构

2. 终端能源 CO_2 排放量及其结构

不同情景下的 CO_2 排放情况如图 13-7 所示。如果只延续目前的节能减排政策,基准情景下,由于城市终端能源需求量仍呈现不断上涨趋势,城市 CO_2 排放总量也会先以较快速度增长。上海和成都 CO_2 排放总量分别在 2030 年和 2035 年实现碳达峰,到 2060 年将分别下降 56.9% 和 45.8%,但离净零排放依然存在较大差距。尽管上海市 CO_2 排放达峰时间与我国 2030 年前实现碳达峰目标契合,但并没有实现上海市"十四五"规划中表明的力争于 2025 年实现碳达峰的目标,而成都市甚至无法完成 2030 年前实现碳达峰的目标。

减排情景下,上海和成都两市 CO_2 排放情况仍呈现先上升后下降的趋势,且都在 2025 年实现碳达峰,峰值分别为 22577.16 万 t 和 5283.04 万 t,完成了 2030 年碳达峰目标和目前上海市提出的 2025 年实现碳达峰的目标。达峰之后,上海市 CO_2 排放量下降速度明显大于成都市，同时，伴随着绿色技术创新发展、能源需求量总量控制以及能源结构清洁化转型等政策的推进和森林碳汇增加与碳捕集与封存技术的发展，上海市于 2056 年前实现碳中和，与之相比，成都市要晚 3 年于 2059 年前实现碳中和。

强化减排情景下两市以早日实现碳中和为政策导向，对于各个部门严格控制 CO_2 排放量，尤其是 CO_2 排放量贡献率较高的部门，同时优化能源结构，进一步降低 CO_2 排放量。因此，两市 CO_2 排放量经过短暂小幅上涨之后开始逐渐下降，在 2025 年实现碳达峰，峰值分别为 20441.36 万 t 和 4609.72 万 t，较基准情景下降超过 25% 和 44%。该情景下，两市都能早于国家层面实现碳中和，上海市于 2050 年之前实现碳中和，成都市于 2055 年之前实现碳中和，两者碳中和时间差异较减排情景进一步拉大。

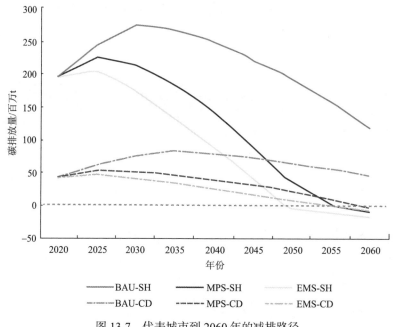

图 13-7　代表城市到 2060 年的减排路径

三种情景下，上海市和成都市的 CO_2 排放量在绝对值上存在较大差异，且碳达峰和碳中和的时间也有所不同，三种情景下上海市碳达峰时间都不晚于成都市，并且随着情景政策要求逐渐严格，两市差异进一步拉大，这与两市 CO_2 排放效率和边际减排成本有关，上海市边际减排成本低于成都市且 CO_2 排放效率高于成都市，也就意味着相比于成都市，上海市可以以较少的经济代价实现更多的减排量，因此能够更早实现碳达峰和碳中和目标。

图 13-8 展示了不同情景下上海市和成都市终端能源需求 CO_2 排放结构。从部门角度观察两市终端能源 CO_2 排放情况，发现无论在何种情景下，工业和交通运输业都是城市终端能源需求 CO_2 排放的主要贡献者。2020 年，两市工业 CO_2 排放贡献率分别约为 48% 和 45%，交通运输业 CO_2 排放贡献率分别约为 30% 和 24%，两者加总分别占据了城市近 80% 和 70% 的 CO_2 排放量，因此，要从城市层面实现碳达峰碳中和的目标，首要任务是设计好工业和交通运输业的减排路径。与之相反，由于两市第一产业占比较低，三种情

景下农业 CO_2 排放贡献率都不超过 1%，处于较低水平。除此之外，两市终端能源 CO_2 排放结构中，服务业、建筑业和居民生活的 CO_2 排放量贡献率都有所差异。从两市产业结构来看，上海市第三产业占比要高于成都市，随着产业结构的内部调整优化，三大产业结构转变，服务业增加值迅速增长，服务业 CO_2 排放量占终端能源部门 CO_2 排放量的比重也随着产业结构优化的推进逐渐上升，因此，三种情景下，上海市服务业 CO_2 排放贡献率要高于成都市。与服务业不同，上海市建筑业和居民生活 CO_2 排放量表现良好，CO_2 排放贡献率低于成都市。2020 年上海市建筑业 CO_2 排放量占比为 2.3%，低于成都市的 7.6%。不同情景下，随着能源效率的提升和绿色能源、绿色技术的发展，两市建筑业 CO_2 排放量占比都呈现出逐步下降的趋势。对于成都市来说，居民生活 CO_2 排放量贡献率约为 15%，仅次于工业和交通运输业，因此是节能减排工作的重点部门。而上海市居民生活 CO_2 排放量贡献率为 7%，不到成都市的一半。

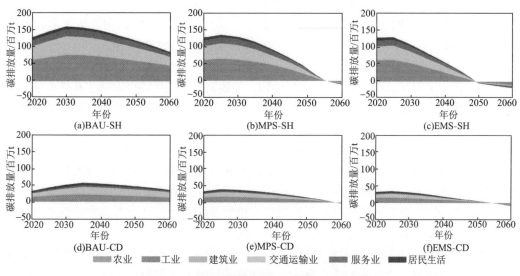

图 13-8　代表城市跨情景终端能源 CO_2 排放结构

通过 RLEAPC 模型对 I 类区域和 III 类区域的代表性城市成都市和上海市进行情景分析，发现三种情景下，上海市终端能源需求和终端能源 CO_2 排放量情况都要优于成都市。与 I 类区域内的城市相比，III 类区域内的城市在 CO_2 排放效率和边际减排成本方面存在绝对优势，能够以较小的经济代价实现更大的减排量，因此减排速度也要更快。这在 RLEAPC 模型终端能源 CO_2 排放量结果中也得到进一步证实，即无论何种情景，实现碳达峰后上海市 CO_2 排放量的下降速度都要快于成都市。此外，在采取高速率减排路径的强化减排情景下，两者减排效果的差异也表现得更为明显。

13.7　总结与讨论

本章通过碳减排潜力分析模型测算了中国大中型城市的 CO_2 排放效率和边际减

排成本，利用成本效率分类矩阵将大中型城市按照减排潜力进行分类，以为减排路径的设计提供科学的基础；随后，基于 LEAP 模型自下而上建立起中国区域低碳转型路径分析模型 RLEAPC，并基于此对不同区域内代表性城市的减排路径进行情景分析。

研究发现区域间减排潜力差异较大，且具有明显的时空分布特征。大中型城市 CO_2 排放效率值和边际减排成本测算结果跨度较大，整体呈现出东高西低的特征，且边际减排成本呈现出逐年下降的趋势。以 CO_2 排放效率和边际减排成本为分类标准可将中国大中型城市分为三大类，不同类型城市适合的减排强度不同。CO_2 排放效率较低、边际减排成本较高的城市应采取低速率的减排路径；CO_2 排放效率较低、边际减排成本也较低的城市可以根据其技术发展现状和潜力选择中高速的减排路径；而剩余所有的城市均被归于第三类，可适应较高速率的碳减排。

案例城市上海和成都的情景分析结果表明，短期内区域能耗和 CO_2 排放仍将呈现持续上升的趋势，尽管增速递减，这在很大程度上是由持续增长的终端能源需求总量决定的。跨部门看，工业和交通运输业是未来终端能源消费的主力，也是 CO_2 排放的主要贡献者，这也暗示着这两大部门在碳中和中的重要角色；从减排路径来看，能源结构转型减排潜力最大。在深度优化能源结构，加速能源清洁化转型的强化减排情景下，两市 CO_2 排放峰值分别较基准情景下降超过 25% 和 44%，都于 2025 年较早实现碳达峰，但上海市达峰后 CO_2 排放量下降速度远快于成都市，并于 2050 年实现碳中和，较成都市早 5 年。

不同减排潜力的区域的减排效果存在显著差异，且随减排力度的增加而增大。两种模型结果都表明，CO_2 排放效率较高且边际减排成本较高的区域在相同减排力度情景下的表现优于 CO_2 排放效率较低且边际减排成本也较低的区域，且随着减排政策要求的逐渐严格，两者之间的减排效果差距进一步被拉大。

实现碳达峰碳中和是一项复杂的系统性工程，也是一场广泛而深刻的经济社会变革，需要所有区域在多个领域重点发力、共同推进。但各城市的具体减排潜力和减排承受能力明显不同。根据本章的结论，我们提出了以下几点建议。

首先，因地制宜进行区域减排路径设计，加强区域间的交流合作，实现区域间节能减排优势互补。不同区域发展状况、技术水平和减排潜力存在差异，无视这些差异而开展同质的节能减排工作将无法发挥各自的减排优势，造成全国减排的总体低效率。因此，应当针对不同区域的减排潜力进行减排路径设计，在推动有条件的区域率先达峰，并积极推进开展碳中和试点的前提下，充分发掘并推广领跑区域的成功实践经验，以示范区域带动落后区域，引导区域找准实现碳达峰、碳中和的发力点，形成全国一盘棋下差异化的碳减排局面。

其次，完善地方碳市场建设，加快全国碳市场体系形成，促进不同区域间碳排放权的交易流动。区域间 CO_2 排放效率和碳减排边际成本存在显著差异，这导致了明显不同的减排难度和减排成本，碳排放权交易一方面可以降低高边际减排成本区域的减排成本，另一方面可以深入挖掘和充分利用低边际减排成本区域的减排潜力。

最后，定位重点部门，细化关键环节，落实减排任务。各级政府部门应抓住减排的重点部门和关键环节，设计好工业和交通运输业等 CO_2 排放贡献率较大部门的减排路径，细化减排任务清单，明确各减排主体各阶段的减排目标，建立基于减排目标的评价体系，切实提高减排效率，加速能源系统清洁化转型进程，为"双碳"目标的实现奠定良好的基础。

第14章 矿产资源约束下的碳中和路径重构

以光伏太阳能和风能为核心的清洁能源转型被广泛认为是实现碳中和目标的根本途径，根据 IEA 2021 年底发布的报告，中国实现碳中和将要求从 2020 年开始的未来 40 年里保证每年新增 270GW 以上的可再生能源装机容量，而这些清洁能源对矿产资源的依赖需求远高于煤炭等传统化石能源，这使得在关键性矿产资源约束下考察中国碳中和愿景下的清洁能源转型问题至关重要。基于此，本章通过考虑资源利用效率、回收率、勘探开采技术进步等影响资源使用的关键因素，设计了 4 种关键矿产的需求情景，围绕清洁能源技术发展开展供需预测和匹配分析，随后系统评估在 1.5℃和 2℃的气候目标下五个代表性的 IAM 给出的中国光伏太阳能和风能技术发展路径的可行性，接着将供不应求的金属资源约束引入到系统评估模型中，再评估碳中和目标下风能和太阳能技术的潜在贡献，并估算其排放贡献下降带来的碳排放缺口，给出资源约束下碳中和能源转型的政策建议。

14.1 研究背景

以光伏太阳能和风能为核心的清洁能源转型被广泛认为是实现《巴黎协定》温控目标和碳中和目标的根本途径，国际能源署的研究报告指出，中国实现碳中和将要求 2020~2060 年可再生能源装机容量每年新增 270GW 以上，其中太阳能和风能分别为 200GW 和 55GW 左右。然而，相较于传统化石能源系统，以风光等为主体的可再生能源系统更多依赖于矿产资源的消耗，这从资源约束的角度强调了重新审视能源转型路径的重要性。例如，陆上风力发电厂对铬（Cr）、钼（Mo）和锌（Zn）等关键矿产的需求是燃气发电厂的 9 倍；太阳能发电厂每吉瓦装机容量需要 4000t 铜（Cu），是传统发电厂需求的 4 倍（de Koning et al.，2018）。

由于这些矿产供应中断可能会造成重大的经济和环境影响，因此通常被冠以"关键"一词（Mudd，2021）。关键矿产尚未统一定义，因为不同国家或地区的矿产临界程度不同。Yan 等（2021）特别考虑了中国的工业条件对矿产进行了临界性评估，这为我们定义 20 种关键矿产提供了主要参考（矿产名称及其缩写见表 14-1）。不同清洁能源技术的矿产需求差异很大。一般来说，铜（Cu）和铝（Al）是所有电力相关技术的基石。晶体硅（c-Si）是主要的光伏技术，主要依靠硅（Si）和银（Ag）；碲化镉（CdTe）光伏电池板主要需要镉（Cd）和碲（Te），而铜铟镓硒化物（CIG）需要铟（In）、镓（Ga）和硒（Se），非晶硅（a-Si）需要硅（Si）、锗（Ge）。陆上和海上风力发电厂需要类似类型的矿产，主要是硼（B）、铬（Cr）、锰（Mn）、钼（Mo）、铌（Nb）、镍（Ni）、稀土（RE）、锡（Sn）、钒（V）和锌（Zn）。图 14-1 中展示了两种技术需要的细分矿产情况，其中 Dy、Nd、Pr 和 Tb 属于稀土元素（RE）。由此可见，两种技术的发展总共涉及 20 类矿产资源，即 Ag、Al、B、Cd、Cr、Cu、Ga、Ge、In、Mn、Mo、Nb、Ni、RE、Se、Si、Sn、Te、V 和 Zn。近年来，能源开发与关键矿产资源之间的联系越来越紧密（Nassar et al., 2016；Capellán-Pérez et al., 2020），碳中和背景下能源系统的清洁转型将显著增加对这些矿产资源的需求（Cherry et al., 2018；Greim et al., 2020）。

表 14-1　光伏和风力发电所需的矿产类型

矿产种类	清洁能源种类	细分技术
银（Ag）	光伏太阳能	c-Si
铝（Al）	光伏太阳能，风力发电	c-Si, CdTe, CIGS, a-Si, 陆上风力发电，海上风力发电
硼（B）	风力发电	陆上风力发电，海上风力发电
镉（Cd）	光伏太阳能	CdTe
铬（Cr）	风力发电	陆上风力发电，海上风力发电
铜（Cu）	光伏太阳能，风力发电	c-Si, CdTe, CIGS, a-Si, 陆上风力发电，海上风力发电
镓（Ga）	光伏太阳能	CIGS
锗（Ge）	光伏太阳能	a-Si
铟（In）	光伏太阳能	CIGS
锰（Mn）	风力发电	陆上风力发电，海上风力发电
钼（Mo）	风力发电	陆上风力发电，海上风力发电
铌（Nb）	风力发电	陆上风力发电，海上风力发电
镍（Ni）	风力发电	陆上风力发电，海上风力发电
稀土（RE）	风力发电	陆上风力发电，海上风力发电
硒（Se）	光伏太阳能	CIGS
硅（Si）	光伏太阳能	c-Si, a-Si
锡（Sn）	风力发电	陆上风力发电，海上风力发电
碲（Te）	光伏太阳能	CdTe
钒（V）	风力发电	陆上风力发电，海上风力发电
锌（Zn）	风力发电	陆上风力发电，海上风力发电

注：稀土包括镝（Dy）、钕（Nd）、镨（Pr）和铽（Tb）。

矿产需求的估计（Gervais et al., 2021）和矿产供应风险的评估（Nassar et al., 2020）已经吸引了广泛的研究和政治关注（Gulley et al., 2018）。因此，在评估全球能源快速转型时，应充分考虑资源的供应约束（Wang et al.，2019a）。虽然可能的技术进步有望降低对某些金属的需求强度（Elshkaki and Shen，2019），但是大多数研究认为，关键矿产的供应不足将限制清洁能源技术的发展（Li et al.，2020a），甚至阻碍向低碳经济的过渡（Alonso et al.，2012；de Koning et al.，2018）。具体来说，考虑到银、碲、铟和镝等矿产的资源供应，IPCC 第五次评估报告中对可再生能源发展的设想很可能是不可行的（Grandell et al.，2016）；钕、镝、铟、碲和镓的资源短缺也将限制欧盟（Moss et al.，2013a）和美国（Fishman and Graedel，2019）能源技术战略的实施。虽然现有研究指出了关键矿产在清洁能源扩张中的限制作用，但并未从资源约束角度系统评估典型的能源转型路径的可行性，尤其是碳中和愿景下中国的清洁能源转型路径。

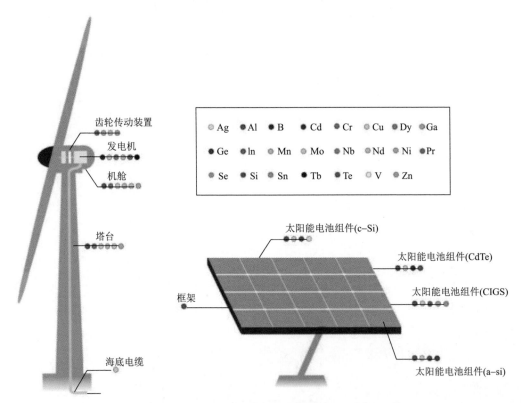

图 14-1 光伏太阳能和风能设备所依赖的矿产资源类型

14.2 模型与方法

本章构建了一个矿产资源供需匹配、IAM 综合评估和能源排放路径再评估的集成框架，这一框架由三个方法构成：首先是关键矿产资源的供给（储量和生产）预测方法，其次是基于 IAM 给出的清洁能源发展路径的矿产资源需求估算模型，最后是供需匹配分析和路径可行性判断方法。本章还给出了排放预算的再计算。

14.2.1　矿产总需求的估算

供需匹配是路径可行性分析的基础，其第一步就是要估计关联清洁能源转型的矿产资源需求，包括总需求和净需求。光伏太阳能和风能（包括陆上风能和海上风能）的总需求（TD）由式（14-1）和式（14-2）给出：

$$TD\_PV_i = capacity_i \cdot intensity_i \cdot share_i \qquad (14\text{-}1)$$

$$TD\_Wind_i = capacity_i \cdot intensity_i \qquad (14\text{-}2)$$

其中，$capacity_i$ 为第 i 年光伏太阳能或风能的装机容量；$intensity_i$ 为矿产的材料强度；$share_i$ 为光伏太阳能的四种技术的市场份额。

14.2.2　净需求的计算

为计算光伏太阳能和风能发展对矿产的净需求（ND），我们考虑了回收技术进步和设备的服役周期。已有研究表明，光伏太阳能设备的生命周期约为 25 年（Stamp et al.，2014），风力发电设备的生命周期约为 20 年（Kleijn and van der Voet，2010），据此，本章给出了净需求的计算公式，即

$$ND\_PV_i = TD\_PV_i - capacity_{i-25} \cdot intensity_{i-25} \cdot share_{i-25} \cdot RR_i \qquad (14\text{-}3)$$

$$ND\_Wind_i = TD\_Wind_i - capacity_{i-20} \cdot intensity_{i-20} \cdot RR_i \qquad (14\text{-}4)$$

其中，$capacity_{i-25}$ 和 $capacity_{i-20}$ 分别为光伏太阳能和风力发电的装机容量（覆盖了 1995～2060 年的装机容量数据）；$intensity_{i-25}$ 和 $intensity_{i-20}$ 分别为两种技术对应的材料利用强度（覆盖了 2000～2060 年的材料强度数据）；$share_{i-25}$ 为光伏太阳能技术的市场份额（覆盖了 1995～2060 年的市场份额数据）；RR_i 为矿产第 i 年的回收率。中国和全球光伏太阳能和风能的历史装机容量数据分别来自 BP、IEA 和全球风能理事会（GWEC）。而由于过去 25 年间，光伏太阳能和风能技术的发展较 2020 年之后相对缓慢，因此假设 2020 年之前 PV 技术的市场份额及矿产材料强度数据与 2020 年相同。

14.2.3　其他行业的需求计算

研究还给出了 2020～2060 年除风光发电之外的其他行业（other industries，OI）的矿产净需求量，其计算由式（14-5）给出：

$$ND\_OI_i = NMD\ per\ unit\ of\ GDP_i \cdot GDP_i \qquad (14\text{-}5)$$

其中，GDP_i 为中国或全球第 i 年的生产总值；$NMD\ per\ unit\ of\ GDP_i$ 为中国或全球单位 GDP 的净矿产需求。这种计算方法反映出其他行业在使用矿产时的效率变化，有助于准确核算一国在发展过程中不同行业对矿产的净需求量。

受限于数据可获得性，我们以其他行业对 Ag 的净需求状况和其他矿产的净需求初

始值 ND_OI_{2020} 为基础，估算其他矿产的净需求量。具体地，其他行业对 Ag 的净需求量由式（14-6）给出：

$$ND\_OI_{Agi} = \text{NMD per unit of GDP}_{Agi} \cdot GDP_i \tag{14-6}$$

由于技术进步，未来单位 GDP 的 Ag 需求呈下降趋势，其波动率记为 f。假设其他矿产的单位 GDP 净需求波动趋势和 Ag 相同，则 2021～2060 年除 Ag 之外的矿产的单位 GDP 净需求可由式（14-7）给出：

$$\text{NMD per unit of GDP}_{i+1} = \frac{ND\_OI_i}{GDP_i} \cdot \left(1 + f_i\right) \tag{14-7}$$

其他行业的矿产净需求初始值即 ND_OI_{2020}，由全行业的矿产净需求减去光伏和风能技术的矿产需求得出。而全行业的矿产净需求（ND_AI_i）由式（14-8）给出：

$$ND\_AI_i = ND\_PV_i + ND\_Wind_i + ND\_OI_i \tag{14-8}$$

同时还可计算出 2020～2060 年中国光伏太阳能和风能的矿产需求占全行业需求的比重变化。

14.2.4　矿产资源产量预测

假设矿产的生产遵循 Hubbert 峰值模型，该预测的产量曲线的特点是短期内产量增长缓慢，随着时间的推移趋于指数增长，到达峰值（拐点）后逐步下降，形成正态分布曲线（Hubbert, 1956）。这一方法曾广泛应用于 Cu（Northey et al., 2014）和铁矿石（Mohr et al., 2015）的产量的预测。本节根据当前中国的资源量约束，采用此模型给出了 2020～2060 年中国的矿产产量。具体公式如下：

$$P_M\left(t\right) = \frac{R}{b_0\sqrt{2\pi}}\,\mathrm{e}^{-\frac{1}{2}\left(\frac{t-t_0}{b_0}\right)^2} \tag{14-9}$$

其中，$P_M\left(t\right)$ 为第 t 年矿产 M 的产量；R 为矿产的资源量；b_0 和 t_0 为未知参数，可通过对历史产量数据的拟合给出。当 $t = t_0$ 时，方程的数值最大，为

$$P_M\left(t_0\right) = \frac{R}{b_0\sqrt{2\pi}} \tag{14-10}$$

基于此模型，也可类似求解出各矿产产量曲线的达峰时间及对应的峰值水平。

14.2.5　转型路径的评估标准

在低回收率（low recycling rate，LRR）情景、高回收率（high recycling rate，HRR）情景、低储量（low reserve volume，LRV）情景、高储量（high reserve volume，HRV）情景下评估路径的可行性。假定在全球尺度上各矿产可以实现产需均衡，即全球产量等

于全球需求量。首先，若 2060 年之前，中国剩余储量为负值且全球剩余储量也为负值，则说明无论通过国内生产还是贸易进口均无法满足国内需求，此时清洁能源发展路径不可行。其次，若考察期内，中国的剩余储量为负值但全球剩余储量充足，则说明中国能源转型所需的矿产资源可以通过进口来满足，据此判定转型路径可行。最后，若中国和全球的剩余储量均为正值，则说明中国的需求可以由国内供给或进口来共同满足，此时判定该转型路径可行。

14.2.6　矿产贸易估算

这里主要关注不会严格制约中国风能和光伏太阳能大规模发展的矿产的国际贸易情况。具体的贸易量由式（14-11）计算：

$$\text{Mineral trade volume} = \text{Mineral output} - \text{ND}\_\text{AI}_i \tag{14-11}$$

其中，Mineral output 为矿产-产出。

显然，若贸易量为负值，则属于净进口；反之则为净出口。

14.2.7　能源发展路径重构方法

本节通过建立资源约束条件下的动态线性优化模型来实现不可行能源转型路径的重构，模型的目标函数如下：

$$\text{Max } y = a_i x_i \tag{14-12}$$

其中，$i \in I = \{2020, 2025, \cdots, 2060\}$；$x_i \in (0,1]$ 为重构系数；a_i 即原路径的装机容量；y 为新路径的装机容量。

其约束条件为

$$\text{s.t}(\text{PV}) \begin{cases} \displaystyle\sum_{i=2020}^{2060} \left(a_i\, x_i\, \text{intensity}_i\, \text{share}_i - Q_{\text{RM}} + \text{ND}\_\text{OI}_i \right) \leqslant \text{AS}_{\text{Ag}} \\ \qquad\qquad\qquad\vdots \\ \displaystyle\sum_{i=2020}^{2060} \left(a_i\, x_i\, \text{intensity}_i\, \text{share}_i - Q_{\text{RM}} + \text{ND}\_\text{OI}_i \right) \leqslant \text{AS}_{\text{Te}} \end{cases}$$

$$\text{s.t}(\text{Wind}) \begin{cases} \displaystyle\sum_{i=2020}^{2060} \left(a_i\, x_i\, \text{intensity}_i - Q_{\text{RM}} + \text{ND}\_\text{OI}_i \right) \leqslant \text{AS}_{\text{Al}} \\ \qquad\qquad\qquad\vdots \\ \displaystyle\sum_{i=2020}^{2060} \left(a_i\, x_i\, \text{intensity}_i - Q_{\text{RM}} + \text{ND}\_\text{OI}_i \right) \leqslant \text{AS}_{\text{Zn}} \end{cases}$$

其中，AS_{Ag}、AS_{Te}、AS_{Al}、AS_{Zn} 分别为 Ag、Te、Al、Zn 的国内潜在供应能力；intensity_i 为矿产的材料强度；share_i 为光伏太阳能技术的市场份额；Q_{RM} 为可回收的矿产量；ND_OI_i 为其他行业的矿产净需求。光伏太阳能技术主要应用的矿产包括 Ag、Al、Cd、

Cu、Ga、Ge、In、Se、Si、Te；风能主要应用的矿产包括 Al、B、Cr、Cu、Mn、Mo、Nb、Ni、RE、Sn、V、Zn，其发展潜力分别受这些矿产的潜在供应能力的约束。目标函数需要同时满足两组约束，即来自光伏太阳能的资源约束和来自风能发展的资源约束。

14.2.8　碳排放缺口的计算

由于路径重建大大降低了风力和光伏太阳能发电的发展规模，如果没有替代技术选择，能源供应仍必然依赖化石燃料。据此可以计算得出碳排放缺口：

$$\text{Gap} = \text{Gap}_{\text{PV}} + \text{Gap}_{\text{Wind}} \tag{14-13}$$

其中

$$\text{Gap}_{\text{PV}} = \text{Gap}_{\text{PV\_CC}} + \text{Gap}_{\text{PV\_Cw/oC}} + \text{Gap}_{\text{PV\_GC}} + \text{Gap}_{\text{PV\_Gw/oC}} + \text{Gap}_{\text{PV\_OC}} + \text{Gap}_{\text{PV\_Ow/oC}} \tag{14-14}$$

$$\text{Gap}_{\text{Wind}} = \text{Gap}_{\text{WCC}} + \text{Gap}_{\text{WCw/oC}} + \text{Gap}_{\text{WGC}} + \text{Gap}_{\text{WGw/oC}} + \text{Gap}_{\text{WOC}} + \text{Gap}_{\text{WOw/oC}} \tag{14-15}$$

$$\text{Gap}_{\text{PV\_CC}} = \frac{\left[(\text{capacity}_{\text{old}} - \text{capacity}_{\text{new}}) \cdot \omega_{\text{coal\_without CCS}} \cdot \rho \cdot \alpha\right] \cdot \gamma_{\text{coal\_with CCS}}}{\eta} \tag{14-16}$$

$$\text{Gap}_{\text{WCw/oC}} = \frac{\left[(\text{capacity}_{\text{old}} - \text{capacity}_{\text{new}}) \cdot \omega_{\text{coal\_without CCS}} \cdot \rho \cdot \beta\right] \cdot \gamma_{\text{coal\_without CCS}}}{\eta} \tag{14-17}$$

式中，$\text{Gap}_{\text{PV\_CC}}$ 为光伏发电中能源供应为煤炭并采用 CCS 装置所产生的缺口；$\text{Gap}_{\text{PV\_Cw/oC}}$ 为光伏发电中能源供应为煤炭且不采用 CCS 装置所产生的缺口；$\text{Gap}_{\text{PV\_GC}}$ 为光伏发电中能源供应为天然气并采用 CCS 装置所产生的缺口；$\text{Gap}_{\text{PV\_Gw/oC}}$ 为光伏发电中能源供应为天然气且不采用 CCS 装置所产生的缺口；$\text{Gap}_{\text{PV\_OC}}$ 为光伏发电中能源供应为燃油并采用 CCS 装置所产生的缺口；$\text{Gap}_{\text{PV\_Ow/oC}}$ 为光伏发电中能源供应为燃油且不采用 CCS 装置所产生的缺口；Gap_{WCC} 为风能发电中能源供应为煤炭并采用 CCS 装置所产生的缺口；$\text{Gap}_{\text{WCw/oC}}$ 为风能发电中能源供应为煤炭且不采用 CCS 装置所产生的缺口；Gap_{WGC} 为风能发电中能源供应为天然气并采用 CCS 装置所产生的缺口；$\text{Gap}_{\text{WGw/oC}}$ 为风能发电中能源供应为天然气且不采用 CCS 装置所产生的缺口；Gap_{WOC} 为风能发电中能源供应为燃油并采用 CCS 装置所产生的缺口；$\text{Gap}_{\text{WOw/oC}}$ 为风能发电中能源供应为燃油且不采用 CCS 装置所产生的缺口；$\alpha = 1160$ 为中国光伏太阳能发电的年平均发电小时数；$\beta = 2097$ 为中国风力发电的平均年发电小时数；ω 给出了采用 CCS 的煤炭、不采用 CCS 的煤炭、采用 CCS 的天然气、不采用 CCS 的天然气、采用 CCS 的石油和不采用 CCS 的石油在总化石能源中的比例；γ 为化石燃料的排放系数，其中不考虑 CCS 技术的煤炭、天然气和石油的排放系数分别为 0.0840 MtCO_2/PJ、0.0560 MtCO_2/PJ 和 0.0732 MtCO_2/PJ，而考虑 CCS 技术的三种能源的排放因子可以通过 CCS 技术使用消除煤炭、天然气和石油等化石燃料燃烧所产生的二氧化碳的贡献（煤炭 83%，天然气 86%，石油 90%）来获得（Golombek et al., 2011）；$\rho = 3.6 \times 10^{12}$ 为

GW 和 J/h 之间的转换系数，即，$1GW = 3.6 \times 10^{12} J / h$；$\eta = 1.0 \times 10^{15}$ 为 PJ 和 J 之间的转换系数，即 $1PJ = 1.0 \times 10^{15} J$；下标 coal_without CCS、coal_with CCS 表示不考虑 CCS 的煤炭和考虑 CCS 的煤炭；下标 old 和 new 分别表示 IAM 模型给出的量和路径重构后的量。

14.3　数据处理与情景设计与方法

14.3.1　数据来源与处理

1. 装机容量

在欧盟气候与发展政策链接-利用国际网络和知识共享（CD-LINKS）项目框架下，一系列 IAM 评估了《巴黎协定》温控目标下全球和中国的清洁能源转型路径，本节根据对数据的要求选取了 AIM/CGE、IMAGE、MESSAGE、REMIND 和 WITCH 等 5 个代表性模型的评估结果，特别是光伏太阳能和风能的装机容量，详见图 14-2。从模型的平均结果看，1.5℃气候目标下，2060 年中国的光伏太阳能和风能的装机容量将分别达到 3193 GW 和 1986 GW，约占全球光伏和风能装机容量的 22.7%和 21.5%。

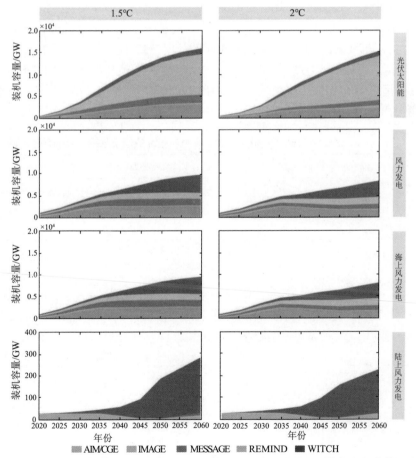

图 14-2　中国光伏太阳能和风力发电（包括海上风力发电和陆上风力发电）的装机容量

总体上，中国光伏太阳能的装机容量占全球光伏装机容量的比重接近四分之一，其中 2℃气候目标下，2060 年的比重最高达到 35%。具体地，REMIND 模型给出的中国光伏太阳能的装机容量最大。1.5℃温控目标下，2060 年中国光伏装机容量为 9257GW，是 2020 年的 67 倍。IMAGE 模型的装机容量最小，2060 年的装机容量仅较 2020 年增长 2 倍。对风电发展而言，中国的装机容量占全球总装机容量的份额也接近四分之一，但未来风能的装机规模总体上低于光伏太阳能，这对所有模型而言是基本一致的。具体地，1.5℃温控目标下，REMIND 模型对应的 2060 年的装机容量是其 2020 年的 5 倍，远低于光伏太阳能的增幅（67 倍）。此外，中国的风力发电中，陆上风力发电装机容量占比高达 90%，部分模型测算的比重甚至接近 100%（AIM/CGE 模型）。

值得一提的是，1.5℃气候目标相较于 2℃更严格，其对应的能源清洁化程度更高，而作为清洁化能源主力的风能和太阳能的总装机也更大，大多数模型（AIM/CGE、MESSAGE 和 WITCH）的结果也反映了这一点。但受到清洁能源系统中其他技术的"挤占"效应影响，部分模型的结果也存在非线性波动的情况，如 IMAGE 和 REMIND 模型在 2030～2035 以及 2045～2060 年存在 2℃气候目标下风光装机容量大于 1.5℃目标的情况。

2. 材料强度

基于现有研究，我们确定了光伏太阳能和风能发展中不同矿产的材料利用效率。数据来源详见表 14-2 和表 14-3。对于光伏太阳能所需的矿产，假设技术进步将导致材料强度持续下降，材料强度数据涵盖了 2020～2050 年的数据，然后使用趋势外推方法获得 2050～2060 年的数据。而对于风力发电所需的矿产，大多数研究人员在估计风力发电的矿产使用时，假设材料强度是静态值，这里将该数据作为 2020 年的初始值。根据光伏太阳能所需矿产材料强度的平均变化率，获得风力发电所需矿产的材料强度的动态趋势。详见图 14-3。

表 14-2　光伏太阳能所需矿产材料强度的假设基础　　　　（单位：t/GW）

光伏太阳能技术分类	矿产种类	矿产材料强度		
		2020 年	2030 年	2050 年
通用材料	Al	7500[a]	7200[a]	6800[a]
	Cu	4600[a]	4500[a]	4200[a]
c-Si	Si	4000[a]	2000[a], 2750[a], 3500[a], 6629[d], 2882[d], 638[d]	1000[a], 2000[a], 3000[a]
	Ag	20[a], 18[b], 15[b], 13[b], 80[f], 19.2[e,g]	4[a], 6[a], 11[a], 10.5[e], 10[f]	1[a,f], 2[a], 5[a], 4[c]
CdTe	Cd	35[a], 50[a], 85[a], 77[b], 36[b], 21[b], 85[f]	20[a], 27[a], 60[a], 138[d], 62[d], 17[d], 68.6[i], 54[i], 23[i], 31[f]	10[a], 12[a], 35[a], 33[h], 30[i], 17[i], 6.2[i], 12[f]
	Te	35[a], 52[a], 95[a], 87[b], 41[b], 23[b], 97.5[f], 30[j], 80[j]	20[a], 27[a], 70[a,d], 156[d], 19[d], 78[i], 61[i], 26[i], 35[f]	11[a], 15[a], 40[a], 35.3[h], 34[i], 19[i], 7[i], 14[f]
CIGS	In	10[a], 15[a], 27[a], 22[b], 12[b], 8[b], 19.6[k], 24.4[k], 34.6[k], 23[f], 20[j]	8[a], 10[a], 17[a], 28[d], 13[d], 7[d], 10.4[k], 14.6[k], 25.4[k], 24[i], 16[i], 9.5[i], 11[f]	5[a,k], 6[a,f], 10[a], 3[h,i], 9[k], 20[k], 12.7[i], 8[i]
	Ga	3[a,b], 4[a], 7[a], 6[b], 2[b], 7.5[f]	2[a,d], 2.5[a,i], 4.5[a], 9[d], 4[d], 6.3[i], 4.1[i], 3[f]	1[a,f], 1.5[a], 2.5[a], 1.2[h], 3.3[i], 2[i], 0.8[i]
	Se	22[a], 35[a], 60[a], 51[b], 26[b], 15[b], 45[f]	17[a,d], 20[a], 40[a], 41[d], 23[f]	9[a], 12[a], 20[a], 6.3[h], 11[f]

续表

光伏太阳能技术分类	矿产种类	矿产材料强度		
		2020 年	2030 年	2050 年
a-Si	Si	150[a]	75[a]、100[a]、130[a]	40[a]、75[a]、110[a]
	Ge	48[a,b]、41[b]、36[b]、73[f]	22[a]、27[a]、32[a]、35[f]	10[a]、15[a]、20[a]、14[f]

a Carrara 等（2020）；b Nassar 等（2016）；c Giurco 等（2019）；d Kavlak 等（2015）；e Laugharne 和 Yucel（2018）；f Elshkaki 和 Shen（2019）；g Moss 等（2011）；h Ren 等（2021a）；i Ren 等（2021b）；j Fthenakis（2009）；k Stamp 等（2014）。

表 14-3　2020 年风力发电所需矿产材料强度的假设基础　　（单位：t/GW）

矿产材料	矿产材料强度
陆上风力发电	
Al	370[a,b]、4500[c]、1370[d]、260[e,j]、840[f]、1700[g]、560[f]、2700[h]、3000[i]、50[j]、3530[j]、830[d]、1372[d]、700[u]、500[u]
B	1[d]、6[h,u]
Cr	359[e,l]、525[u]、789[d]、902[k]、683[d]
Cu	2000[a,e]、1830[c]、2500[d]、2700[f]、4700[g]、4900[g]、2600[c]、1143[k]、3000[d,u]、4000[m]、1745[n]、1200[o]、5500[o]、1750[p]、1408[d]、2300[q]、1012[i]、2497[d]、5000[u]、7000[f]
Mn	33[d]、81[k]、57[d]、790[u]
Mo	116[d]、136[k]、753[l]、335[d]、109[u]
Nb	38[l]
Ni	111[e,f]、557[d]、663[k]、377[l]、427[d]、340[u]、240[u]
Sn	90[d,l]
V	90[l]
Zn	5150[d]、5750[d]、5450[d]、5500[u]
Nd	6.2[e]、60.92[f]、182.75[f]、28[u]、180[u]
Dy	0.9[e]、4.86[f]、14.58[f]、6[u]、17[u]
Pr	1.3[e]、9[u]、35[u]、4[d]、1[l]、3[d]
Tb	0.3[e]、1[d,u]、7[d,u]
海上风力发电	
Al	370[a,b]、2000[d]、1060[e,j]、840[f]、1200[b]、560[f]、260[j]、3930[j]、2063[d]、1600[u]、1400[u]
B	7[d]、1[h,u]
Cr	450[i]、294[l]、372[d]、580[u]、470[u]
Cu	10000[b,e]、9370[d]、11500[f]、6800[f]、9400[b]、15800[f]、20000[i]、4500[q]、1484[l]、9371[d]、950[u]、1400[u]
Mn	33[d]、81[k]、57[d]、800[u]、780[u]
Mo	116[d]、136[k]、753[l]、335[d]、119[u]、99[u]
Nb	38[l]
Ni	111[b,f]、557[d]、663[k]、377[l]、427[d]、440[u]、430[u]
Sn	90[d,l]
V	700[l]

续表

矿产材料	矿产材料强度
Zn	5150[d], 5750[d], 5450[d], 5500[u]
Nd	124[b], 186[d], 203[r], 180[s], 41[k], 140[m], 187[m], 40[i], 148[d], 166[t], 150[r], 200[r], 195[d], 186[d], 151[l], 51[u], 12[u], 60.92[f], 182.75[f]
Dy	22[b,l], 3[k], 25[d], 10[r,m], 24[s], 28[s], 13[m], 14[r], 16[d], 4.86[f], 6[u], 2[u], 14.58[f]
Pr	35[d], 31[l], 33[d], 4[u]
Tb	7[d], 6[l], 1[u]

a Garcia-Olivares 等（2012）；b Elshkaki 和 Graedel（2013）；c Ren 等（2021b）；d Watari 等（2019）；e Elshkaki 和 Shen（2019）；f Valero 等（2018）；g Månberger 和 Stenqvist（2018）；h Tokimatsu 等（2017）；i Ashby（2013）；j Bödeker 等（2010）；k Moss 等（2013b）；l Fizaine 和 Court（2015）；m McLellan 等（2016）；n Falconer（2009）；o Guezuraga 等（2012）；p Martínez 等（2009）；q Teske 等（2016）；r Habib 和 Wenzel（2016）；s Hoenderdaal 等（2013）；t Roelich 等（2014）；u Carrara 等（2020）。

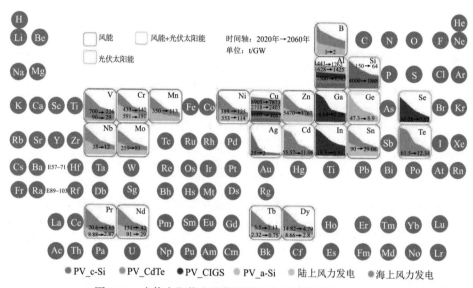

图 14-3　光伏太阳能和风能所需矿产材料强度的动态变化

　　光伏太阳能和风能的单位装机容量的矿产需求量不同。Al 和 Cu 是这两种清洁能源技术都需要的关键矿产。2020 年，对于 1GW 装机容量来说，光伏太阳能设备需要 7500t Al 和 4600t Cu，而陆上风能设备需要 1629t Al 和 2719t Cu。随着技术的进步，材料使用效率不断提高，从 2020 年到 2060 年，光伏太阳能和风能技术 1GW 装机容量对 Al 和 Cu 的需求呈下降趋势。其他矿产的使用效率也呈类似趋势。例如，碲化镉（CdTe）技术在 2020 年 1GW 装机容量需要 55.6t Cd。随着技术的进步，2060 年 CdTe 技术 1GW 装机容量则需要 11.06t Cd，比 2020 年低 80.0%。大多数情况下，陆上和海上风能设备 1GW 装机容量对同一种矿产的需求量不同。例如，在 2020 年，陆上风电 1GW 装机容量需要 591t Cr，而海上风电 1GW 装机容量需要 433t Cr，低于陆上需求。而对于 Zn 来说，陆上风电和海上风电 1GW 装机容量的材料需求相同，2020 年均为 5470t，2060 年降至 1767t。

3. 光伏太阳能技术的市场份额

本章考虑了四种具有代表性的光伏太阳能技术，即晶体硅（c-Si）、碲化镉（CdTe）、铜铟镓硒化物（CIGS）和非晶硅（a-Si）（Elshkaki and Graedel，2015）。2020 年，这四种技术的市场份额分别为 90%、5%、5% 和 0%（Sovacool et al.，2020）。虽然全球光伏太阳能市场目前由 c-Si 技术主导（Gervais et al.，2021），但薄膜光伏电池（即 CdTe、CIGS 和 a-Si）由于其较低的材料成本、温度稳定性和多功能性等优势，未来有望得到大力发展。因此，晶体硅电池的市场份额预计在未来会下降，而薄膜光伏电池的市场占有率预计会增加（Chaar et al.，2011）。本章确定了这四种技术在 2020～2060 年的发展份额，结果见表 14-4。

表 14-4　光伏太阳能技术的市场份额　　　（单位：%）

光伏太阳能技术	年份								
	2020	2025	2030	2035	2040	2045	2050	2055	2060
c-Si	90	86.5	83	79.5	76	72.5	69	65.5	62
CdTe	5	6	7	8	9	10	11	12	13
CIGS	5	7	9	11	13	15	17	19	21
a-Si	0	0.5	1	1.5	2	2.5	3	3.5	4

14.3.2　参数与情景设计

1. 技术回收水平

技术回收水平是技术进步的重要体现，也是影响矿产供需的关键参数。我们根据技术进步路径的一般性方法设定了本章的回收率情景，具体计算如下：

$$A_{i+1} = A_i(1 + g_i) \tag{14-18}$$

$$g_i = \frac{g_{i-1}}{1 + \delta_i^m} \tag{14-19}$$

其中，A_i 为第 i 年矿产的回收率；g_i 为回收率的增长率；δ_i^m 为 g_i 的增长率，δ_i^1 对应于 LRR 场景，δ_i^2 对应于 HRR 场景。在很大程度上，这些参数是由回收技术的进步潜力决定的，这一方法类似于 Valero 等（2018）的方法。

本章设置了两种回收技术进步情景，即 LRR 情景和 HRR 情景。在 LRR 情景中，回收技术的进步空间有限，即回收率的初始增长率（g_0）将以相对较大的速率（δ_i^1）下降，那么回收率（A_i）将呈现缓慢增长的趋势，如图 14-4（a）所示。而在 HRR 情景中，回收技术有很大的改进空间，g_0 将以相对较小的速率（δ_i^2）下降，A_i 将呈现快速增长的趋势，如图 14-4（b）所示。本章还考虑了不同矿产回收率的技术差异。一般来说，假设矿产的初始回收率越高，其技术进步越慢，即初始增长率（g_0）越小，详见表 14-5。初始回收率的范围（A_0）主要参考联合国环境规划署（UNEP）的报告（Graedel et al.，2011）。

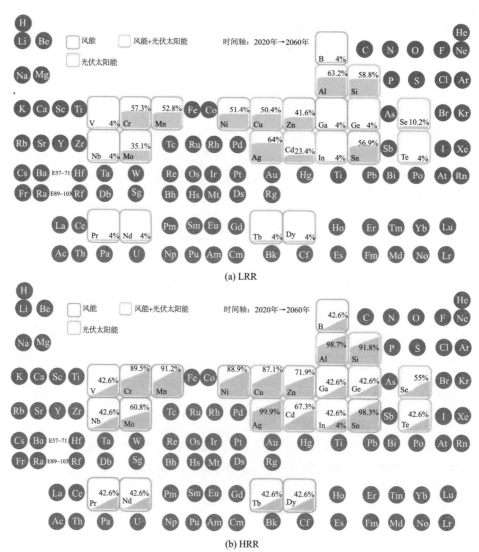

图 14-4　光伏太阳能和风能所需关键矿产的回收率的动态变化

表 14-5　回收率情景的参数和文献基础　　　　　（单位：%）

矿产种类	A_0	A_0的范围	g_0	δ_i^1	δ_i^2
B	1 [a]	<1	20	20	5
Dy	1 [a]	<1	20	20	5
Ga	1 [a]	<1	20	20	5
Ge	1 [a]	<1	20	20	5
In	1 [a]	<1	20	20	5
Nd	1 [a]	<1	20	20	5
Pr	1 [a]	<1	20	20	5
Tb	1 [a]	<1	20	20	5
Te	1 [a]	<1	20	20	5
V	1 [a]	<1	20	20	5
Nb	1	<1	20	20	5

续表

矿产种类	A_0	A_0 的范围	g_0	δ_i^1	δ_i^2
Se	5 [a]	1~10	10.5	22	4
Cd	15 [a,b]	10~25	6.5	22	4
Cu	43 [c]	25~50	2.4	24	2.6
Mn	45 [d,e]	25~50	2.4	24	2.6
Mo	30 [a,f]	25~50	2.4	24	2.6
Ni	43.9 [g,h,i,d]	25~50	2.4	24	2.6
Sn	48.5 [j,d]	25~50	2.4	24	2.6
Zn	35.5 [k,l]	25~50	2.4	24	2.6
Ag	58 [a,m]	>50	1.5	25	1.5
Al	57.3 [a,n,o,p]	>50	1.5	25	1.5
Cr	52 [a,d,q,r]	>50	1.5	25	1.5
Si	53.3 [a,s]	>50	1.5	25	1.5

a Graedel 等（2011）；b Plachy（2003）；c Goonan（2010）；d Valero 等（2018）；e Jones（2004）；f Blossom（2003）；g Reck 等（2008）；h Goonan（2009）；i Reck 和 Rotter（2012）；j Carlin（2004）；k Plachy（2004）；l Graedel 等（2005）；m Johnson 等（2005）；n Plunkert（2006）；o IAI（2009）；p Zheng（2009）；q Johnson 等（2006）；r Papp（2004）；s Li 等（2021）。

　　本章以 Ag 和 Dy 为例进行分析。从历史数据看，Ag 是回收率最高的金属，2010 年其回收率初始值已高达 58.0%，未来其技术进步空间有限。在 LRR 情景下，2060 年其回收率增长至 64.0%，与 2020 年相比累计增幅为 0.4 个百分点；而在 HRR 情景下，2060 年 Ag 的回收率增长至 99.9%，与 2020 年相比累计增幅为 32.9 个百分点，远大于 LRR 情景的增幅。Dy 是一种稀土元素，当前的回收利用难度大，回收率相对最小，2010 年其回收率初始值仅为 1%，这也意味着其未来的技术进步空间较大。在 LRR 情景下，2060 年 Dy 的回收率增长至 4%，相比于 2020 年的 3.4%，累计增幅为 0.6 个百分点；而在 HRR 情景下，2060 年 Dy 的回收率增长至 42.6%，相较于 2020 年累计增幅达到 37.6 个百分点。

　　2. 矿产资源储量

　　资源储量主要取决于资源禀赋和勘探技术的进步，包括传统天然矿的储量和品位、城市矿（即矿产回收）、海洋矿和太空矿的供应潜力。目前，技术进步无法支持海洋和太空采矿。因此，中国和世界未来的矿产储量主要取决于前两个方面。我们已将可回收矿产量从总矿产需求中排除，因此假设主要基于传统天然矿的可能状态。本章设计了两种情景，即 LRV 情景和 HRV 情景。LRV 情景假设 2020 年后矿产储量将略有增长，平均年增量由总体历史趋势决定，包括历年的增长和降低趋势。HRV 情景更为乐观，其平均年增量仅由历史趋势中的增长部分决定。LRV 和 HRV 的趋势见图 14-5。全球和中国储量数据来自美国地质调查局。

　　对于少数矿产来说，中国的储量较大，HRV 情景下，2020~2060 年占全球储量的 50% 以上，如 Ga、Mo、V 和 Si；RE 的储量也相对充裕，可占全球储量的 30% 以上。而对于 Al、Cr、Cu、Ge、Nb、Ni 等多数矿产来说，中国储量匮乏，其中，Nb 的中国储量甚至近乎为 0，其他矿产的储量占比也仅为 5%~30%。

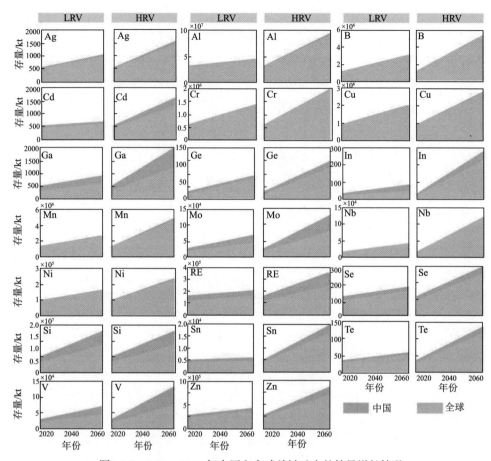

图 14-5　2020～2060 年中国和全球关键矿产的储量增长情况

3. 情景设置

本章在 1.5℃和 2℃两个气候目标下分别设计了四种技术进步政策情景，即低储量（LRV）和高储量（HRV）情景、低回收率（LRR）和高回收率（HRR）情景，组合之下累计形成 8 个情景，详见表 14-6。

表 14-6　情景组合分类

	1.5℃		2℃	
	LRV	HRV	LRV	HRV
LRR	LRR+LRV	LRR+HRV	LRR+LRV	LRR+HRV
HRR	HRR+LRV	HRR+HRV	HRR+LRV	HRR+HRV

14.4　清洁能源转型驱动的矿产需求

14.4.1　矿产总需求路径

1.5℃和 2℃温控目标导致风光等可再生能源发展对关键矿产产生了强烈的依赖。本章根据 AIM/CGE、IMAGE、MESSAGE、REMIND 和 WITCH 等代表性 IAM 给出的能源转型路径，估算了在温控目标下中国和全球的风光发电技术对所有考察的矿产的总需求，详见图 14-6 和图 14-7。事实上，中国清洁能源技术对关键矿产的总需求量约占全球清洁能源技术对矿产需求的四分之一。在我们关注的这 20 种矿产中，到 2060 年，中国光伏太阳能和风能技术对 Al 的需求量最高为 62696 kt，对应 REMIND 模型，其次是 Cu（40894 kt）、Si（10776 kt）和 Zn（7584 kt）。其他矿产的需求量均低于 1000 kt。由于材料利用效率的提升，风光技术发展对大多数矿产的需求呈现出缓慢上升甚至倒 U 形变化趋势，如 Ag、B、Cd、Cr、Ge、Mn 等。

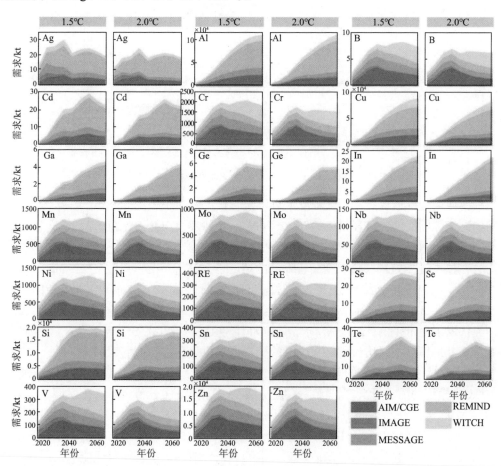

图 14-6　2020～2060 年中国光伏太阳能和风能的矿产总需求

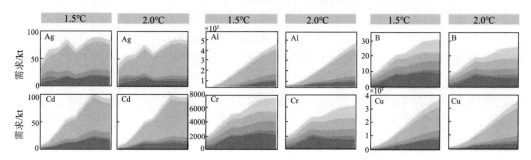

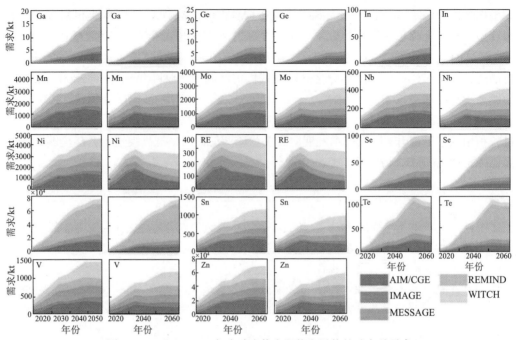

图 14-7　2020～2060 年全球光伏太阳能和风能的矿产总需求

　　材料使用效率的提高在很大程度上可以缓解矿产供应压力。2060 年，REMIND 模型下中国光伏太阳能的装机容量将达到 9257GW，是 2020 年 139 GW 的 67 倍。这意味着，如果不考虑技术进步，2060 年由太阳能发展所带来的矿产投入也至少是现在的 67 倍。然而，在技术进步导致材料强度显著降低的情况下，这种情况可以改变（Yang et al.，2020b），我们也将此纳入模型框架中进行考虑。以 Ag 为例，2020 年光伏太阳能的 1GW 装机容量需要 25t Ag，而到 2060 年降低至 2t，与 2020 年相比降低了 92%。由此，2060 年由光伏发展所带来的 Ag 的总需求为 11.48kt，仅是 2020 年的 3.7 倍，远小于装机容量的增幅。其他模型下光伏太阳能和风能的矿产需求也呈现出类似的情况。

　　Ag 是光伏太阳能所需的关键矿产。1.5℃气候目标下，REMIND 模型的需求量最大，AIM/CGE 模型的需求量次之，接下来是 MESSAGE、WITCH 和 IMAGE 模型。对绝大多数模型而言，更严格的 1.5℃气候目标下的各种矿产的需求均高于 2℃目标（如 AIM/CGE、MESSAGE 和 WITCH 模型），但由于本章仅考虑了清洁能源中主要的风能和太阳能技术，因此存在其他清洁能源技术的非线性挤占效应，使得风能和太阳能对应的矿产需求量在两个目标之间出现不一致的情况（如 IMAGE 和 REMIND 模型）。就 REMIND 模型来说，2050～2060 年，2℃情景下 Ag 的需求量相对更大。另外值得注意的是，2060 年中国 Ag 的需求量占全球的比重为 12%～35%，结果因模型不同而存在一定差异。Cd、Ga、Ge、In、Se、Si 和 Te 的总需求的变化特征与 Ag 类似，不再赘述。

　　稀土元素（RE）是风力发电所需的关键矿产。在本章的研究中，RE 主要包括 Dy、Nd、Pr 和 Tb。AIM/CGE、MESSAGE 和 REMIND 模型对 RE 的需求呈现出倒 U 形的变化趋势，这主要取决于模型设定的材料利用效率的提高（即材料强度的下降）。不同于这三个模型，IMAGE 模型的需求自 2020 年起不断下降，而 WITCH 模型的需求自 2020

年起逐年上升，这主要是由于这两个模型给出的装机容量分别保持下降和快速增加。材料利用效率的提高不足以抵消 WITCH 模型装机容量的快速增加，因此对应该模型的矿产需求呈现出持续上涨的趋势。基于此，1.5℃气候目标下，WITCH 模型对 RE 的需求量最大，中国到 2060 年达到 159.36kt，约是 2020 年需求量的 6.1 倍；该模型下中国的 RE 需求占全球总需求量的比重高达 39%。AIM/CGE 模型的需求量次之，紧接着是 MESSAGE、REMIND 和 IMAGE。对于 AIM/CGE、MESSAGE 和 WITCH 模型来说，对应更严格的温控目标（1.5℃）的矿产需求也更大，其他模型则不然。B、Cr、Mn、Mo、Nb、Ni、Sn、V 和 Zn 的总需求的变化特征与 RE 类似，不再赘述。

14.4.2　矿产净需求路径

资源回收是减缓矿产供应压力的又一关键措施（Valero et al., 2018；Ali et al., 2017）。为此，本章考虑了两种回收率情景：即低回收率（LRR）情景和高回收率（HRR）情景。从总需求中减去光伏太阳能和风能退役设备中可回收的矿产量，可得到温控目标对应的中国和全球的矿产净需求（详见图 14-8 和图 14-9）。不难看出，考虑了矿产回收之后的

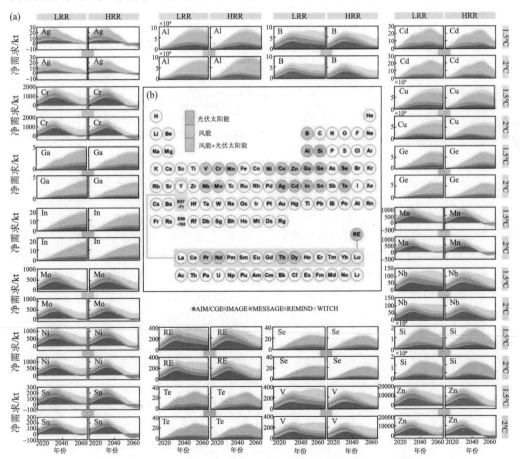

图 14-8　2020～2060 年中国光伏太阳能和风能发展的矿产净需求

图（a）为 LRR 和 HRR 情景下，实现 1.5℃和 2℃气候目标的中国光伏太阳能和风能对关键矿产的净需求；图（b）为光伏太阳能和风能所需的矿产种类

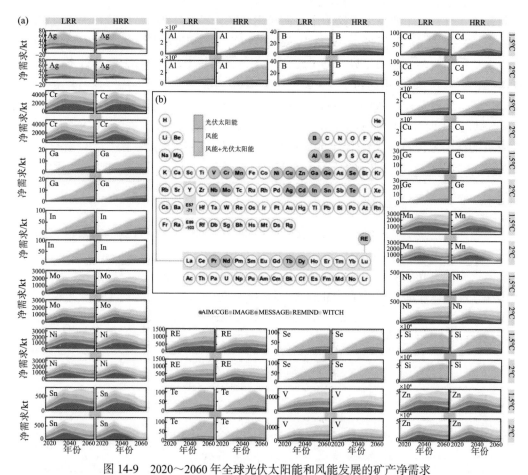

图 14-9　2020～2060 年全球光伏太阳能和风能发展的矿产净需求

图（a）为 LRR 和 HRR 情景下，实现 1.5℃和 2℃气候目标的全球光伏太阳能和风能对关键矿产的净需求；图（b）为光伏太阳能和风能所需的矿产种类

净需求曲线呈现明显倒 U 形，甚至有些矿产的净需求为负值，这对于 1.5℃和 2℃两个温控目标均成立。同样以 REMIND 模型的结果为例，在 1.5℃温控目标和 LRR 情景下，2060年 Ag 的净需求量仅为 2.41kt，远小于先前评估的 11.48 kt；而在 HRR 情景中，这一需求进一步降至 -2.68kt。这一变化主要归因于 Ag 的回收率从 LRR 情景下的 64%提高至 HRR 情景下的 99.9%。具体来说，1.5℃温控目标和 LRR 情景下，2060 年从退役设备中回收的 Ag 可达 9.07kt，约占 Ag 总需求量的 79%，而 HRR 情景下可回收 14.16 kt Ag，达到其总需求量的 1.2 倍。由此可见，在满足光伏太阳能和风能新设备的矿产需求中，退役设备回收利用的贡献不容忽视。

　　矿产负的净需求表明，由于回收技术进步，从退役设备中回收的矿产量足够满足当年的需求，因而出现行业内材料需求过剩的情况，如 LRR 情景中的 Ag、Cr、Mn、Mo、Ni、Si、Sn、Zn 和 HRR 情景中的 Ag、Al、Cd、Cr、Cu、Mn、Mo、Ni、Si、Sn、V、Zn。由于 2020 年之前中国的光伏太阳能和风能发展缓慢且其生命周期为 20～25 年，因此这些矿产的需求过剩情况多出现在 2040 年之后。甚至在 2050 年之后，光伏太阳能和风能发展对有些矿产的净需求可全部由回收来满足，如 HRR 情景中的 Ag（AIM/CGE、IMAGE、MESSAGE、WITCH）、Cd（IMAGE）、Cr（AIM/CGE、IMAGE、MESSAGE）、Mn（AIM/CGE、IMAGE、MESSAGE）、Ni（AIM/CGE、IMAGE、MESSAGE）、Si（IMAGE）、Sn（AIM/CGE、IMAGE、MESSAGE）。而有些矿产的回收率较小，即使废旧设备中的金属可用来回收再利用，2020～2060 年，中国或全球仍需要从其他来源获得大量的矿产量。光伏太阳能和风能发展对矿产的净需求曲线一般呈现倒 U 形，但 IMAGE 模型是个例外。这个模型的需求曲线自 2020 年起呈现出逐年下降的趋势，这主要取决于其装机容量的变化趋势。对于考察的路径来说，不同矿产净需求的达峰时间也不同。我们依然以光伏太阳能技术的关键材料 Ag 和风能技术的关键材料 RE 为代表分析矿产净需求的变化趋势。

Ag 是回收率最大的矿产，2060 年，LRR 和 HRR 情景下 Ag 的回收率分别为 64% 和 99.9%，其净需求曲线呈现倒 U 形（IMAGE 模型除外）。Ag 的净需求通常于 2035 年或之前达峰。就 REMIND 模型而言，LRR 情景和 1.5℃温控目标下，Ag 的净需求量于 2035 年达峰，峰值为 14.15kt，比 2020 年增长了 4.5 倍。一般来说，1.5℃是比 2℃更严格的温控目标，所需的矿产量也更多。然而对于 Ag 的净需求来说，只有 AIM/CGE 模型符合这种描述。仍以 REMIND 模型为例，2050～2060 年，2℃气候目标下清洁能源技术对 Ag 的净需求量大于 1.5℃的情况。相较于 LRR 情景，HRR 情景下清洁能源转型需要更少的 Ag。具体来说，在 HRR 情景和 1.5℃温控目标下，2060 年 WITCH 模型对 Ag 的净需求量比 LRR 情景中 Ag 的净需求量降低了 211%。这也就是说，35.9 个百分点的回收率的差距，可以使 Ag 的净需求量降低 211%。这一比例远大于 RE 对应的情况，主要是因为 Ag 的初始回收率以及年度回收率均远大于 RE，回收效果明显。因此，再一次证明，提高金属回收率或许是缓解金属供应压力，从而促进新能源发电的有效措施。

稀土元素（RE）的净需求曲线并不总是呈倒 U 形。这主要是因为其回收率较低，通过回收的矿产增量难以满足能源发展带来的急剧增长的矿产资源需求。例如，在 LRR 和 HRR 情景下，WITCH 模型的净需求量均未能在考察期内达峰；IMAGE 模型的净需求量在 2020 年最大，随后呈持续下降趋势。对 LRR 情景而言，1.5℃气候目标下，AIM/CGE、MESSAGE 和 REMIND 模型的净需求量分别于 2035 年、2040 年和 2045 年达峰，对应的峰值水平分别为 174.26kt、88.92kt 和 67.85kt。到 2060 年，WITCH 模型对 RE 的净需求量为 156.94kt，是 2020 年净需求量的 6.0 倍，稍低于总需求的增幅（6.1 倍）。中国的 RE 的净需求量占全球净需求量的比例高达 39%。在 2℃温控目标下，清洁能源转型对 RE 的依赖程度将有所下降。以 WITCH 模型为例，到 2060 年转型路径对 RE 的净需求量为 138.14kt，尽管比 2020 年增长了 4.3 倍，但显著低于 1.5℃气候目标下的需求量。当提高回收技术水平时，1.5℃气候目标下，WITCH 模型 2060 年的 RE 需求量将至 133.61 kt，较 LRR 情景降低 15%。这意味着到 2060 年回收率增加 38.6%，对应的 RE 的净需求量将减少 15%。而对其他模型来说，回收率改进带来的净需求下降效果更为显著。具体地，38.6% 的回收率增加对应模型 REMIND、IMAGE、AIM/CGE 和 MESSAGE 的净需求降幅分别为 56%、60%、61%、和 69%。因此，整体上看，矿产资源的回收率的提高可缓解清洁能源转型过程中对 RE 的大量依赖。

14.4.3 其他行业的矿产需求

值得指出的是，未来除光伏太阳能和风能以外，其他行业的扩张同样会带来关键矿产需求的增长，但碳中和目标下清洁能源转型依然是矿产需求增长的主导力量。为准确评估当前及未来全球范围内的供给能否满足中国风光发电技术的矿产需求，本章还需要考虑中国和全球其他行业对关键矿产的净需求量（图 14-10）。

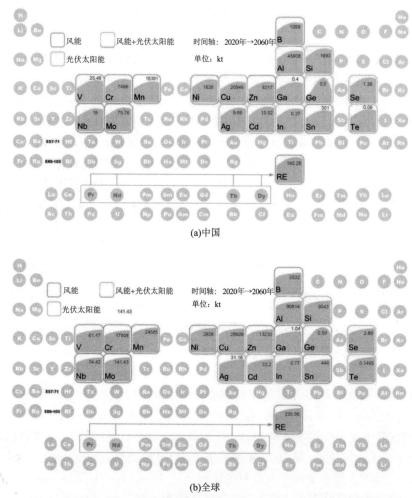

图 14-10　2020～2060 年光伏太阳能和风能以外行业的关键矿产净需求

同样地，考虑了技术进步的其他行业对矿产的净需求曲线也呈现倒 U 形，达峰时间一般为 2049 年，这主要得益于单位 GDP 材料需求量的降低（即其他行业材料利用效率的改进）。作为对比，光伏太阳能对 Ag 的净需求量将于 2035 年或之前达峰，早于其他行业。LRR 情景下，对应 1.5℃温控目标的 Ag 的净需求峰值为 14.15kt（REMIND 模型），大于其他行业对 Ag 的净需求峰值 9.68kt。我们继而核算了中国和全球全行业

范围内的矿产净需求量（图 14-11）。事实上，对于大多数矿产而言，如 Ag、Ga、Ge、

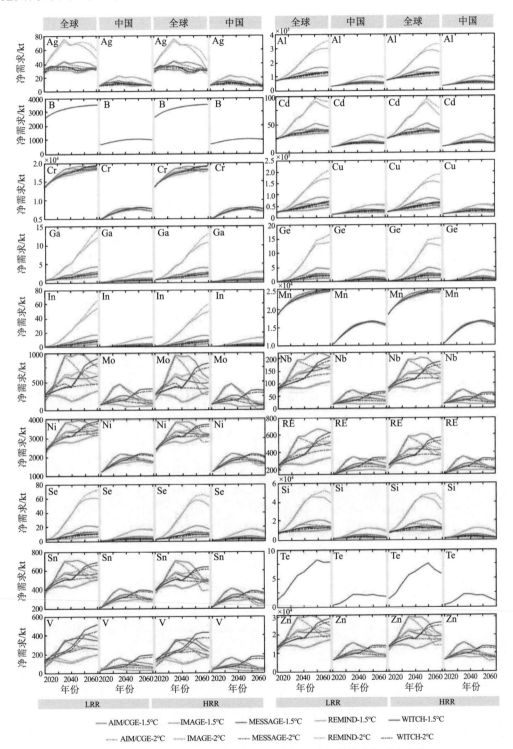

图 14-11　2020～2060 年中国和全球全行业矿产净需求的动态变化

In、Mo、Nb、Se、Si、Te 和 V，即使在 HRR 情景下，2030 年后中国光伏太阳能和风能发展对矿产的净需求量也将占到中国全行业净需求量的 50%以上（图 14-12）。同样也可以观察到跨模型结果的差异，以 Ag 为例，1.5℃温控目标和 LRR 情景下，2020 年光伏太阳能的 Ag 的需求占中国全行业 Ag 的需求的比重仅为 21.9%（AIM/CGE 模型）和 33.1%（REMIND 模型），而 2035 年达峰之时，这一比重分别增长至 44.4% 和 61.7%。

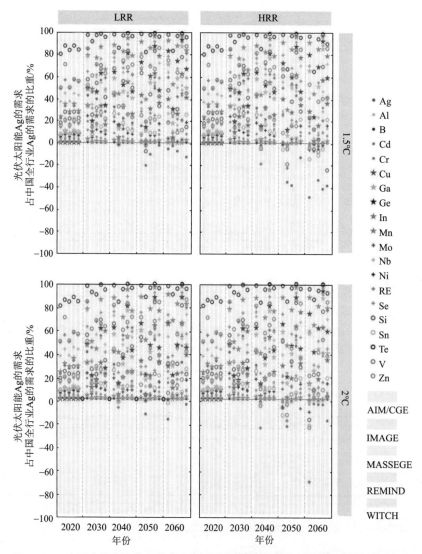

图 14-12　中国光伏太阳能和风能所需矿产在全行业需求中所占比重的动态变化

14.5　中国关键矿产的产量预测

本节假设从全球层面来看，关键矿产的供给恰好可以满足其需求，即全球供需平衡。

中国的矿产产量预测结果详见图 14-13。在整个考察期内，大多数矿产的产量呈现出持续增长的趋势，如 B、Al、Si、V、Cr、Mn、Ni、Ga、Ge、Ag、RE。而 Cu、Zn、Se、Mo、Cd、In、Te 和 Sn 的产量呈现出明显的倒 U 形变化趋势。

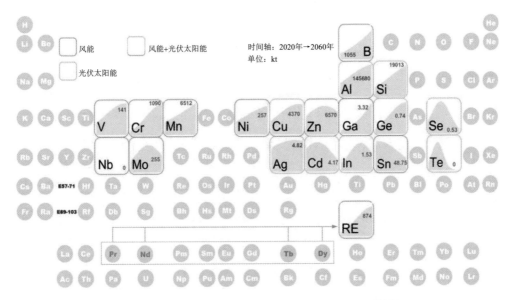

图 14-13　2020～2060 年中国关键矿产的产量预测结果

14.6　中国清洁能源转型路径再评估

研究发现，在所有情景下，初级矿产的供应不足，可能会对光伏太阳能和风能的大规模发展带来约束，进而阻碍中国清洁能源转型的实现。在 1.5℃和 2℃气候目标下，从中国和全球储量的角度来看，评估结果确定了光伏太阳能发展路径的制约矿产，主要有 Ag、Cd、Ge、In、Se、Te、Cu，风能发展路径的制约矿产则是 Sn、Zn 和 Cu。其他矿产的需求均能被满足，或由于充足的资源储量，或依赖于海外进口，总体上不会制约中国的清洁能源转型（详见表 14-7）。具体地，对光伏太阳能而言，Ga、Si 和 Al 的需求（所有路径）在每种情景下都能得到满足，它们不会限制光伏技术的大规模发展；而在给定情景下，并非所有路径下 Ag、Cd、Cu、Ge、In、Se 和 Te 的需求都能被满足，它们将严格制约光伏在中国的发展。储量和回收率的增加促进了清洁能源的转型。然而历史条件表明储量的增加存在重大不确定性，清洁能源转型将依赖于替代材料的研究、开发和利用。对风能而言，Sn 的制约程度最高，在考察的四种情景下其所有路径的需求均不能被满足；而 Zn 和 Cu 的需求在情景 LRR+ LRV 和 HRR+ LRV 下也存在明显短缺，但短缺程度在情景 LRR+ HRV 和 HRR+ HRV 下可以得到一定程度的缓解。特别地，B、Cr、Mn、Mo、Nb、Ni、RE、V 和 Al 不会限制未来风电的大规模扩张。

表 14-7　关键矿产对光伏太阳能和风能技术发展的制约

矿产种类	LRR+LRV	LRR+HRV	HRR+LRV	HRR+HRV
光伏太阳能技术				
Ag	✗	★	✗	★
Cd	✗	✗	✗	★
Ga	✓	✓	✓	✓
Ge	★	★	★	★
In	✗	★	✗	★
Se	✗	★	✗	★
Si	✓	✓	✓	✓
Te	✗	★	✗	★
Al	✓	✓	✓	✓
Cu	★	★	★	★
风能技术				
B	✓	✓	✓	✓
Cr	✓	✓	✓	✓
Mn	✓	✓	✓	✓
Mo	✓	✓	✓	✓
Nb	✓	✓	✓	✓
Ni	✓	✓	✓	✓
RE	✓	✓	✓	✓
Sn	✗	✗	✗	✗
V	✓	✓	✓	✓
Zn	✗	★	✗	★
Al	✓	✓	✓	✓
Cu	★	★	★	★

注：✗表示给定情景下，所有转型路径的矿产需求均不能被满足；★表示给定情景下，某些路径的矿产需求可以被满足；✓表示给定情景下，所有路径的矿产需求均可以被满足。

基于此，除了光伏太阳能和风能，中国还需着眼于其他清洁能源的发展。生物质能源也是一种清洁、低碳的可再生能源，并有望在清洁能源转型中扮演重要角色（Millot et al.，2020）。但在当前代表性的 IAM 给出的路径中，从跨模型的平均结果来看，2020 年 1.5℃温控目标下的生物质能占一次能源的比重仅为 6.9%，2060 年提高至 21.7%，小于 2060 年光伏太阳能和风能的比重 42.6%。而与光伏太阳能和风能相比，生物质能对稀有矿产的需求较少（Moss et al., 2011）。因此，在能源转型过程中适当开发生物质能等对矿产需求量较少的清洁能源也对保证绿色发展和能源安全至关重要。

　　不同转型路径的约束矿产是不同的（图 14-14 和图 14-15）。IMAGE 模型的约束矿产类型和储量短缺量最少。例如，在 LRR+HRV 情景和 1.5℃气候目标下，只有 Cd 和 Sn 将限制 IMAGE 模型给出的能源转型路径，全球储量短缺量分别为 8kt 和 1874kt。而对于 REMIND 模型，除了 Cd 和 Sn 外，路径还受到 Ag、Cu、Ge、In、Se、Te 和 Zn 的约束。REMIND 模型的储量短缺量是所有模型中最大的，同样对于 Cd 和 Sn，其全球储量短缺量分别为 1354 kt 和 5820 kt（图 14-14）。同一路径在不同的情景和温控目标下面临的约束矿产品类也存在显著差异（图 14-14 和图 14-15）。在 LRR+LRV 情景和 1.5℃目标下，MESSAGE 模型有 9 种约束矿产，而在 LRR+HRV 情景下，约束矿产的数量减少到 5 种（图 14-14）。气候目标越严格，转型路径的矿产限制就越严格。在 LRR+LRV 场景和 2℃目标下，有 7 种矿产限制了 MESSAGE 模型的路径（图 14-15），少于上述提到的 1.5℃目标下的 9 种。

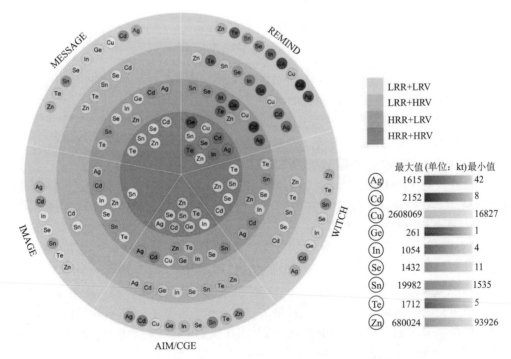

图 14-14　1.5℃温控目标下，限制给定转型路径的矿产的跨模型分布

彩色色带意味着到 2060 年全球储量将出现短缺的情况。即使某一路径的约束矿产类型在不同情景下是相同的，储量短缺情况也会显著不同。颜色越深表示短缺量越大

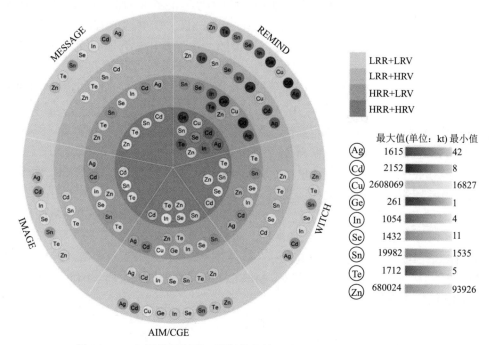

图 14-15　2℃温控目标下，限制给定转型路径的矿产的跨模型分布
彩色色带意味着到 2060 年全球储量将出现短缺的情况。颜色越深表示短缺量越大

图 14-16 进一步给出了每种矿产资源从全球和中国层面来看储量短缺的时间。对于位于右上象限的矿产，无论具体时间如何，中国和全球的潜在供应能力都足以满足 2020～2060 年的矿产需求；位于左上象限的矿产，中国的储量不足以满足某些年份的需求，但全球储量并不短缺；位于左下象限的矿产，无论是中国还是全球的储量都不足以满足其各自的矿产需求。在最严格的 LRR+LRV 情景下，Ag、Cd、In、Se、Sn、Te、Zn的供应无法支持中国 1.5℃目标的实现。具体来说，Sn 的短缺形势最为严峻，其次是 Cd。在全球层面上，Sn 和 Cd 储量最多只能分别支持中国的清洁能源转型计划到 2031 年和 2037 年（IMAGE 模型）。Ag 和 Se 的短缺风险相对较小，它们的全球储备最多可以支持中国的转型路径分别到 2045 年和 2055 年。对中国而言，2030 年前，Te 和 Zn 的储量将面临枯竭的风险，但全球储量可支撑中国的进口需求到 2042 年前后。由此可见，全球范围内资源短缺的风险不容忽视。对于这些矿产来说，通过扩大产能来满足转型路径的需求是不可行的。值得注意的是，储量枯竭并不意味着资源完全枯竭，或许存在尚未探测到的资源储量，但其严格依赖于先进勘探技术研发和资源勘探力度的加大（Toro et al., 2020；Larcher and Tarascon，2014）。

同一矿产在不同的情景、气候目标和路径下所面临的资源短缺风险也不同（图 14-16）。这里以 Ag 为例进行说明（图 14-16（a）），相较于 LRR+LRV 情景，高回收率和高储量假设（即 HRR+HRV 情景）下，Ag 的供应对路径约束的严格程度有所下降。具体来说，在 LRR+LRV 情景下，中国的 Ag 储量将于 2032 年短缺，全球储量也将于 2032～2045 年（因模型而异）起无法满足全球的矿产需求。而在 HRR+HRV 情景下，储量短缺的年份相对较晚：中国的 Ag 储量于 2038 年面临枯竭风险，而从全球储量的角度来看，全球供给可以满足某些路径的需求，如 IMAGE、MESSAGE、WITCH 模型。加大矿产回收力度并伴随着更多可采储量的发现，矿产约束的严格程度将有所下降。一般来说，更严格的气候目标面临更大的资源短缺风险：LRR+LRV 情景下，中国实现 1.5℃气候目标的 Ag 的全球储量将于 2040 年短缺，但在 2℃气候目标下，这一短缺时间将延迟至 2044 年（MESSAGE 模型）。此外，不同路径所面临的资源短缺风险也不同：在实现 1.5℃气候目标的 LRR+LRV 情景下，全球的 Ag 储量可以支撑 REMIND 模型的需求到 2032 年，但可以满足 IMAGE 模型的需求到 2045 年。

Cd、Cu、Ge、In、Se、Te 和 Zn 的评价结果与 Ag 相似，主要分布在两个象限（图 14-16）。就 Cd 而言，在 LRR+LRV 情景下，2030 年中国的 Cd 储量将短缺，全球储量短缺将因路径而异。具体来说，在 1.5℃的气候目标下，全球 Cd 储量可以支持中国的能源转型计划在 AIM/CGE 模型下到 2035 年，在 IMAGE 模型下到 2037 年。在 HRR+HRV 情景下，尽管中国的 Cd 储量在 2041 年短缺，但在 1.5℃的气候目标下，其全球储量可以满足 2020～2060 年的一些路径（如 IMAGE 模型）的需求。这可能部分归因于回收率增加导致的净需求减少，从而缓解了一部分 Cd 供应压力，而储量的增加进一步降低了这种压力。不同的是，Sn 的所有评估结果都分布在左下象限。在 LRR+LRV 情景下，中国的 Sn 储量将在 2030 年面临枯竭的风险，而其全球储量的短缺将因路径而异，为 2030～2031 年。在 HRR+HRV 情景中，由于矿产回收工作的增加和可采储量的发现，矿产约束不那么严格。这表现为矿产资源耗竭的时间延迟。例如，在 MESSAGE 模型下，全球 Sn 储量可以支持中国的能源转型计划到 2040 年（1.5℃气候目标），而在 IMAGE 模型下或可再增加 12 年。

由此可见，虽然矿产的部分需求可通过材料使用效率的提高和废旧模块的回收来满足，但考虑到所有行业的需求，这些矿产的全球储量将远远不能满足其全球需求。在当前的储量水平上，也即 LRR+LRV 情景下，2060 年全球储量还需要实现以下增长才可以满足中国及全球所有路径下风光发电的矿产需求。具体来说，与 2020 年相比，2060 年 In、Te、Se、Cd、Ag、Zn 的储量分别需要增加 56.2 倍、55.2 倍、14.3 倍、4.9 倍、3.2 倍和 2.7 倍。因此，有必要采取不同的回收策略来管理不同矿产的短缺风险。对于回收率较大的矿产，如 Ag、Cd、Cr、Cu、Mo、Ni、Sn 和 Zn，应加大其他行业的回收力度并寻找替代材料；对于回收率较小的矿产，如 In、Se 和 Te，则应加大全行业回收力度。

Al、B、Cr、Ga、Mn、Mo、Nb、Ni、RE、Si 和 V 的评估结果主要分布在右上象限或左上象限，这表明它们不会制约中国光伏太阳能和风能的大规模发展。其中，中国的 Ga、Mn、Mo、RE、Si 和 V 储量足以满足本国清洁能源发展的需要，而 Al、B、Cr、Nb 和 Ni 的需求通常需要全球储量的支持。在所有情景下，2020～2060 年 Ga、Mo、RE、Si、V 的国内和全球储量均较为丰富（位于右上象限）；而 Al、B、Cr、Mn、Nb、Ni 的国内储量不足（左上象限），这意味着中国或可通过进口来满足国内需求。可以预计，未来全球清洁能源转型将带来更多的关键矿产需求，全球范围内对矿产资源的争夺将导致矿产价格异常波动，影响全球经济的稳定，甚至引发贸易摩擦；矿产需求的激增也将导致全球矿产生产的扩张，因此采矿业带来的环境和生态破坏也应予以足够的重视（Lèbre et al.，2020）。

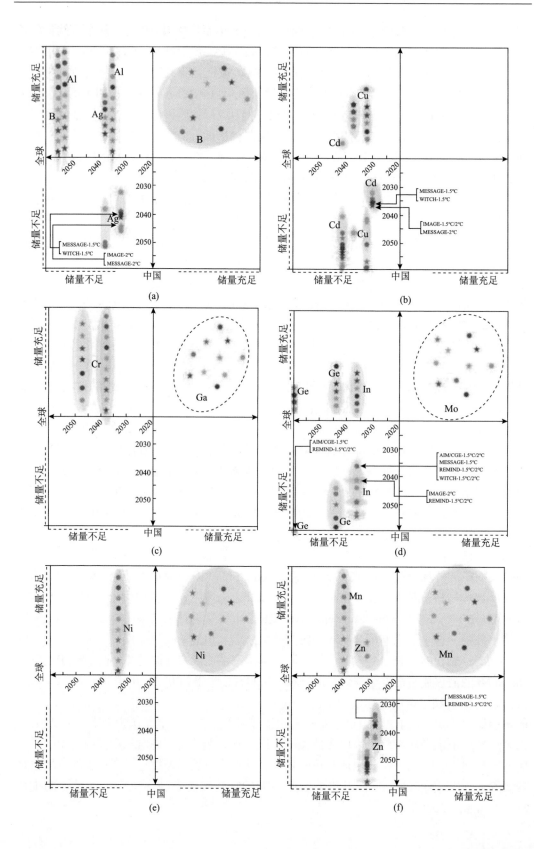

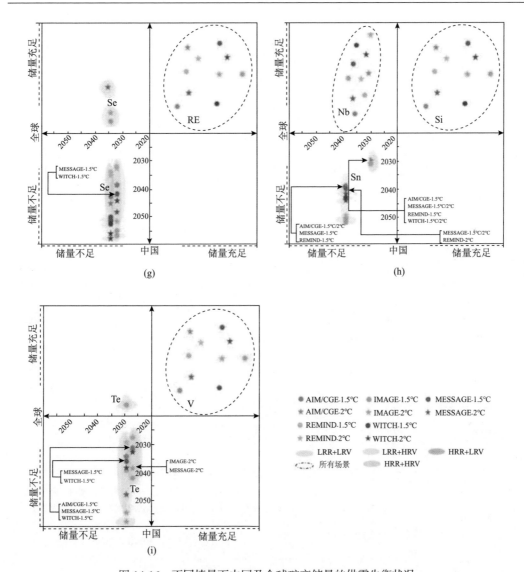

图 14-16　不同情景下中国及全球矿产储量的供需失衡状况

图（a）～（i）分别表示 Ag、Al、B、Cd、Cu、Cr、Ga、In、Ge、Mo、Ni、Zn、Mn、Se、RE、Nb、Sn、Si、Te、V 的储
量短缺情况

14.7　国际矿产贸易的角色

本节主要关注非约束矿产的中国全行业层面的贸易情况（图 14-17），与光伏太阳
能和风能行业相关的矿产贸易需求详见图 14-18。

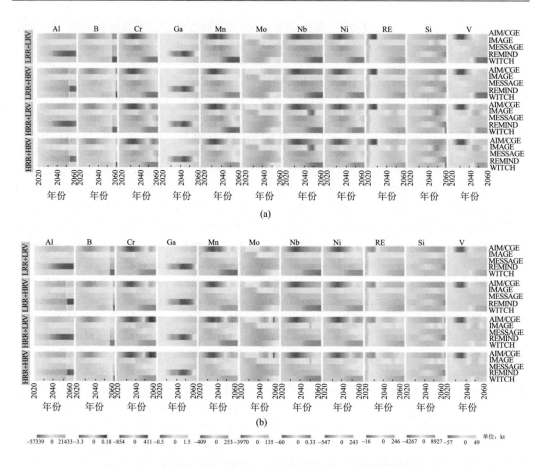

(a)

(b)

单位：kt

图 14-17　清洁能源转型路径下中国非约束矿产的全行业贸易情况

图（a）为 1.5℃气候目标下非约束矿产的全行业贸易；图（b）为 2℃气候目标下，非约束矿产的全行业贸易。彩色色带代表矿产的净出口量：颜色越深，净出口量越大。灰色带表示矿产的净进口量：颜色越深，净进口量越大

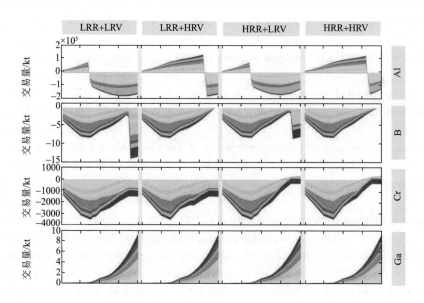

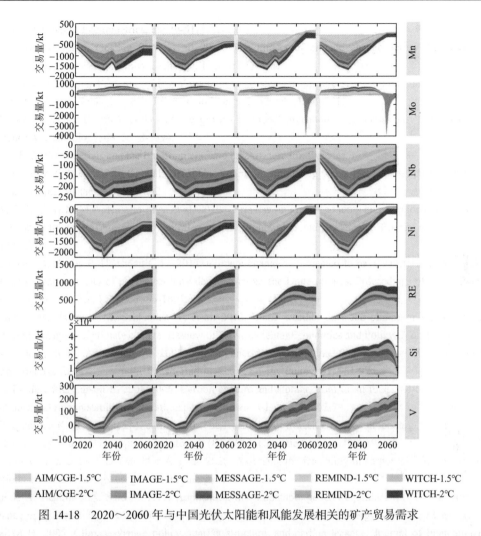

图 14-18　2020～2060 年与中国光伏太阳能和风能发展相关的矿产贸易需求

鉴于矿产资源的限制，国际贸易可能在中国清洁能源发展中发挥巨大作用。在实现碳中和目标的整个过程中，大多数年份中，中国将成为 Ga、Mo、RE、V 的净出口国，特别地，中国将在整个过程中成为 Si 的净出口国。就 Ga 来说，即使在严格的气候目标 1.5℃温控目标和一般技术进步情景（LRR+LRV）下，2020～2060 年中国依然有可观的 Ga 可供出口，这得到了绝大多数模型测算结果的支持，包括 AIM/CGE、IMAGE、MESSAGE 和 WITCH 模型（图 14-17（a））。在相同的情况下，Mo、RE 和 V 的贸易情况类似。特别地，跨模型结果表明，2060 年，风能和太阳能技术对 Ga 的净出口需求将占中国 Ga 净出口总量的 57.0%（出口量为 0.97kt），对于 Mo、RE、V、Si，这一比例分别高达 47.4%、24.7%、62.8%和 34.7%（图 14-18）。考虑到 2℃的气候目标和更乐观的情景（HRR+HRV），中国能够出口更多的 Ga、Mo、RE、V、Si，出口周期也更长。例如，2℃和 HRR+HRV 情景下，AIM/CGE 模型下的出口量是 2.44kt，相同模型下，1.5℃和 LRR+LRV 情景下，出口量是 2.01kt，因此，更乐观的情景下出口量较多，比最严格的情景高 21.4%。

　　1.5℃和2℃温控目标下，在整个清洁能源转型期的大多数年份，中国将成为Al和B的净进口国。特别地，在整个转型时期，中国将是Cr、Mn、Nb、Ni的净进口国。在1.5℃温控目标和LRR+LRV情景下，对所有路径来说，中国2035～2060年需要进口Al（图14-17（a））。然而，由于光伏太阳能和风力发电的积极扩张，REMIND模型的净进口需求最大，并呈现出增长趋势。至于B，中国面临着更加严峻的贸易形势，必须从现在开始进口这种矿产。中国几乎不存在Nb生产和储量，因此其需求主要通过充足的全球储量来满足，同时呈现出倒U形净进口趋势（AIM/CGE、MESSAGE和REMIND模型）。对于Cr、Mn和Ni来说，尽管国内有一定的生产量，但仍不能满足需求，严重依赖净进口。根据跨模型结果，光伏太阳能和风力发电中Al和Nb的净进口需求将分别占全行业进口的54%和49%，而Ni、Cr、Mn、B的进口份额相对较小，分别为5.4%、2%、0.7%和0.4%（图14-18）。这强调了Al和Nb在中国清洁能源转型中的战略地位。在2℃温控目标和HRR+HRV情景下，这些矿产的进口压力将释放掉一些现存的压力（图14-17（b））。

14.8　中国能源清洁化转型路径重构

　　显然，在考虑矿产资源的约束下，代表性模型（AIM/CGE、IMAGE、MESSAGE、REMIND和WITCH）给出的1.5℃和2℃气候目标下中国的清洁能源转型路径在很大程度上是不可行的。为此，本节通过构建在关键矿产约束下的线性优化模型来重新配置光伏太阳能、风能的发展路径。总体来看，路径重构后光伏太阳能和风能的装机容量与原路径相比均大幅度降低。跨模型的平均结果显示，1.5℃气候目标下，在HRR+HRV情景下（图14-19（a）和（b）），2060年光伏和风电装机容量将分别减少18.3%和19.0%，而在保守的LRR+LRV情景下，相应的减少值将分别扩大到63.6%和68.9%（图14-20（a）和（b））。因此，矿产回收和开采方面的技术进步对于支持光伏和风力发电的大规模发展至关重要。材料替代可在一定程度上减少与矿产限制相关的装机容量下降（Cd和Sn很可能被替代）（Graedel et al.，2015），但在LRR+LRV情景下，2060年的减少量仍分别高达26.7%和15.8%（图14-21（a）和（b）、图14-22（a）和（b））。在2℃的气候目标下，这一减少量略低于1.5℃气候目标下的减少量。

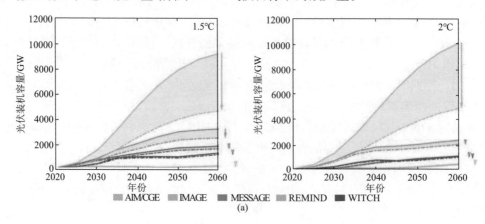

(a)

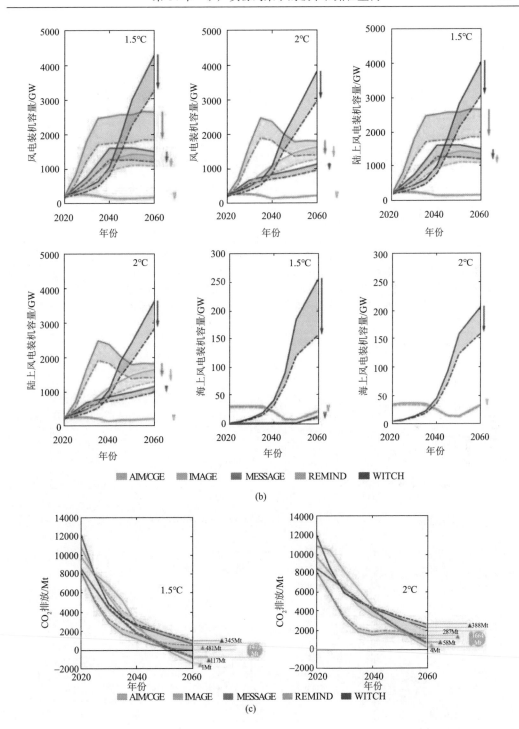

(b)

(c)

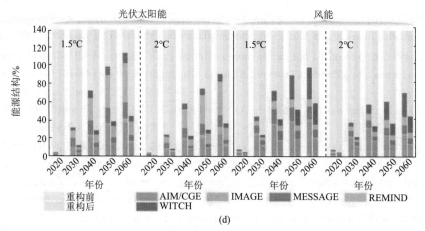

(d)

图 14-19 HRR+HRV 情景下，能源转型路径重构前后的装机容量、能源结构及碳排放缺口

图（a）为 1.5℃和 2℃气候目标下路径重构前后中国光伏装机容量的动态对比，实线指的是重构前的数据，虚线指的是重构后的数据。图（b）为 1.5℃和 2℃气候目标下路径重构前后中国风电装机容量、陆上风电装机容量和海上风电装机容量的动态对比。图（c）为路径重构后的碳排放缺口。图（d）为路径重构前后中国光伏太阳能和风能占一次能源的比重

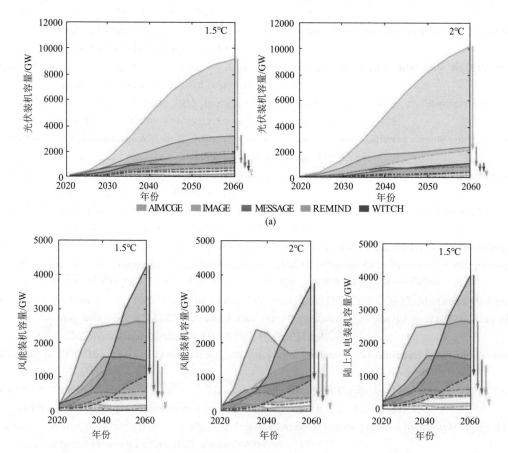

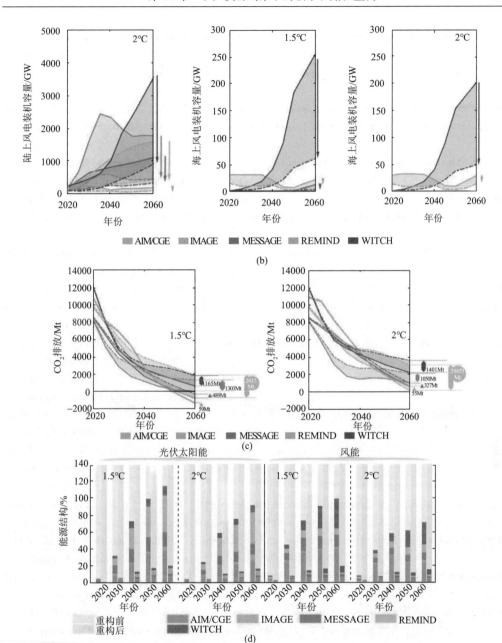

图 14-20　LRR+ LRV 情景下，能源转型路径重构前后的装机容量、能源结构及碳排放缺口

图（a）为 1.5℃和 2℃气候目标下路径重构前后中国光伏装机容量的动态对比，实线指的是重构前的数据，虚线指的是重构后的数据。图（b）为 1.5℃和 2℃气候目标下路径重构前后中国风电装机容量、陆上风电装机容量和海上风电装机容量的动态对比。图（c）为路径重构后的碳排放缺口。图（d）为路径重构前后中国光伏太阳能和风能占一次能源的比重

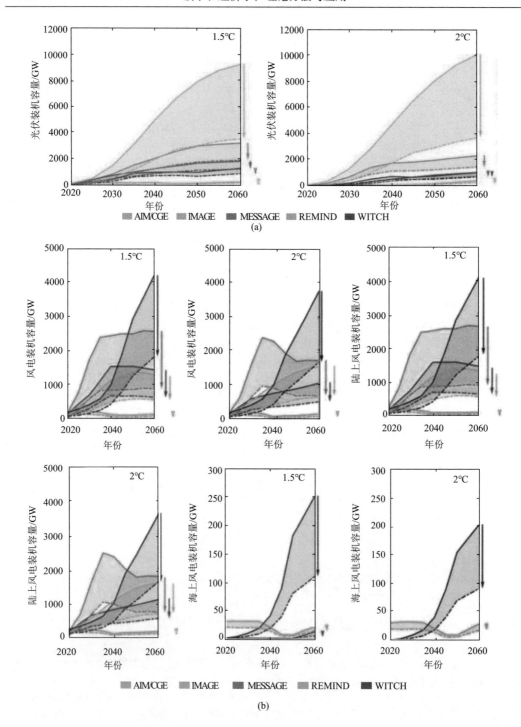

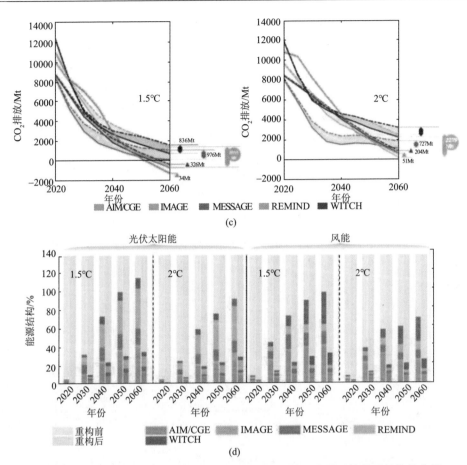

图 14-21　LRR+LRV 情景下，考虑矿产替代的能源转型路径重构前后的装机容量、
能源结构及碳排放缺口

图（a）为 1.5℃和 2℃气候目标下路径重构前后中国光伏装机容量的动态对比，实线指的是重构前的数据，虚线指的是重构后的数据。图（b）为 1.5℃和 2℃气候目标下路径重构前后中国风电装机容量、陆上风电装机容量和海上风电装机容量的动态对比。图（c）为路径重构后的碳排放缺口。图（d）为路径重构前后中国光伏太阳能和风能占一次能源的比重

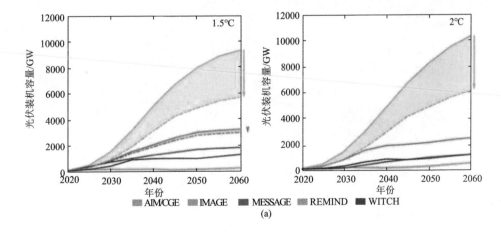

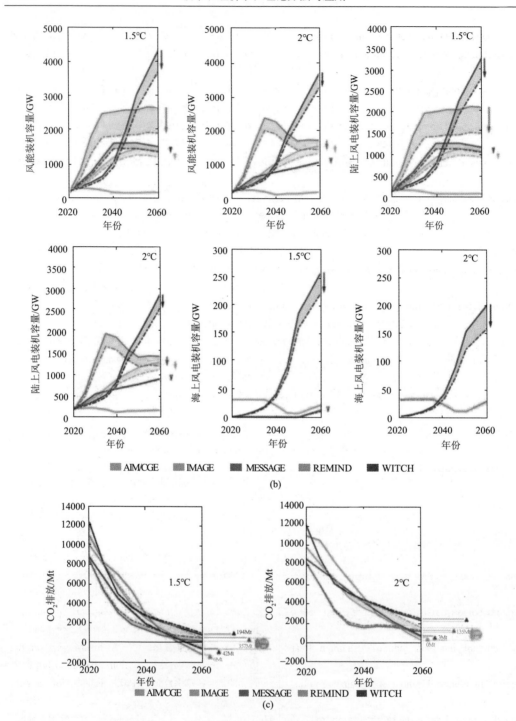

(b)

(c)

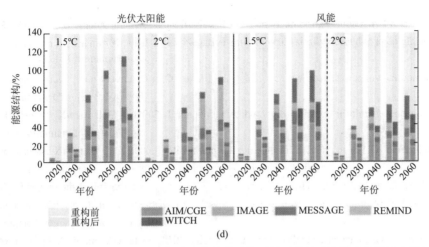

图 14-22　HRR+HRV 情景下，考虑矿产替代的能源转型路径重构前后的装机容量、
能源结构及碳排放缺口

图（a）为 1.5℃和 2℃气候目标下路径重构前后中国光伏装机容量的动态对比，实线指的是重构前的数据，虚线指的是重构后的数据。图（b）为 1.5℃和 2℃气候目标下路径重构前后中国风电装机容量、陆上风电装机容量和海上风电装机容量的动态对比。图（c）为路径重构后的碳排放缺口。图（d）为路径重构前后中国光伏太阳能和风能占一次能源的比重

　　风光扩张容量的下降意味着其在能源消费结构中的角色要显著弱化（图 14-19（d）、图 14-20（d））。具体而言，未考虑资源约束时，在 1.5℃的气候目标下，跨模型结果表明，2060 年中国光伏太阳能和风能占一次能源消费总量的比重为 22.8%和 19.8%。在引入关键矿产约束（HRR+HRV 情况下）时，太阳能和风能占一次能源消费的比重将分别平均下降 60.8%与 40.1%（图 14-19（d）），并在严格的 LRR+LRV 场景下分别下降82.6%和 80.2%（图 14-20（d））。即使考虑到 Cd 和 Sn 可以被替代，在 HRR+HRV 场景下，一次能源消费中光伏太阳能和风能的比例仍然显著下降，分别为 10.4%和 12.9%（图 14-22（d）），在 LRR+LRV 场景下分别为 6.8%和 6.5%（图 14-21（d））。因此，必须重新审视能源重构路径，并使替代技术的发展多样化，如氢、先进核能（Duan et al.，2022），特别是与 CCS（Rogelj et al.，2021）相匹配的化石能源技术，以规避中国碳中和的愿景中矿产短缺的限制。

　　因此，如果没有可靠的替代能源，太阳能和风能预期供能份额的下降将阻碍《巴黎协定》气候目标以及中国碳中和目标的实现。鉴于中国其他典型清洁能源（如水力和地热发电）的潜力有限，以及核能的安全风险造成的不确定性，化石燃料，特别是煤炭、天然气和石油，可能必须继续在能源系统中发挥重要作用，这将加大减排压力。假设矿产限制导致的光伏发电和风力发电的减少全部由化石燃料填补（在不同模型的给定气候目标下，对于有无 CCS，如图 14-23 和图 14-24 所示），我们可以计算出路径重新配置导致的 CO_2 排放缺口。结果表明，在 LRR+LRV 情景和 1.5℃温控目标下，2060 年能源转型路径的重构将最多产生 2615 Mt 的 CO_2 排放缺口（REMIND 模型，图 14-20（c）），跨模型平均水平为 1126 $MtCO_2$；即使在乐观的 HRR+HRV 情景和两个气候目标下，该模型的平均缺口仍可能超过 480 $MtCO_2$（图 14-19（c））。通过考虑可能的矿产替代，在 1.5℃温控目标和 LRR+LRV 情景下，相应的平均排放缺口可以减少到 844 $MtCO_2$（图

14-21（c）），在 HRR+HRV 情景下减少至 344 MtCO$_2$（图 14-22（c））。在这种情况下，必须对化石燃料电力的大规模退役持更加谨慎的态度，CCS 技术可能成为稳定供能和弥补减排缺口的可行选择（Rogelj et al.，2021；Liu et al.，2021）。

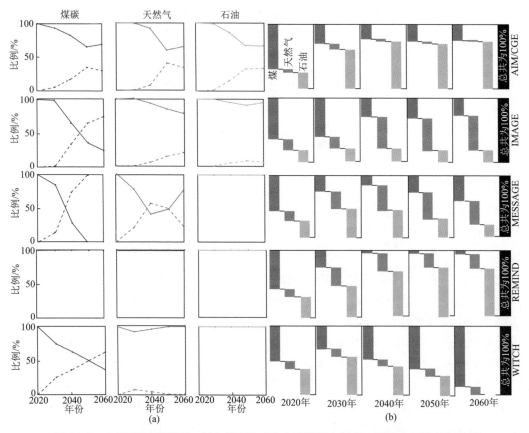

图 14-23　1.5℃温控目标下，每个模型给出的化石燃料中煤炭、石油和天然气的比例

这里假设矿产限制导致的太阳能和风能的电力供应缺口可以由化石燃料来弥补。图（a）为有 CCS（虚线）和无 CCS（实线）的化石燃料比例。图（b）为煤、石油和天然气在化石燃料中的比例

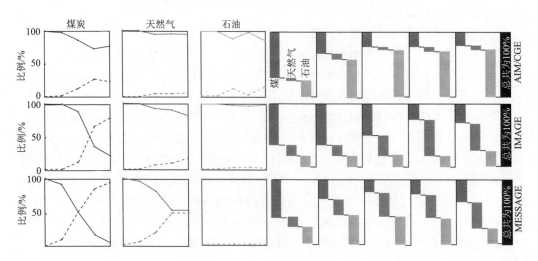

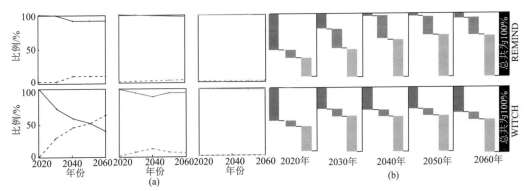

图 14-24　2℃温控目标下，每个模型给出的化石燃料中煤炭、石油和天然气的比例

图（a）为有 CCS（虚线）和无 CCS（实线）的化石燃料比例。图（b）为煤、石油和天然气在化石燃料中的比例

14.9　总结与讨论

光伏太阳能和风能被广泛地认为是实现碳中和下能源清洁化转型的核心力量，然而这些清洁能源技术对矿产资源的依赖程度远高于传统能源技术。本章得出的结论是，中国在碳中和愿景下的清洁能源转型将显著提升对相关矿产资源的需求。到 2060 年，中国光伏太阳能和风能的扩张将产生相当于 2020 年 12 倍的矿产需求，约占世界风能和太阳能技术总矿产需求的 1/4。材料利用效率的提高和回收技术的进步可显著降低清洁能源技术的矿产净需求量。但对于大多数矿产来说，如 Ag、Ga、Ge、In、Mo、Nb、Se、Si、Te 和 V，中国光伏太阳能和风能发展对应的需求量将占到本国全行业需求量的 50% 以上。碳中和目标下风光技术的大规模发展将成为未来关键矿产需求快速增长的主要推力。

路径评估结果表明，从全球储量的角度来看，矿产资源的约束将使得所有考察的模型下的清洁能源发展路径不可行。具体而言，Ag、Cd、Ge、In、Se、Te、Cu 的储量和潜在供应无法支持中国太阳能技术向碳中和目标的快速扩张，而风电的大规模部署也将受到 Sn、Zn 和 Cu 等矿产资源的严重限制。因此，考虑到实际的资源约束，可能要大幅调低未来风能和太阳能的发展规模及其对能源结构清洁化的贡献预期。本章还从全球资源储量的角度确定了中国清洁能源转型的非限制性矿产，即 Al、B、Cr、Ga、Mn、Mo、Nb、Ni、Re、Si、V，但其中一些矿产，如 Al、B、Cr、Mn、Nb、Ni，将在很大程度上依赖进口贸易。因此，我们在维护能源安全和经济稳定发展方面将面临越来越大的挑战，应更加重视矿产资源短缺和贸易摩擦的潜在风险。

在矿产可得性约束下重构的清洁能源转型路径表明，温控目标下风光发展规模需大幅下调。即使在最理想的情况下（HRR+HRV），为了达到 1.5℃ 的气候目标，2060 年光伏太阳能和风能的份额也将分别减少 60.8% 和 40.1%。这意味着被寄予厚望的光伏太阳能和风能技术在未来实现《巴黎协定》温控目标或碳中和中所能做出的贡献将远低于预期。这可能导致化石燃料发电厂推迟退役。到 2060 年，可能出现高达 26 亿 t 的 CO_2 排放缺口，这无疑对实现中国的碳中和愿景构成了巨大挑战。

本章为中国在碳中和目标下的清洁能源转型提供了重要启示。一方面，我们需要强化矿产资源的使用效率和回收利用力度，同时加大对资源勘探开发技术和替代材料技术的研发，以最大限度地发挥太阳能和风能等可再生能源对未来能源结构调整的贡献。另一方面，中国需要重新审视化石燃料发电退役的步伐，以及氢、先进核能和生物质等其他清洁能源可能发挥的作用。在找到可行的能源替代品之前，谨慎推动化石燃料的大规模退役并逐步部署 CCS 可能是中国确保安全稳定地向碳中和能源过渡的现实选择。

最后本章讨论了这项工作的几个注意事项和进一步的研究。第一，本章假设太阳能和风力发电以外的行业的矿产需求保持稳定趋势，即假设其他行业的需求随着经济的增长而增长，而未考虑需求结构调整的不确定性。第二，鉴于实现海洋和空间采矿带来的储量大幅增加的不可预测性，以及自然灾害对现有矿山造成的破坏可能导致储量减少，我们合理地假设，从历史趋势来看，未来储量增长将是稳定的。第三，对矿产贸易风险及其相关经济影响的系统调查和分析也是未来研究的重点方向。我们发现，太阳能和风能等清洁能源的扩张将带来矿产需求的激增，这无疑将增加对进口关键矿产的依赖。因此，资源竞争、价格波动和关税调整的经济影响是我们需要解决的重要问题。然而，这些问题都依赖于大规模经济和贸易模型的构建。事实上，贸易经济模型（部分均衡模型与投入产出模型的结合）的开发和与清洁能源开发相关的矿产贸易流的确定及其对主要贸易伙伴的经济影响研究正在进行中。

附　　录

附录 1　模型缩写及全拼

缩写	模型全拼
IMAGE	Integrated Model to Assess the Global Environment
GCAM	Global Change Assessment Model
TIMER	The Targets IMage Energy Regional simulation model
TIMES	The Integrated MARKAL-EFOM System
MESSAGE	Model for Energy Supply Strategy Alternatives and their General Environmental impacts
REMIND	REgional Model of INvestments and Development
TIAM	The TIMES Integrated Assessment Model
WITCH	The World Induced Technical Change Hybrid model
E3METL	Energy-Economy-Environmental Model with Endogenous Technological change by employing Logistic curves
DICE	Dynamic Integrated Climate Economic
FUND	The climate Framework for Uncertainty，Negotiation and Distribution
RICE	Regional Integrated Climate Economic model
MAGICC	Model for the Assessment of Greenhouse-gas Induced Climate Change
MERGE	Model for Estimating the Regional and Global Effects of greenhouse gas reductions
PAGE	The Policy Analysis of the Greenhouse Effect model
EPPA	The Economic Projection and Policy Analysis model
DNE21+	Dynamic New Earth 21 （DNE21）model
POLES	Prospective Outlook on Long-term Energy Systems
E3MG	Energy-Environment-Economy Model of the Globe
FAIR	The Factor Analysis of Information Risk model
MARKAL	The MARKet ALlocation model
DART	Dynamic Applied Regional Trade model
CEEPA	The China Energy and Environmental Policy Analysis model
IEG-CGE	Institute of Economic Growth-Computable General Equilibrium model
IPAC	Integrated Policy Assessment model for China
DEMETER	DE-carbonisation Model with Endogenous Technologies for Emission Reduction
STACO	The STAbility of COalitions model
AIM	Asia-Pacific Integrated Model

续表

缩写	模型全拼
BET	Basic Energy systems，economy，environment，and end-use Technology model
EC-IAM	European Commission Integrated Assessment Model
FARM	Farm Aquaculture Resource Management model
IGSM	The MIT Integrated Global Systems Model
GAINS	The Greenhouse gas-Air pollution Interactions and Synergies model
GET	Global Energy Transition model
GRAPE	Global Relationship Assessment to Protect the Environment
GEM-E3	Global Energy Model for Economy-Energy-Environment
LEAP	Long-range Energy Alternatives Planning model
TM5-FASST	Tracer Model 5-Fast Scenario Screening Tool model
CIMS	Computer/contemporary Integrated Manufacturing Systems
IMACLIM	Innovative Multi-sector and Climate economic model to LIMit GHGs emissions

注：ENV-Linkages 和 WorldScan 没有找到模型缩写的全拼。

附录 2　IAM 信息汇总表

模型名称	模型类型	地理区域	隶属关系	资料来源
IMAGE	动态的面向过程的优化模型	全球，32 个地区	欧盟-荷兰（PBL）	Bouwman 等（2006）
GCAM	动态-渐进式部分均衡模型	全球，32 个地区	美国（PNNL/JGCRI）	Kim 等（2006）
TIMER	系统动力学仿真模型	空间上 0.5°×0.5°网格	欧盟-荷兰（PBL）	van der Zwaan 等（2002）
MESSAGE	线性规划模型	全球，11 个地区	欧盟-奥地利（IIASA）	Messner 和 Strubegger（1995）
REMIND	最优经济增长模型	全球，11 个地区	欧盟-德国（PIK）	Leimbach 等（2010a）
TIAM-ECN	线性优化模型	全球，15 个地区	欧盟-荷兰（ECN）	Rosler 等（2011）
WITCH	最优经济增长模型	全球，13 个无区域	欧盟-意大利（FEEM）	Bosetti 等（2006）
E3METL	集成的最优增长模型	全球，单部门	中国（CAS）	Duan 等（2013）
DICE07	DICE 的 2007 版本	全球，单部门	美国（YaleU）	Nordhaus（2008）
DICE2013R	DICE 的 2013 版本	全球，单部门	美国（YaleU）	Nordhaus 和 Sztorc（2013）
FUND2.81	集成的最优增长模型	全球，16 个地区	英国	Tol（2006）
GCAM-IIM	动态-渐进式部分均衡模型	全球，32 个地区	印度（IIM）	Shukla 和 Chaturvedi（2012）
MAGICC4	简单的气候模型	全球性、无区域的	美国	Wigley（1993）
MERGE	集成的最优增长模型	全球，12 个无区域	美国（StanfordU）	Manne 等（1995）
PAGE2002	集成的最优增长模型	全球，8 个地区	欧盟-英国	Hope（2006）
EPPA	可计算一般均衡模型	全球，16 个地区	美国（MIT）	Paltsev 等（2012）
DNE21+	线性优化模型	全球，54 个地区	日本（RITE）	Akimoto（2010）

模型名称	模型类型	地理区域	隶属关系	资料来源
POLES	市场均衡模拟模型	全球，50 个无区域	欧盟委员会	Després 等（2018）
E3MG	计量经济学模拟模型	全球，20 个地区	欧盟-英国	Köhler 等（2006）
FAIR	集成的气候政策模型	全球性、无区域的	欧盟-荷兰（PBL）	den Elzen 和 Lucas（2005）
MARKAL-US	能源系统模型	美国	美国	Fishbone 和 Abilock（1981）
DART	可计算一般均衡模型	全球，12～27 个地区	欧盟-德国（IFW）	Klepper 等（2003）
ENV-Linkages	可计算一般均衡模型	全球，12 个地区	经合组织	Burniaux 和 Chateau（2008）
CEEPA	可计算一般均衡模型	中国	中国（BIT）	Liang 等（2007）
ChinaMARKAL	能源系统模型	中国	中国（清华大学）	Chen（2005）
IEG-CGE	可计算一般均衡模型	印度	印度（IEG）	Pradhan 和 Ghosh（2012）
MARKAL-India	能源系统模型	中国	印度（IIM-A）	Shukla（1997）
IAMCLIM-R	可计算一般均衡模型	全球，12 个地区	欧盟-法国（CIRED）	Sassi 等（2010）
IPAC	递归-动态部分平衡模型	全球，9 个地区	中国（NDC-ERI）	Jiang 等（2010）
Phoenix	可计算一般均衡模型	全球，24 个地区	美国（PSU/BU）	Fisher-Vanden 等（2012）
STACO	组合博弈论和 IAM	全球，12 个地区	欧盟-荷兰	Nagashima 等（2009）
RICE	集成的 IAM	全球，6 个地区	美国	Nordhaus 和 Yang（1996）
CWS	RICE 的改良版	全球，6 个地区	欧盟-比利时	Eyckmans 和 Tulkens（2003）
MICA	扩展的 RICE 模型	全球，11 个地区	欧盟-德国（PIK）	Lessmann 等（2009）
AIM-Enduse	局部平衡模型	全球，32 个地区	日本（NIES）	Akashi 等（2014）
BET	一般均衡模型	全球，32 个地区	日本	Yamamoto 等（2014）
EC-IAM	可计算一般均衡模型	全球，11 个地区	欧盟-德国（PIK）	Kriegler 等（2014）
FARM	可计算一般均衡模型	全球，15 个地区	美国	Rose 等（2015）
IGSM	可计算一般均衡模型	全球，16 个地区	美国	Prinn 等（2011）
GAINS	系统优化模型	全球，47 个地区	欧盟-奥地利（IIASA）	Wagner 等（2007）
GET	线性规划模型	全球，11 个地区	欧盟-瑞典	Azar 等（2003）
GRAPE	一般均衡模型	全球	日本（IAE）	Kurosawa（2006）
WorldScan	可计算一般均衡模型	全球，16 个地区	欧盟-荷兰（PBL）	Johannes 和 Corjan（2014）

注：FUND 最早是由 Richard Tol 开发的，现在是由 David Anthoff 和 Richard Tol 共同开发的，正如模型网所说，FUND 没有机构的归属，这里我们通过其首席开发者 Richard Tol 的归属来定义它（www.fund-model.org）。

本表中显示的模型隶属关系可能不是模型的准确归属，我们以主要开发者的隶属关系来定义它们。

附录 3　气象指标及其处理表

站内监测指标（处理前）	模型输入指标（处理后）	描述
日平均温度	年平均温度	日平均温度的年算术平均值
日平均温度	季度平均温度	日平均温度的季度算术平均值
最高温度	极高温度的天数	全年超过 32℃的天数
最低温度	极低温度的天数	全年低于 – 12℃的天数
24h 降水量	年度累积	24h 日累计降水量的年度总和
24h 降水量	季度累积	24h 日累计降水量的季度总和
24h 降水量	强降水的天数	全年 24h 累计降水量超过 50mm 的天数
24h 降水量	弱降水的天数	全年 24h 累计降水量小于 10mm 的天数
每日相对湿度	相对湿度的年平均值	日平均相对湿度的年算术平均值
每日相对湿度	相对湿度的季度平均值	日平均相对湿度的季度算术平均值
每日相对湿度（极高湿度）	极高湿度的天数	全年平均相对湿度高于 80%的天数
每日相对湿度（极低的湿度）	极低湿度的天数	全年平均相对湿度低于 40%的天数
每日日照时间	每天的累计日照时间	全年累计日照时数
平均空气压力	年平均空气压力	日平均气压的年算术平均值
平均风速	年平均风速	日平均风速的年算术平均值

注：①这里的季度是按照中国的传统标准来定义的，即第 1、2、3、4 季度分别对应春、夏、秋、冬，由 3 月、4 月、5 月，6 月、7 月、8 月，9 月、10 月、11 月，以及 12 月、1 月、2 月组成；②我们删除所有闰年的 2 月 29 日，并将每年的天数统一为 365 天。

附录 4　地域城市的缩写表

编号	中国东部		中国中部		中国西部	
	全称	城市代码	全称	城市代码	全称	城市代码
1	Beijing	BJ	Taiyuan	TY	Nanning	NN
2	Tianjin	TJ	Datong	DT	Liuzhou	LZH
3	Shijiazhuang	SJZ	Yangquan	YQ	Guilin	GL
4	Tangshan	TS	Changzhi	CZI	Wuzhou	WZN
5	Qinhuangdao	QHD	Jincheng	JC	Beihai	BH
6	Handan	HD	Suozhou	SOZ	Fangchenggang	FCG
7	Xingtai	XT	Yuncheng	YCN	Qinzhou	QZH
8	Baoding	BD	Xinzhou	XNZ	Guiguang	GG

续表

编号	中国东部		中国中部		中国西部	
	全称	城市代码	全称	城市代码	全称	城市代码
9	Zhangjiakou	ZJK	Linfen	LF	Yulin	YL
10	Chengde	CHD	Lvliang	LL	Baise	BAS
11	Cangzhou	CZ	Hohhot	HHT	Hechi	HC
12	Langfang	LFN	Baotou	BT	Laibin	LB
13	Hengshui	HS	Wuhai	WHA	Chongqing	CQ
14	Shenyang	SY	Chifeng	CF	Chengdu	CD
15	Dalian	DL	Tongliao	TL	Zigong	ZG
16	Anshan	AS	Erdos	EDS	Panzhihua	PZH
17	Fushun	FSN	Bayanur	BYN	Luzhou	LUZ
18	Benxi	BX	Ulanchap	WCB	Deyang	DYN
19	Dandong	DD	Chuangchun	CC	Mianyang	MY
20	Jinzhou	JZH	Jilin	JL	Guangyuan	GUY
21	Yingkou	YK	Siping	SP	Suining	SN
22	Fuxin	FX	Liaoyuan	LYU	Neijiang	NJ
23	Liaoyang	LYN	Tonghua	TH	Leshan	LS
24	Panjin	PJ	baishan	BS	Nanchong	NCN
25	Tieling	TLN	Songyuan	SYU	Meishan	MS
26	Chaoyang	CY	Baicheng	BC	Yibin	YB
27	Huludao	HLD	Harbin	HEB	Dazhou	DZH
28	Shanghai	SH	Qiqihar	QQH	Yaan	YAN
29	Nanjing	NJ	Jixi	JXI	Bazhong	BAZ
30	Wuxi	WX	Hegang	HGN	Ziyang	ZYN
31	Xuzhou	XZ	Shuangyashan	SYS	Guiyang	GY
32	Changzhou	CHZ	Daqing	DQ	Liupanshui	LPS
33	Suzhou	SZH	Yichun	YCU	Zunyi	ZYI
34	Nantong	NT	Jiamusi	JMS	Anshun	ASH
35	Lianyungang	LYG	Witaihe	QTH	Bijie	BIJ
36	Yancheng	YCE	Mudanjiang	MDJ	Tongren	TR
37	Yangzhou	YZ	Heihe	HH	Kinming	KM
38	Zhenjiang	ZJ	Suihua	SUH	Qujing	QJ
39	Taizhou	TZH	Wuhu	WUH	Yuxi	YX
40	Suqian	SQN	Bengbu	BB	Baoshan	BSH
41	Hangzhou	HZ	Huainan	HN	Zhaotong	ZT
42	Ningbo	NB	Maanshan	MAS	Lijiang	LJ
43	Wenzhou	WZ	Huaibei	HB	Simao	SM
44	Jiaxing	JX	Tongling	TOL	Lincang	LC
45	Huzhou	HUZ	Anqing	AQ	Xian	XA

编号	中国东部		中国中部		中国西部	
	全称	城市代码	全称	城市代码	全称	城市代码
46	Shaoxing	SX	Huangshan	HUS	Tongchuang	TC
47	Jinhua	JH	Chuzhou	CUZ	Baoji	BJI
48	Quzhou	QUZ	Suzhou	SUZ	Xianyang	XY
49	Zhoushan	ZSH	Luan	LA	Weinan	WN
50	Taizzhou	TZ	Bozhou	BOZ	Yanan	YA
51	Lishui	LSH	Chizhou	CIZ	Hanzhong	HAZ
52	Fuzhou	FZ	Nanchang	NC	Yulin	YUL
53	Xiamen	XM	Jingdezhen	JDZ	Ankang	AK
54	Putian	PT	Pingxiang	PX	Shangluo	SL
55	Sanming	SMN	Jiujiang	JJ	Lanzhou	LZ
56	Quanzhou	QZ	Xinyu	XYU	Jiayuguan	JYG
57	Zhangzhou	ZZO	Yingtan	YTN	Jinchang	JCN
58	Nanping	NP	Ganzhou	GZN	Tianshui	TSH
59	Longyan	LOY	Jian	JA	Wuwei	WW
60	Ningde	ND	Yichun	YCH	Zhangye	ZY
61	Jinan	JN	Fuzhou	FZH	Pingliang	PL
62	Qingdao	QD	Shangrao	SR	Jiuquan	JQ
63	Zibo	ZB	Zhengzhou	ZZ	Qingyang	QY
64	Zaozhuang	ZZU	Kaifeng	KF	Dingxi	DX
65	Dongying	DY	Luoyang	LY	Longnan	LN
66	Yantai	YT	Pingdingshan	PDS	Xining	XN
67	Weifang	WF	Anyang	AY	Haidong	HDN
68	Jining	JNI	Hebi	HBI	Yinchuan	YC
69	Taian	TA	Xinxiang	XX	Shizuishan	SZS
70	Weihai	WHI	Puyang	PY	Wuzhong	WZO
71	Rizhao	RZ	Xuchang	XC	Guyuan	GYN
72	Laiwu	LW	Luohe	LH	Urumqi	WMQ
73	Linyi	LYI	Sanmenxia	SMX	Karamay	KMY
74	Dezhou	DZ	Nanyang	NY	Shihezi	SHZ
75	Liaocheng	LCN	Shangqiu	SQ	Hami	HM
76	Binzhou	BZ	Xinyang	XYN	—	—
77	Heze	HZE	Zhoukou	ZK	—	—
78	Guangzhou	GZ	Zhumadian	ZMD	—	—
79	Shaoguan	SG	Wuhan	WH	—	—
80	Shenzheng	SZ	Huangshi	HSH	—	—
81	ZHuhai	ZH	Shiyan	SYN	—	—
82	Shantou	ST	Yichang	YCA	—	—

编号	中国东部		中国中部		中国西部	
	全称	城市代码	全称	城市代码	全称	城市代码
83	Foshan	FS	Ezhou	EZ	—	—
84	Zhanjiang	ZJN	Jinmen	JMN	—	—
85	Maoming	MM	Xiaogan	XG	—	—
86	Zhaoqing	ZQ	Jinzhou	JZ	—	—
87	Huizhou	HZH	Huanggang	HG	—	—
88	Meizhou	MZ	Xianning	XNN	—	—
89	Shanwei	SW	Suizhou	SZU	—	—
90	Heyuan	HY	Changsha	CS	—	—
91	Yangjiang	YJ	Xiangtan	XTN	—	—
92	Qingyuan	QYU	Hengyang	HYN	—	—
93	Dongguan	DG	Shaoyang	SHY	—	—
94	Zhongshan	ZS	Yueyang	YY	—	—
95	Chaozhou	CZH	Changde	CDE	—	—
96	Jieyang	JY	Zhangjiajie	ZJJ	—	—
97	Haikou	HK	Yiyang	YYN	—	—
98	Sanya	SYA	Chenzhou	CEZ	—	—
99	—	—	Yongzhou	YZH	—	—
100	—	—	Huaihua	HHA	—	—
101	—	—	Loudi	LD	—	—

注：城市全称用汉语拼音表述。

附录 5　中国经济区域的划分表

分类	包括的省份	城市数量/个
发达地区（中国东部）	北京、天津、河北、辽宁、上海、江苏、浙江、福建、山东、广东、海南	98
中等发达地区（中国中部）	陕西、内蒙古、吉林、黑龙江、安徽、江西、河南、湖北、湖南	101
欠发达地区（中国西部）	广西、重庆、四川、贵州、云南、山西、甘肃、青海、宁夏、新疆	75

附录 6　中国地理区域的划分表

地理分类	包括的省份	城市数量/个
东北地区	黑龙江、吉林、辽宁、内蒙古（仅通辽市和赤峰市）	36
西北地区	山西、甘肃、青海、宁夏、新疆	31
华北地区	北京、天津、河北、陕西、内蒙古（不包括通辽市和赤峰市）	29

地理分类	包括的省份	城市数量/个
华中地区	河南、湖北、湖南	39
华南地区	广东、广西、海南	33
西南地区	重庆、四川、贵州、云南	32
华东地区	上海、江苏、浙江、安徽、福建、江西、山东	74

附录 7　多区域动态 CGE 模型描述详情

附 7.1　生产模块

假设有 m 个地区，每个地区都有 n 个生产部门，则有

$$QX_{i,r} = f_{i,r}\left(QA_{j,i,r}, QK_{i,r}, QL_{i,r}\right) \quad i,j = 1,\cdots,n; \quad r = 1,\cdots,m \quad （附7\text{-}1）$$

其中，$QX_{i,r}$ 为 r 地区 i 行业的产出；$QA_{j,i,r}$ 为 r 地区 i 行业对 j 商品的中间投入需求数量；$QK_{i,r}$ 和 $QL_{i,r}$ 分别为 r 地区 i 行业的资本投入和劳动力投入。

$$QX_{i,r} = \alpha_{i,r}^{\mathrm{kel}} \cdot \left(\delta_{i,r}^{\mathrm{kel}} \cdot QL_{i,r}^{\rho_i^{\mathrm{kel}}} + \left(1 - \delta_{i,r}^{\mathrm{kel}}\right) \cdot QKE_{i,r}^{\rho_i^{\mathrm{kel}}}\right)^{1/\rho_i^{\mathrm{kel}}} \quad （附7\text{-}2）$$

$$QL_{i,r} = \alpha_{i,r}^{\mathrm{kel}\,\rho_i^{\mathrm{kel}} \cdot \sigma_i^{\mathrm{kel}}} \left(\delta_{i,r}^{\mathrm{kel}} \cdot PKEL_{i,r} / PL_{i,r}\right)^{\sigma_i^{\mathrm{kel}}} \cdot QX_{i,r} \quad （附7\text{-}3）$$

$$QKE_{i,r} = \alpha_{i,r}^{\mathrm{kel}\,\rho_i^{\mathrm{kel}} \cdot \sigma_i^{\mathrm{kel}}} \left(\left(1 - \delta_{i,r}^{\mathrm{kel}}\right) \cdot PKEL_{i,r} / PKE_{i,r}\right)^{\sigma_i^{\mathrm{kel}}} \cdot QX_{i,r} \quad （附7\text{-}4）$$

$$QK_{i,r} = \alpha_{i,r}^{\mathrm{ke}\,\rho_i^{\mathrm{ke}} \cdot \sigma_i^{\mathrm{ke}}} \left(\delta_{i,r}^{\mathrm{ke}} \cdot PKE_{i,r} / PK_{i,r}\right)^{\sigma_i^{\mathrm{ke}}} \cdot QKE_{i,r} \quad （附7\text{-}5）$$

$$QENSE_{i,r} = \alpha_{i,r}^{\mathrm{ke}\,\rho_i^{\mathrm{ke}} \cdot \sigma_i^{\mathrm{ke}}} \left(\left(1 - \delta_{i,r}^{\mathrm{ke}}\right) \cdot PKE_{i,r} / PENSE_{i,r}\right)^{\sigma_i^{\mathrm{ke}}} \cdot QKE_{i,r} \quad （附7\text{-}6）$$

$$QENS_{i,r} = \alpha_{i,r}^{\mathrm{ene}\,\rho_i^{\mathrm{ene}} \cdot \sigma_i^{\mathrm{ene}}} \left(\delta_{i,r}^{\mathrm{ene}} \cdot PENSE_{i,r} / PENS_{i,r}\right)^{\sigma_i^{\mathrm{ene}}} \cdot QENSE_{i,r} \quad （附7\text{-}7）$$

$$QA_{necc,i,r} = \alpha_{i,r}^{\mathrm{ene}\,\rho_i^{\mathrm{ene}} \sigma_i^{\mathrm{ene}}} \left(\left(1 - \delta_{j,i,r}^{\mathrm{ene}}\right) \cdot PENSE_{i,r} / PA_{j,i,r}\right)^{\sigma_i^{\mathrm{ene}}} \cdot QENSE_{i,r} \quad （附7\text{-}8）$$

$$QA_{ecc,i,r} = \alpha_{i,r}^{\mathrm{en}\,\rho_i^{\mathrm{en}} \sigma_i^{\mathrm{en}}} \left(\delta_{i,r}^{\mathrm{en}} \cdot PENS_{i,r} / PA_{j,i,r}\right)^{\sigma_i^{\mathrm{en}}} \cdot QENS_{i,r} \quad （附7\text{-}9）$$

$$QA_{nec,i,r} = icof_{nec,i,r} \cdot QX_{i,r} \quad （附7\text{-}10）$$

$$PKEL_{i,r} = PX_{i,r} \cdot \left(1 - tq_{i,r}\right) - \sum_{nec} icof_{nec,i,r} \cdot PA_{nec,i,r} \quad （附7\text{-}11）$$

$$PL_{i,r} = distl_{i,r} \cdot WAGE_r \quad （附7\text{-}12）$$

$$PKE_{i,r} = \left(QENSE_{i,r} \cdot PENSE_{i,r} + QK_{i,r} \cdot PK_{i,r} \right) / QKE_{i,r} \qquad (附7\text{-}13)$$

$$PENSE_{i,r} = \left(QA_{nec,i,r} \cdot PA_{necc,i,r} + QENS_{i,r} \cdot PENS_{i,r} \right) / QENS_{i,r} \qquad (附7\text{-}14)$$

$$PENS_{i,r} = \sum_{ecc} QA_{ecc,i,r} \cdot PA_{ecc,i,r} / QENS_{i,r} \qquad (附7\text{-}15)$$

其中，$QKE_{i,r}$ 为 r 地区 i 行业的资本能源复合数量；$QENSE_{i,r}$ 为 r 地区 i 行业的化石能源和电力能源的复合数量；$QENS_{i,r}$ 为 r 地区 i 行业的不同化石能源的复合数量；$PX_{i,r}$ 为 r 地区 i 行业国产商品的价格；$PK_{i,r}$ 为 r 地区 i 行业的资本价格；$PL_{i,r}$ 为 r 地区 i 行业的劳动力价格；$PKEL_{i,r}$ 为 r 地区 i 行业的资本能源劳动复合价格；$PKE_{i,r}$ 为 r 地区 i 行业的资本能源复合价格；$PENSE_{i,r}$ 为 r 地区 i 行业的化石能源和电力能源的复合价格；$PENS_{i,r}$ 为 r 地区 i 行业的不同化石能源的复合价格；$PA_{j,i,r}$ 为 r 地区 i 行业 j 商品的中间投入品的价格；$WAGE_r$ 为 r 地区的平均工资；$tq_{i,r}$ 为 r 地区生产 i 的生产税率；$icof_{nec,i,r}$ 为 r 地区 i 行业投入的 nec 产品的中间使用系数；$distl_{i,r}$ 为 r 地区 i 行业工资调整系数；$\alpha_{i,r}^{kel}$ 为 r 地区 i 行业生产函数（CES）中的规模参数；$\delta_{i,r}^{kel}$ 为 r 地区 i 行业劳动的投入份额参数；σ_i^{kel} 为 i 行业劳动和资本-能源的替代弹性 $\rho_i^{kel} = 1 - \dfrac{1}{\sigma_i^{kel}}$；$\alpha_{c,r}^{ke}$、$\delta_{c,r}^{ke}$、$\sigma_c^{ke}$、$\rho_i^{ke}$ 为资本和能源复合函数（CES）中的参数；$\alpha_{i,r}^{ene}$、$\delta_{i,r}^{ene}$、σ_i^{ene}、ρ_i^{ene} 为化石能源和电力能源复合函数（CES）中的参数；$\alpha_{i,r}^{en}$、$\delta_{i,r}^{en}$、σ_i^{en}、ρ_i^{en} 为不同化石能源之间复合函数（CES）中的参数。nec、necc、ecc 为行业集合的子集，分别代表非能源产品（行业）、电力产品（行业）和化石能源产品（行业）。

附7.2　本地最终需求结构

本地最终需求是指城镇居民消费、政府消费、投资商品消费。

附7.2.1　居民消费

居民收入来自资本收入、劳动收入、政府的转移支付（这里为简单处理，政府的转移支付略去）等，可支配收入则由居民收入扣除资本和劳动所得税构成。模型中存在两种居民，即城镇居民和农村居民。假设农村居民和城镇居民收入占居民总收入的比例基本不变。

$$YH_r = \sum_i \left[(1 - tyl) \cdot PL_{i,r} \cdot QL_{i,r} + (1 - tyk) \cdot PK_{i,r} \cdot QK_{i,r} \right] \qquad (附7\text{-}16)$$

$$YHR_r = \theta_r^{hr} \cdot YH_r \qquad (附7\text{-}17)$$

$$YHU_r = \left(1 - \theta_r^{hr} \right) \cdot YH_r \qquad (附7\text{-}18)$$

其中，YH_r 为 r 地区居民的可支配收入；YHR_r 为 r 地区农村居民的可支配收入；YHU_r

为 r 地区城镇居民的可支配收入；tyk 、tyl 为资本所得税率和劳动所得税率；θ_r^{hr} 为 r 地区居民收入中农村居民收入的比例。

居民的可支配收入可用于储蓄和购买各种商品和服务。本模型不考虑消费者的跨期最优化行为，因此消费者在当期的最优化选择就是在总的预算约束下寻求当期效用的最大化问题。在模型中，居民对不同商品和服务的购买量由扩展线性支出系统（extend linear expenditure system，ELES）模型来决定。以城镇居民消费为例，效用函数如下：

$$U_r = \prod_{i=1}^{n}(\mathrm{QHU}_{i,r} - \gamma_{i,r}^{\mathrm{hu}})^{\lambda_{i,r}^{\mathrm{hu}}} \qquad （附 7\text{-}19）$$

其中，U_r 为 r 地区居民消费的效用；$\mathrm{QHU}_{i,r}$ 为 r 地区 i 商品的城镇居民消费数量；$\gamma_{i,r}^{\mathrm{hu}}$ 为 r 地区 i 商品的城镇居民的最低（基本）消费数量；$\lambda_{i,r}^{\mathrm{hu}}$ 为 r 地区 i 商品的城镇居民消费的边际消费倾向。

由上面的效用函数和预算收入可导出城镇居民对各项商品和服务的需求函数：

$$\mathrm{QHU}_{i,r} = \gamma_{i,r}^{\mathrm{hu}} + \lambda_{i,r}^{\mathrm{hu}} / \mathrm{PHU}_{i,r} \cdot \left(\mathrm{YHU}_r - \sum_{i=1}^{n} \mathrm{PHU}_{i,r} \cdot \gamma_{i,r}^{\mathrm{hu}}\right) \qquad （附 7\text{-}20）$$

其中，$\mathrm{PHU}_{i,r}$ 为 r 地区 i 商品的城镇居民消费的价格。

同理，农村居民对各项商品和服务的需求函数为

$$\mathrm{QHR}_{i,r} = \gamma_{i,r}^{\mathrm{hr}} + \lambda_{i,r}^{\mathrm{hr}} / \mathrm{PHR}_{i,r} \cdot \left(\mathrm{YHR}_r - \sum_{i=1}^{n} \mathrm{PHR}_{i,r} \cdot \gamma_{i,r}^{\mathrm{hr}}\right) \qquad （附 7\text{-}21）$$

其中，$\mathrm{QHR}_{i,r}$ 为 r 地区 i 商品的农村居民消费数量；$\gamma_{i,r}^{\mathrm{hr}}$ 为 r 地区 i 商品的农村居民的最低（基本）消费数量；$\lambda_{i,r}^{\mathrm{hr}}$ 为 r 地区 i 商品的农村居民消费的边际消费倾向；$\mathrm{PHR}_{i,r}$ 为 r 地区 i 商品的农村居民消费的价格。

最后，居民的可支配收入减去居民消费就等于居民储蓄。因为 ELES 模型函数关系，居民储蓄并没有固定的比例，即居民的储蓄是内生的，相关的方程见宏观闭合部分。

附 7.2.2　政府消费

以政府消费最大化为目标：

$$\max \quad \mathrm{UG}_r = \prod_{i=1}^{n} \mathrm{QG}_{i,r}^{\beta_{i,r}^{\mathrm{g}}} \qquad （附 7\text{-}22）$$

$$\mathrm{s.t.} \quad \sum_{i=1}^{n} \mathrm{PG}_{i,r} \cdot \mathrm{QG}_{i,r} = \mathrm{EXPGR}_r \qquad （附 7\text{-}23）$$

其中，UG_r 为 r 地区政府消费的效用；$\beta_{i,r}^{\mathrm{g}}$ 为 r 地区政府消费需求中对 i 商品的消费比例；$\mathrm{QG}_{i,r}$ 为 r 地区 i 商品的政府消费数量；$\mathrm{PG}_{i,r}$ 为 r 地区 i 商品的政府消费价格；EXPGR_r 为 r 地区的政府支出。

可得以下方程：

$$YG = \sum_r \sum_i \left(tyl \cdot PL_{i,r} \cdot QL_{i,r} + tyk \cdot PK_{i,r} \cdot QK_{i,r} + tq_{i,r} \cdot PX_{i,r} \cdot QX_{i,r} \right)$$

$$+ \sum_i \left(tm_i \cdot EXR \cdot PWM_i \cdot QM_i + te_i \cdot EXR \cdot PES_i \cdot QE_i \right) \quad （附7-24）$$

$$EXPG = YG \cdot \left(1 - s_r^g \right) \quad （附7-25）$$

$$EXPGR_r = \theta_r^{eg} \cdot EXPG \quad （附7-26）$$

$$QG_{i,r} = \beta_{i,r}^g \cdot EXPGR_r / PG_{i,r} \quad （附7-27）$$

其中，YG 为政府总收入；EXPG 为政府总支出；s_r^g 为 r 地区政府的储蓄率；θ_r^{eg} 为地区 r 政府支出占总支出的份额；tm_i、te_i 为 i 商品的进口关税率和出口补贴率；PES_i 为 i 商品的出口价格（外币表示）；PWM_i 为 i 商品的国际进口价格（外币表示）；EXR 为汇率；QE_i 为 i 商品的总出口数量；QM_i 为 i 商品的总进口数量。

附 7.2.3　投资商品消费

在每一个行业的投资中，考虑到其所需的各种投资商品的技术性关系，使用了 Leontief 函数来决定地区投资中各项投资商品的需求量，即每种投资商品的需求占行业的总投资比例都是固定的。各地区的存货投资在模型中被设定为固定不变：

$$QINVV_{j,i,r} = \theta_{j,i,r}^{inv} \cdot QINV_{i,r} \quad （附7-28）$$

其中，$\theta_{j,i,r}^{inv}$ 为 r 地区 i 行业投资品 j 所占的比例；$QINV_{i,r}$ 为 r 地区 i 行业的固定资产投资量；$QINVV_{j,i,r}$ 为 r 地区 i 行业投资品 j 的需求量。

附 7.3　进出口结构

附 7.3.1　进口

商品进口关系由进口量、本地生产量以及进口价格来决定，具体如下：

$$QMR_{i,r} = \alpha_{i,r}^m {}^{\rho_{i,r}^m \cdot \sigma_{i,r}^m} \left(\delta_{i,r}^m \cdot PMD_{i,r} / PMR_{i,r} \right)^{\sigma_{i,r}^m} \cdot QMD_{i,r} \quad （附7-29）$$

$$QM_i = \sum_r QMR_{i,r} \quad （附7-30）$$

$$QDD_{i,r} = \alpha_{i,r}^m {}^{\rho_{i,r}^m \cdot \sigma_{i,r}^m} \left(\left(1 - \delta_{i,r}^m \right) \cdot PMD_{i,r} / PX_{i,r} \right)^{\sigma_{i,r}^m} \cdot QMD_{i,r} \quad （附7-31）$$

$$PM_i = \left(1 + tm_i \right) \cdot EXR \cdot PWM_i \quad （附7-32）$$

$$PMD_{i,r} = \left(QMR_{i,r} \cdot PMR_{i,r} + QDD_{i,r} \cdot PX_{i,r} \right) / QMD_{i,r} \quad （附7-33）$$

其中，$\alpha_{i,r}^{\mathrm{m}}$ 为 r 地区 i 行业商品的规模数；$\sigma_{i,r}^{\mathrm{m}}$ 为 r 地区 i 行业进口商品的份额参数；$\rho_{i,r}^{\mathrm{m}}$ 为 r 地区 i 行业商品的替代弹性参数；$\mathrm{QMR}_{i,r}$ 为 r 地区 i 商品的进口数量；$\mathrm{QMD}_{i,r}$ ：r 地区进口和本地合成商品 i 的数量；$\mathrm{QDD}_{i,r}$ 为 r 地区 i 商品的本地消费数量；PM_i 为 i 商品的复合进口价格（本币表示）；$\mathrm{PMR}_{i,r}$ 为 r 地区 i 商品的进口价格（本币表示）；$\mathrm{PMD}_{i,r}$ 为 r 地区进口和本地合成商品 i 的价格。

附 7.3.2　出口

商品出口关系主要由出口量和出口价格决定，具体如下：

$$\mathrm{QE}_i = \mathrm{ae}_i \cdot (\mathrm{PWE}_i / \mathrm{PES}_i)^{\mathrm{eta}_i} \tag{附 7-34}$$

$$\mathrm{QER}_{i,r} = \alpha_{i,r}^{\mathrm{e}}{}^{\rho_{i,r}^{\mathrm{e}} \cdot \sigma_{i,r}^{\mathrm{e}}} (\delta_{i,r}^{\mathrm{e}} \cdot \mathrm{PE}_i / \mathrm{PER}_{i,r})^{\sigma_{i,r}^{\mathrm{e}}} \cdot \mathrm{QE}_i \tag{附 7-35}$$

$$\mathrm{PE}_i = \sum_r \mathrm{QER}_{i,r} \cdot \mathrm{PER}_{i,r} / \mathrm{QE}_i \tag{附 7-36}$$

$$\mathrm{PES}_i = \mathrm{PE}_i \cdot (1 + \mathrm{te}_i) / \mathrm{EXR} \tag{附 7-37}$$

其中，QE_i 为 i 商品的总出口数量；$\mathrm{QER}_{i,r}$ 为 r 地区 i 商品的出口数量；PWE_i 为 i 商品的国际出口价格（外币表示）；PE_i 为 i 商品的复合出口价格（本币表示）；PES_i 为 i 商品的出口价格（外币表示）；$\mathrm{PER}_{i,r}$ 为 r 地区 i 商品的出口价格（本币表示）；ae_i 为出口数量方程里的规模参数；eta_i 为出口数量方程里的指数参数；$\alpha_{i,r}^{\mathrm{e}}$、$\delta_{i,r}^{\mathrm{e}}$、$\sigma_{i,r}^{\mathrm{e}}$、$\rho_{i,r}^{\mathrm{e}}$ 为 r 地区出口 i 商品总供给函数（CES）中的规模参数、份额参数、替代弹性和替代参数。

附 7.4　区域间经济联系的模型结构

附 7.4.1　区域间商品流动

$$\mathrm{QAA1}_{j,i,r} = \alpha_{j,i,r}^{\mathrm{b}}{}^{\rho_j^{\mathrm{b}} \cdot \sigma_j^{\mathrm{b}}} \cdot (\delta_{j,i,r}^{\mathrm{b1}} \cdot \mathrm{PA}_{j,i,r} / \mathrm{PMD}_{j,r})^{\sigma_j^{\mathrm{b}}} \cdot \mathrm{QA}_{j,i,r} \tag{附 7-38}$$

$$\mathrm{QAA2}_{j,i,\mathrm{rp},r} = \alpha_{j,i,r}^{\mathrm{b}}{}^{\rho_j^{\mathrm{b}} \cdot \sigma_j^{\mathrm{b}}} \cdot (\delta_{j,i,\mathrm{rp},r}^{\mathrm{b2}} \cdot \mathrm{PA}_{j,i,r} / \mathrm{POD}_{j,\mathrm{rp}})^{\sigma_j^{\mathrm{b}}} \cdot \mathrm{QA}_{j,i,r} \tag{附 7-39}$$

$$\mathrm{PA}_{j,i,r} = \left(\mathrm{QAA1}_{j,i,r} \cdot \mathrm{PMD}_{j,r} + \sum_{\mathrm{rp}} \mathrm{QAA2}_{j,i,\mathrm{rp},r} \cdot \mathrm{POD}_{j,\mathrm{rp}} \right) / \mathrm{QA}_{j,i,r} \tag{附 7-40}$$

其中，$\mathrm{QA}_{j,i,r}$ 为 r 地区 i 行业对所有 j 商品的中间投入需求数量；$\mathrm{QAA1}_{j,i,r}$ 为 r 地区 i 行业对本地 j 商品的中间投入需求数量；$\mathrm{QAA2}_{j,i,\mathrm{rp},r}$ 为 r 地区 i 行业对 rp 地区 j 商品的中间投入需求数量（$\mathrm{rp} \neq r$）；$\mathrm{PA}_{j,i,r}$ 为 r 地区 i 行业的中间投入合成品 j 的价格；$\alpha_{j,i,r}^{\mathrm{b}}$ 为 r 地区 i 行业对各地区 j 商品投入需求函数中的规模参数；σ_j^{b} 为 r 地区 i 行业对各地区 j 商品投入需求函数中的替代弹性；$\delta_{j,i,r}^{\mathrm{b1}}$ 为 r 地区 i 行业对本地区 j 商品的需求份额；$\delta_{j,i,\mathrm{rp},r}^{\mathrm{b2}}$ 为 r 地区 i 行业对 rp 地区 j 商品的需求份额。

农村居民消费、城镇居民消费、政府购买以及投资消费的商品需求和价格方程与中间投入需求类似，方程如下所示：

$$QHRR1_{i,r} = \alpha_{i,r}^{hr} {}^{\rho_i^{hr} \cdot \sigma_i^{hr}} (\delta_{i,r}^{hr1} \cdot PHR_{i,r} / PMD_{i,r})^{\sigma_i^{hr}} \cdot QHR_{i,r} \qquad （附7-41）$$

$$QHRR2_{i,rp,r} = \alpha_{i,r}^{hr} {}^{\rho_i^{hr} \cdot \sigma_i^{hr}} (\delta_{i,rp,r}^{hr2} \cdot PHR_{i,r} / POD_{i,rp})^{\sigma_i^{hr}} \cdot QHR_{i,r} \qquad （附7-42）$$

$$QHUU1_{i,r} = \alpha_{i,r}^{hu} {}^{\rho_i^{hu} \cdot \sigma_i^{hu}} (\delta_{i,r}^{hu1} \cdot PHU_{i,r} / PMD_{i,r})^{\sigma_i^{hu}} \cdot QHU_{i,r} \qquad （附7-43）$$

$$QHUU2_{i,rp,r} = \alpha_{i,r}^{hu} {}^{\rho_i^{hu} \cdot \sigma_i^{hu}} (\delta_{i,rp,r}^{hu2} \cdot PHU_{i,r} / POD_{i,rp})^{\sigma_i^{hu}} \cdot QHU_{i,r} \qquad （附7-44）$$

$$QGG1_{i,r} = \alpha_{i,r}^{g} {}^{\rho_i^{g} \cdot \sigma_i^{g}} (\delta_{i,r}^{g1} \cdot PG_{i,r} / PMD_{i,r})^{\sigma_i^{g}} \cdot QG_{i,r} \qquad （附7-45）$$

$$QGG2_{i,rp,r} = \alpha_{i,r}^{g} {}^{\rho_i^{g} \cdot \sigma_i^{g}} (\delta_{i,rp,r}^{g2} \cdot PG_{i,r} / POD_{i,rp})^{\sigma_i^{g}} \cdot QG_{i,r} \qquad （附7-46）$$

$$QINVV1_{j,i,r} = \alpha_{j,i,r}^{v} {}^{\rho_j^{v} \cdot \sigma_j^{v}} (\delta_{j,i,r}^{v1} \cdot PINVV_{j,i,r} / PMD_{j,r})^{\sigma_j^{v}} \cdot QINVV_{j,i,r} \qquad （附7-47）$$

$$QINVV2_{j,i,rp,r} = \alpha_{j,i,r}^{v} {}^{\rho_j^{v} \cdot \sigma_j^{v}} (\delta_{j,i,rp,r}^{v2} \cdot PINVV_{j,i,r} / POD_{j,rp})^{\sigma_j^{v}} \cdot QINVV_{j,i,r} \qquad （附7-48）$$

$$PHR_{i,r} = \left(QHRR1_{i,r} \cdot PMD_{i,r} + \sum_{rp} QHRR2_{i,rp,r} \cdot POD_{i,rp} \right) / QHR_{i,r} \qquad （附7-49）$$

$$PHU_{i,r} = \left(QHUU1_{i,r} \cdot PMD_{i,r} + \sum_{rp} QHUU2_{i,rp,r} \cdot POD_{i,rp} \right) / QHU_{i,r} \qquad （附7-50）$$

$$PG_{i,r} = \left(QGG1_{i,r} \cdot PMD_{i,r} + \sum_{rp} QGG2_{i,rp,r} \cdot POD_{i,rp} \right) / QG_{i,r} \qquad （附7-51）$$

$$PINVV_{j,i,r} = \left(QINVV1_{j,i,r} \cdot PMD_{j,r} + \sum_{rp} QINVV2_{j,i,rp,r} \cdot POD_{j,rp} \right) / QINVV_{j,i,r} \qquad （附7-52）$$

其中，$QHRR1_{i,r}$ 为 r 地区 i 商品用于本地区的农村居民消费数量；$QHRR2_{i,rp,r}$ 为 i 商品从 r 地区调到 rp 地区的农村居民消费数量；$QHUU1_{i,r}$ 为 r 地区 i 商品用于本地区的城镇居民消费数量；$QHUU2_{i,rp,r}$ 为 i 商品从 r 地区调到 rp 地区的城镇居民消费数量；$QGG1_{i,r}$ 为 r 地区 i 商品用于本地区的政府消费数量；$QGG2_{i,rp,r}$ 为 i 商品从 r 地区调到 rp 地区的政府消费数量；$QINVV1_{j,i,r}$ 为 r 地区 j 商品用于本地区 i 行业的固定资产投资数量；$QINVV2_{j,i,rp,r}$ 为 j 商品从 r 地区调到 rp 地区 i 行业的固定资产投资数量；$PHR_{i,r}$ 为 r 地区 i 商品的农村居民消费价格；$PHU_{i,r}$ 为 r 地区 i 商品的城镇居民消费价格；$PG_{i,r}$ 为 r 地区 i 商品的政府消费价格；$PINVV_{j,i,r}$ 为 r 地区 i 行业投资 j 商品的投资消费价格；$\alpha_{i,r}^{hr}$、$\delta_{i,r}^{hr1}$、$\delta_{i,rp,r}^{hr2}$、σ_i^{hr}、ρ_i^{hr} 为 r 地区对各地区 i 商品农村居民消费函数（CES）中的参数；$\alpha_{i,r}^{hu}$、

$\delta_{i,r}^{\mathrm{hu1}}$、$\delta_{i,\mathrm{rp},r}^{\mathrm{hu2}}$、$\sigma_i^{\mathrm{hu}}$、$\rho_i^{\mathrm{hu}}$ 为 r 地区对各地区 i 商品城镇居民消费函数（CES）中的参数；$\alpha_{i,r}^{\mathrm{g}}$、$\delta_{i,r}^{\mathrm{g1}}$、$\delta_{i,\mathrm{rp},r}^{\mathrm{g2}}$、$\sigma_i^{\mathrm{g}}$、$\rho_i^{\mathrm{g}}$ 为 r 地区对各地区 i 商品政府消费函数（CES）中的参数；$\alpha_{j,i,r}^{\mathrm{v}}$、$\delta_{j,i,r}^{\mathrm{v1}}$、$\delta_{j,i,\mathrm{rp},r}^{\mathrm{v2}}$、$\sigma_j^{\mathrm{v}}$、$\rho_j^{\mathrm{v}}$ 为 r 地区对各地区 i 行业对投资商品 j 消费函数（CES）中的参数。

$$\mathrm{QMD}_{i,r} = \sum_j \mathrm{QAA1}_{i,j,r} + \mathrm{QHRR1}_{i,r} + \mathrm{QHUU1}_{i,r} + \mathrm{QGG1}_{i,r}$$
$$+\mathrm{QINVV1}_{i,r} + \mathrm{QINVTT1}_{i,r} \qquad （附 7\text{-}53）$$

$$\mathrm{QO}_{i,r} = \sum_j \sum_{\mathrm{rp}} \mathrm{QAA2}_{i,j,r,\mathrm{rp}} + \sum_{\mathrm{rp}\neq r} \mathrm{QHRR2}_{i,r,\mathrm{rp}} + \sum_{\mathrm{rp}\neq r} \mathrm{QHUU2}_{i,r,\mathrm{rp}} + \sum_{\mathrm{rp}\neq r} \mathrm{QGG2}_{i,r,\mathrm{rp}}$$
$$+\sum_{\mathrm{rp}\neq r} \mathrm{QINVV2}_{i,r,\mathrm{rp}} + \sum_{\mathrm{rp}\neq r} \mathrm{QINVTT2}_{i,r,\mathrm{rp}} \qquad （附 7\text{-}54）$$

$$\mathrm{INVR}_r = \sum_i \mathrm{QINV}_{i,r} \qquad （附 7\text{-}55）$$

$$\mathrm{QTINVV1}_{j,r} = \sum_i \mathrm{QINVV1}_{j,i,r} \qquad （附 7\text{-}56）$$

$$\mathrm{QTINVV2}_{j,\mathrm{rp},r} = \sum_i \mathrm{QINVV2}_{j,i,\mathrm{rp},r} \qquad （附 7\text{-}57）$$

$$\mathrm{PRINV}_r = \sum_i \mathrm{QINV}_{i,r} \cdot \mathrm{PINV}_{i,r} / \sum_i \mathrm{QINV}_{i,r} \qquad （附 7\text{-}58）$$

$$\mathrm{PINV}_{i,r} = \sum_j \mathrm{QINVV}_{j,i,r} \cdot \mathrm{PINVV}_{j,i,r} / \mathrm{QINV}_{i,r} \qquad （附 7\text{-}59）$$

其中，$\mathrm{QMD}_{i,r}$ 为 r 地区 i 行业供给本地区的消费数量，也是本地和进口的复合商品量；$\mathrm{QO}_{i,r}$ 为 r 地区 i 行业的外地消费数量；INVR_r 为 r 地区固定资产投资量；$\mathrm{QINV}_{i,r}$ 为 r 地区 i 行业的固定资产投资量；$\mathrm{QTINVV1}_{j,r}$ 为 r 地区本地生产的 j 商品用作投资商品的数量；$\mathrm{QTINVV2}_{j,\mathrm{rp},r}$ 为 r 地区从 rp 地区调入 j 商品用作投资商品的数量；$\mathrm{QINVTT1}_{i,r}$ 为 r 地区 i 商品用于本地区的存货投资数量；$\mathrm{QINVTT2}_{i,r,\mathrm{rp}}$ 为 i 商品从 r 地区调到 rp 地区的存货投资数量；PRINV_r 为 r 地区固定资产投资价格；$\mathrm{PINV}_{i,r}$ 为 r 地区 i 行业的固定资产投资价格。

附 7.4.2　区域间劳动力的分配

$$\mathrm{TTQL} = \sum \mathrm{TQL}_r \qquad （附 7\text{-}60）$$

$$\mathrm{WAGE}_r = \mathrm{distort}_r \cdot \mathrm{TWAGE} \qquad （附 7\text{-}61）$$

$$\mathrm{TQL}_r = \sum_i \mathrm{QL}_{i,r} \qquad （附 7\text{-}62）$$

$$\mathrm{PL}_{i,r} = \mathrm{distl}_{i,r} \cdot \mathrm{WAGE}_r \qquad （附 7\text{-}63）$$

其中，TQL_r 和 TTQL 分别为 r 地区和全国的劳动力总量；distort_r 为 r 地区平均工资调整系数；$\text{distl}_{i,r}$ 为 r 地区 i 行业的平均工资调整系数；WAGE_r 和 TWAGE 分别为 r 地区的平均工资和全国的平均工资；$\text{QL}_{i,r}$ 和 $\text{PL}_{i,r}$ 分别为 r 地区 i 行业的劳动力数量和工资。

附 7.5　模型的宏观闭合

附 7.5.1　政府预算均衡

在本模型中，各种政府税率都等于期初值，因而是外生决定的，因此政府收入也是外生决定的，政府储蓄率 s_r^g 也外生，政府储蓄和消费是内生决定的。

附 7.5.2　国际收支均衡

外国在本国的储蓄（FSAV）等于进口与出口之差：

$$\text{FSAV} = \sum_i (\text{PWM}_i \cdot \text{QM}_i - \text{PES}_i \cdot \text{QE}_i) \tag{附 7-64}$$

汇率内生，外国在本国的储蓄外生。

附 7.5.3　投资储蓄均衡

具体如下：

$$\sum_r (\text{YHR}_r - \sum_i \text{QHR}_{i,r} \cdot \text{PHR}_{i,r} + \text{YHU}_r - \sum_i \text{QHU}_{i,r} \cdot \text{PHU}_{i,r}) + s_r^g \text{YG} + \text{FSAV} \cdot \text{EXR}$$
$$= \sum_r \text{INVR}_r \cdot \text{PRINV}_r + \sum_r \sum_i (\sum_{rp} \text{QINVTT2}_{i,r,rp} \cdot \text{POD}_{i,r} + \text{QINVTT1}_{i,r} \cdot \text{PMD}_{i,r}) + \text{WALRAS}$$
$$\tag{附 7-65}$$

其中，YHR_r 和 YHU_r 分别为 r 地区农村居民、城镇居民的收入；$\text{QHR}_{i,r}$ 和 $\text{QHU}_{i,r}$ 分别为 r 地区 i 商品的农村和城镇居民消费数量；$\text{PHR}_{i,r}$ 和 $\text{PHU}_{i,r}$ 分别为 r 地区 i 商品的农村和城镇居民消费价格；s_r^g 为政府的储蓄率；EXR 为汇率；FSAV 为外国在本国的储蓄；INVR_r 和 PRINV_r 分别为 r 地区投资总量和投资平均价格；$\text{QINVTT1}_{i,r}$ 和 $\text{PMD}_{i,r}$ 分别为 r 地区 i 商品用于本地区的存货投资数量和价格；$\text{QINVTT2}_{i,r,rp}$ 和 $\text{POD}_{i,r}$ 分别为 i 商品从 r 地区调到 rp 地区的存货投资数量和价格；WALRAS 为瓦尔拉斯均衡项。

附录 8　CE3METL 模型简介

附 8.1　模型方程

$$U = \max \sum_t \left(L_t \log(c_t) \prod_{\tau=0}^{t} (1 + \sigma_\tau)^{-\Delta t} \right) \tag{附 8-1}$$

$$\sigma_t = \sigma_0 e^{-d_\sigma t} \tag{附 8-2}$$

$$c_t = \text{CM}_t / L_t \tag{附 8-3}$$

$$\text{Output}_t = \left[\alpha_t \left(K_t^{\eta} L_t^{1-\eta} \right)^{\rho} + \beta_t E_t^{\rho} \right]^{1/\rho} \tag{附 8-4}$$

$$K_t = \left(1 - \delta_1 \right) K_{t-1} + I_t \tag{附 8-5}$$

$$\text{GDP}_t = \text{Output}_t - \text{EC}_t - \text{AC}_t \tag{附 8-6}$$

$$\text{CM}_t = \text{GDP}_t - I_t - X_t + M_t \tag{附 8-7}$$

$$\text{EC}_t + \text{AC}_t = E_t \left(\text{PF}_t + \text{PNF}_t \right) \tag{附 8-8}$$

$$X_t \geqslant \theta_x \text{GDP}_t \tag{附 8-9}$$

$$M_t \leqslant \theta_m \text{GDP}_t \tag{附 8-10}$$

$$\frac{\mathrm{d}S_{k,t}}{\mathrm{d}P_{k,t}} = \varpi_k S_{k,t} \left(\bar{S}_k \left(1 - \sum_{\tau \neq k} S_{\tau,t} \right) - S_{k,t} \right) \tag{附 8-11}$$

$$P_{k,t} = \begin{cases} \dfrac{C_{\text{coal},t} \left(1 + \text{ctax}_{\text{coal},t} \right)}{C_{k,t} \left(1 + \text{ctax}_{k \neq \text{coal},t} \right)}, & k \in I \\[4mm] \dfrac{C_{\text{coal},t} \left(1 + \text{ctax}_{\text{coal},t} \right)}{C_{k,t} \left(1 - \text{rsub}_{k,t} \right)}, & k \in J \end{cases} \tag{附 8-12}$$

$$\text{ctax}_{\text{oil},t} = \frac{\text{ctax}_{\text{coal},t} C_{\text{coal}} \left(t \right) \text{EMF}_{\text{oil}}}{C_{\text{oil},t} \text{EMF}_{\text{coal}}} \tag{附 8-13}$$

$$\text{ctax}_{\text{gas},t} = \frac{\text{ctax}_{\text{coal},t} C_{\text{coal},t} \text{EMF}_{\text{gas}}}{C_{\text{gas},t} \text{EMF}_{\text{coal}}} \tag{附 8-14}$$

$$C_{k,t} = \vartheta_k \left(\text{KnowD}_{k,t} \right)^{-\text{rLD}_k} \left(\text{KnowS}_{k,t} \right)^{-\text{rLS}_k} \tag{附 8-15}$$

$$\text{KnowD}_{k,t} = \left(1 - \delta_2 \right) \text{KnowD}_{k,t-1} + S_{k,t} E_t \tag{附 8-16}$$

$$\text{KnowS}_{k,t} = \left(1 - \delta_2 \right) \text{KnowS}_{k,t-1} + \text{IPF}_{k,t} \tag{附 8-17}$$

$$\text{IPF}_{k,t} = \varphi_1 \text{KnowS}_{k,t}^{\varphi_2} \text{RD}_{k,t}^{\varphi_3} \tag{附 8-18}$$

$$\text{PF}_t = \sum_f C_{f,t} S_{f,t} \left(1 + \text{ctax}_{f,t} \right), \quad f \in \{\text{coal}, \text{oil}, \text{gas}\} \tag{附 8-19}$$

$$\text{PNF}_t = \sum_k C_{k,t} S_{k,t} \left(1 - \text{rsub}_{k,t} \right) \tag{附 8-20}$$

$$\text{Emis}_t = \sum_f \left(\text{EMF}_f S_f E_{f,t} \right) + \text{Emis}_0 \tag{附 8-21}$$

$$\text{CumE}_t = \left(1 - \text{sr} \right) \text{CumE}_{t-1} + \text{Emis}_t \tag{附 8-22}$$

附 8.2　指标和集合

t	时期
k	替代能源技术（相对于参考技术煤炭而言）
I	除煤炭之外的化石能源技术
J	非化石能源技术
f	化石能源技术

附 8.3　关键变量

U	效用
CM_t	消费
K_t	资本存量
E_t	能源投入
I_t	投资
L_t	劳动力
c_t	人均消费
GDP_t	国内生产总值
$Output_t$	总产出
X_t	出口
M_t	进口
EC_t	能源成本
AC_t	减排成本
PF_t	化石能源复合价格
PNF_t	非化石能源复合价格
$S_{k,t}$	技术 k 的消费份额
$\overline{S}_k$	技术 k 的市场潜力
$P_{k,t}$	参考技术与替代技术 k 的成本比值
$C_{f,t}$	化石能源单位成本
$C_{k,t}$	非化石能源技术单位成本
$ctax_{f,t}$	化石能源碳税（从价税率）
$rsub_{k,t}$	非化石能源补贴率（从价税率）
$KnowD_{k,t}$	LBD 学习知识存量
$KnowS_{k,t}$	LBS 学习知识存量
$RD_{k,t}$	技术研发投入
$IPF_{k,t}$	创新可能性前沿函数
$Emis_t$	碳排放总量
$CumE_t$	累计碳排放量

附 8.4　参数

σ_0	初始纯时间偏率
σ_t	纯时间偏好率
d_σ	时间偏好率的年下降率
η	资本值份额

ρ	替代弹性
α_t, β_t	规模参数
δ_1, δ_2	传统资本与知识资本折旧率
θ_x, θ_m	出口和进口边界
ϖ_k	能源技术与参考技术间的替代弹性
rLD_k	LBD 技术学习指数
rLS_k	LBS 技术学习指数
ϑ_k	学习曲线规模参数
φ_1, φ_2	知识生产过程规模参数
φ_3	研发回报率参数
sr	碳排放的自然沉降率
EMF_f	碳排放因子
$Emis_0$	初始碳排放

参 考 文 献

代红才, 张宁, 薛美美, 等. 2020. 中国能源电力发展展望 2020. 北京: 国网能源研究院有限公司.

邓旭, 谢俊, 滕飞. 2021. 何谓"碳中和"?. 气候变化研究进展, 17(1): 107-113.

丁仲礼, 段晓男, 葛全胜, 等. 2009. 国际温室气体减排方案评估及中长期排放权讨论. 中国科学 D 辑: 地球科学, 39(12): 1659-1671.

段宏波, 范英. 2017. 能源系统集成建模: 政策驱动下的低碳转型. 北京: 科学出版社.

段宏波, 汪寿阳. 2019. 中国的挑战: 全球温控目标从 2℃到 1.5℃的战略调整. 管理世界, (10): 14.

段宏波, 杨建龙. 2018. 政策协同对实现中国国家自主贡献目标的影响评估. 环境经济研究, 3(2): 11-26.

段宏波, 张古鹏, 范英, 等. 2016. 基于内生能源效率改进的宏观减排结构分析. 管理科学学报, 19(7): 10-23.

范英, 衣博文. 2021. 能源转型的规律, 驱动机制与中国路径. 管理世界, 37(8): 95-105.

国家发展和改革委员会能源研究所课题组. 2009. 中国 2050 年低碳发展之路: 能源需求暨碳排放情景分析. 北京: 科学出版社.

国家发展和改革委员会. 2015. 中国应对气候变化政策与行动: 2015 年度报告. [2023-01-06]. http://www.ncsc.org.cn/yjcg/cbw/201511/W020180920484677686176.pdf.

国家气候变化评估专家组. 2015. 第三次气候变化国家评估报告. 北京: 科学出版社.

国家统计局. 2011. 中国环境统计年鉴-2011. 北京: 中国统计出版社.

郝宇, 张宗勇, 廖华. 2016. 中国能源 "新常态": "十三五"及 2030 年能源经济展望. 北京理工大学学报（社会科学版）, 18(2): 1-7.

何建坤. 2013. CO_2 排放峰值分析: 中国的减排目标与对策. 中国人口资源与环境, 23(12): 1-9.

霍健, 翁玉艳, 张希良. 2016. 中国 2050 年低碳能源经济转型路径分析. 环境保护, 44(16): 38-42.

姜克隽, 贺晨旻, 庄幸, 等. 2016. 我国能源活动 CO_2 排放在 2020-2022 年之间达到峰值情景和可行性研究. 气候变化研究进展, 12(3): 167-171.

焦念志. 2021. 研发海洋"负排放"技术 支撑国家"碳中和"需求. 新华文摘, 36(2): 179-187.

林伯强, 李江龙. 2015. 环境治理约束下的中国能源结构转变——基于煤炭和二氧化碳峰值的分析. 中国社会科学, (9): 84-107.

林伯强, 刘畅. 2016. 中国能源补贴改革与有效能源补贴. 中国社会科学, (10): 20.

刘丽, 李宁, 张正涛, 等. 2019. 中国省域尺度 17 部门资本存量的时空特征分析. 地理科学进展, (4): 546-555.

刘笑萍, 张永正, 长青. 2009. 基于 EKC 模型的中国实现减排目标分析与减排对策. 管理世界, (4): 75-82.

马丁, 陈文颖. 2016. 中国 2030 年的碳排放峰值水平及达峰路径研究. 中国人口·资源与环境, 26(5): 1-4.

苗韧. 2013. 我国发电技术的低碳发展路径研究. 中国能源, 35(6): 30-34.

莫建雷, 段宏波, 范英, 等. 2018.《巴黎协定》中我国能源和气候政策目标: 综合评估与政策选择. 经济研究, 53(9): 14.

潘家华. 2020. 压缩碳排放峰值加速迈向净零碳. 环境经济研究, 5(4): 10.

清华大学. 2014. 中国与新气候经济报告. 北京: 清华大学.

清华大学. 2020. 中国长期低碳发展战略与转型战略研究. 北京: 清华大学.

石敏俊, 袁永娜, 周晟吕, 等. 2013. 碳减排政策: 碳税、碳交易还是两者兼之. 管理科学学报, 16(9): 9-19.

王灿, 张雅欣. 2020. 碳中和愿景的实现路径与政策体系. 中国环境管理, 12(6): 58-64.

吴力波, 钱浩祺, 汤维祺. 2014. 基于动态边际减排成本模拟的碳排放权交易与碳税选择机制. 经济研究, (9): 48-61.

鄢哲明, 杜克锐, 杨志明. 2017. 碳价格政策的减排机理——对技术创新传导渠道的再检验. 环境经济研究, 2(3): 6-21.

张小锋, 张斌. 2016. 我国中长期能源碳排放情景展望. 中国能源, (2): 38-42.

中国煤控项目组. 2018. 1.5 度温控下的能源情景分析及可行性. 北京: 中国煤控项目组.

中国石油经济技术研究院. 2017. 2050 年全球和中国能源展望. 北京: 中国石油经济技术研究院.

朱永彬, 刘晓, 王铮. 2010. 碳税政策的减排效果及其对我国经济的影响分析. 中国软科学, (4): 78-87.

Agrawala S, Bosello F, Carraro C, et al. 2011. Plan or react? Analysis of adaptation costs and benefits using integrated assessment models. Climate Change Economics, 2(3): 175-208.

Ail S S, Dasappa S. 2016. Biomass to liquid transportation fuel via Fischer Tropsch synthesis - Technology review and current scenario. Renewable & Sustainable Energy Reviews, 58: 267-286.

Akashi O, Hanaoka T, Masui T, et al. 2014. Halving global GHG emissions by 2050 without depending on nuclear and CCS. Climatic Change, 123(3): 611-622.

Akimoto K. 2010. Estimates of GHG emission reduction potential by country sector and cost. Energy Policy, 38(7): 3384-3393.

Albo J, Alvarez-Guerra M, Castano P, et al. 2015. Towards the electrochemical conversion of carbon dioxide into methanol. Green Chemistry, 17: 2304-2324.

Aldy J, Pizer W, Tavoni M, et al. 2016. Economic tools to promote transparency and comparability in the Paris Agreement. Nature Climate Change, 6: 1000-1006.

Ali S H, Giurco D, Arndt N, et al. 2017. Mineral supply for sustainable development requires resource governce. Nature, 543: 367-372.

Allen M R, Stocker T F. 2013. Impacts of delay in reducing carbon dioxide emissions. Nature Climate Change, 4: 23-26.

Alonso E , Sherman A M , Wallington T J , et al. 2012. Evaluating rare earth element availability: A case with revolutionary demand from clean technologies. Environmental Science & Technology, 46(6): 3406-3414.

Alzahrani A, Petri I, Rezgui Y, et al. 2021. Decarbonisation of seaports: A review and directions for future research. Energy Strategy Reviews, 38: 100727.

Anderson K, Peters G. 2016. The trouble with negative emissions. Science, 354: 182-183.

Anderson M, Hsiao C. 1981. Estimation of dynamic models with error components. Journal of the American Statistical Association, 73: 371-378.

Ang B W, Zhang F Q. 2000. A survey of index decomposition analysis in energy and environmental studies. Energy, 25(12): 1149-1176.

Anthoff D, Estrada F, Tol R S J. 2016. Shutting down the thermohaline circulation. American Economic Review: Papers & Proceedings, 106(5): 602-606.

Araos M, Berrang-Ford L, Dord J D, et al. 2016. Climate change adaptation planning in large cities: A systematic global assessment. Environmental Science & Policy , 66: 375-382.

Arellano M, Bond S. 1991. Some tests of specification for panel data: Monte Carlo evidence and an application to employment equations. Review of Economic Studies, 58: 277-297.

Arellano M, Bover O. 1995. Another look at the instrumental variables estimation of error components models. Journal of Econometrics, 68: 29-51.

Arnell N W, Brown S, Gosling S N, et al. 2016. The impact of climate change across the globe: A multi-sectoral assessment. Climatic Change, 134(3): 457-474.

Arora K, Kaur P, Kumar P, et al. 2021. Valorization of wastewater resources into biofuel and value-added products using microalgal system. Frontiers in Energy Research, 9: 646571.

Arto I, Dietzenbacher E. 2014. Drives of the growth in global greenhouse gas emissions. Environmental Science & Technology, 48: 5388-5394.

Ashby M F. 2013. Materials and the Environment. 2nd ed. Amsterdam: Elsevier.

Asseng S, Ewert F, Rosenzweig C, et al. 2013. Uncertainty in simulating wheat yields under climate change. Natural Climate Change, 3: 827-832.

Attahiru Y B, Aziz M M A, Kassim K A, et al. 2019. A review on green economy and development of green roads and highways using carbon neutral materials. Renewable and Sustainable Energy Reviews, 101: 600-613.

Auffhammer M, Baylis P, Hausman C H. 2017. Climate change is projected to have severe impacts on the frequency and intensity of peak electricity demand across the United States. Proceedings of the National Academy of Sciences, 114(8): 1886-1891.

Auffhammer M, Hsiang S M, Schlenker W, et al. 2013. Using weather data and climate model output in economic analysis of climate change. Review of Environmental Economics and Policy, 7(2): 181-198.

Azar C, Lindgren K, Andersson A. 2003. Global energy scenarios meeting stringent CO_2 constrains: Cost-effective fuel choices in the transportation sector. Energy Policy, 31: 961-976.

Azar C, Lindgren K, Larson E, et al. 2006. Carbon capture and storage from fossil fuels and biomass: Costs and potential role in stabilizing the atmosphere. Climatic Change, 74: 47-79.

Azar C, Lindgren K, Obersteiner M, et al. 2010. The feasibility of low CO_2 concentration targets and the role of bio-energy with carbon capture and storage (BECCS). Climatic Change, 100: 195-202.

Babacan O, Causmaecker S D, Gambhir A, et al. 2020. Assessing the feasibility of carbon dioxide mitigation options in terms of energy usage. Nature Energy, 5: 720-728.

Babatunde A, Begum R A, Said F. 2017. Application of computable general equilibrium (CGE) to climate change mitigation policy: A systematic review. Renewable and Sustainable Energy Reviews, 78: 61-71.

Babiker M H. 2005. Climate change policy, market structure, and carbon leakage. Journal of International Economics, 65(2): 421-445.

Baker I, Peterson A, Brown G, et al. 2012. Local government response to the impacts of climate change: An evaluation of local climate adaptation plans. Landscape Urban Planning, 107(2): 127-136.

Barreca A, Clay K, Deschênes O, et al. 2015. Convergence in adaptation to climate change: Evidence from high temperatures and mortality, 1900-2004. American Economic Review, 105(5): 247-251.

Barreca A, Clay K, Deschênes O, et al. 2016. Adapting to climate change: The remarkable decline in the U.S. temperature-mortality relationship over the 20th century. Journal of Political Economy, 124(1): 213-250.

Barreca A. 2012. Climate change humidity and mortality in the United States. Journal of Environmental Economics and Management, 63: 19-34.

Barreto L, Kypreos S. 2004. Endogenizing R&D market experience in the "Bottom-up" energy-systems ERIS model. Technovation, 24: 615-629.

Bastien-Olvera B A, Moore F C. 2021. Use and non-use value of nature and the social cost of carbon. Nature Sustainability, 4: 101-108.

Bellamy R, Geden O. 2019. Govern CO_2 removal from the ground up. Nature Geoscience, 12: 874-876.

Bertram C, Luderer G, Pietzcker R C, et al. 2015. Complementing carbon prices with technology policies to keep climate targets within reach. Nature Climate Change, 5: 235-239.

Bevilacqua M, Filippi J, Miller H A, et al. 2015. Recent technological progress in CO_2 electroreduction to fuels and energy carriers in aqueous environments. Energy Technology, 3: 197-210.

Blanford G J, Kriegler E, Tavoni M. 2014. Harmonization vs. fragmentation: Overview of climate policy scenarios in EMF27. Climatic Change, 123: 383-396.

Blossom J W. 2003. Molybdenum recycling in the United States in 1998. Reston: USGS.

Blundell R, Bond S. 1998. GMM estimation with persistent panel data: An application to production functions. Journal of Econometrics, 87: 115-143.

Bödeker J M, Bauer M, Pehnt M. 2010. Aluminium and renewable energy systems-prospects for the sustainable generation of electricity and heat. Heidelberg: Institut für Energie und Umweltforschung Heidelberg GmbH.

Böhringer C, Behrens . 2015. Interactions of emission caps and renewable electricity support schemes. Journal of Regulatory Economics, 48(1): 74-96.

Bollen J, van der Zwaan B C C, Brink C, et al. 2009. Local air pollution and global climate change: A combined cost-benefit analysis. Resource and Energy Economics, 31: 161-181.

Bosello F, Carraro C, de Cian E. 2010. Climate policy and the optimal balance between mitigation adaptation and unavoided damage. Climate Change Economics, 1(2): 71-92.

Bosello F, de Cian E. 2014. Documentation on the development of damage functions and adaptation in the WITCH model. CMCC research paper issue RP0228.

Bosetti V, Carraro C, Duval R, et al. 2011. What should we expect from innovation? A model-based assessment of the environmental and mitigation cost implications of climate-related R&D. Energy Economics, 33(6): 1313-1320.

Bosetti V, Carraro C, Galeotti M, et al. 2006. WITCH a world induced technical change hybrid model. The Energy Journal, 27: 13-37.

Bosetti V, Marangoni G, Borgonovo E, et al. 2015. Sensitivity to energy technology costs: A multi-model comparison analysis. Energy Policy, 80: 244-263.

Bouwman A F, Kram T, Goldewijk K. 2006. Integrated modelling of global environment change. An Overview of IMAGE, 2(4): 225-228.

Bows-Larkin A, McLachlan C, Mander S, et al. 2014. Importance of non-CO_2 emissions in carbon management. Carbon Management, 5(2): 193-210.

BP. 2016. Statistical review of world energy. [2023-04-19]. https://www.bp.com/en/global/corporate/energy-economics/statistical-review-of-world-energy. html.

BP. 2022. Statistical Review of world energy. [2023-04-19]. https://www.bp.com/en/global/corporate/energy-economics/statistical-review-of-world-energy. html.

Brander M, Ascui F, Scott V, et al. 2021. Carbon accounting for negative emissions technologies. Climate Policy, 21: 699-717.

Bréchet T, Hritonenko N, Yatsenko Y. 2013. Adaptation and mitigation in long-term climate policy. Environmental and Resource Economics, 55: 217-243.

Bretschger L, Pattakou A. 2019. As bad as it gets: How climate damage functions affect growth and the social cost of carbon. Environmental & Resource Economics, 72(1): 5-26.

Brink E, Aalders T, Adam D, et al. 2016. Cascades of green: A review of ecosystem-based adaptation in urban areas. Global Environmental Change, 36: 111-123.

Broecks K, Jack C, Mors E T, et al. 2021. How do people perceive carbon capture and storage for industrial processes? Examining factors underlying public opinion in the Netherlands and the United Kingdom.

Energy Research & Social Science, 81: 102236.

Budinis S, Krebor S, Mac Dowell N, et al. 2018. An assessment of CCS costs, barriers and potential. Energy Strategy Reviews, 22: 61-81.

Bui M, Adjiman C S, Bardow A, et al. 2018. Carbon capture and storage(CCS): The way forward.Energy & Environmental Science, 11: 1062-1176.

Buob S, Stephan G. 2011. To mitigate or to adapt: How to combat with global climate change. European Journal of Political Economics, 27: 1-16.

Burke M, Craxton M, Kolstad C D, et al. 2016. Opportunities for advances in climate change economics. Science, 352(6283): 292-293.

Burke M, Davis W M, Diffenbaugh N S. 2018. Large potential reduction in economic damages under UN mitigation targets. Nature, 557: 549-553.

Burke M, Hsiang S M, Miguel E. 2015. Global non-linear effect of temperature on economic production. Nature, 527: 235-239.

Burniaux J, Chateau J. 2008. An overview of the OECD ENV-linkages model. OECD Economics Department Working Papers No. 653 OECD Publishing.

Cai B, Zhang L. 2014. Urban CO_2 emissions in China: Spatial boundary and performance comparison. Energy Policy, 66: 557-567.

Cai B, Cui C, Zhang D, et al. 2019. China city-level greenhouse gas emissions inventory in 2015 and uncertainty analysis. Applied Energy, 253: 113579.

Cai Y, Lenton T M, Lontzek T S. 2016. Risk of multiple interacting tipping points should encourage rapid CO_2 emission reduction. Nature Climate Change, 6: 520-525.

Calvin K V, Patel P L, Clarke L E, et al. 2019. GCAM v5. 1: Representing the linkages between energy, water, land, climate, and economic systems. Geoscientific Model Development, 12: 1-22.

Calvin K, Clarke L, Krey V, et al. 2012. The role of Asia in mitigating climate change: Results from the Asia modeling exercise. Energy Economics, 34: S251-S260.

Cao J , Dai H , Li S , et al. 2021. The general equilibrium impacts of carbon tax policy in China: A multi-model comparison. Energy Economics, 99: 105284.

Capellán-Pérez I, de Blas I, Nieto J, et al. 2020. MEDEAS: A new modeling framework integrating global biophysical and socioeconomic constraints. Energy Environ Science, 13(3): 986-1017.

Capros P, van Regemorter D, Paroussos L, et al. 2013. GEM-E3 model documentation. Brussels: Joint Research Centre .

Carlin J F. 2004. Tin recycling in the United States in 1998. Virginia: US Geological Survey.

Carlson B, Chen Y H, Hong M G, et al. 2012. MISO unlocks billions in savings through the application of operations research for energy and ancillary services markets. Interfaces, 42: 58-73.

Carrara S, Dias P A, Plazzotta B, et al. 2020. Raw materials demand for wind and solar PV technologies in the transition towards a decarbonised energy system. [2023-08-08]. https://publications.jrc.ec.europa.eu/repository/handle/JRC119941.

Carrico A R, Truelove H B, Vandenbergh M P, et al. 2015. Does learning about climate change adaptation change support for mitigation?. Journal of Environmental Psychology, 41: 19-29.

Chaar L E , Lamont L A , Zein N E . 2011. Review of photovoltaic technologies. Renewable & Sustainable Energy Reviews, 15(5): 2165-2175.

Charnes A, Cooper W W, Rhodes E. 1978. Measuring the efficiency of decision making units. European Journal of Operational Research, 2(6): 429-444.

Chen C M. 2004. Searching for intellectual turning points: Progressive knowledge domain visualization.

Proceedings of the National Academy of Sciences of the United States of America, 101: 5303-5310.

Chen C M. 2006. CiteSpace II : Detecting and visualizing emerging trends and transient patterns in scientific literature. Journal of the American Society for Information Science and Technology, 57: 359-377.

Chen C, Kotyk J K F, Sheehan S W. 2018. Progress toward commercial application of electrochemical carbon dioxide reduction. Chem, 4: 2571-2586.

Chen J, Gao M, Cheng S, et al. 2020. County-level CO_2 emissions and sequestration in China during 1997-2017. Scientific Data, 7(1): 1-12.

Chen K, Horton R M, Bader D A, et al. 2017a. Impact of climate change on heat-related mortality in Jiangsu Province China. Environmental Pollution, 224: 317-325.

Chen N, Xu L, Chen Z. 2017b. Environmental efficiency analysis of the Yangtze River Economic Zone using super efficiency data envelopment analysis (SEDEA) and tobit models. Energy, 134: 659-671.

Chen S, Chen X G, Xu J T. 2016b. Impacts of climate change on agriculture: Evidence from China. Journal of Environmental Economics and Management, 76: 105-124.

Chen W Y, Yin X, Zhang H J. 2016a. Towards low carbon development in China: A comparison of national and global models. Climatic Change, 136: 95-108.

Chen W. 2005. The costs of mitigating carbon emissions in China: Findings from China MARKAL-MACRO modeling. Energy Policy, 33(7): 885-896.

Chen Y F, Wu Z G, Okamoto K, et al. 2013. The impacts of climate change on crops in China: A Ricardian analysis. Global & Planetary Change, 104: 61-74.

Chen Z, Song P, Wang B. 2021. Carbon emissions trading scheme energy efficiency and rebound effect-Evidence from China's provincial data. Energy Policy, 157: 112507.

Cheng B H, Dai P, Wang D, et al. 2015. Impacts of carbon trading scheme on air pollutant emissions in Guangdong province of China. Energy for Sustainable Development, 27: 174-185.

Cherp A, Jewell J, Vinichenko V, et al. 2016. Global energy security under different climate policies GDP growth rates and fossil resource availabilities. Climatic Change, 136: 83-94.

Cherry C, Scott K, Barrett J, et al. 2018. Public acceptance of resource-efficiency strategies to mitigate climate change. Nature Climate Change, 8: 1007-1012.

Choi Y, Zhang N, Zhou P. 2012. Efficiency and abatement costs of energy-related CO_2 emissions in China: A slacks-based efficiency measure. Applied Energy, 98: 198-208.

Clarke L, Jiang K, Akimoto K, et al. 2014. Assessing transformation pathways//Edenhofer O, Pichs-Madruga R, Sokona Y, et al. Climate Change 2014: Mitigation of Climate Change. Contribution of Working Group III to the Fifth Asess- ment Report of the IPCC. Cambridge : Cambridge University Press.

Climate Vulnerable Forum. 2015. Statement of the CVF chair at the UNFCCC COP21. Ministerial dialogue on the long-term goal. [2023-02-16]. http://www.thecvf.org/wp-content/uploads/2015/12/Statement-of-PH-CVF-Chair-Ministerial-Dialogue-LTG-08-Dec-15-COP21. pdf .

Cline W R. 1996. The impact of global warming of agriculture: Comment. The American Economic Review, 86(5): 1309-1311.

Colette A, Granier C, Hodnebrog O, et al. 2011. Air quality trends in Europe over the past decade: A first multi-model assessment. Atmospheric Chemistry and Physics, 11(22): 11657-11678.

Costa L , Moreau V , Thurm B , et al. 2021. The decarbonisation of Europe powered by lifestyle changes[J]. Environmental Research Letters, 2021, 16(4): 044057.

Creutzig F , Callaghan M , Ramakrishnan A , et al. 2021. Reviewing the scope and thematic focus of 100 000 publications on energy consumption services and social aspects of climate change: A big data approach to demand-side mitigation. Environmental Research Letters, 2021, 16(3): 033001.

Cronin Y, Cummins V, Wolsztynski E. 2021. Public perception of offshore wind farms in Ireland. Marine Policy, 134: 104814.

Crost B, Traeger C P. 2014. Optimal CO_2 mitigation under damage risk valuation. Nature Climate Change, 4: 631-636.

Cui W, Wan A, Xin F, et al. 2021. How does carbon emission reduction efficiency affect regional income inequality? The mediator effect of interregional labor flow. Mathematical Problems in Engineering, 1(2) : 1-14.

Dai H C, Masui T, Matsuoka Y, et al. 2011. Assessment of China's climate commitment and non-fossil energy plan towards 2020 using hybrid AIM/CGE model. Energy Policy, 39(5): 2875-2887.

Dai H, Xie Y, Liu J, et al. 2018. Aligning renewable energy targets with carbon emissions trading to achieve China's INDCs: A general equilibrium assessment. Renewable and Sustainable Energy Reviews, 82: 4121-4131.

Daiyan Rahman, Lu X Y, Ng Y H, et al. 2017.Liquid hydrocarbon production from CO_2: Recent development in metal-based electrocatalysis. ChemSusChem, 10(22):4342-4358.

Davis S J, Lewis N S , Shaner M , et al. 2018. Net-zero emissions energy systems. Science, 360: 1419-1428.

de Bruin K C, Dellink R B, Tol R S J. 2009. AD-DICE: An implementation of adaptation in the DICE model. Climatic Change, 95: 63-81.

de Bruin K C, Dellink R B. 2011. How harmful are restrictions on adapting to climate change?. Global Environmental Change, 21: 34-45.

de Chazal J, Rounsevell M D A. 2009. Land-use and climate change within assessments of biodiversity change: A review. Global Environmental Change, 19: 306-315.

de Koning A, Kleijn R, Huppes G , et al. 2018. Metal supply constraints for a low-carbon economy?. Resources Conservation & Recycling, 129: 202-208.

Del Río P. 2010. Analysing the interactions between renewable energy promotion and energy efficiency support schemes: The impact of different instruments and design elements. Energy Policy, 38(9): 4978-4989.

Dell M, Jones B F, Olken B A. 2009. Temperature and income: Reconciling new cross-sectional and panel estimates. American Economics Review, 99(2): 198-204.

Dell M, Jones B F, Olken B A. 2012. Temperature shocks and economic growth: Evidence from the last half century. American Economic Journal: Macroeconomics, 4(3): 66-95.

Dell M, Jones B F, Olken B A. 2014. What do we learn from the weather? The new climate-economy literature. Journal of Economic Literature, 52(3): 740-798.

den Elzen M G J, Lucas P L. 2005. The FAIR model: A tool to analyse environmental and costs implications of regimes of future commitments. Environmental Modeling & Assessment, 10(2): 115-134.

den Elzen M, Fekete H, Höhne N, et al. 2016. Greenhouse gas emissions from current and enhanced policies of China until 2030: Can emissions peak before 2030?. Energy Policy, 89: 224-236.

den Elzen M, Meinshausen M, van Vuuren D. 2007. Multi-gas emission envelopes to meet greenhouse gas concentration targets: Costs versus certainty of limiting temperature increase. Global Environmental Change, 17(2): 260-280.

Depledge J. 2010. The outcome from Copenhagen: At the limits of global diplomacy. Environmental Policy and Law, 40(1): 17-22.

Deschênes O, Greenstone M. 2007. The economic impacts of climate change: Evidence from agricultural output and random fluctuations in weather. The American Economic Review, 97(1): 354-385.

Deschênes O, Greenstone M. 2011. Climate change mortality and adaptation: Evidence from annual fluctuations in weather in the US. American Economic Journal: Applied Economics, 3: 152-185.

Després J, Keramidas K, Schmitz A, et al. 2018. POLES-JRC model documentation-Updated for 2018. Seville: Joint Research Centre.

Dhakal S. 2009. Urban energy use and carbon emissions from cities in China and policy implications. Energy Policy, 37: 4208-4219.

Di Salvo M, Wei M. 2019. Synthesis of natural gas from thermochemical and power-to-gas pathways for industrial sector decarbonization in California. Energy, 182 : 1250-1264.

Diaz D, Moore F. 2017. Quantifying the economic risks of climate change. Nature Climate Change, 7: 774-782.

Dietz S, Rising J, Stoerk T, et al. 2021. Economic impacts of tipping points in the climate system. Proceedings of the National Academy of Sciences, 118(34): e2103081118.

Dietz S, Stern N. 2015. Endogenous growth, convexity of damage and climate risk: How Nordhaus' framework supports deep cuts in carbon emissions. The Economic Journal, 125(583): 574-620.

Diffenbaugh N S, Burke M. 2019. Global warming has increased global economic inequality. Proceedings of the National Academy of Sciences, 116(20): 9808-9813.

Ding S T, Zhang M, Song Y. 2019. Exploring China's carbon emissions peak for different carbon tax scenarios. Energy Policy, 129: 1245-1252.

Ding Z L, Duan X N, Ge Q S, et al. 2009. Control of atmospheric CO_2 concentration by 2050: An allocation on the emission rights of different countries. Science China, 39(8): 1009-1027.

Dolf G, Boshell F, Saygin D, et al. 2019. The role of renewable energy in the global energy transformation. Energy Strategy Reviews, 24: 38-50.

Dong H, Dai H, Dong. L, et al. 2015. Pursuing air pollutant co-benefits of CO_2 mitigation in China: A provincial leveled analysis. Applied Energy, 144: 165-174.

Duan H B, Fan Y, Zhu L. 2013. What's the most cost-effective policy of CO_2 targeted reduction: An application of aggregated economic technological model with CCS?. Applied Energy, 112: 866-875.

Duan H B, Zhang G P, Wang S Y, et al. 2018b. Balancing China's climate damage risk against emission control costs. Mitigation & Adaptation Strategies for Global Change , 23: 1-17.

Duan H B, Zhang G P, Zhu L, et al. 2016b. How will diffusion of PV solar contribute to China's emissions-peaking and climate responses?. Renewable and Sustainable Energy Reviews, 53: 1076-1085.

Duan H B, Zhang G P, Wang S Y, et al. 2019a. Integrated benefit-cost analysis of China's optimal adaptation and targeted mitigation. Ecological Economics, 160: 76-86.

Duan H B, Zhang G P, Wang S Y, et al. 2019b. Robust climate change research: A review on multi-model analysis. Environmental Research Letters, 14(3): 033001.

Duan H B, Zhou S, Jiang K, et al. 2021. Assessing China's efforts to pursue the 1.5℃ warming limit. Science, 372: 378-385.

Duan H B, Zhu L, Fan Y. 2014a. Optimal carbon tax pathways in carbon constrained China-a logistic-induced energy economy hybrid model. Energy, 69: 345-356.

Duan H B, Zhu L, Fan Y. 2014b. Review on the integrated assessment model of energy-environment-economy for the global change. Journal of Systems Engineering, 29(6): 852-868.

Duan H B, Zhu L, Fan Y. 2015. Modelling the evolutionary paths of multiple carbon-free energy technologies with policy incentives. Environmental Modeling & Assessment, 20(1): 55-69.

Duan H B, Zhu L, Fan Y. 2016a. Regional opportunities for China to go low-carbon: Results from the REEC Model. The Energy Journal, 37: 223-252.

Duan H, Mo J, Fan Y, et al. 2018a. Achieving China's energy and climate policy targets in 2030 under multiple uncertainties. Energy Economics, 70: 45-60.

Duan H, Wang S. 2018. Potential impacts of China's climate policies on energy security. Environmental Impact Assessment Review, 71: 94-101.

Duan L, Petroski R, Wood L, et al. 2022. Stylized least-cost analysis of flexible nuclear power in deeply decarbonized electricity systems considering wind and solar resources worldwide. Nature Energy, 7(3): 260-269.

Dumas P, Ha-Duong M. 2013. Optimal growth with adaptation to climate change. Climatic Change, 117: 691-710.

Durmaz T. 2018. The economics of CCS: Why have CCS technologies not had an international breakthrough? . Renewable and Sustainable Energy Reviews, 95: 328-340.

Edenhofer O, Knopf B, Baker T, et al. 2010. The Economics of low stabilization: Model comparison of mitigation strategies and costs. The Energy Journal, 31: 11-48.

Ekholm T. 2018. Climatic cost-benefit analysis under uncertainty and learning on climate sensitivity and damages. Ecological Economics, 154: 99-106.

Elshkaki A, Graedel T E. 2015. Solar cell metals and their hosts: A tale of oversupply and undersupply. Applied Energy, 158: 167-177.

Elshkaki A, Shen L. 2019. Energy-material nexus: The impacts of national and international energy scenarios on critical metals use in China up to 2050 and their global implications. Energy, 180: 903-917.

Elshkaki A, Graedel T E. 2013. Dynamic analysis of the global metals flows and stocks in electricity generation technologies. Journal of Cleaner Production, 59: 260-273.

Enríquez-de-Salamanca Á, Díaz-Sierra R, Martín-Aranda R M, et al. 2017. Environmental impacts of climate change adaptation. Environmental Impact Assessment Review, 64: 87-96.

Eom J, Edmonds J, Krey V, et al. 2015. The impact of near-term climate policy choices on technology and emission transition pathways. Technological Forecasting and Social Change, 90: 73-88.

ERI. 2015. China 2050 high renewable energy penetration scenario and roadmap study April 2015. [2023-02-16]. https://www.efchina.org/Reports-en/china-2050-high-renewable-energy-penetration-scenario-and-roadmap-study-en.

ERI. 2018. Energy transition trends 2018. [2023-02-16]. http://www.huanjing100.com/p-4775.html.

ERI. 2009. China's Low Carbon Development Roadmap by 2050: Energy Demand and Carbon Emission Scenario Analysis. Beijing: Science Press.

European Commission. 1996. POLES. A global energy model to assess the contribution of the various energy types (fossil fuels, nuclear, renewables) and energy vectors, to future energy needs. [2023-02-16]. https://ec.europa.eu/jrc/en/poles.

Evans L, Milfont T L, Lawrence J. 2014. Considering local adaptation increases willingness to mitigate. Global Environmental Change, 25: 69-75.

Eyckmans J, Tulkens H. 2003. Simulating coalitionally stable burden sharing agreements for the climate change problem. Resources and Energy Economics, 25: 299-327.

Fairbrother M, Dixon A. 2013. Temperature and economic growth: Across- and within-country evidence. Working paper University of Bristol.

Falconer I. 2009. Metals required for the UK's low carbon energy system: The case of copper usage in wind farms. [2023-02-16]. https://docs.wind-watch.org/Copper%20use%20in%20wind%20farms. pdf.

Fan J L, Wei S J, Zhang X, et al. 2020. A comparison of the regional investment benefits of CCS retrofitting of coal-fired power plants and renewable power generation projects in China. International Journal of Greenhouse Gas Control, 92: 102858.

Fang K Q, Zhang Y, Long Y, et al. 2019b. How can China achieve its intended nationally determined contributions by 2030? A multi-criteria allocation of China's carbon emission allowance. Applied Energy, 241: 380-389.

Fang K, Tang Y, Zhang Q, et al. 2019a. Will China peak its energy-related carbon emissions by 2030? Lessons from 30 Chinese provinces. Applied Energy, 255: 113852.

Farrell C, Szota C, Arndt S K. 2015. Urban plantings: 'Living laboratories' for climate change response. Trends in Plant Science, 20: 597-599.

Fawcett A A, Iyer G C, Clarke L E, et al. 2015. Can Paris pledges avert severe climate change?. Science, 350: 1168-1169.

Feng K, Hubacek K, Sun L, et al. 2014. Consumption-based CO_2 accounting of China's megacities: The case of Beijing Tianjin Shanghai and Chongqing. Ecological Indicators, 47: 26-31.

Filippini M, Hunt L C. 2011. Energy demand and energy efficiency in the OECD countries: A stochastic demand frontier approach. The Energy Journal, 32(2): 59-80.

Filippini M, Hunt L C. 2015. Measurement of energy efficiency based on economic foundations. Energy Economics, 52: S5-S16.

Fishbone L G, Abilock H. 1981. Markal a linear-programming model for energy systems analysis: Technical description of the BNL version. International Journal of Energy Research , 5(4): 353-375.

Fisher-Vanden K, Schu K, Sue Wing I, et al. 2012. Decomposing the impact of alternative technology sets on future carbon emissions growth. The Asia Modeling Exercise: Exploring the Role of Asia in Mitigating Climate Change, 34(3): 359-365.

Fishman T, Graedel T E. 2019. Impact of the establishment of US offshore wind power on neodymium flows. Nature Sustainability, 2(4): 332-338.

Fizaine F, Court V. 2015. Renewable electricity producing technologies and metal depletion: A sensitivity analysis using the EROI. Ecological Economics, 110: 106-118.

Ford J D, Berrang-Ford L, Biesbroek R, et al. 2015. Adaptation tracking for a post-2015 climate agreement. Nature Climate Change, 5: 967-969.

Ford J D, Berrang-Ford L. 2015. The 4Cs of adaptation tracking: Consistency comparability comprehensiveness coherency. Mitigation Adaptation Strategies for Global Change, 21(6): 836-859.

Friedlingstein P, Andrew R M, Rogelj J, et al. 2014. Persistent growth of CO_2 emissions and implications for reaching climate targets. Nature Geoscience, 7: 709-715.

Fthenakis V. 2009. Sustainability of photovoltaics: The case for thin-film solar cells. Renewable and Sustainable Energy Reviews, 13(9): 2746-2750.

Fujimori S, Hasegawa T, Masui T, et al. 2017. SSP3: AIM implementation of shared socioeconomic pathways. Global Environmental Change, 42: 268-283.

Fujimori S, Masui T, Yuzuru M. 2012. AIM/CGE [basic] manual. Tsukuba: National Institute for Environmental Studies.

Fuss S, Johnsson F. 2021. The BECCS implementation gap-a Swedish case study. Frontiers in Energy Research, 8: 553400.

Galán-Martín Á. Vázquez D, Cobo S, et al. 2021. Delaying carbon dioxide removal in the European Union puts climate targets at risk. Nature Communications, 12: 6490.

Gallagher K S, Zhang F, Orvis F, et al. 2019. Assessing the policy gaps for achieving China's climate targets in the Paris Agreement. Nature Communications, 10: 1256.

García-Olivares A, Ballabrera-Poy J, García-Ladona E, et al. 2012. A global renewable mix with proven technologies and common materials. Energy Policy, 41: 561-574.

Garnaut R. 2008. The Garnaut Climate Change Review. New York: Cambridge University Press.

Gasser T , Guivarch C , Tachiiri K , et al. 2015. Negative emissions physically needed to keep global warming below 2℃. Nature Communications, 6: 7958.

Geels F W, Berkhout F, van Vuuren D P. 2016. Bridging analytical approaches for low-carbon transitions. Nature Climate Change, 6: 576-583.

Gerlagh R, van der Zwaan B C C. 2002. Endogenous technological change in climate change modeling. Energy Economics, 24: 1-19.

Gerlagh R, van der Zwaan B C C. 2006. Options and instruments for a deep cut in CO_2 emissions: Carbon capture or renewable taxes or subsidies?. The Energy Journal , 27: 25-48.

Gervais E, Shammugam S, Friedrich L, et al. 2021. Raw material needs for the large-scale deployment of photovoltaics-Effects of innovation-driven roadmaps on material constraints until 2050. Renewable and Sustainable Energy Reviews, 137: 110589.

Gidden M J, Riahi K, Smith S J, et al. 2019. Global emissions pathways under different socioeconomic scenarios for use in CMIP6: A dataset of harmonized emissions trajectories though the end of the century. Geoscientific Model Development, 12: 1443-1475.

Gielen D, Boshell F, Saygin D, et al. 2019. The role of renewable energy in the global energy transformation. Energy Strategy Reviews, 24: 38-50.

Gillingham K, Nordhaus W, Anthoff D, et al. 2018. Modeling uncertainty in climate change: A multi-model comparison. Journal of Association of Environmental and Resource Economics, 5(4): 791-826.

Giurco D, Dominish E, Florin N, et al. 2019. Requirements for Minerals and Metals for 100% Renewable Scenarios//Teske S. Achieving the Paris Climate Agreement Goals. Cham: Springer.

Golombek R, Greaker M, Kittelsen S A, et al. 2011. Carbon capture and storage technologies in the European power market. The Energy Journal, (3): 209-238.

Golub A, Narita D, Schmidt M G W. 2014. Uncertainty in integrated assessment models of climate change: Alternative analytical approaches. Environmental Modeling and Assessment , 19: 99-109.

Gómez-Calvet R, Conesa D, Gómez-Calvet A R, et al. 2014. Energy efficiency in the European Union: What can be learned from the joint application of directional distance functions and slacks-based measures? . Applied Energy, 132: 137-154.

Goonan T G. 2009. Nickel recycling in the United States in 2004. Reston: US Geological Survey.

Goonan T G. 2010. Copper recycling in the United States in 2004. Reston: US Geological Survey.

Goulder L H, Schneider S H. 1999. Induced technological change and the attractiveness of CO_2 abatement policies. Resource and Energy Economics, 21: 211-253.

Graedel T E, Allwood J, Birat J P, et al. 2011. Recycling rates of metals: A status report. Nairobi: United Nations Environment Programme.

Graedel T E, Harper E M, Nassar N T, et al. 2015. On the materials basis of modern society. Proceedings of the National Academy of Sciences, 112(20): 6295-6300.

Graedel T E, van Beers D, Bertram M, et al. 2005. The multilevel cycle of anthropogenic zinc. Journal of Industrial Ecology, 9(3): 67-90.

Graff Zivin J, Hsiang S M, Neidell M. 2018. Temperature and human capital in the short- and long-run. Journal of the Association of Environmental and Resource Economics, 5(1): 77-105.

Graff Zivin J, Neidell M. 2014. Temperature and the allocation of time: Implications for climate change. Journal of Labor Economics, 32(1): 1-26.

Grandell L , Lehtilä A , Kivinen M , et al. 2016. Role of critical metals in the future markets of clean energy technologies. Renewable Energy, 95: 53-62.

Green F, Stern N. 2017. China's changing economy: Implications for its carbon dioxide emissions. Climate Policy, 17: 423-442.

Greenblatt J B, Brown N R, Slaybaugh R, et al. 2017. The future of low-carbon electricity. Annual Review of Environment and Resources, 42: 289-316.

Greim P, Solomon A A, Breyer C. 2020. Assessment of lithium criticality in the global energy transition and addressing policy gaps in transportation. Nature Communications, 11: 4570.

Grimaud A, Lafforgue G, Magne B. 2011. Climate change mitigation options and directed technology: A decentralized equilibrium analysis. Resource and Energy Economics, 33: 938-962.

Grubb M, Butler L, Twomey P. 2006. Diversity and security in UK electricity generation: The influence of low-carbon objectives. Energy Policy, 34: 4050-4062.

Guan Y, Kang L, Shao C, et al. 2017. Measuring county-level heterogeneity of CO_2 emissions attributed to energy consumption: A case study in Ningxia Hui Autonomous Region China. Journal of Cleaner Production, 142: 3471-3481.

Guezuraga B, Zauner R, Pölz W. 2012. Life cycle assessment of two different 2MW class wind turbines. Renewable Energy, 37(1): 37-44.

Gugler K, Haxhimusa A, Liebensteiner M. 2021. Effectiveness of climate policies: Carbon pricing vs. subsidizing renewables. Journal of Environmental Economics and Management, 106: 102405.

Gulley A L, Nassar N T, Xun S. 2018. China the United States and competition for resources that enable emerging technologies. Proceedings of the National Academy of Sciences, 115(16): 4111-4115.

Guo Z, Liu P, Ma LW, et al. 2015. Effects of low-carbon technologies and end-use electrification on energy-related greenhouse gases mitigation in China by 2050. Energies, 8: 7161-7184.

Gupta A, Paul A. 2018. Carbon capture and sequestration potential in India: A comprehensive review. Energy Procedia, 160: 848-855.

Habib K, Wenzel H. 2016. Reviewing resource criticality assessment from a dynamic and technology specific perspective - using the case of direct-drive wind turbines. Journal of Cleaner Production , 112: 3852-3863.

Haertel P, Korpas M. 2021. Demystifying market clearing and price setting effects in low-carbon energy systems. Energy Economics, 93: 105051.

Han M, Liu W, Xie Y, et al. 2021. Regional disparity and decoupling evolution of China's carbon emissions by province. Resources Science, 43(4): 710-721.

Hanssen S V, Daioglou V, Steinmann Z J N, et al. 2020. The climate change mitigation potential of bioenergy with carbon capture and storage. Nature Climate Change, 10: 1023-1029.

Hare W L, Cramer W, Schaeffer M, et al. 2011. Climate hotspots: Key vulnerable regions climate change and limits to warming. Regional Environmental Change, 11: 1-13.

Harmsen M J H M, van den Berg M, Krey V, et al. 2016. How climate metrics affect global mitigation strategies and costs: A multi-model study. Climatic Change, 136(2): 203-216.

Haszeldine R S. 2009. Carbon capture and storage: How green can black be?. Science, 325: 1647-1652.

He J K. 2015. China's INDC and non-fossil energy development. Advances in Climate Change Research, 6: 210-215.

Heal G. 2017. The economics of the climate. Journal of Economic Literature, 55(3): 1046-1063.

Heggelund G M. 2021. China's climate and energy policy: at a turning point?. International Environmental Agreements: Politics, Law and Economics, 21: 9-23.

Hocking C, Silberstein R B, Lau W M, et al. 2001. Evaluation of cognitive performance in the heat by functional brain imaging and psychometric testing. Comparative Biochemistry and Physiology Part A: Molecular & Integrative Physiology, 128(4): 719-734.

Hoenderdaal S, Tercero Espinoza L, Marscheider-Weidemann F, et al. 2013. Can a dysprosium shortage threaten green energy technologies?. Energy, 49: 344-355.

Hof A F, den Elzen M G J, Admiraal A, et al. 2017. Global and regional abatement costs of Nationally Determined Contributions (NDCs) and of enhanced action to levels well below 2℃ and 1.5℃. Environmental Science & Policy , 71: 30-40.

Hof A F, Hope C W, Lowe J, et al. 2012. The benefits of climate change mitigation in integrated assessment models: The roles of the carbon cycle and climate component. Climatic Change, 113: 897-917.

Hof A, den Elzen M, Admiraal A, et al. 2016. Global and regional abatement costs of INDCs and of enhanced action to levels well below 2℃ and 1. 5℃. Den Haag: PBL Netherlands Environmental Assessment Agency .

HÖhne N, den Elzen M, Escalante D. 2014. Regional GHG reduction targets based on effort sharing: A comparison of studies. Climate Policy, 14(1): 122-147.

Höhne N, Kuramochi T, Warnecke C, et al. 2017. The Paris agreement: Resolving the inconsistency between global goals and national contributions. Climate Policy, 17(1): 16-32.

Honma S, Hu J L. 2008. Total-factor energy efficiency of regions in Japan. Energy Policy, 36(2): 821-833.

Hope C. 2005. Integrated Assessment Models//Helm D . Climate Change Policy. Oxford: Oxford University Press.

Hope C. 2006. The marginal impact of CO_2 from PAGE2002: An integrated assessment model incorporating the IPCC's five reasons for concern. Integrated Assessment, 6: 19-56.

Hope C, Anderson J, Wenman P. 1993. Policy analysis of the greenhouse effect: an application of the PAGE model. Energy Policy, 21(3): 327-338.

Hornbeck R. 2012. The enduring impact of the American dust bowl: Short and long-run adjustments to environmental catastrophe. American Economic Reviews, 102: 1477-1507.

Hsiang S M. 2010. Temperatures and cyclones strongly associated with economic production in the Caribbean and Central America. Proceedings of the National Academy of Sciences, 107(35): 15367-15372.

Hsiang S, Kopp R, Jina A, et al. 2017. Estimating economic damage from climate change in the United States. Science, 356: 1362-1369.

Hu J L, Kao C H. 2007. Efficient energy-saving targets for APEC economies. Energy Policy, 35(1): 373-382.

Huang B, Xing K, Pullen S, et al. 2020. Exploring carbon neutral potential in urban densification: A precinct perspective and scenario analysis. Sustainability, 12: 4814.

Huang R, Zhang S, Wang P. 2022. Key areas and pathways for carbon emissions reduction in Beijing for the "Dual Carbon" targets. Energy Policy, 164: 112873.

Hubbert M K. 1956. Nuclear energy and the fossil fuel. American Petroleum Institute Drilling & Production Practice, 95: 1-57.

Hulme M. 2016. 1.5℃ and climate research after the Paris Agreement. Nature Climate Change, 6: 222-224.

Hwang I C, Reynes F, Tol R S T. 2017. The effects of learning on climate policy under fat-tailed risks. Resource and Energy Economics, 48: 1-18.

IAI. 2019. Sustainability update 2009. London: IAI.

IEA. 2010. Energy technology perspectives 2010. Paris: OECD/IEA.

Iftikhar Y, He W, Wang Z. 2016. Energy and CO_2 emissions efficiency of major economies: A non-parametric analysis. Journal of Cleaner Production, 139: 779-787.

Ioannou I, D'Angelo S C, Galan-Martin A, et al. 2021. Process modelling and life cycle assessment coupled with experimental work to shape the future sustainable production of chemicals and fuels. Reaction Chemistry & Engineering, 6: 1179-1194.

IPCC. 2007. Intergovernmental Panel on Climate Change Climate Change 2007- Impacts Adaptation and Vulnerability. Cambridge UK: Cambridge University Press.

IPCC. 2011. Summary for Policymakers//Field C B, Barros V, Stocker T F, et al. Managing the Risks of Extreme Events and Disasters to Advance Climate Change Adaptation. Cambridge: Cambridge University Press.

IPCC. 2014a. AR5 climate change 2014: Mitigation of climate change. [2023-01-09]. https://www.ipcc.ch/report/ar5/wg3.

IPCC. 2014b. Climate change 2013: The physical science basis WGI contribution to the fifth Assessment report. Contribution of Working Group Ⅰ to the Fifth Assessment Report of the Intergovernmental Panel on Climate Change .

IPCC. 2018. Special report on global warming of 1. 5℃. Geneva: Intergovernmental Panel on Climate Change WMO.

IPCC. 2019. Refinement to the 2006 IPCC guidelines for national greenhouse gas inventories. [2023-01-09]. https://www.ipcc.ch/report/2019-refinement-to-the-2006-ipcc-guidelines-for-national-greenhouse-gas-inventories.

IPCC. 2022. AR6 climate change 2022: Mitigation of climate change. [2023-01-09]. https://www.ipcc.ch/report/ar6/wg3.

IRENA. 2018. Renewable power generation costs in 2017. [2023-01-09]. https://www.irena.org/publications/2018/Jan/Renewable-power-generation-costs-in-2017.

Iverson L, Thompson F R, Matthews S, et al. 2017. Multi-model comparison on the effects of climate change on tree species in the eastern U.S.: Results from an enhanced niche model and process-based ecosystem and landscape models. Landscape Ecology, 32(7): 1327-1346.

Iyer G C, Edmonds J A, Fawcett A A, et al. 2015. The contribution of Paris to limit global warming to 2℃. Environmental Research Letters, 10: 125002.

Jackson R B, Canadell J G, Fuss S, et al. 2017. Focus on negative emissions. Environmental Research Letters, 12: 110201.

Jackson R B, Canadell J G, Le Quere C, et al. 2016. Reaching peak emissions. Nature Climate Change, 6: 7-10.

Jacobson M Z, Delucchi M A, Bauer A F, et al. 2017. 100% Clean and renewable wind water and sunlight all-sector energy roadmaps for 139 countries of the world. Joule, 1(1): 108-121.

Jay F, Clarens A F, Haewon M J, et al. 2021. The role of negative emissions in meeting China's 2060 carbon neutrality goal. Oxford Open Climate Change 1(1) kgab004.

Jensen S, Mohliny K, Pittelz K, et al. 2015. An introduction to the green paradox: The unintended consequences of climate policies. Review of Environmental Economics and Policy, 9: 246265.

Jewell J, Cherp A, Riahi K. 2014. Energy security under de-carbonization scenarios: An assessment framework and evaluation under different technology and policy choices. Energy Policy, 65: 743-760.

Jewell J, Cherp A, Vinichenko V, et al. 2013. Energy security of China India the EU and the US under long-term scenarios: Results from six IAMs. Climate Change Economics, 4(4): 134011.

Jewell J, Vinichenko V, McCollum D, et al. 2016. Comparison and interactions between the long-term pursuit of energy independence and climate policies. [2018-03-02]. https://www.researchgate.net/publication/303825654_Comparison_and_interactions_between_the_long-term_pursuit_of_energy_independence_and_climate_policies.

Jia Z, Lin B. 2021. How to achieve the first step of the carbon-neutrality 2060 target in China: The coal substitution perspective. Energy, 233: 121179.

Jiang K , He C , Xu X , et al. 2018. Transition scenarios of power generation in China under global 2℃ and 1.5℃ targets. Global Energy Interconnection, 1(4): 477-486.

Jiang K J, He C M, Dai H C, et al. 2018. Emission scenario analysis for China under the global 1.5℃ target. Carbon Management, 9(5), 481-491.

Jiang K J, Liu Q, Zhuang X, et al. 2010. Technology roadmap for low-carbon society in China. Journal of Renewable &Sustainable Energy, 2(3): 109-120.

Jiang K J. 2014. Secure low-carbon development in China. Carbon Management, 3(4): 333-335.

Jiang W, Liu W. 2020. Provincial-level CO_2 emissions intensity inequality in China: Regional source and explanatory factors of interregional and intraregional inequalities. Sustainability, 12(6): 2529.

Johannes B, Corjan B. 2014. Air pollution policy in Europe quantifying the interaction with greenhouse gases and climate change policies. Energy Economics, 46: 202-215.

Johansson D J A, Azar C, Lehtveer M, et al. 2020. The role of negative carbon emissions in reaching the Paris climate targets: The impact of target formulation in integrated assessment models, Environmental Research Letters, 15: 124024.

Johansson D J, Lucas P L, Weitzel M, et al. 2015. Multi-model comparison of the economic and energy implications for China and India in an international climate regime. Mitigation and Adaptation Strategy for Global Change, 20(8): 1335-1359.

Johansson I, Mardan N, Cornelis E, et al. 2019. Designing policies and programmes for improved energy efficiency in industrial SMEs. Energies, 12: 1338.

Johnson J , Jirikowic J , Bertram M , et al. 2005. Contemporary anthropogenic silver cycle: A multilevel analysis. Environmental Science & Technology, 39(12): 4655-4665.

Johnson J, Schewel L. Graedel T E. 2006. The contemporary anthropogenic chromium cycle. Environmental Science & Technology, 40(22): 7060-7069.

Jones C D, Ciais P, Davis S J, et al. 2016. Simulating the earth system response to negative emissions. Environmental Research Letters, 11: 095012.

Jones T S. 2004. Manganese recycling in the United States in 1998. Washington: US Department of the Interior.

Jordan A, Rayner T, Schroeder H, et al. 2013. Going beyond two degrees? The risks and opportunities of alternative options. Climate Policy, 13: (6): 751-769.

Ju H, van der Velde M, Lin E, et al. 2013. The impacts of climate change on agriculture production systems in China. Climatic Change, 120: 313-324.

Kalkuhl M, Edenhofer O, Lessmann K. 2012. Learning or lock-in: Optimal technology policies to support mitigation. Resource and Energy Economics, 34: 1-23.

Kang J N, Wei Y M, Liu L C, et al. 2020. The prospects of carbon capture and storage in China's power sector under the 2℃ target: A component-based learning curve approach . International Journal of Greenhouse Gas Control, 101: 103149.

Kang P, Song G, Xu M, et al. 2021. Low-carbon pathways for the booming express delivery sector in China. Nature Communications, 12: 450.

Kaplan P O, Witt J W. 2019. What is the role of distributed energy resources under scenarios of greenhouse gas reductions? A specific focus on combined heat and power systems in the industrial and commercial sectors. Appllied Energy, 235: 83-94.

Karl T R, Arguez A, Huang B Y, et al. 2015. Possible artifacts of data biases in the recent global surface warming hiatus. Science, 348: 1469-1472.

Kato E, Kurosawa A. 2018. Evaluation of Japanese energy system toward 2050 with TIMES-Japan-deep decarbonization pathways. Energy Procedia, 158: 4141-4146.

Kavlak G, McNerney J, Jaffe R L, et al. 2015. Metal production requirements for rapid photovoltaics deployment. Energy & Environmental Science: EES , 8(6): 1651-1659.

Kaya Y, Yokobori K. 1993. Global environment energy and economic development. Tokyo: United Nations University.

Kberle A C. 2019. The value of BECCS in IAMs: A review. Current Sustainable/Renewable Energy Reports, 6: 107-115.

Keramidas K, Kitous A, Després J, et al. 2017. POLES-JRC model documentation. Publications Office of the European Union, 10: 225347.

Kesidou S, Sovacool B K. 2019. Supply chain integration for low-carbon buildings: A critical interdisciplinary review. Renewable & Sustainable Energy Reviews, 113: 109274.

Khanna N, Fridley D, Zhou N, et al. 2019. Energy and CO_2 implications of decarbonization strategies for China beyond efficiency: Modeling 2050 maximum renewable resources and accelerated electrification impacts. Applied Energy, 242: 12-26.

Kilkis S, Krajacic G, Duic N, et al. 2020. Advances in integration of energy water and environment systems towards climate neutrality for sustainable development. Energy Conversion and Management, 225: 113410.

Kim S H, Edmonds J, Lurz J, et al. 2006. The objects framework for integrated assessment: Hybrid model of transportation. Energy Journal, 2: 51-80.

Kleijn R, van der Voet E. 2010. Resource constraints in a hydrogen economy based on renewable energy sources: An exploration. Renewable & Sustainable Energy Reviews, 14(9): 2784-2795.

Klepper G, Peterson S, Springer K. 2003. DART97: A description of the multi-regional multi-sectoral trade model for the analysis of climate policies. Kiel Working Paper No. 1149.

Kober T , Falzon J , Bob V , et al. 2016. A multi-model study of energy supply investments in Latin American under climate control policy. Energy Economics, 56: 543-551.

Köhler J, Barker T, Anderson D, et al. 2006. Combining energy technology dynamics and macro econometrics: the E3MG model for climate stabilization scenarios. The Energy Journal, 27: 113-133.

Kollenbach G, Schopf M. 2022. Unilaterally optimal climate policy and the green paradox. Journal of Environmental Economics and Management, 113: 102649.

Krey V, Guo F, Kolp P, et al. 2019. Looking under the hood: A comparison of techno-economic assumptions across national and global integrated assessment models. Energy, 172: 1254-1267.

Krey V, Havlik P, Kishimoto P, et al. 2020. MESSAGEix-GLOBIOM Documentation-2020 release. Laxenburg: International Institute for Applied Systems Analysis (IIASA).

Kriegler E, Bauer N, Popp A, et al. 2017. Fossil-fueled development (SSP5): An energy and resource intensive scenario for the 21st century. Global Environmental Change, 42: 297-315.

Kriegler E, Bertram C, Kuramochi T, et al. 2018a. Short term policies to keep the door open for Paris climate goals. Environmental Research Letters, 13: 074022.

Kriegler E, Luderer G, Bauer N, et al. 2018b. Pathways limiting warming to 1. 5℃: A tale of turning around in no time?. Philosophical Transactions of the Royal Society A: Mathematical Physical and Engineering Sciences, 376: 20160457.

Kriegler E, Weyant J P, Blanford G J, et al. 2014. The role of technology for achieving climate policy objectives: Overview of the EMF 27 study on global technology and climate policy strategies. Climatic Change, 123: 353-367.

Kumbaroğlu G, Karali N, Arıkan Y. 2008. CO_2 GDP and RET: An aggregate eco- nomic equilibrium analysis for Turkey. Energy Policy, 36(7): 2694-2708.

Kurosawa A. 2006. Multigas mitigation: An economic analysis using GRAPE model. Energy Journal, 27: 275-288.

Langner J, Engardt M, Baklanov A, et al. 2012. A multi-model study of impacts of climate change on surface ozone in Europe. Atmospheric Chemistry and Physics, 12(21): 10423-10440.

Lanzafame M. 2014. Temperature rainfall and economic growth in Africa. Empirical Economics , 46(1): 1-18.

Larcher D, Tarascon J M. 2014. Towards greener and more sustainable batteries for electrical energy storage. Nature Chemistry, 7: 19-29.

Larsen K, Pitt H, Grant M, et al . 2021. China's greenhouse gas emissions exceeded the developed world for the first time in 2019. [2023-01-10]. https://rhg.com/research/chinas-emissions-surpass-developed-countries/ #_ftnref1.

Laugharne A, Yucel I. 2018. The role of silver in the green revolution. CRU International.

Lèbre É, Stringer M, Svobodova K, et al. 2020. The social and environmental complexities of extracting energy transition metals. Nature Communications, 11(1): 4823.

Leduc M, Matthews H D, de Elia R. 2016. Regional estimates of the transient climate response to cumulative CO_2 emissions. Nature Climate Change, 6: 474-478.

Lee J S, Choi E C. 2018. CO_2 leakage environmental damage cost-a CCS project in South Korea. Renewable and Sustainable Energy Reviews, 93: 753-758.

Lee M, Villaruel M L, Gaspar R. 2016. Effects of temperature shocks on economic growth and welfare in Asia. ADB Economics Working Paper Series.

Leimbach M, Bauer N, Baumstark L, et al. 2010a. Mitigation costs in a globalized world: Climate policy analysis with REMIND-R. Environmental Modeling and Assessment, 15(3): 155-173.

Leimbach M, Bauer N, Baumstark L, et al. 2010b. Technological change and international trade-Insights from REMIND-R. The Energy Journal, 31(1): 109-136.

Lemoine D, Kapnick S. 2016. A top-down approach to projecting market impacts of climate change. Nature Climate Change, 6: 51-55.

Lemoine D, Traeger C. 2014. Watch your step: Optimal policy in a tipping climate. American Economic Journal: Economic Policy, 6(1): 137-166.

Lesnikowski A, Ford J, Biesbroek R, et al. 2015. National-level progress on adaptation. Nature Climate Change, 6: 261-264.

Lessmann K, Kornek U, Bosetti V, et al. 2015. The stability and effectiveness of climate coalitions: A comparative analysis of multiple integrated assessment models. Environmental & Resource Economics, 62: 811-836.

Lessmann K, Marschinski R, Edenhofer O. 2009. The effects of tariffs on coalition formation in a dynamicglobal warming game. Economic Modelling, 26(3): 641-649.

Lewis J I, Fridley D G, Price L K, et al. 2015. Understanding China's non-fossil energy targets. Science, 350(6264): 1034-1036.

Li J , Peng K , Wang P , et al. 2020a. Critical rare-earth elements mismatch global wind-power ambitions. One Earth, 3(1): 116-125.

Li J F, Ma Z Y, Zhang Y X, et al. 2018. Analysis on energy demand and CO_2 emissions in China following the energy production and consumption revolution strategy and China dream target. Advances in Climate Change Research, 9: 16-26.

Li J W, Lin Y H, Wang F M, et al. 2021. Progress in recovery and recycling of kerf loss silicon waste in photovoltaic industry. Separation and Purification Technology, 254: 117581.

Li N, Shi M, Zhang Z, et al. 2020b. Analysis on policy effects of integration of Yangtze River economic belt based on a multi-regional CGE model. Chinese Journal of Management Science, 28(12): 67-76.

Li N, Zhang X L, Shi M J, et al. 2017. The prospects of China's long-term economic development and CO_2 emissions under fossil fuel supply constraints. Resources Conservation and Recycling, 121: 11-22.

Liang Q M, Fan Y, Wei Y M. 2007. Carbon taxation policy in China: How to protect energy- and trade-intensive sectors?. Journal of Policy Modeling, 29(2): 311-333.

Lima P R, Pereira A, de Lorena Diniz Chaves G, et al. 2021. Environmental awareness and public perception on carbon caputre and storage (CCS) in Brazil. International Journal of Greenhouse Gas Control, 111: 103467.

Liu C, Liu Y, Zhang D Y, et al. 2022a. The capital market responses to new energy vehicle (NEV) subsidies: An event study on China. Energy Economics, 105: 105677.

Liu D, Xiao B. 2018. Can China achieve its carbon emission peaking? A scenario analysis based on STIRPAT and system dynamics model. Ecological Indicators, 93: 647-657.

Liu H, Li X B, Fischer G, et al. 2004. Study on the impacts of climate change on China's agriculture. Climatic Change, 65: 125-148.

Liu L B, Wang Y, Wang Z, et al. 2022c. Potential contributions of wind and solar power to China's carbon neutrality. Resources, Conservation and Recycling, 180: 106155.

Liu L, Li N, Zhang Z, et al. 2019. Spatiotemporal distribution of capital stock exposure of 17 sectors for individual provinces in China. Progress in Geography, 38(4): 84-93.

Liu Y, Chen S, Jiang K, et al. 2022b. The gaps and pathways to carbon neutrality for different type cities in China. Energy, 244: 122596.

Liu Y, Deng S, Zhao R, et al. 2017. Energy-saving pathway exploration of CCS integrated with solar energy: A review of innovative concepts. Renewable and Sustainable Energy Reviews, 77: 652-669.

Liu Y, Feng S, Cai S, et al. 2013. Carbon emission trading system of China: A linked market vs. separated markets. Frontiers of Earth Science, 7(4): 465-479.

Liu Z, Deng Z, He G, et al. 2021. Challenges and opportunities for carbon neutrality in China. Nature Reviews Earth & Environment, 3(2): 141-155.

Liu Z, Geng Y, Dai H, et al. 2018. Regional impacts of launching national carbon emissions trading market: A case study of Shanghai. Applied Energy, 230: 232-240.

Liu Z, Guan D, Moore S, et al. 2015. Climate policy: Steps to China's carbon peak. Nature, 522: 279-281.

Lohwasser R, Madlener R. 2013. Relating R&D and investment policies to CCS market diffusion through two-factor learning. Energy Policy, 52: 439-452.

Longa F D, Detz R, van der Zwaan B. 2020. Integrated assessment projections for the impact of innovation on CCS deployment in Europe. International Journal of Greenhouse Gas Control , 103: 103133.

Lontzek T S, Cai Y Y, Jude K L, et al. 2015. Stochastic integrated assessment of climate tipping points indicates the need for strict climate policy. Nature Climate Change, 5: 441-444.

Lopez-Franca N, Zaninelli P G, Caril A F, et al. 2016. Changes in temperature extremes for 21st century scenarios over South America derived from a multi-model ensemble of regional climate models. Climate Research, 68(2-3): 151-167.

Loulou R, Labriet M. 2008. ETSAP-TIAM: The TIMES integrated assessment model Part I : Model structure. Computational Management Science, 5: 7-20.

Lucchese-Cheung T, de Aguiar L K, de Lima L C, et al. 2021. Brazilian carbon neutral beef as an innovative product: Consumption perspectives based on intentions' framework. Journal of Food Products Marketing, 27: 384-398.

Lucena A F P, Clark L, Schaeffer R, et al. 2016. Climate policy scenarios in Brazil: A multi-model comparison for energy. Energy Economics, 56: 564-574.

Luderer G, Leimbach M, Bauer N, et al. 2015. Description of the REMIND Model (Version 1.6). SSRN Electronic Journal, DOI: 10.2139/ssrn.2697070.

Luderer G, Pietzcker R C, Bertram C, et al. 2013. Economic mitigation challenges: How further delay closes the door for achieving climate targets. Environmental Research Letters, 8: 034033.

Luderer G, Vrontisi Z, Bertram C, et al. 2018. Residual fossil CO_2 emissions in 1.5-2℃ pathways. Nature Climate Change, 8: 626-633.

Ma H, Sun W, Wang S, et al. 2019. Structural contribution and scenario simulation of highway passenger transit carbon emissions in the Beijing-Tianjin-Hebei metropolitan region China. Resources Conservation and Recycling, 140: 209-215.

Mach K J, Field C B. 2017. Toward the next generation of assessment. Annual Review of Environment and Resources, 42: 569-597.

Mahajan V, Peterson R A. 1978. Innovation diffusion in a dynamic potential adopter population. Management Science, 24(15): 1589-1597.

Månberger A, Stenqvist B. 2018. Global metal flows in the renewable energy transition: Exploring the effects of substitutes technological mix and development. Energy Policy. 119: 226-241.

Mandova H, Patrizio P, Ledu S, et al. 2019. Achieving carbon-neutral iron and steelmaking in Europe through the deployment of bioenergy with carbon capture and storage. Journal of Cleaner Production, 218: 118-129.

Manne A, Mendelsohn R, Richels R. 1995. MERGE: A model for evaluating regional and global effects of GHG reduction policies. Energy Policy, 23(1): 17-34.

Mao G Z, Huang N, Chen L, et al. 2018. Research on biomass energy and environment from the past to the future: A bibliometric analysis. Science of the Total Environment, 635: 1081-1090.

Marcucci A, Kypreos S, Panos E. 2017. The road to achieving the long-term Paris targets: Energy transition and the role of direct air capture. Climatic Change, 144(2): 181-193.

Marin G, Palma A. 2017. Technology invention and adoption in residential energy consumption: A stochastic frontier approach. Energy Economics, 66: 85-98.

Martínez E, Sanz F, Pellegrini S, et al. 2009. Life cycle assessment of a multi-megawatt wind turbine. Renewable Energy, 34(3): 667-673.

Massey E, Biesbroek R, Huitema D, et al. 2014. Climate policy innovation: The adoption and diffusion of adaptation policies across Europe. Global Environmental Change, 29: 434-443.

McCollum D L, Krey V, Riahi K. 2011. An integrated approach to energy sustainability. Nature Climate Change, 1: 428-429.

McCollum D L, Krey V, Riahi K. 2013. Climate policies can help resolve energy security and air pollution challenges. Climatic Change, 119(2): 474-479.

McCollum D, Bauer N, Calvin K, et al. 2014. Fossil resource and energy security dynamics in conventional and carbon-constrained worlds. Climatic Change, 123: 423-426.

McLellan B, Yamasue E, Tezuka T, et al. 2016. Critical minerals and energy-Impacts and limitations of moving to unconventional resources. Resources, 5(2): 19.

Meeusen W, van den Broeck J. 1977. Efficiency estimation from Cobb-Douglas production functions with composed error. International Economic Review, 18(2): 435-444.

Meinshausen M, Hare B, Wigley T M, et al. 2006. Multi-gas emissions pathways to meet climate targets. Climatic Change, 75: 151-194.

Méjean A, Guivarch C, Lefèvre J, et al. 2019. The transition in energy demand sectors to limit global warming to 1.5℃. Energy Efficiency, 12(2): 441-462.

Mendelsohn R, Nordhaus W D, Shaw D. 1994. The impact of global warming on agriculture: A ricardian analysis. The American Economic Review, 84(4): 753-771.

Mendelsohn R. 2000. Efficient adaptation to climate change. Climatic Change, 45: 583-600.

Meng S, Siriwardana M, McNeill J, et al. 2018. The impact of an ETS on the Australian energy sector: An integrated CGE and electricity modelling approach. Energy Economics, 69: 213-224.

Messner S, Schrattenholzer L. 2000. MESSAGE-MACRO: Linking an energy supply model with a macroeconomic module and solving it iteratively. Energy, 25(3): 267-282.

Messner S, Strubegger M. 1995. Use's guide for MESSAGE Ⅲ IIASA working paper wp-95-69. Laxenburg: International Institute for Applied Systems Analysis Austria.

Meyer B, Ahlert G. 2019. Imperfect markets and the properties of macro-economic-environmental models as tools for policy evaluation. Ecological Economics, 155: 80-87.

Millar R J, Fuglestvedt J S, Friedlingstein P, et al. 2017. Emission budgets and pathways consistent with limiting warming to 1. 5℃. Nature Geoscience, 10: 741-747.

Millner A, Dietz S. 2011. Adaptation to climate change and economic growth in developing countries. Social Science Electronic Publishing, 20(3): 309-329.

Millot A, Krook-Riekkola A, Maïzi N. 2020. Guiding the future energy transition to net-zero emissions: Lessons from exploring the differences between France and Sweden. Energy Policy, 139: 111358.

Minx J C, Lamb W F, Callaghan M W, et al. 2018. Negative emissions-Part 1: Research landscape and synthesis. Environmental Research Letters, 13: 063001.

Mitchell D, James R, Forster P M, et al. 2016. Realizing the impacts of a 1.5℃ warmer world. Nature Climate Change, 6: 735-737.

Mohr S, Giurco D, Yellishetty M, et al . 2015. Projection of iron ore production. Natural Resources Research, 24(3): 317-327.

Molinos-Senante M, Maziotis A, Sala-Garrido R. 2015. Assessing the relative efficiency of water companies in the English and Welsh water industry: A metafrontier approach. Environmental Science and Pollution Research, 22(21): 16987-16996.

Monzo J, Malewski Y, Kortlever R, et al. 2015. Enhanced electrocatalytic activity of Au@Cu core@shell nanoparticles towards CO_2 reduction. Journal of Materials Chemistry A, 3: 23690-23698.

Moore F C, Diaz D B. 2015. Temperature impacts on economic growth warrant stringent mitigation policy. Nature Climate Change, 5(2): 127-131.

Moore F C, Lobell D B. 2014. The adaptation potential of European agriculture in response to climate change. Nature Climate Change, 4: 610-614.

Moore J C, Chen Y, Cui X, et al. 2016. Will China be the first to initiate climate engineering?. Earth's Future, 4: 588-595.

Mora C, Spirandelli D, Franklin E C, Let al. 2018. Broad threat to humanity from cumulative climate hazards intensified by greenhouse gas emissions. Nature Climate Change, 8: 1062-1071.

Morris J F. 2009. Policy simulation and prospect analysis of Chinese greenhouse: A general equilibrium analysis. Cambridge: Massachusetts Institute of Technology .

Moser S C, Ekstrom J A. 2010. A framework to diagnose barriers to climate change adaptation. Proceedings of National Academy of Sciences, 107(51): 22026-22031.

Moss R L, Tzimas E, Kara H, et al. 2011. Critical metals in strategic energy technologies JRC-scientific and strategic reports. Seville: European Commission Joint Research Center Institute for Energy and Transport.

Moss R L, Tzimas E, Kara H, et al. 2013b. The potential risks from metals bottlenecks to the deployment of strategic energy technologies. Energy Policy, 55: 556-564.

Moss R L, Tzimas E, Willis P, et al. 2013a. Critical metals in the path towards the decarbonisation of the EU energy sector. Assessing rare metals as supply-chain bottlenecks in low-carbon energy technologies. Seville: JRC Report EUR.

Mouratiadou I, Bevione M, Bijl D L. 2018. Water demand for electricity in deep decarbonisation scenarios: A multi-model assessment. Climatic Change, 147(1-2): 91-106.

Mu Y, Wang C, Cai W. 2018. The economic impact of China's INDC: Distinguishing the roles of the renewable energy quota and the carbon market. Renewable and Sustainable Energy Reviews, 81: 2955-2966.

Mudd G M. 2021. The resources cycle: Key sustainability issues for the mining of metals and minerals. Encyclopedia of Geology : 607-620.

Mukherjee K. 2008. Energy use efficiency in US manufacturing: A nonparametric analysis. Energy Economics, 30(1): 76-96.

Muratori M, Calvin K, Wise M, et al. 2016. Global economic consequences of deploying bioenergy with carbon capture and storage (BECCS). Environmental Research Letters, 11: 095004.

Myhre G, Aas W, Cherian R, et al. 2017. Multi-model simulations of aerosol and ozone radiative forcing due to anthropogenic emission changes during the period 1990-2015. Atmospheric Chemistry and Physics, 17(4): 2709-2720.

Nachtigall D, Dirk R. 2016. The green paradox and learning-by-doing in the renewable energy sector. Resource and Energy Economics, 43: 74-92.

Nagashima M, Dellink R, van Ierland E, et al. 2009. Stability of international climate coalitions-acomparison of transfer schemes. Ecological Economics, 68(5): 1476-1487.

Nassar N T, Brainard J, Gulley A L, et al. 2020. Evaluating the mineral commodity supply risk of the U. S. manufacturing sector. Science Advances, 6(8): 8647.

Nassar N T, Wilburn D R, Goonan T G. 2016. Byproduct metal requirements for U. S. wind and solar photovoltaic electricity generation up to the year 2040 under various clean power plan scenarios. Appllied Energy, 183: 1209-1226.

NCCEC. 2014. The Third National Assessment Report on Climate Change. Beijing: Science Press.

Nemet G F, Holloway T, Meier P. 2010. Implications of incorporating air-quality co-benefit into climate policymaking. Environmental Research Letters, 5: 014007.

Nieto J, Carpintero O, Miguel L J. 2018. Less than 2℃? An economic-environmental evaluation of the Paris Agreement. Ecological Economics, 146: 69-84.

Niu S, Liu Y, Ding Y, et al. 2016. China's energy systems transformation and emissions peak. Renewable & Sustainable Energy Reviews, 58: 782-795.

Nordhaus W D, Boyer J, 1999a. Roll the DICE again: The economics of global warming. New Haven: Yale University.

Nordhaus W D, Boyer J G. 1999b. Requiem for Kyoto: An economic analysis of the Kyoto Protocol. The Energy Journal, 20: 93-130.

Nordhaus W D, Moffat A. 2017. A survey of global impacts of climate change: Replication survey methods and a statistical analysis. Cowles Foundation Discussion Paper No. 2096 Yale University.

Nordhaus W D, Sztorc P. 2013. DICE 2013R: Introduction and User's Manual. 2nd ed. New Haven: Yale University.

Nordhaus W D, Yang Z L. 1996. A regional dynamic general equilibrium model of alternative climate change strategies. American Economic Review, 86(4): 741-765.

Nordhaus W D. 1992. An optimal transition path for controlling greenhouse gases. Science, 258(5086): 1315-1319.

Nordhaus W D. 2008. A Question of Balance Weighing the Options on Global Warming Polices. New Haven : Yale University Press.

Nordhaus W D. 2010. Economic aspects of global warming in a post-Copenhagen environment. Proceedings of National Academy of Sciences, 107(26): 11721-11726.

Nordhaus W D. 2015. Climate clubs: Overcoming free-riding in international climate policy. American Economic Reviews, 105(4): 1339-1370.

Nordhaus W D. 1979. The Efficient Use of Energy Resources. New Haven : Yale University Press.

Nordhaus W. 2014. Estimates of the social cost of carbon: Concepts and results from the DICE-2013R model and alternative approaches. Journal of the Association of Environmental and Resource Economists, 1(1/2): 273-312.

Nordhaus W. 2017. Revisiting the social cost of carbon. Proceedings of the National Academy of Sciences, 114(7): 1518-1523.

Nordhaus W. 2019. Climate change: The ultimate challenge for economics. American Economic Review, 109(6): 1991-2014.

Northey S, Mohr S, Mudd G M, et al. 2014. Modelling future copper ore grade decline based on a detailed assessment of copper resources and mining. Resources Conservation & Recycling, 83: 190-201.

Norton M, Baldi A, Buda V, et al. 2019. Serious mismatches continue between science and policy in forest bioenergy. GCB Bioenergy, 11: 1256-1263.

Nyakuma B B, Wong S, Mong G R, et al . 2021. Bibliometric analysis of the research landscape on rice husks gasification (1995-2019). Environmental Science and Pollution Research, 28: 49467-49490.

Oktaviani R, Amaliah S, Ringler C, et al. 2011. The impact of global climate change on the indonesian economy. International Food Policy Research Institute (IFPRI) Discussion Paper: 01148.

O'Neill B C, Dalton M, Fuchs R, et al. 2010. Global demographic trends and future carbon emissions. Proceedings of the National Academy of Sciences, 107(41): 17521-17526.

Otto F E L, Frame D J, Otto A, et al. 2015. Embracing uncertainty in climate change policy. Nature Climate Change, 5: 917-920.

Oyewo A S, Aghahosseini A, Bogdanov D, et al. 2018. Pathways to a fully sustainable electricity supply for Nigeria in the mid-term future. Energy Conversion and Management, 178: 44-64.

Palmer-Wilson K, Donald J, Robertson B, et al. 2019. Impact of land requirements on electricity system decarbonisation pathways. Energy Policy, 129: 193-205.

Palosuo T, Foereid B, Svensson M, et al. 2012. A multi-model comparison of soil carbon assessment of a coniferous forest stand. Environmental Modeling & Software, 35: 38-49.

Paltsev S, Reilly J, Jacoby H, et al. 2012. The impact of carbon taxes on growth emissions and welfare in India. Institute for Economic Growth New Delhi IEG Working Paper No. 315.

Pan X, Chen W Y, Zhou S, et al . 2020. Implications of near-term mitigation on China's long-term energy transitions for aligning with the Paris goals. Energy Economics, 90: 104865.

Pang J, Timilsina G. 2021. How would an emissions trading scheme affect provincial economies in China: Insights from a computable general equilibrium model. Renewable and Sustainable Energy Reviews, 145: 111034.

Papp J F. 2004. Chromium recycling in the United States in 1998. U. S. Geological Survey.

Parry H. 2009. Closing the loop between mitigation impacts and adaptation. Climatic Change, 96: 23-27.

Parry M, Arnell N, Berry P, et al. 2009. Assessing the costs of adaptation to climate change: A review of the UNFCCC and other recent estimates. London: International Institute for Environment and Development and Grantham Institute for Climate Change.

Parshall L, Gurney K, Hammer S A, et al. 2010. Modeling energy consumption and CO_2 emissions at the urban scale: Methodological challenges and insights from the United States. Energy Policy, 38(9): 4765-4782.

Patt A G, van Vuuren D P, Berkhout F, et al. 2010. Adaptation in integrated assessment modeling: Where do we stand?. Climatic Change, 99: 383-402.

Peters G P, Andrew R M, Boden T, et al. 2013. Commentary: The challenge to keep global warming below 2℃. Nature Climate Change, 3: 4-6.

Peters G P, Andrew R M, Canadell J G, et al. 2020. Carbon dioxide emissions continue to grow amidst slowly emerging climate policies. Nature Climate Change, 10: 3-6.

Peters G. 2016. The best available science to inform 1.5℃ policy choices. Nature Climate Change, 6: 646-649.

Pindyck R S. 2013. Climate change policy: What do the models tell us?. Journal of Economic Literature, 51: 860-872.

Pindyck R S. 2017. The use and misuse of models for climate policy. Review of Environmental Economics and Policy, 11(1): 110-114.

Pizer W, Adler M, Aldy J, et al. 2014. Using and improving the social cost of carbon. Science, 346: 1189-1190.

Plachy J. 2003. Cadmium recycling in the United States in 2000. Reston: U. S. Geological Survey.

Plachy J. 2004. Zinc recycling in the United States in 1998. Reston: U. S. Geological Survey.

Plunkert P A. 2006. Aluminum recycling in the United States in 2000. Reston: U. S. Geological Survey.

Popp D. 2004. ENTICE: Endogenous technological change in the DICE model of global warming. Journal of Environmental Economics and Management, 48(1): 742-768.

Pradhan B K, Ghosh J. 2012. The impact of carbon taxes on growth, emissions and welfare in India. New Delhi: Institute for Economic Growth.

Pretis F, Schwarz M, Tang K, et al. 2018. Uncertain impacts on economic growth when stabilizing global temperatures at 1.5℃ or 2℃ warming. Philosophical Transactions of the Royal Society A, 376: 20160460.

Prinn R, Paltsev S, Sokolov A, et al. 2011. Scenarios with MIT integrated global systems model: Significant global warming regardless of different approaches. Climatic Change, 104: 515-537.

Pye S , Broad O , Bataille C , et al. 2021. Modelling net-zero emissions energy systems requires a change in approach. Climate Policy, 21: 222-231.

Qi T, Weng Y, Zhang X, et al. 2016. An analysis of the driving factors of energy-related CO_2 emission reduction in China from 2005 to 2013. Energy Economics, 60: 15-22.

Raftery A E, Zimmer A, Frierson D M W, et al. 2017. Less than 2℃ warming by 2100 unlikely. Nature Climate Change, 7: 637-641.

Rao S, Klimont Z, Leitao J, et al. 2016. A multi-model assessment of the co-benefits of climate mitigation for global air quality. Environmental Research Letters, 11: 124013.

Raupach M R, Davis S J, Peters G P, et al. 2014. Sharing a quota on cumulative carbon emissions. Nature Climate Change, 4: 873-879.

Realmonte G, Drouet L, Gambhir A, et al. 2019. An inter-model assessment of the role of direct air capture in deep mitigation pathways. Nature Communications, 10: 3277.

Reck B K, Rotter V S. 2012. Comparing growth rates of nickel and stainless steel use in the early 2000s. Journal of Industrial Ecology, 6(4): 518-528.

Reck B K, Müller D B, Rostkowski K et al. 2008. Anthropogenic Nickel cycle: Insights into use trade and recycling. Environmental Science and Technology, 42(9): 3394-3400.

Reilly J, Schimmelpfennig D. 2000. Irreversibility uncertainty and learning: Portaits of adaptation to long-term climate change. Climatic Change, 45: 253-278.

Reis L. A, Tavoni M, Emmerling J, et al. 2016. Assessing INDCs in China India and developing Asia: An application of the WITCH model. FEEM and CMCC working paper.

Ren K, Tang X, Höök M. 2021b. Evaluating metal constraints for photovoltaics: Perspectives from China's PV development. Apllied Energy, 282: 116148.

Ren K, Tang X, Wang P, et al . 2021a. Bridging energy and metal sustainability: Insights from China's wind power development up to 2050. Energy, 227: 120524.

Ren S, Feng X, Wang Y. 2021a. Emergy evaluation of the integrated gasification combined cycle power generation systems with a carbon capture system. Renewable and Sustainable Energy Reviews, 147: 111208.

Revesz R L, Arrow K J, Goulder L H, et al. 2014. Global warming: Improve economic models of climate change. Nature, 508: 173-175.

Riahi K, Rubin E S, Taylor M R, et al. 2004. Technological learning for carbon capture and sequestration technologies. Energy Economics, 26: 539-564.

Rickels W, Merk C, Reith F, et al. 2019. (Mis)conceptions about modeling of negative emissions technologies. Environmental Research Letters, 14: 104004.

Roberts M, Allen S, Coley D. 2020. Life cycle assessment in the building design process - A systematic literature review. Building and Environment, 185: 107274.

Rodrigo M N N, Perera S, Senaratne S, et al. 2021. Review of supply chain based embodied carbon estimating method: A case study based analysis. Sustainability, 13: 9171.

Roelich K, Dawson D A, Purnell P, et al. 2014. Assessing the dynamic material criticality of infrastructure transitions: A case of low carbon electricity. Applied Energy, 123: 378-386.

Rogelj J, den Elzen M, Hoöhne N, et al. 2016b. Paris Agreement climate proposals need a boost to keep warming well below 2℃. Nature, 534: 631-639.

Rogelj J, Geden O, Cowie A, et al. 2021. Three ways to improve net-zero emissions targets. Nature, 591(7850): 365-368.

Rogelj J, Luderer G, Pietzcker R C, et al. 2015a. Energy system transformations for limiting end-of-century warming to below 1. 5℃. Nature Climate Change, 5: 519-526.

Rogelj J, McCollum D L, O'Neill B C, et al. 2013. 2020 emissions levels required to limit warming to below 2℃. Nature Climate Change, 3: 405.

Rogelj J, Popp A, Calvin K V, et al. 2018. Scenarios towards limiting global mean temperature increase below 1. 5℃. Nature Climate Change, 8: 325-332.

Rogelj J, Schaeffer M, Friedlingstein P, et al. 2016a. Differences between carbon budget estimates unraveled. Nature Climate Change, 6: 245-252.

Rogelj J, Schaeffer M, Meinshausen M, et al. 2015b. Zero emission targets as long-term global goals for climate protection. Environmental Research Letters, 10: 105007.

Romeo A A. 1977. The rate of imitation of a capital-embodied process innovation. Economica, 44(173): 63-69.

Romera R, Gaertner M A, Sanchez E, et al. 2017. Climate change projections of medicanes with a large multi-model ensemble of regional climate models. Global and Planetary Change, 151: 134-143.

Rosa L, Sanchez D L, Realmonte G, et al. 2021. The water footprint of carbon capture and storage technologies. Renewable and Sustainable Energy Reviews, 138: 110511.

Rose J M, Bricker S B, Ferreira J G. 2015. Comparative analysis of modeled nitrogen removal by shellfish farms. Marine Pollution Bulletin, 91: 185-190.

Rose S, Turner D, Blanford G, et al. 2014. Understanding the social cost of carbon: A technical assessment. Palo Alto: Electric Power Research Inst.

Rosenblatt A E, Schmitz O J. 2016. Climate change nutrition and bottom-up and top-down food web processes. Trends in Ecology & Evolution, 31: 965-975.

Rosenzweig C, Elliott J, Deryng D, et al. 2014. Assessing agricultural risks of climate change in the 21st century in a global gridded crop model intercomparison. Proceedings of the National Academy of Sciences of the United States of America, 111(9): 3268-3273.

Rosler H, Bruggink J J C, Keppo I J. 2011. Design of a European sustainable hydrogen model. Petten: Energy Research Center at the Netherlands(ECN).

Ruth N E H, Tian X J. 2014. Energy related CO_2 emissions and the progress on CCS projects: A review. Renewable and Sustainable Energy Reviews, 31: 368-385.

Safonov G, Safonova Y. 2013. Economic analysis of the impact of climate change on agriculture in Russia. Oxfam International .

Sahakian M, Nagel M, Donzelot V, et al. 2021. Flying less for work and leisure? Co-designing a city-wide change initiative in Geneva. Urban Planning , 6: 299-313.

Salvia M , Reckien D , Pietrapertosa F , et al. 2021. Will climate mitigation ambitions lead to carbon neutrality? An analysis of the local-level plans of 327 cities in the EU. Renewable and Sustainable Energy Reviews , 135: 110253.

Sanderson B M, Xu Y Y, Tebaldi C, et al. 2017. Community climate simulations to assess avoided impacts in 1. 5 and 2℃future. Earth System Dynamics, 8: 827-847.

Santos-Herrero J M, Lopez-Guede J M, Flores-Abascal I. 2021. Modeling simulation and control tools for nZEB: A state-of-the-art review. Renewable and Sustainable Energy Reviews, 142: 110851.

Sassi O, Crassous R, Waisman H, et al. 2010. IMACLIM-R: A modelling framework to simulate sustainable development pathways. International Journal of Global Environmental Issues, 10: 5-24.

Schiff S J, Somjen G G, 1985. The effects of temperature on synaptic transmission in hippocampal tissue slices. Brain Research, 345(2): 279-284.

Schleussner C F, Lissner T K, Fischer E M, et al. 2016a. Differential climate impacts for policy-relevant limits to global warming: The case of 1. 5℃ and 2℃. Earth System Dynamics, 7: 327-351.

Schleussner C F, Rogelj J, Schaeffer M, et al. 2016b. Science and policy characteristics of the Paris Agreement temperature goal. Nature Climate Change, 6: 827-835.

Schmitz C, van Meijl H, Kyle P, et al. 2013. An agro-economic model comparison of cropland change until 2050. Shanghai: 16th Annual Conference on Global Economic Analysis.

Schumacher K. 2017. Large-scale renewable energy project barriers: Environmental impact assessment streamlining efforts in Japan and the EU. Environmental Impact Assessment Review, 65: 100-110.

Schurer A P, Mann M E, Szolgayová J, et al. 2012. Robust energy portfolios under climate policy and socioeconomic uncertainty. Environmental Modeling & Assessment, 17: 39-49.

SEI. 2011. User guide LEAP: Long range energy alternative planning system. Boston: Stockholm Environment Institute.

Selvakkumaran S, Limmeechokchai B. 2015. Low carbon society scenario analysis of transport sector of an emerging economy-The AIM/Enduse modelling approach. Energy Policy, 81: 199-214.

Shaman J, Kohn M. 2009. Absolute humidity modulates influenza survival transmission and seasonality. PNAS, 106(9): 3243-3248.

Shan Y, Guan D, Liu J, et al. 2017. Methodology and applications of city level CO_2 emission accounts in China. Journal of Cleaner Production, 161: 1215-1225.

Sharmina M , Edelenbosch O Y , Wilson C , et al. 2021. Decarbonising the critical sectors of aviation shipping road freight and industry to limit warming to 1.5-2℃. Climate Policy, 21: 455-474.

Shi M J, Li N, Yuan Y N, et al. 2016. Policy Simulations of Regional Economic Development. Beijing: China Renmin University Press.

Shi X, Xu Z. 2018. Environmental regulation and firm exports: Evidence from the eleventh Five-Year Plan in China. Journal of Environmental Economics and Management, 89: 187-200.

Shirizadeh B, Quirion P. 2021. Low-carbon options for the French power sector: What role for renewables nuclear energy and carbon capture and storage. Energy Economics, 95: 105004.

Shukla P R, Chaturvedi V. 2012. Low carbon and clean energy scenarios for India: Analysis of targets approach. Energy Economics, 34(3): 487-495.

Shukla P R. 1997. Energy and Environment Policies for a Sustainable Future: Analysis with the Indian MARKAL Model. New Delhi : Allied Publishers.

Sinn H W. 1982. Taxation, growth, and resource extraction: A general equilibrium approach. European Economic Review, 19(2): 357-386.

Smith P, Davis S J, Creutzig F, et al. 2016b. Biophysical and economic limits to negative CO_2 emission. Nature Climate Change, 6: 42-50.

Smith S J, Rao S, Riahi K, et al. 2016a. Future aerosol emissions: A multi-model comparison. Climatic Change, 138(1-2): 13-24.

Sodiq A, Baloch A, Khan S A, et al. 2019. Towards modern sustainable cities: Review of sustainability principles and trends. Journal of Cleaner Production, 227: 972-1001.

Soltani M , Kashkooli F M , Souri M , et al. 2021. Environmental economic and social impacts of geothermal energy systems. Renewable and Sustainable Energy Reviews, 140: 110750.

Somanathan E, Somanathan R, Sudarshan A, et al. 2021. The impact of temperature on productivity and labor supply: Evidence from Indian manufacturing. Journal of Political Economy, 129(6): 1797-1827.

Song M, An Q, Zhang W, et al. 2012. Environmental efficiency evaluation based on data envelopment analysis: A review. Renewable and Sustainable Energy Reviews, 16(7): 4465-4469.

Sovacool B K, Ali S , Bazilian M, et al. 2020. Sustainable minerals and metals for a low-carbon future. Science, 367(6473): 30-33.

Sovacool B K. 2014. What are we doing here? Analyzing fifteen years of energy scholarship and proposing a social science research agenda. Energy Research & Social Science, 1: 1-29.

Sproul E, Barlow J, Quinn J C. 2020. Time-resolved cost analysis of natural gas power plant conversion to bioenergy with carbon capture and storage to support net-zero emissions. Environmental Science and Technology, 54: 15338-15346.

Srinivasan S, Kholod N, Chaturvedi V, et al. 2018. Water for electricity in Inida: A multi-model study of future challenges and linkages to climate change mitigation. Applied Energy, 210(15): 673-684.

Stamp A, Wäger P A, Hellweg S. 2014. Linking energy scenarios with metal demand modeling-the case of indium in CIGS solar cells. Resources Conservation & Recycling, 93: 156-167.

Stehfest E, Vuuren D P V, Kram T, et al. 2014. Integrated assessment of global environmental change with IMAGE 3.0: Model description and policy applications. Netherlands Environmental Assessment Agency .

Stern N. 2008. The economics of climate change. American Economic Review: Papers & Proceedings, 98(2): 1-37.

Stern N. 2015. Why are We Waiting? The Logic Urgency and Promise of Tacking Climate Change. Cambridge: MIT Press.

Sterner T. 2015. Higher costs of climate change. Nature, 527(7577): 177-178.

Stevanović M, Popp A, Lotze-Campen H, et al. 2016. The impact of high-end climate change on agriculture welfare. Science Advances, 2: e1501452.

Stiglitz J E, Stern N. 2017. Report of the High-level commission on carbon prices. Carbon Pricing Leadership Coalition.

Sugiyama M, Fujimori S, Wada K, et al. 2019. Japan's long-term climate mitigation policy: Multi-model assessment and sectoral challenges. Energy, 167: 1120-1131.

Tavoni M, Kriegler E, Riahi K, et al. 2014. Post-2020 climate agreement in the major economics assessed in the light of global models. Nature Climate Change, 5: 119-126.

Teng F. 2018. Assessment report on China's climate change risk and social carbon cost. Beijing: Tsinghua University.

Teske S, Florin N, Dominish E, et al. 2016. Renewable energy and deep sea mining: Supply demand and scenarios. Broadway: ISF.

Thauer R K. 2019. Raw Materials for Future Energy Supply. Cham: Springer.

Thomson A M, Calvin K V, Smith S J, et al. 2011. RCP4. 5: A pathway for stabilization of radiative forcing by 2100. Climatic Change, 109(1-2): 77-94.

Timilsina G R, Cao J, Ho M. 2018. Carbon tax for achieving China's NDC: Simulations of some design features using a CGE model. Climate Change Economics , 9(3): 1850006.

Tokimatsu K, Wachtmeister H, McLellan B, et al. 2017. Energy modeling approach to the global energy-mineral nexus: A first look at metal requirements and the 2℃ target. Appllied Energy, 207: 494-509.

Tol R S J. 2006. Multi-gas emission reduction for climate change policy: An application of FUND. Energy Journal, 3: 235-250.

Tol R S J. 2007. The double trade-off between adaptation and mitigation for sea level rise: An application of FUND. Mitigation and Adaptation Strategies for Global Change, 12: 741-753.

Tol R S J. 2009. The economic effects of climate change. Journal of Economic Perspective, 23(2): 29-51.

Tol R S J. 2014. Climate Economics: Economic Analysis of Climate Climate Change and Climate Policy. London: Edward Elgar Publishing.

Tol R S T. 2018. The economics of climate change. Review of Environmental Economics and Policy, 12(1): 4-25.

Tone K. 2001. A slacks-based measure of efficiency in data envelopment analysis. European Journal of Operational Research, 130(3): 498-509.

Tone K. 2004. Dealing with undesirable outputs in DEA: A slacks-based measure (SBM) approach. NAPW Ⅲ, Toronto: 44-45.

Toro N, Robles P, Jeldres R I. 2020. Seabed mineral resources an alternative for the future of renewable energy: A critical review. Ore Geology Reviews, 126: 103699.

Torvanger A. 2019. Governance of bioenergy with carbon capture and storage (BECCS): Accounting rewarding and the Paris agreement. Climate Policy, 19: 329-341.

Trisos C H, Merow C, Pigot A L. 2020. The projected timing of abrupt ecological disruption from climate change. Nature, 580(7804): 496-501.

Trutnevyte E, Hirt L F, Bauer N, et al. 2019. Societal transformations in models for energy and climate policy: The ambitious next step. One Earth, 1: 423-433.

Tubi A, Fischhendler I, Feitelson E. 2012. The effect of vulnerability on climate change mitigation policies. Global Environmental Change, 22: 472-482.

Turple J, Winkler H, Spalding-Fecher R, et al. 2002. Economic impacts of climate change in South Africa: A preliminary analysis of unmitigated damage costs. Cape Town: Energy and Development Research Centre.

Turton H. 2008. ECLIPSE: An integrated energy-economy model for climate policy and scenario analysis. Energy, 33(12): 1754-1769.

UNDP. 2009. China human development report 2009/10: China and a sustainable future: Towards a low carbon economy and society. Beijing: China Translation and Publishing Corporation.

UNFCCC. 2015. Paris Agreement. United Nations Framework Convention on Climate Change.

Valero A, Valero A, Calvo G, et al. 2018. Material bottlenecks in the future development of green technologies. Renewable & Sustainable Energy Reviews, 93: 178-200.

van der Ploeg F. 2021. Carbon pricing under uncertainty. International Tax and Public Finance, 28: 1122-1142.

van der Sluijs J P. 2002. Integrated Assessment//Munn R E, Tolba M. Encyclopaedia of Global Environmental Change—Responding to Global Environmental Change. London: Wiley .

van der Zwaan B C C, Gerlagh R , Klaassen, et al. 2002. Endogenous technological change in climate change modeling. Energy Economics, 24: 1-19.

van der Zwaan B C, Rösler H, Kober T, et al. 2013. A cross-model comparison of global long-term technology diffusion under a 2℃ climate change control target. Climate Change Economics, 4: 1340013.

van Vuuren D P, Lowe J, Stehfest E, et al. 2011. How well do integrated assessment models simulate climate change?. Climatic Change, 104: 255-285.

van Vuuren D P, Stehfest E, Gernaat D E H J, et al. 2018. Alternative pathways to the 1.5 ℃ target reduce the need for negative emission technologies. Nature Climate Change, 8: 391-397.

Vardy O M, Dubash N K, O'Reilly J, et al. 2017. The intergovernmental panel on climate change: Challenges and opportunities. Annual Review of Environment and Resource, 42: 55-75.

Vetter T, Huang S, Aich V, et al. 2015. Multi-model climate impact assessment and inter-comparison for three large-scale river basins on three continents. Earth System Dynamics, 6(1): 17-43.

Veysey J, Octaviano C, Calvin K, et al. 2016. Pathways to Mexico's climate change mitigation targets: A multi-model analysis. Energy Economics, 56: 587-599.

Victoria M, Haegel N, Peters I M , et al. 2021. Solar photovoltaics is ready to power a sustainable future. Joule, 5: 1041-1056.

von Stechow C, McCollum D, Riahi K, et al. 2015. Integrating global climate change mitigation goals with other sustainability objectives: A syntheses. Annual Review of Environment and Resources, 40: 363-394.

Vrontisi Z, Luderer G, Saveyn B, et al. 2018. Enhancing global climate policy ambition towards a 1.5℃ stabilization: A short-term multi-model assessment. Environmental Research Letters, 13: 044039.

Wagner F, Amann M, Schoepo W. 2007. The GAINS optimization module as of 1 Februrary 2007. Laxenburg: International Institute for Applied Systems Analysis .

Wang F, Liu B, Zhang B. 2020c. Exploring the impacts of carbon market linkage on sectoral competitiveness: A case study of Beijing-Tianjin-Hebei region based on the CEECPA model. Climate Change Economics, 11(3): 2041005.

Wang H, Liu Y, Laaksonen A, et al. 2020d. Carbon recycling - an immense resource and key to a smart climate engineering: A survey of technologies cost and impurity impact. Renewable and Sustainable Energy Reviews, 131: 110010.

Wang J, Mendelsohn R, Dinar A, et al. 2009. The impact of climate change on China's agriculture. Agricultural Economics, 40: 323-337.

Wang J, Zhong H, Yang Z, et al. 2020e. Exploring the trade-offs between electric heating policy and carbon mitigation in China. Nature Communications, 11: 6054.

Wang L, Patel P L, Yu S, et al. 2016. Win-win strategies to promote air pollutant control policies and non-fossil energy target regulation in China. Applied Energy, 163: 244-253.

Wang L, Wan X, Liu S Y, et al. 2019. Fe-N-C catalysts for PEMFC: Progress towards the commercial application under DOE reference. Journal of Energy Chemistry, 39: 77-87.

Wang M, Feng C. 2021. The consequences of industrial restructuring regional balanced development and market-oriented reform for China's carbon dioxide emissions: A multi-tier meta-frontier DEA-based decomposition analysis. Technological Forecasting and Social Change, 164: 120507.

Wang P, Chen L Y, Ge J P, et al. 2019a. Incorporating critical material cycles into metal-energy nexus of China's 2050 renewable transition. Appllied Energy, 253: 113612.

Wang P, Dai H, Ren S, et al. 2015. Achieving Copenhagen target through carbon emission trading: Economic impacts assessment in Guangdong Province of China. Energy, 79: 212-227.

Wang S L, Ball E, Nehring R, et al. 2017. Impacts of climate change and extreme weather on U. S. agriculture productivity: Evidence and projection. NBER Working Paper No. 23533 June 2017.

Wang T , Jiang Z , Zhao B , et al. 2020a. Health co-benefits of achieving sustainable net-zero greenhouse gas emissions in California. Nature Sustainability, 3: 597-605.

Wang X, Zhang S W. 2016. Exploring linkages among China's 2030 climate targets. Climate Policy, 17(4): 458-469.

Wang Y, Mauree D, SunQ, et al. 2020f. A review of approaches to low-carbon transition of high-rise residential buildings in China. Renewable and Sustainable Energy Reviews, 131: 109990.

Wang Y, Yang H, Sun R. 2020b. Effectiveness of China's provincial industrial carbon emission reduction and optimization of carbon emission reduction paths in "lagging regions": Efficiency-cost analysis. Journal of Environmental Management, 275: 111221.

Warren R, Price J, van derWal J, et al. 2018. The implications of the United Nations Paris Agreement on climate change for globally significant biodiversity areas. Climatic Change, 147(3-4): 395-409.

Watari T, McLellan B C, Giurco D, et al. 2019. Total material requirement for the global energy transition to 2050: A focus on transport and electricity. Resources, Conservation and Recycling, 148: 91-103.

Watkiss P, Benzie M, Klein R J T. 2015. The complementarity and comparability of climate change adaptation and mitigation. WIREs Climate Change, 6: 541-557.

Wei F, Grubesic T H, Bishop B W. 2015. Exploring the GIS knowledge domain using CiteSpace. The Professional Geographer, 67(3): 374-384.

Wei T Y, Cherry T L, Glomrød S, et al. 2014. Climate change impacts on crop yield: Evidence from China. Science of the Total Environment, 499: 133-140.

Weitzman M L. 1973. Prices vs. quantities. The Review of Economics Studies, (4): 477-491.

Welsby D, Price J, Pye S, et al. 2021. Unextractable fossil fuels in a 1. 5 ℃ world. Nature, 597: 230-234.

Wende W, Bond A, Bobylev N, et al. 2012. Climate change mitigation and adaptation in strategic environmental assessment. Environmental Impact Assessment Review, 32: 88-93

Weng W, Chen Z. 2019. Study on the initial carbon quota allocation scheme in China's provincial regions - based on the perspective of responsibility and target equity and efficiency. Management World, 35(3):

81-98.

Weng Z, Dai H, Ma Z, et al. 2018. A general equilibrium assessment of economic impacts of provincial unbalanced carbon intensity targets in China. Resources, Conservation and Recycling, 133: 157-168.

Weng Z, Ma Z, Ge C, et al. 2019. Economic and mitigating impacts of differential carbon reduction targets on regional industries. Research of Environmental Sciences, 32(8): 1264-1274.

Wenger A, Stauffacher M, Dallo I. 2021. Public perception and acceptance of negative emission technologies - framing effects in Switzerland. Climate Change, 167: 53.

Weyant J P. 1993. Costs of reducing global carbon emissions. Journal of Economic Perspectives, 7(4): 27-46.

Wigley T M L. 1993. Balancing the carbon budget. Implications for projections of future carbon dioxide concentration changes. Tellus Series B Chemical and Physical Meteorology, 45B: 409-425.

Wilkerson J T, Leibowicz B D, Turner D D, et al. 2015. Comparison of integrated assessment models: Carbon price impacts on U. S. energy. Energy Policy, 76: 18-31.

Windmeijer F. 2005. A finite sample correction for the variance of linear efficient two-step GMM estimators. Journal of Econometrics, 126: 25-51.

Wolfram S, Hanemann W M, Fisher A C. 2005. Will US agriculture really benefit from global warming? Accounting for irrigation in the hedonic approach. The American Economic Review, 95(1): 395-406.

Wolfram S, Mendelsohn R. 2009. Nonlinear temperature effects indicate severe damages to US crop yields under climate change. Proceedings of the National Academy of Sciences, 106(37): 15594-15598.

Woolf D, Lehmann L, Lee D R. 2016. Optimal bioenergy power generation for climate change mitigation with or without carbon sequestration. Nature Communications, 6: 13160.

Wu J, Fan Y, Timilsina G et al. 2020. Understanding the economic impact of interacting carbon pricing and renewable energy policy in China. Regional Environmental Change, 20(3): 74.

Wu J, Fan Y, Xia Y. 2017. How can China achieve its nationally determined contribution targets combining emissions trading scheme and renewable energy policies?. Energies, 10: 1166.

Wu J, Hu M M, Tukker A , et al. 2019. The impacts of regional convergence in energy-intensive industries on China's CO_2 emissions and emission goals. Energy Economics, 80: 512-523.

Wu R, Dai H, Geng Y, et al. 2016a. Achieving China's INDC through carbon cap-and-trade: Insights from Shanghai. Applied Energy, 184: 1114-1122.

Wu X D, Yang Q, Chen G Q, et al. 2016b. Progress and prospect of CCS in China: Using learning curve to assess the cost-viability of a 2×600MW retrofitted oxyfuel power plant as a case study. Renewable and Sustainable Energy Reviews, 60: 1274-1285.

Xie Y, Dai H, Dong H, et al. 2018. Impacts of SO_2 taxations and renewable energy development on CO_2 NO_x and SO_2 emissions in Jing-Jin-Ji region. Journal of Cleaner Production, 171: 1386-1395.

Xing H, Spence S, Chen H. 2020. A comprehensive review on countermeasures for CO_2 emissions from ships. Renewable and Sustainable Energy Reviews, 134: 110222.

Xing R, Hanaoka T, Masui T. 2021. Deep decarbonization pathways in the building sector: China's NDC and the Paris agreement. Environmental Research Letters, 16: 044054.

Xiong W, Holman I, Lin E, et al. 2012. Untangling relative contributions of recent climate and CO_2 trends to national cereal production in China. Environmental Research Letters, 7: 044014.

Xu B, Chen Y, Shen X. 2019. Clean energy development carbon dioxide emission reduction and regional economic growth. Economic Research Journal, 54(7): 188-202.

Xu S, Dai S. 2021. CCUS as a second-best choice for China's carbon neutrality: An institutional analysis. Climate Policy, 21: 927-938.

Xu W D, Zhang J F, Zhang R D. 2017. Application of multi-model switching predictive functional control on the temperature system of an electric heating furnace. ISA Transactions, 68: 287-292.

Yamamoto H, Sugiyama M, Tsutsui J. 2014. Role of end-use technologies in long-term GHG reduction scenarios developed with the BET model. Climatic Change, 123(3-4): 583-596.

Yan W, Wang Z, Cao H, et al. 2021. Criticality assessment of metal resources in China. iScience, 24(6): 102524.

Yang B , Wei Y M , Liu L C , et al. 2021. Life cycle cost assessment of biomass co-firing power plants with CO_2 capture and storage considering multiple incentives. Energy Economics, 96: 105173.

Yang J, Zhang L, Chang Y, et al. 2020b. Understanding the material efficiency of the wind power sector in China: A spatial-temporal assessment. Resources, Conservation and Recycling, 155: 104668.

Yang L, Lv H, Jiang D, et al. 2020a. Whether CCS technologies will exacerbate the water crisis in China? -A full life-cycle analysis. Renewable and Sustainable Energy Reviews, 134: 110374.

Yang L, Yang Y, Zhang X, et al. 2018. Whether China's industrial sectors make efforts to reduce CO_2 emissions from production?-A decomposed decoupling analysis. Energy, 160: 796-809.

Yang Q, Han F, Chen Y Q, et al. 2016. Greenhouse gas emissions of a biomass-based pyrolysis plant in China. Renewable and Sustainable Energy Reviews, 53: 1580-1590.

Yang X G, Chen F, Lin X M, et al. 2015. Potential benefits of climate change for crop productivity in China. Agricultural and Forest Meteorology, 208: 76-84.

Yu D J, Xu C. 2017. Mapping research on carbon emissions trading: a co-citation analysis. Renewable and Sustainable Energy Reviews, 74: 1314-1322.

Yu S, Zheng S, Li X, et al. 2018. China can peak its energy-related carbon emissions before 2025: Evidence from industry restructuring. Energy Economics, 73: 91-107.

Yuan Y, Duan H, Tsvetanov T G. 2020. Synergizing China's energy and carbon mitigation goals: General equilibrium modeling and policy assessment. Energy Economics, 89: 104787.

Yuan Y, Li N, Shi M. 2016. A multi-regional CGE model and its application in carbon trading simulation in China. Journal of Mathematics in Practice and Theory, 46(3) : 106-116.

Yuan Y, Si M, Li N, et al. 2012. Intensity allocation criteria of carbon emissions permits and regional economic development in China—based on a 30-province/autonomous region computable general equilibrium model. Advances in Climate Change Research, 3(3): 154-162.

Yuan Y, Si M, Li N. 2013. Analysis of regional assignment of carbon emission permits and its impacts on regional development in China—based on a Multi-regional computable equilibrium mode. Management Review, 25(2): 45-52.

Zemel A. 2015. Adaptation mitigation and risk: An analytic approach. Journal of Economic Dynamics & Control, 51: 133-147.

Zeyen E, Hagenmeyer V, Brown T. 2021. Mitigating heat demand peaks in buildings in a highly renewable European energy system. Energy, 231: 120784.

Zhai M, Huang G, Liu L, et al. 2021. Segmented carbon tax may significantly affect the regional and national economy and environment-a CGE-based analysis for Guangdong province. Energy, 231: 120958.

Zhang A, Gao J, Quan J L, et al. 2021. The implications for energy crops under China's climate change challenges. Energy Economics, 94: 105103.

Zhang D, Liu G, Chen C, et al. 2019. Medium-to-long-term coupled strategies for energy efficiency and greenhouse gas emissions reduction in Beijing (China). Energy Policy, 127: 350-360.

Zhang P, Deschênes O, Meng K, et al. 2018. Temperature effects on productivity and factor reallocation: Evidence from a half million Chinese manufacturing plants. Journal of Environmental Economics and Management, 88: 1-17.

Zhang S H, Worrell E, Crijns-Graus W. 2015. Synergy of air pollutants and greenhouse gas emissions of Chinese industries: A critical assessment of energy models. Energy, 93: 2436-2450.

Zhang S W, Bauer N. 2013. Utilization of the non-fossil fuel target and its implications in China. Climate Policy, 13(3): 328-344.

Zhang S, Chen W Y. 2022. Assessing the energy transition in China towards carbon neutrality with a probabilistic framework. Nature Communications, 13: 87.

Zhang W, Zhao B, Gu Y, et al. 2020b. Environmental impact of national and subnational carbon policies in China based on a multi-regional dynamic CGE model. Journal of Environmental Management, 270: 110901.

Zhang X, Qi T, Ou X, et al. 2017. The role of multi-region integrated emissions trading scheme: A computable general equilibrium analysis. Applied Energy, 185: 1860-1868.

Zhang X, Zhuang G. 2015. China provincial carbon emissions differences research progress and prospect. China Population Resources and Environment, 25(2): 135-143.

Zhang Y, Liu J, Su B. 2020a. Carbon congestion effects in China's industry: Evidence from provincial and sectoral levels. Energy Economics, 86: 104635.

Zhang Y, Zhang J, Yang Z, et al. 2011. Regional differences in the factors that influence China's energy-related carbon emissions and potential mitigation strategies. Energy Policy, 39(12): 7712-7718.

Zhao M, Tan L, Zhang W, et al. 2010. Decomposing the influencing factors of industrial carbon emissions in Shanghai using the LMDI method. Energy, 35(6): 2505-2510.

Zhao R, Zhang Y, Zhang S, et al. 2021. The full chain demonstration project in China: Status of the CCS development in coal-fired power generation in GuoNeng Jinjie. International Journal of Greenhouse Gas Control, 110: 103432.

Zheng J, Duan H, Zhou S, et al. 2021. Limiting global warming to below 1.5°C from 2°C: An energy-system-based multi-model analysis for China. Energy Economics, 100: 105355.

Zheng J, Mi Z, Coffman D M, et al. 2019a. The slowdown in China's carbon emissions growth in the new phase of economic development. One Earth, 1: 240-253.

Zheng J, Mi Z, Coffman D M, et al. 2019b. Regional development and carbon emissions in China. Energy Economics, 81: 25-36.

Zheng L. 2009. Organisation of European Aluminium Refiners and Remelters. Private communication.

Zhou C L, Shi M J, Li N, et al. 2012. The impact of carbon tax on non-fossil energy development. Journal of Natural Resources, 27(7): 1101-1111.

Zhou N, Fridley D, McNeil M, et al. 2010. China's energy and carbon emissions outlook to 2050. Berkeley: Lawrence Berkeley National Laboratory.

Zhou P, Ang B W. 2008. Linear programming models for measuring economy-wide energy efficiency performance. Energy Policy, 36(8): 2911-2916.

Zhou S, Wang Y, Yuan Z, et al. 2018. Peak energy consumption and CO_2 emissions in China's industrial sector. Energy Strategy Reviews, 20: 113-123.

Zhu B, Jiang M, Wang K, et al. 2018. On the road to China's 2020 carbon intensity target from the perspective of double control. Energy Policy, 119: 377-387.

Zhu L, Duan H B, Fan Y. 2015. CO_2 mitigation potential of CCS in China: An evaluation based on an integrated assessment model. Journal of Cleaner Production, 103: 934-947.